国家公務員
人事制度概説

稲山文男

弘文堂

はしがき

　令和5年7月、筆者は、36年余りの国家公務員としての職業生活を終えた。在職中、国家公務員の人事制度を定める法律案の立案、国会提出に関わる仕事に携わる幾多の機会に恵まれた。

　具体的に言うと、①国家公務員に育児休業制度を導入する法律の制定（平成3年）、②上位のポストへの昇進に当たって求められる職務遂行能力を明確化し、人事評価制度を導入する国家公務員法の改正（平成19年）、③国家公務員の給与について定める法律の改正（平成28年〜令和元年）や退職手当について定める法律の改正（平成29年）などに携わった。

　また、廃案となったが、④幹部職員人事の一元管理制度の導入及び内閣人事局の設置を内容とする国家公務員法等の改正法案（平成22年）、⑤国家公務員に団体協約締結権を付与し、団体交渉に基づき給与等の勤務条件を定めることを認める法案（平成23年）、⑥国家公務員の定年を段階的に65歳に引き上げる国家公務員法等の改正法案（令和2年。翌令和3年に再度提出された法案が成立）などにも携わった。

　国家公務員に適用される人事制度は、国家公務員法を始めとする多数の法令により定められているが、それらを読み込んで、全体を体系的に理解するには相当の労力を要すると思う。本書は、国家公務員の人事行政に関する職務に長年従事することにより蓄えた知識と培った経験をいかし、国家公務員の採用から退職までの人事制度全般について、筆者個人の理解に基づいて概説するものである。制度の優れている点、足らざる点などを論評することを目的とするものではなく、どのような制度になっているかについてニュートラルに記述し、正しく知っていただくことを目指している。

　国家公務員も、民間企業の従業員の方と同じく、勤務を提供し、その対価として給与を得る被雇用者である。東京都千代田区霞が関などにある本省のほか、全国各地にある地方出先機関等において、様々な行政分野の政策立案や行政執行などの職務に従事している。

国家公務員がその役割を十全に果たすためには、①有為な人材を採用して育成する、②存分に実力を発揮し、活躍してもらう、③働きやすい勤務環境を整備する、④活躍に応じた処遇をするなど、より良い人事制度が設計・構築され、その下で、適切に人事管理が行われることが必要である。

　しかし、行政の運営を支える国家公務員がどのような人事制度の下で働いているのか、国家公務員として勤務している方も含めて、実はあまり知られていないように感じる。憲法15条は、公務員の選定及び罷免は国民固有の権利であることや公務員は全体の奉仕者であることを定めており、国家公務員の使用者は、実質的には国民全体であると考えられる。また、国家公務員の給与は、主として税収により賄われている。これらの点に鑑みれば、国家公務員の人事制度について知っていただくことは意義があることだと思う。

　視点を変えると、地方公共団体は国家公務員の人事制度に準じて多くの制度を整備しており、民間にも国家公務員の制度を参考にして就業規則を定めている法人もあると思う。国家公務員の人事制度がどのような制度であるかは、制度の直接の対象である国家公務員はもとより、より多数の働く人々に影響する。そうした働く側の視点からも、国家公務員の人事制度を見ていただきたいと思う。

　内容面において、本書は、次のような特徴を有する。

① 　国家公務員の人事制度の基本的なところをほぼ網羅的に取り上げた上で、個々の制度について、その概要の説明にとどまらず、制度創設の経緯、制度の趣旨、制度の運用の状況を示すデータについても、できる限り記述している。

② 　民間労働法制（労働条件の決定の仕組み、人事）と対比し、国家公務員の人事制度の特徴が分かるように努めている。

③ 　人事制度の説明だけでなく、人事制度を設計・構築する役割を担う人事院及び内閣官房内閣人事局、所属の職員に対する人事管理を行う各省庁の人事当局、民間の労働組合に相当する職員団体の位置付けや役割についても概説している。

本書を手にする動機・目的は、各省庁、地方公共団体や民間企業の人事担当者の方、国家公務員として働いている方、地方公共団体や民間企業で働いている方、国家公務員を志望している方、行政に関係する分野について学んでいる方、行政に対する関心を持っている一般の国民の方など、読者により様々であると思われるが、本書が、国家公務員の人事制度全般にわたる有益な情報を提供する一冊となれば、幸いである。

　本書を執筆する運びに至ったのは、総務省の後輩である佐野太南さんが執筆を強く後押ししてくれ、具体化に道筋をつけてくれたことが大きい。そして、多忙な中、1章書くたびに筆者から送った草稿を休日の貴重な時間を割いて、熟読し、読者目線での有益なコメントを多数返していただいたほか、様々なサポートもしていただいた。また、信頼する総務省の後輩である今井由紀子さん、山村和也さん、辻恭介さん、松本浩典さん、北川幸枝さん、山内亮輔さん、野嶋ふみさん、平野光友さんには、個人としての立場で、制度についての筆者の理解に誤りがないか確認していただき、あるいは、校正作業を手伝っていただいた。厚く感謝申し上げる。

　最後に、弘文堂編集部の髙岡俊英さんには、本書の刊行の機会を与えていただき、木村寿香さんには、原稿整理、ファクトチェックを丹念にしていただき、大変お世話になった。この場を借りて心からのお礼を申し上げたい。

　　　令和6年8月

　　　　　　　　　　　　　　　　　　　　　　　　　稲山　文男

目次

はしがき　i

凡　例　xv

参考文献　xxii

序　章　国家公務員と人事制度……1

1　国家公務員の類型……1

(1) 一般職と特別職　1／(2) 常勤職員と非常勤職員　2／

(3) 行政機関の職員と行政執行法人の職員　3

2　行政機関に勤務する一般職の職員……3

(1) どのような行政分野で働いているか　3／

(2) 職員の年齢構成、女性職員の割合はどうなっているか　4

3　人事制度について定める法令……4

(1) 国家公務員法　4／(2) その他の法令　6

4　本書のアウトライン……7

(1) 行政機関に勤務する一般職の常勤職員　7／

(2) 非常勤職員、行政執行法人の職員等、特別職の職員　7／

(3) 国家公務員の総人件費管理　7

第1章　国家公務員法の制定と改正……8

第1節　国家公務員法の制定から昭和40年の国家公務員法改正まで……8

1　国家公務員法の制定……8

2　昭和23年の国家公務員法改正……9

(1) マッカーサー書簡　9／(2) 政令201号と昭和23年の国家公務員法改正　10

3　昭和40年の国家公務員法改正……12

(1) 人事院の改組・権限縮小の動き　12／(2) 昭和40年の国家公務員法改正　13

第2節　公務員制度改革……14

1　平成19年の国家公務員法改正……14

(1) 退職管理の適正化　14／(2) 能力・実績主義の人事管理の徹底　16

2 平成 26 年の国家公務員法改正……17

(1) 公務員制度の総合的な改革に関する懇談会　17／

(2) 国家公務員制度改革基本法　18／ (3) 平成 26 年の国家公務員法改正　19

第2章　憲法と国家公務員の人事制度……21

1 国会の民主的統制（任用、分限、懲戒、服務等の基準の法定）……21
2 公務員の選定及び罷免……22
3 全体の奉仕者……23
4 公務員の勤務関係……24

(1) 公務員の勤務関係の法的性格　24／ (2) 任用の法的性格　24／ (3) 採用内定の法的性格　25／ (4) 任用、分限及び懲戒と民間企業における人事　26

5 公務員の勤務条件の決定……27

(1) 国家公務員の勤務条件決定の仕組み　27／

(2) 民間企業の労働者の労働条件決定の仕組み　30

6 平等取扱いの原則、人事管理の原則……34

(1) 平等取扱いの原則　34／ (2) 人事管理の原則　34

7 公務員と国籍……35

(1) 公務員の国籍に関する法理　35／ (2) 最高裁判決　36／

(3) 外国人の任用を可能とするための立法例　37

第3章　内閣機能の強化と国家公務員の人事制度……38

1 内閣の人事管理機能の強化（幹部職員人事の一元管理等）……38

(1) 本省庁局長級以上の人事の内閣承認　38／

(2) 幹部職員人事の一元管理　40／ (3) 幹部職員の降任に関する特例　45／

(4) 本省庁管理職への任用　46

2 政治任用……47

(1) 政治任用とは　47／ (2) 政治任用の拡充　48

3 内閣の人事行政機能の強化……51

(1) 中央人事行政機関（内閣総理大臣）　51／ (2) 中央人事行政機関（内閣総理大臣）の所掌事務の拡大　52／ (3) 内閣官房内閣人事局の設置　52

目　次　v

第4章 人事行政と人事管理の主体……54

1 人事院……55
(1) 組織の位置付け 55／(2) 人事院の独立性 55／
(3) 人事院の主な所掌事務 57

2 内閣総理大臣（内閣人事局）……60
(1) 内閣官房の事務の位置付けと内閣人事局の体制 61／(2) 内閣人事局の所掌する人事行政に関する主な事務 62／(3) 人事制度に関する法令の企画・立案 63／(4) 機構・定員管理、級別定数の設定・改定に関する事務 64

3 各省庁（人事当局）……65

4 職員団体……67
(1) 職員団体の結成、加入 67／(2) 団結権が制限される職員 69／
(3) 職員団体の登録制度 69／(4) 交渉 70／(5) 在籍専従、短期従事 72／
(6) 不利益取扱いの禁止 73

第5章 人材の確保……74

1 採用試験による採用……74
(1) 採用試験による採用の仕組み 74／(2) 採用試験による採用の状況 80／
(3) 女性職員の採用 80

2 選考による採用……81
(1) 選考による採用の仕組み 81／(2) 選考による採用の状況 82

3 任期付職員法に基づく採用……83
(1) 任期付職員制度の創設 83／(2) 採用の要件 84／(3) 採用の手続 85／
(4) 採用した職員の配置と任期 85／(5) 給与 85／
(6) 任期付職員法に基づく採用の状況 86

4 官民人事交流法に基づく採用……87
(1) 官民人事交流制度の創設 87／(2) 官民人事交流法の目的 88／
(3) 官民人事交流の対象となる民間企業の範囲 88／(4) 民間企業の公募 89／
(5) 交流採用の手続、交流採用の形態 89／(6) 交流採用職員の任期、給与、服務等 90／(7) 交流派遣の手続 90／(8) 交流派遣職員の派遣期間、身分、給与、服務等 91／(9) 交流基準 91／(10) 官民人事交流の実施状況 92

5 非常勤職員としての民間人材の受入れ……92

第6章　人材の配置、異動（任用、身分保障、分限）……94

第1節　任　　用……95

1　成績主義の原則……95

2　任命権者と任用の方法……96

(1) 任命権者と任用権の委任、専決処理　96／(2) 採用、昇任、降任及び転任の定義　97／(3) 配置換と併任　99／(4) 官職に欠員が生じていない場合の例外的な任用　100

3　昇任及び転任についての基準……101

(1) 標準的な官職と標準職務遂行能力　102／(2) 官職についての適性　103／(3) 人事評価に基づく昇任、転任の判断　104

4　降任による任命の基準……106

5　採用昇任等基本方針……107

6　人事異動……107

(1) 任命権者の裁量　108／(2) 人事異動を行う理由と人事異動の時期、サイクル　108／(3) 人事異動についての職員への配慮　109／
(4) 民間企業における人事異動（配転）　110

7　女性職員の登用……112

第2節　身分保障……113

第3節　分　　限……114

1　降任、免職、降給……114

(1) 降任、免職、降給の事由　115／(2) 条件付採用期間中の職員の分限　118／
(3) 分限処分と任命権者の裁量　119／(4) 降任、免職、降給の状況　120／
(5) 民間企業における解雇と分限免職　121

2　休　　職……124

(1) 休職の事由　124／(2) 休職の期間　124／(3) 休職の効果　125／
(4) 休職の状況　125

3　分限（降給、降任、休職、免職）処分の手続と救済措置……126

(1) 処分説明書の交付　126／(2) 人事院に対する審査請求　126／
(3) 訴訟との関係　127

目　次　vii

第7章　人材育成……128

1　人材育成における人事当局及び管理職の役割……128

(1) 人事当局の役割　129／(2) 管理職の役割　130

2　幹部候補育成課程……130

(1) 幹部候補育成課程の整備　130／(2) 幹部候補育成課程の運用の基準　132／

(3) 幹部候補育成課程の運用状況　133

3　研　　修……133

(1) 国家公務員の研修に関する基本方針　134／

(2) 内閣人事局及び各省庁が実施する研修　135／

(3) 人事院が実施する研修　135

4　省庁間人事交流、地方公共団体との人事交流……136

(1) 省庁間人事交流　136／(2) 地方公共団体との人事交流　137

5　民間企業等との人材交流……137

(1) 民間企業への交流派遣　137／(2) 研究休職　137

6　国際機関、在外公館での勤務……138

(1) 国際機関等への派遣　138／(2) 在外公館勤務　140

7　留　　学……140

(1) 留学制度　140／(2) 留学費用の償還　141

8　自己啓発等休業……144

(1) 自己啓発等休業の事由　144／(2) 自己啓発等休業の請求と承認、休業期間　145／(3) 自己啓発等休業期間中の職員の身分及び給与　145／

(4) 自己啓発等休業制度の利用状況　146

第8章　人事評価……147

1　人事評価の目的、根本基準、法的性格……148

(1) 人事評価の目的と根本基準、制度設計の枠組み　148／

(2) 人事評価制度の法的性格　148

2　人事評価の実施体制（誰が評価を行うのか）……149

3　能力評価と業績評価（いつ、何を評価するのか）……150

(1) 能力評価　151／(2) 業績評価　152

4　人事評価手続（評価はどう行われ、結果はどう取り扱われるのか）

……154

（1）期首面談　154／（2）評価期間中　154／（3）期末手続　155／

（4）苦情への対応　159

5　人事評価制度の運用における課題……160

6　多面観察の取組……162

第9章　人材の処遇（給与、退職手当）……163

第1節　給　　与……163

1　俸給決定の仕組み……163

（1）俸給表　164／（2）初任給　166／（3）昇給　168／（4）昇格　172／

（5）降格、降号　175／（6）俸給の支給　176

2　諸手当……176

（1）扶養手当　176／（2）住居手当　177／（3）通勤手当　178／（4）単身赴
任手当　179／（5）地域手当　179／（6）広域異動手当　180／（7）俸給の特
別調整額　181／（8）超過勤務手当　181／（9）期末手当及び勤勉手当　182／

（10）本府省業務調整手当　185／（11）諸手当の支給　186

3　給与水準（人事院勧告、民間準拠）……186

（1）人事院勧告　186／（2）人事院勧告を受けた政府の対応　188

第2節　退職手当……189

1　退職手当とその性格……189

2　退職手当支給額の算定構造……189

（1）基本額の支給率　189／（2）勤続期間　190／（3）ピーク時特例　191／

（4）早期退職募集制度と退職手当の割増し　193／（5）調整額　195

3　退職手当の支給水準の見直し……196

（1）調整率　196／（2）支給水準の見直しに関するルール　196／

（3）官民比較の方法　198

4　失業者の退職手当と雇用保険法……199

5　退職手当の支給制限処分、返納命令処分、支払差止処分……200

（1）退職手当の支給制限処分　200／（2）退職手当の返納命令処分等　201／

（3）支払差止処分　202／（4）退職手当審査会への諮問　202／

目　次　ix

第10章　ワークライフバランスと勤務環境……203

第1節　勤務時間、超過勤務命令の上限、休暇……204

1　行政機関の休日と官庁執務時間……204

2　勤務時間、週休日、休憩時間……205

(1) 勤務時間、週休日　205／(2) 勤務時間の割振り、休憩時間　206

3　超過勤務命令の上限、勤務時間管理……208

(1) 超過勤務を命ずる根拠規定　208／(2) 超過勤務命令の上限　208／

(3) 超過勤務の状況　210／(4) 超過勤務時間の管理　211

4　休　　暇……212

(1) 年次休暇　212／(2) 病気休暇　213／(3) 特別休暇　213

第2節　働く時間と場所の柔軟化……214

1　フレックスタイム制……214

(1) フレックスタイム制の基本的な枠組み　215／

(2) フレックスタイム制の更なる柔軟化　216

2　テレワーク……216

第3節　仕事と生活の両立支援……219

1　妊産婦である女性職員の健康、安全及び福祉……219

2　妊娠、出産、育児と仕事の両立支援のための特別休暇……220

3　育児休業、育児短時間勤務、育児時間……221

(1) 育児休業制度等の導入・拡充の経緯、背景　221／(2) 育児休業　222／

(3) 育児短時間勤務　225／(4) 育児時間　226

4　介護休暇、介護時間、短期介護休暇……227

(1) 介護休暇　227／(2) 介護時間　229／(3) 短期介護休暇　230

5　育児又は介護を行う職員の勤務への配慮……230

6　配偶者同行休業……232

(1) 配偶者同行休業の要件（配偶者が外国に滞在する事由）　233／(2) 配偶者同行休業の請求と承認、休業期間　233／(3) 配偶者同行休業期間中の職員の身分及び給与　234／(4) 配偶者同行休業制度の利用状況　234

第4節　ハラスメント防止、保健・安全保持、災害補償……234

1　ハラスメント防止等……234

(1) セクシュアル・ハラスメント　234／(2) 妊娠、出産、育児又は介護に関するハラスメント　235／(3) パワー・ハラスメント　236／

（4）ハラスメント防止等に関する人事院規則の概要　238

2　保健・安全保持……239

（1）保健・安全保持に関する基準　239／（2）女性職員の健康、安全及び福祉

242／（3）健康増進等基本計画　242／（4）長期病休者の状況　243

3　災害補償……243

（1）民間企業における労災補償　243／（2）国家公務員の災害補償の考え方

244／（3）災害補償に関する事務の流れ　245／（4）補償の種類と内容　246／

（5）福祉事業　248

第11章　シニア職員の雇用……249

第1節　60歳定年制と再任用制度……250

1　60歳定年制……250

（1）60歳定年制導入の経緯　250／

（2）定年の段階的引上げ開始前まで（＝令和4年度まで）の定年年齢　251

2　公的年金の支給開始年齢の引上げに対応した再任用制度……251

（1）再任用制度の導入　251／（2）再任用の義務化　252

第2節　定年の65歳への引上げ……253

1　経　　緯……253

2　定年を65歳に引き上げる理由・意義……254

3　定年の引上げ……256

（1）段階的な引上げ完了後（令和13年度以降）の定年年齢　256／

（2）定年の段階的引上げ（令和5年度から令和12年度までの定年年齢）　256

4　役職定年制（管理監督職勤務上限年齢制）……257

（1）必要性　257／（2）制度の概要　258／（3）管理監督職の範囲　260／

（4）管理監督職勤務上限年齢　260／（5）異動期間　261／

（6）管理監督職勤務上限年齢による降任等の基準　261

5　管理監督職勤務上限年齢制の特例（特例任用）……262

6　定年による退職の特例（勤務延長）……263

7　60歳に達した職員の給与……264

（1）俸給月額　264／（2）俸給月額の7割措置が適用される職員の諸手当　266

8　60歳以後に退職する職員の退職手当……267

（1）60歳に達した日以後に自主的に退職する場合の支給率の特例措置　267／

目　次　xi

（2）ピーク時特例　268／

（3）60歳以後に退職する職員の退職手当の基本額の算定　269

9　定年前再任用短時間勤務制……269

（1）必要性　269／（2）制度の概要　270

10　今後の課題……271

（1）シニア職員の活躍　272／

（2）計画的な人材育成、職員の主体的なキャリア形成支援　272

第12章　服務と懲戒……274

第1節　服　　務……275

1　服務の根本基準……275

2　服務の宣誓……275

3　法令及び上司の命令に従う義務……276

4　争議行為等の禁止……278

5　信用失墜行為の禁止……278

6　守秘義務……279

7　職務に専念する義務……280

8　政治的行為の制限……281

（1）政治的行為の制限の趣旨、内容　281／（2）政治的行為の制限の合憲性　282

／（3）国民投票運動、憲法改正に関する意見の表明　283

9　私企業からの隔離（役員兼業及び自営兼業の制限）……284

（1）役員兼業及び自営兼業を制限する趣旨　284／（2）役員兼業　285／

（3）自営兼業　285／（4）兼業の承認　286

10　他の事業又は事務の関与制限（役員兼業・自営兼業以外の兼業制限）……287

（1）制限の対象となる兼業　287／（2）兼業の許可　288

第2節　職務に係る倫理の保持……289

1　国家公務員倫理法……289

（1）倫理原則　290／（2）贈与等報告書、株取引等報告書及び所得等報告書　290／（3）国家公務員倫理審査会、倫理監督官　291

2　国家公務員倫理規程……291

（1）利害関係者　292／（2）利害関係者との間で禁止されている行為　292／

xii　目　次

(3) 利害関係者との間であっても禁止されていない行為　293／

(4) 禁止されている行為を例外的に行うことができる場合　293／

(5) 利害関係者以外の事業者等との間において禁止されている行為　293／

(6) 特定の書籍等の監修等に対する報酬の受領の禁止　294／

(7) 職員の職務に係る倫理の保持を阻害する行為等の禁止　294／

(8) 利害関係者と共に飲食をする場合の届出　294／

(9) 講演等に関する規制　295

第3節　懲　　戒……295

1　懲戒の内容（懲戒処分の事由、種類と効果）……295

(1) 懲戒処分の事由　295／　(2) 懲戒処分の種類と効果等　296／

(3) 懲戒処分の量定　296

2　懲戒の手続……297

(1) 懲戒処分の手続と救済措置　297／　(2) 懲戒処分の公表　297

第13章　退職管理……300

1　平成19年の国家公務員法改正の考え方……302

2　再就職のあっせん規制……303

(1) 禁止される行為　303／　(2) 刑事罰により禁止される行為　304

3　利害関係企業等への在職中の求職活動規制……304

(1) 禁止される行為　305／　(2) 刑事罰により禁止される行為　306

4　元職員による働きかけ規制……306

(1) 禁止される行為　307／　(2) 刑事罰により禁止される行為　308

5　監視体制……309

(1) 再就職等規制違反行為についての調査　309／　(2) 調査権限　310

6　再就職情報の内閣一元管理、公表……312

(1) 在職中に再就職の約束をした場合の届出　312／　(2) 元管理職職員による再就職の届出　313／　(3) 届出事項　313／　(4) 閣議報告及び公表　314／

(5) 独立行政法人等の役員に就いている退職公務員等の状況　314

7　官民人材交流センター……316

(1) 官民人材交流センターによる再就職のあっせん　316／　(2) 民間の再就職支援会社を活用した再就職支援　317／　(3) 求人・求職者情報提供事業　317

目　次　xiii

第14章　国家公務員法の特例と特別職……319

1　行政機関に勤務する一般職の非常勤職員……319

(1) 非常勤職員の分類　319／(2) 非常勤職員への国家公務員法の適用と特例　320／(3) 採用の方法と任期　320／(4) 勤務時間、休暇　322／(5) 育児休業、育児時間　323／(6) 給与　324／(7) 災害補償、退職手当　325

2　行政執行法人の職員……326

(1) 給与、勤務時間等　326／(2) 育児・介護休業法の適用　327／(3) 安全衛生、母性保護及び母性健康管理　328／(4) ハラスメント防止　328／(5) 国家公務員関係法令の適用　328

3　検察官、外務職員……329

(1) 検察官　329／(2) 外務職員　329

4　特別職の職員……330

(1) 成績主義の原則や身分保障が適用されない職員　330／(2) 就任に国会の同意を必要とする職員　331／(3) 自衛官を含む防衛省の職員　332／(4) 国会議員、国会職員、国会議員の秘書　333／(5) 裁判官及びその他の裁判所職員　333

第15章　総人件費管理……334

1　総人件費の基本方針……334

2　機構・定員管理、級別定数の設定・改定……335

(1) 機構管理　335／(2) 定員管理　336／(3) 級別定数の設定・改定　338

事項索引……340

凡　例

　本書の読み方としては、各章にリード文を記載し、その章で概説する事項のアウトラインをつかめるようにしているので、**序章**の次には、必ずしも、**第1章**から順に読まずとも、関心のある章から読み始めていただいてもよい。人事制度は相互に関連しているので、他の章で詳しく述べている場合は、参照する章を記載している。

　また、本文の説明を補足するため、あるいは、関連する知識を得られるよう、【　】以下で必要な記述をしているので、活用していただきたい。

法　　令

　本書で引用する法令は、令和6年7月1日までの改正によった。

法令等略語

　憲法　　日本国憲法

　育児・介護休業法　　育児休業、介護休業等育児又は家族介護を行う労働者の福祉に関する法律

　一般職給与等法　　一般職の職員の給与等に関する法律（現在の名称は、一般職の職員の給与に関する法律）

　一般職給与法　　一般職の職員の給与に関する法律

　官民人事交流法　　国と民間企業との間の人事交流に関する法律

　行政機関休日法　　行政機関の休日に関する法律

　行政執行法人労働関係法　　行政執行法人の労働関係に関する法律

　勤務時間休暇法　　一般職の職員の勤務時間、休暇等に関する法律

　検察官俸給法　　検察官の俸給等に関する法律

　憲法改正国民投票法　　日本国憲法の改正手続に関する法律

　高年齢者雇用安定法　　高年齢者等の雇用の安定等に関する法律

　公文書管理法　　公文書等の管理に関する法律

　国際機関派遣法　　国際機関等に派遣される一般職の国家公務員の処遇等に関する法律

　個人情報保護法　　個人情報の保護に関する法律

　国会議員秘書給与法　　国会議員の秘書の給与等に関する法律

国会審議活性化法　　国会審議の活性化及び政治主導の政策決定システムの確立に関する法律

国家公務員育児休業法　　国家公務員の育児休業等に関する法律

在外公館名称位置給与法　　在外公館の名称及び位置並びに在外公館に勤務する外務公務員の給与に関する法律

裁判官報酬法　　裁判官の報酬等に関する法律

歳費法　　国会議員の歳費、旅費及び手当等に関する法律

自己啓発等休業法　　国家公務員の自己啓発等休業に関する法律

祝日法　　国民の祝日に関する法律

総定員法　　行政機関の職員の定員に関する法律

退職手当法　　国家公務員退職手当法

男女雇用機会均等法　　雇用の分野における男女の均等な機会及び待遇の確保等に関する法律

地方公営企業労働関係法　　地方公営企業等の労働関係に関する法律

独占禁止法　　私的独占の禁止及び公正取引の確保に関する法律

特定秘密保護法　　特定秘密の保護に関する法律

特別職給与法　　特別職の職員の給与に関する法律

任期付研究員法　　一般職の任期付研究員の採用、給与及び勤務時間の特例に関する法律

任期付職員法　　一般職の任期付職員の採用及び給与の特例に関する法律

パートタイム・有期雇用労働法　　短時間労働者及び有期雇用労働者の雇用管理の改善等に関する法律

配偶者同行休業法　　国家公務員の配偶者同行休業に関する法律

防衛省給与法　　防衛省の職員の給与等に関する法律

留学費用償還法　　国家公務員の留学費用の償還に関する法律

旅費法　　国家公務員等の旅費に関する法律

労働施策総合推進法　　労働施策の総合的な推進並びに労働者の雇用の安定及び職業生活の充実等に関する法律

外務職員留学費用償還省令　　外務職員の留学費用の償還に関する省令

幹部職員任用政令　　幹部職員の任用等に関する政令

経験者採用試験対象官職等内閣官房令　　経験者採用試験の対象官職及び種類並びに採用試験の種類ごとに求められる知識及び能力等に関する内閣官房令

兼業許可政令　　職員の兼業の許可に関する政令

兼業許可内閣官房令　　職員の兼業の許可に関する内閣官房令

採用試験対象官職等政令　　採用試験の対象官職及び種類並びに採用試験により確保すべき人材に関する政令

人事評価政令　　人事評価の基準、方法等に関する政令

人事評価内閣官房令　　人事評価の基準、方法等に関する内閣官房令

退職管理政令　　職員の退職管理に関する政令

退職管理内閣官房令　　職員の退職管理に関する内閣官房令

退職手当の基本額の特例等に関する内閣官房令　　国家公務員退職手当法附則第十二項、第十四項及び第十六項の規定による退職手当の基本額の特例等に関する内閣官房令

退職手当法施行令　　国家公務員退職手当法施行令

服務宣誓政令　　職員の服務の宣誓に関する政令

人事院規則 1-5　　人事院規則一一五（特別職）

人事院規則 2-3　　人事院規則二一三（人事院事務総局等の組織）

人事院規則 2-14　　人事院規則二一一四（人事院の職員の定員）

人事院規則 8-12　　人事院規則八一一二（職員の任免）

人事院規則 8-18　　人事院規則八一一八（採用試験）

人事院規則 8-21　　人事院規則八一二一（年齢六十年以上退職者等の定年前再任用）

人事院規則 9-7　　人事院規則九一七（俸給等の支給）

人事院規則 9-8　　人事院規則九一八（初任給、昇格、昇給等の基準）

人事院規則 9-17　　人事院規則九一一七（俸給の特別調整額）

人事院規則 9-24　　人事院規則九一二四（通勤手当）

人事院規則 9-40　　人事院規則九一四〇（期末手当及び勤勉手当）

人事院規則 9-49　　人事院規則九一四九（地域手当）

人事院規則 9-80　　人事院規則九一八〇（扶養手当）

人事院規則 9-89　　人事院規則九一八九（単身赴任手当）

人事院規則 9-97　　人事院規則九一九七（超過勤務手当）

人事院規則 9-123　　人事院規則九一一二三（本府省業務調整手当）

人事院規則 9-147　　人事院規則九一一四七（給与法附則第八項の規定による俸給月額）

人事院規則 9-151　　人事院規則九一一五一（在宅勤務等手当）

人事院規則 10-2　　人事院規則一〇一二（勤務評定の根本基準）（廃止されている）

人事院規則 10-4　　　人事院規則一〇—四（職員の保健及び安全保持）

人事院規則 10-7　　　人事院規則一〇—七（女子職員及び年少職員の健康、安全及び福祉）

人事院規則 10-10　　人事院規則一〇——〇（セクシュアル・ハラスメントの防止等）

人事院規則 10-11　　人事院規則一〇———（育児又は介護を行う職員の早出遅出勤務並びに深夜勤務及び超過勤務の制限）

人事院規則 10-12　　人事院規則一〇——二（職員の留学費用の償還）

人事院規則 10-14　　人事院規則一〇——四（人事院が行う研修等）

人事院規則 10-15　　人事院規則一〇——五（妊娠、出産、育児又は介護に関するハラスメントの防止等）

人事院規則 10-16　　人事院規則一〇——六（パワー・ハラスメントの防止等）

人事院規則 11-4　　　人事院規則———四（職員の身分保障）

人事院規則 11-8　　　人事院規則———八（職員の定年）

人事院規則 11-10　　人事院規則————〇（職員の降給）

人事院規則 11-11　　人事院規則—————（管理監督職勤務上限年齢による降任等）

人事院規則 12-0　　　人事院規則一二—〇（職員の懲戒）

人事院規則 13-3　　　人事院規則一三—三（災害補償の実施に関する審査の申立て等）

人事院規則 13-5　　　人事院規則一三—五（職員からの苦情相談）

人事院規則 14-7　　　人事院規則一四—七（政治的行為）

人事院規則 14-8　　　人事院規則一四—八（営利企業の役員等との兼業）

人事院規則 14-21　　人事院規則一四—二一（株式所有により営利企業の経営に参加し得る地位にある職員の報告等）

人事院規則 15-14　　人事院規則一五——四（職員の勤務時間、休日及び休暇）

人事院規則 15-15　　人事院規則一五——五（非常勤職員の勤務時間及び休暇）

人事院規則 16-0　　　人事院規則一六—〇（職員の災害補償）

人事院規則 16-2　　　人事院規則一六—二（在外公館に勤務する職員、船員である職員等に係る災害補償の特例）

人事院規則 16-3　　　人事院規則一六—三（災害を受けた職員の福祉事業）

人事院規則 16-4　　　人事院規則一六—四（補償及び福祉事業の実施）

人事院規則 17-0　　　人事院規則一七—〇（管理職員等の範囲）

人事院規則 17-1　　　人事院規則一七——（職員団体の登録）

人事院規則 17-2　　　人事院規則一七―二（職員団体のための職員の行為）

人事院規則 18-0　　　人事院規則一八―〇（職員の国際機関等への派遣）

人事院規則 19-0　　　人事院規則一九―〇（職員の育児休業等）

人事院規則 21-0　　　人事院規則二一―〇（国と民間企業との間の人事交流）

人事院規則 23-0　　　人事院規則二三―〇（任期付職員の採用及び給与の特例）

人事院規則 25-0　　　人事院規則二五―〇（職員の自己啓発等休業）

人事院規則 26-0　　　人事院規則二六―〇（職員の配偶者同行休業）

平成 26 年人事院公示第 13 号　　　平成 26 年人事院公示第 13 号（人事院規則 8-12（職員の任免）第 7 条の 2 第 1 項第 1 号並びに第 18 条第 1 項第 4 号及び第 5 号の規定に基づき、標準的な官職が係員である職制上の段階に属する官職に準ずる官職の属する職制上の段階及び選考の方法による採用を妨げない係員の官職に関し、決定した件）

平成 24 年人事院指令 8-1　　　人事院規則 8-18（採用試験）第 11 条第 1 項ただし書の規定に基づく採用試験及び採用試験の試験機関の指定について（平成 24 年 2 月 1 日人事院指令 8-1）

人事院規則 8-12 の運用について　　　人事院規則 8-12（職員の任免）の運用について（平成 21 年 3 月 18 日人企-532）

人事院規則 9-8 の運用について　　　人事院規則 9-8（初任給、昇格、昇給等の基準）の運用について（昭和 44 年 5 月 1 日給実甲第 326 号）

人事院規則 10-4 の運用について　　　人事院規則 10-4（職員の保健及び安全保持）の運用について（昭和 62 年 12 月 25 日職福-691）

人事院規則 10-10 の運用について　　　人事院規則 10-10（セクシュアル・ハラスメントの防止等）の運用について（平成 10 年 11 月 13 日職福-442）

人事院規則 10-11 の運用について　　　人事院規則 10-11（育児又は介護を行う職員の早出遅出勤務並びに深夜勤務及び超過勤務の制限）の運用について（平成 10 年 11 月 13 日職福-443）

人事院規則 10-12 の運用について　　　人事院規則 10-12（職員の留学費用の償還）の運用について（平成 18 年 6 月 14 日人研調-927）

人事院規則 10-15 の運用について　　　人事院規則 10-15（妊娠、出産、育児又は介護に関するハラスメントの防止等）の運用について（平成 28 年 12 月 1 日職職-273）

人事院規則 10-16 の運用について　　　人事院規則 10-16（パワー・ハラスメントの防止等）の運用について（令和 2 年 4 月 1 日職職-141）

人事院規則 11-4 の運用について　　人事院規則 11-4（職員の身分保障）の運用について（昭和 54 年 12 月 28 日任企-548）

人事院規則 11-10 の運用について　　人事院規則 11-10（職員の降給）の運用について（平成 21 年 3 月 18 日給 2-26）

人事院規則 14-7 の運用方針について　人事院規則 14-7（政治的行為）の運用方針について（昭和 24 年 10 月 21 日法審発第 2078 号）

人事院規則 14-8 の運用について　　人事院規則 14-8（営利企業の役員等との兼業）の運用について（昭和 31 年 8 月 23 日職職-599）

人事院規則 15-15 の運用について　　人事院規則 15-15（非常勤職員の勤務時間及び休暇）の運用について（平成 6 年 7 月 27 日職職-329）

主な参考資料

【内閣官房及び人事院の両方の HP 掲載】

国家公務員におけるテレワークの適切な実施の推進のためのガイドライン（令和 6 年 3 月内閣官房内閣人事局・人事院）

人事評価ガイド《制度全般編》（2024.04 ver. 内閣人事局・人事院）

人事評価ガイド《被評価者の手続編》（2022.06 ver. 内閣人事局・人事院）

人事評価ガイド《評価者・調整者の手続編》（2022.06 ver. 内閣人事局・人事院）

【内閣官房 HP 掲載】

国の行政機関の機構・定員管理に関する方針（平成 26 年 7 月 25 日閣議決定、令和 6 年 6 月 28 日一部変更）

国家公務員健康増進等基本計画（平成 3 年 3 月 20 日内閣総理大臣決定）

国家公務員の研修に関する基本方針（平成 26 年 6 月 24 日内閣総理大臣決定）

国家公務員の女性活躍とワークライフバランス推進のための取組指針（平成 26 年 10 月 17 日女性職員活躍・ワークライフバランス推進協議会決定）

国家公務員の総人件費に関する基本方針（平成 26 年 7 月 25 日閣議決定）

国家公務員の定年引上げに向けた取組指針（令和 4 年 3 月 25 日人事管理運営協議会決定）

これまでの検討を踏まえた論点の整理（平成 30 年 2 月 16 日公務員の定年の引上げに関する検討会）

採用昇任等基本方針（平成 26 年 6 月 24 日閣議決定）

中途採用比率公表に向けた対応について（令和 3 年 6 月 23 日人事管理運営協議会幹事会申合せ）

マネジメント能力向上のための多面観察の取組

【人事院 HP 掲載】

上限を超えて超過勤務を命ぜられた職員の割合等について（令和 4 年度）（令和 6 年 3 月人事院）

定年を段階的に 65 歳に引き上げるための国家公務員法等の改正についての意見の申出（平成 30 年 8 月 10 日人事院）

【その他】

新たな公務員人事の方向性について（平成 18 年 9 月 15 日　国務大臣（規制改革・行政改革担当）中馬弘毅）

https://www.gyoukaku.go.jp/siryou/koumuin/060915koumuin.pdf

公務員制度改革大綱（平成 13 年 12 月 25 日閣議決定）

https://www.gyoukaku.go.jp/jimukyoku/koumuin/taikou/honbun.html

モデル就業規則（令和 5 年 7 月版　厚生労働省労働基準局監督課）

https://www.mhlw.go.jp/content/001018385.pdf

※　国会会議録については、国会会議録検索システムを利用した。質問主意書に対する内閣の答弁書については、衆議院ホームページ及び参議院ホームページを利用した。

※　行政機関のホームページに掲載されている参考資料の最終閲覧日は、令和 6 年 9 月 5 日である。

参 考 文 献

荒木尚志『労働法（第5版）』（有斐閣・2022）

一般財団法人公務人材開発協会人事行政研究所編著『公務員の勤務時間・休暇法
詳解（第6次改訂版）』（学陽書房・2023）

稲継裕昭・鈴木毅『国家公務員の人事評価制度』（成文堂・2024）

植村隆生「級別定数等に関する人事院の意見～新制度の下における級別定数等の
設定・改定プロセス～」人事院月報2015年5月号

宇賀克也『行政法概説III──行政組織法／公務員法／公物法（第6版）』（有斐
閣・2024）

小畑史子・緒方桂子・竹内（奥野）寿『労働法（第4版）』（有斐閣・2023）

塩野宏『行政法III──行政組織法（第五版）』（有斐閣・2021）

嶋田博子『職業としての官僚』（岩波書店・2022）

人事院「平成20年度年次報告書」（2009）

人事院編『人事行政五十年の歩み』（人事院・1998）

人事院給与第二課長編『公務員給与制度詳解（平成五年改訂版）』（財務出版・
1993）

退職手当制度研究会編著『公務員の退職手当法詳解（第7次改訂版）』（学陽書
房・2023）

内閣制度百年史編纂委員会編『内閣制度百年史（上巻）』（内閣官房・1985）

西尾勝『行政学（新版）』（有斐閣・2001）

原田尚彦『行政法要論（全訂第七版補訂二版）』（学陽書房・2012）

水町勇一郎『労働法入門（新版）』（岩波書店・2019）

吉田耕三・尾西雅博編『逐条国家公務員法（第2次全訂版）』（学陽書房・2023）

労働省『戦後労働経済の分析』（1949）（厚生労働省HP）

序章

国家公務員と人事制度

　国家公務員と一口に言っても、実に様々な職員が存在する。本章では、まず、国家公務員の類型について概観し、本書において概説していく人事制度が主としてどのような国家公務員を対象とするのか明らかにする。その上で、国家公務員の採用から退職に至るまでの人事制度について、本書において概説する事項のアウトラインを説明する。

1　国家公務員の類型

　国家公務員とは何かを定義する法令はなく、一般的には、①国の組織において任命権を有する者によって任命され、②国の事務に従事し、③国から給与を受けている者が国家公務員であると解されている（例外はある。例えば、都道府県警察の警視正以上の階級の警察官は国家公務員である（警察法56条1項）。）。

(1)　一般職と特別職

　国家公務員は、**一般職**の職員と**特別職**の職員に分けられる。立法府や司法府の職員のほか、行政府の職員の中でも、①内閣総理大臣、国務大臣、副大臣、大臣政務官等、特命全権大使・公使、宮内庁長官・侍従長、②就任に国会の同意を必要とする職員（公正取引委員会などの行政委員会の委員等）、③自衛官を含む防衛省の職員などは特別職の職員である（国家公務員法2条3項）。特別職の職員以外の職員が一般職の職員である（同条2項）。一般職の職員は、**行政機関**（内閣府、警察庁、金融庁、消費者庁、こども家庭庁、デジタル庁、総務・法務・外務・財務・文部科学・厚生労働・農林水産・経済産業・国土交通・環境・防衛の各省（ただし、防衛省の職員のほとんどは特別職の職員である。）等）又は**独立行政法人**の一類型である**行政執**

1

行法人（国立印刷局、造幣局など7法人）に勤務している。

　一般職の職員には、**3** で述べる国家公務員法が適用されるが、特別職の職員には同法は適用されない（その理由については **4** 参照）。

　なお、一般職も特別職も国家公務員が就く「**職**」（組織に置かれるポスト）である。国家公務員法は、一般職に属する全ての職（例えば、○○部長、□□課長、△△係長など）のことを「**官職**」と定義している（国家公務員法2条4項）。

> **【行政機関に置かれる「職」】**
> 　**国家行政組織法**は、①各省に事務次官を置くこと、②各省の局、部及び課に、局長、部長及び課長を置くこと等を定めている（同法18条1項・21条1項）。なお、同法が適用されない内閣府については、内閣府設置法において同様のことが定められている。
> 　各府省に具体的に設置される○○局、□□部、△△課については、各府省の組織令（内閣が制定する政令）によって定められている。課に置かれる室長、企画官などの職は、各府省の組織規則（内閣総理大臣が制定する内閣府令、各省大臣が制定する省令）によって定められている。室長、企画官よりも下位の職である課長補佐、係長などの職の設置は、各府省の訓令・通達などにより定められている。

(2) 常勤職員と非常勤職員

　一般職の職員であれば、①**常勤職員**（勤務時間をフルタイムとすべき標準的な業務量がある官職であり、かつ、相当の期間任用される職員を就けるべき官職（＝原則恒常的に設置される官職）に就いている職員）であるか、②**非常勤職員**（勤務時間をフルタイムとすべき標準的な業務量がない官職に就く職員は非常勤職員。1会計年度内に限って臨時的に設置される官職に就く職員も原則非常勤職員）であるかを問わず、国家公務員法が適用される。非常勤職員は類型化することができ、概ねその類型に応じ、人事制度の一部について常勤職員と異なる定めがなされている。

2　序章　国家公務員と人事制度

(3) 行政機関の職員と行政執行法人の職員

　行政執行法人の職員については、国家公務員法が適用されるが、同時に
団体交渉を行い、**労働協約**を締結する権利が認められている（行政執行法
人労働関係法8条）。労使交渉により給与等を決定することができることか
ら、人事制度の一部について行政機関の職員の人事制度と異なる定めがな
されている（行政機関の職員については、協約締結権が認められておらず、
労使双方から中立の立場にある人事院の勧告に基づく法律により給与等が
定められている。）。

2　行政機関に勤務する一般職の職員

　本書は、主として行政機関に勤務する一般職の常勤職員の人事制度につ
いて概説していくものである。人事制度は働く職員の存在を前提としてい
ることから、はじめに、制度の対象となる職員の概況について見ておきた
い。

(1) どのような行政分野で働いているか

　行政機関に勤務する一般職の職員は、東京都千代田区霞が関などにある
本省庁で政策の企画立案・実施、法律案の作成、関係者との折衝・調整、
国会対応などの業務に携わるほか、以下の分野の全国各地（在外公館は世
界各地）にある多様な職場で専門的な業務に従事している。

① 　徴税分野（国税局、税務署）、労働関係の分野（都道府県労働局、労
　働基準監督署、ハローワーク）、登記等の分野（法務局、地方法務局）
② 　出入国の際に必要な手続である税関、出入国管理、検疫の分野（税関、
　地方出入国在留管理局、検疫所、植物防疫所、動物検疫所）
③ 　航空安全分野（地方航空局等）、気象分野（管区気象台、地方気象台）
④ 　治安分野（管区警察局、刑務所、検察庁、管区海上保安本部等）
⑤ 　道路、河川、港湾等の分野（地方整備局、北海道開発局）
⑥ 　農政・国有林野分野（地方農政局、森林管理局）
⑦ 　外交分野（在外公館（外国に置かれる日本の大使館や総領事館））
⑧ 　医療分野（ハンセン病療養所等）

⑨　その他（管区行政評価局、総合通信局、財務局、経済産業局、地方運輸局等）

（2）職員の年齢構成、女性職員の割合はどうなっているか

　常勤職員の年齢構成を令和5年7月1日現在で見ると、50代以上の職員が最も多く3割を超え、30代の職員が最も少なく2割程度となっている。令和元年7月1日時点と比較すると、20代以下の職員が増加し、40代の職員が減少している。

表　職員の年齢構成

	令和元年	令和5年
合計	267,425人	269,061人
20代以下	45,901人（17.2%）	57,066人（21.2%）
30代	53,549人（20.0%）	53,115人（19.7%）
40代	79,828人（29.9%）	65,399人（24.3%）
50代以上	88,147人（33.0%）	93,481人（34.7%）

※　「一般職国家公務員在職状況統計表（令和5年7月1日時点）概要」（内閣官房内閣人事局）に基づき作成。

※　人数には、検察官、定年後再任用された職員、休職・休業中の職員等は、含まれていない。（　）は職員全体に占める割合である。

　また、常勤の女性職員の割合は令和5年7月1日現在で23.8%（64,069人/269,061人）となっており、令和元年7月1日時点から3.7ポイント上昇している。

3　人事制度について定める法令

（1）国家公務員法

　憲法73条4号は、内閣は「法律の定める基準に従ひ、**官吏**に関する事務を掌理する」としている。この官吏に関する事務を掌理する基準を定める法律が**国家公務員法**（同法1条2項）である。同法において定められている主な事項は以下のとおりである。

① **任用**（人材の確保・配置・異動の仕組み）の基本原則（成績主義の原則）、給与の基本原則（官職の職責に応じた給与（職務給の原則））

② **任命権者**（職員を官職に任命する権限を有する者）、採用、昇任（上位の官職への異動。民間企業で言えば昇進）、転任（職位が同等の官職への異動。民間企業で言えば配転）及び降任（下位の官職への異動。民間企業で言えば降格）等の人材の確保・配置・異動に関する制度

【行政機関における職位】
　職位は、上から順に、本省庁であれば、事務次官、局長、部長、課長、室長、課長補佐、係長、係員の８段階、複数の都府県の区域を管轄区域とし、部が設置されている地方支分部局であれば、局長、部長、課長、課長補佐、係長、係員の６段階のピラミッド型の組織となっている。

③　人事評価、研修

④　**身分保障**（職員は、法律又は人事院規則で定める事由による場合でなければ、その意に反して、降任・休職・免職をされない。）、**分限**（職員に対し、その意に反して、勤務実績不良等を事由として降任・免職をし、又は病気療養等を事由として休職をする制度等）

⑤　**服務**（組織に所属する職員として遵守することが必要な規律、例えば、守秘義務、政治的行為の制限、兼業の制限等）、**懲戒**（法定された懲戒の事由に該当する場合、免職、停職、減給又は戒告の処分を実施）

⑥　定年、退職管理（職員の再就職等についての規制、規制の監視）

⑦　**幹部職員**（事務次官級、本省庁の局長級・部長級）の人事についての特別な仕組み（幹部職員人事の一元管理）、幹部職員の候補となる管理職員（本省庁の課室長級）を育成する仕組み（幹部候補育成課程）

⑧　分限、懲戒等の不利益処分を受けた職員を救済する仕組み

⑨　国家公務員の人事制度の設計・構築や人事管理の基準・方針の策定等の役割を担う中央人事行政機関（人事院、内閣総理大臣）、職員団体（民間企業で言えば労働組合に相当するもの）

　このように、国家公務員法は一般職の職員に適用される人事制度について定める法律の中核となる法律である。

【官吏】

　官吏の範囲については、議論はあるが、内閣が事務を掌理する対象か否か
という観点から考えれば、国の行政機関の公務員を意味し、国会議員や国会
職員、裁判官やその他の裁判所の職員は含まれないと解する方が自然だと思
われる。

(2) その他の法令

　職員の給与、勤務時間（民間企業で言えば労働時間）・休暇、育児休業、
公務上の災害に対する補償（民間企業で言えば労災補償）、退職手当（民間
企業で言えば退職金）については、それぞれ一般職給与法、勤務時間休暇
法、国家公務員育児休業法、国家公務員災害補償法、退職手当法において
定められている。このほかにも、①任期付職員法（専門性を有する人材を
任期付で採用する制度）、②官民人事交流法（国と民間企業との間の人事交流
に関する制度）、③国際機関派遣法（職員を国際機関等に派遣する制度）、④
自己啓発等休業法（大学・大学院での修学等のための休業制度）、⑤配偶者同
行休業法（外国での勤務等により外国に滞在する配偶者と共に生活するための
休業制度）、⑥国家公務員倫理法（職務に係る倫理の保持に資するため必要な
措置を講ずる法律）などの法律がある。

　また、国家公務員法を含め、これらの法律を実施するため、あるいは、
これらの法律の委任を受け、必要な事項が**人事院規則**や**政令**等により定め
られている。例えば、職員の保健・安全保持やハラスメントの防止につい
ては、労働安全衛生法、男女雇用機会均等法等の民間労働法制に対応した
必要な事項が人事院規則により定められている。

【政令、人事院規則】

　国の行政機関が制定する法規範を総称して**命令**といい、政令は内閣が制定
する命令である。政令には法律の規定を実施するためのものと法律の委任に
基づくものがある。人事院規則は人事院が制定する命令であり、人事院は、
その所掌事務について、法律を実施するため、又は法律の委任に基づいて、
人事院規則を制定することが認められている（国家公務員法16条1項）。

4 本書のアウトライン

(1) 行政機関に勤務する一般職の常勤職員

　本書では、行政機関に勤務する一般職の常勤職員の人事制度全般について**第5章**から**第13章**までにおいて関係する制度ごとに概説する。その前に、個別の制度の枠組みに収まらない以下の事項について**第1章**から**第4章**までにおいて説明する。

① 　国家公務員法の制定と改正の経緯（**第1章**）

② 　人事制度の内容や定め方について憲法との関係で必要とされる事項、公務員の勤務関係（民間企業の場合は労働契約関係）、給与、勤務時間等の勤務条件（民間企業で言えば労働条件）の決定の仕組み（人事院勧告制度等）、民間労働法制（労働条件の決定、人事）との相違（**第2章**）

③ 　内閣機能の強化という政策目的のために導入された制度（**第3章**）

④ 　人事制度に関係する組織（**第4章**）

(2) 非常勤職員、行政執行法人の職員等、特別職の職員

　一般職の非常勤職員や行政執行法人の職員の人事関係法令の適用関係については、**第14章**において概説する。一般職の職員である検察官や外務職員についても、職務と責任の特殊性に基づき、国家公務員法の特例が定められていることから、併せて簡潔に触れる。

　特別職には様々な職があり、任用、身分保障、分限、服務等の在り方もまた様々であることから、国家公務員法の共通の基準を適用することは適当ではなく、それぞれの特別職について個別法令において必要な定めがなされている。この点についても**第14章**で概観する。

(3) 国家公務員の総人件費管理

　本書の最終章となる**第15章**においては、国家公務員の人事管理と密接に関連する総人件費管理について概説する。

第1章

国家公務員法の制定と改正

　一般職の国家公務員の人事制度について定める法律の中核をなす**国家公務員法**は、戦後間もない昭和22年に制定されている。その後の主な改正を挙げると以下のとおりである。

① 昭和23年の改正（人事院の設置、公務員の労働基本権の制限等）

② 昭和40年の改正（内閣総理大臣を中央人事行政機関とする等）

③ 昭和56年の改正（60歳定年制の導入）

④ 平成11年の改正（定年退職した職員の再任用制度の導入）

⑤ 平成19年の改正（能力・実績主義の人事管理、退職管理の適正化）

⑥ 平成26年の改正（幹部職員人事の一元管理制度の導入等）

⑦ 令和3年の改正（定年の65歳への段階的な引上げ）

　上記③、④及び⑦については、**第11章**（シニア職員の雇用）においてその経緯にも触れる。その他の改正は、**第2章**以降の複数の章に関係することから、本章において、国家公務員法の制定及びこれと密接に関連する上記①、②についての**第1節**と、平成に行われた公務員制度改革と言われる上記⑤、⑥についての**第2節**とに分けて、その経緯等を概観する。

第1節　国家公務員法の制定から昭和40年の国家公務員法改正まで

1　国家公務員法の制定

　日本政府の要請を受けて来日したフーバー顧問団（団長：ブレーン・フーバー（アメリカ・カナダ人事委員会連合会会長））から、昭和22年6月に、国家公務員法草案（**フーバー草案**）が提示され、速やかに立法化すべきことを勧告された日本政府は法案作成作業を進め、同年8月、片山内閣

は国家公務員法案を第1回国会に提出した。同法案は、国会において、人事院の名称を人事委員会とする、公選による公職への職員の立候補を原則禁止しないなどの修正がなされた上、同年10月に成立した。

成立した国家公務員法には、政党内閣からの**独立性**を有し、中立の立場で人事行政に関する事務を所掌する人事委員会を設置することや、①**成績主義の原則**に基づく任用、②**官職の職務と責任に応じた給与**、③**身分保障**及び**分限**、④**懲戒**、⑤意に反する不利益処分を受けた職員の救済（人事委員会への**審査請求**）、⑥**服務**などの基本的な基準が規定されている。これらの基準（昭和23年の改正により服務規律は強化されている。）は、国家公務員法の骨格として現在に至るまで基本的に維持されている（ただし、職階制（**第6章第1節**参照）は実施されることなく廃止されている。）。

しかしながら、内閣から提出された法案は、主に以下の点で、フーバー草案に示された内容に大きな変更が加えられており、これらが次の**2**で見る昭和23年の国家公務員法の改正内容となっていく。

① 国家公務員法の実施の細目を定める人事院規則の制定について、内閣総理大臣の承認を経ることを必要とするなど人事院の独立性を弱める。

② 職員の争議行為を禁止する規定を設けず、民間労働者と同じ労働法制の下に置く。

③ 国家公務員法が適用されない特別職の範囲を広げる。

2　昭和23年の国家公務員法改正

(1) マッカーサー書簡

昭和20年12月に制定された労働組合法は、警察官吏、消防職員及び監獄に勤務する者を除く公務員にも、民間の労働者と同様に、団結権、団体交渉権に加え、争議権まで保障するものであった。昭和21年に制定された労働関係調整法により、非現業公務員の争議行為は禁止されたが、国有鉄道事業、郵政事業などの現業公務員の争議行為は禁止されず、公益事業関係者については、抜き打ち争議を禁止し、30日間の冷却期間経過後に争議行為ができるとされた。昭和22年には労働基準法が制定され、公務員にも適用された。

GHQ の労働政策（民主化政策の一環）として、労働組合の結成が奨励され、インフレの進行、生活の困窮などを背景に、労働組合運動が活発になり、官公労組は、労働組合運動の主導的役割を果たすようになっていった。その活動は、昭和 22 年の 2・1 ゼネスト中止以後も激しさを増していき、全官公庁労働組合連絡協議会は、給与引上げ要求についての政府との団体交渉が昭和 23 年 7 月 3 日に決裂すると、中央労働委員会に対して提訴した。これにより、労働関係調整法に定められた冷却期間経過後に、一斉にストライキに突入することが避けられない情勢となった。

　こうした状況下で、昭和 23 年 7 月 22 日、芦田内閣総理大臣宛てに**マッカーサー書簡**が発せられた。同書簡は、簡潔に言うと以下のような考えを示すものであり、国家公務員法の改正を求めるものであった。

① 　全体の奉仕者である公務員は、争議行為は許されず、また、団体交渉をすることも認められないこと。

② 　特別の制限が課されている公務員の福祉・利益のために十分な保護の手段を講ずる必要があること。

③ 　鉄道や塩・煙草等の専売などの政府事業に限っては、公共企業体を設立し、その職員については一般の公務員とは別扱いとしてよいこと。

(2) 政令 201 号と昭和 23 年の国家公務員法改正

　マッカーサー書簡を受け、即時に、「昭和二十三年七月二十二日附内閣総理大臣宛連合国最高司令官書簡に基く臨時措置に関する政令」（**政令201 号**）が制定された。この政令は、主に以下の事項について定めるものであり、同書簡にいう国家公務員法の改正が行われるまで効力を有するとされた。

① 　公務員は団体交渉権を有しないこと（ただし、苦情・意見・希望等を表明し、話合いを行うという意味での当局との交渉の自由は否認されない。）。

② 　同盟罷業（ストライキ）、怠業的行為等を行ってはならないこと。

③ 　臨時人事委員会（昭和 24 年 1 月 1 日までに設置予定の人事委員会に代わり、人事委員会設置までの間、人事委員会の職権を行う機関）は公務員の利

益を保護する機関となること。

　マッカーサー書簡に基づき、法改正作業も進められ、第2次吉田内閣は、昭和23年11月、国家公務員法改正案を国会に提出した。法案は、国会で一部修正の上、同月30日に成立した。これにより国家公務員の勤務条件の決定に関する基本的な体系（**労働基本権の制限**（以下の①）、**人事院勧告制度**（以下の②））が確立し、現在に至るまで続いている。

　国家公務員法の主な改正内容は、以下のとおりである。

①　国家公務員には、労働組合法、労働関係調整法、労働基準法等の適用を除外すること。職員は組合その他の団体を通じて当局と**交渉**することはできるが、**団体協約を締結する権利**は認められないこと。**争議行為及び怠業的行為**を禁止すること。警察職員、消防職員、海上保安庁又は監獄に勤務する職員については、組合その他の団体の結成・加入を禁止すること（**第2章・第4章・第12章第1節**参照）。

②　人事委員会は、名称を人事委員会から**人事院**に改め、組織・権限を強化し、独立性を高めること（人事院は、ⅰ人事院に置かれる事務総局の体制の自律的な整備が認められること、ⅱ内閣総理大臣の承認なく規則を制定できること、ⅲ国会・内閣に対し、職員の給与等について勧告（人事院勧告）を行うことができることなど（**第4章**参照））。

③　国家公務員の政治的行為の制限を強化すること（ⅰ人事院規則で定める政治的行為を禁止、ⅱ一切の公職の候補者となることを禁止）。

④　各省次官を**一般職**とするなど**特別職**の範囲を縮小し、国家公務員法の適用範囲を拡大すること。

【公共企業体労働関係法】

　昭和23年12月に制定された**公共企業体労働関係法**は、日本国有鉄道及び日本専売公社の職員に対し、団結権及び団体交渉権（協約締結権を含む。）を保障し、争議行為は禁止した。同法は、昭和27年に改正され、日本電信電話公社職員や郵政、林野、印刷、造幣及びアルコール専売の五現業に従事する一般職の国家公務員にも適用されることになり、法律の名称も公共企業体等労働関係法に改正された。その後、三公社の民営化や独立行政法人制度の創設に伴い、法律の名称も改正され、現在の名称は**行政執行法人労働関係**

法である。

3 昭和40年の国家公務員法改正

(1) 人事院の改組・権限縮小の動き

連合国最高司令官リッジウェイの声明（昭和26年5月）により、占領下の諸法令を再検討する権限が日本政府に委譲されたことを受け、政府は「政令諮問委員会」を設置した。同委員会の「行政制度の改革に関する答申」（同年8月）を受け、第3次吉田内閣は、昭和27年5月、人事院を総理府の外局である国家人事委員会に改組し、その権限を弱めることを内容とする法案を国会に提出したが、法案は廃案となった（第5次吉田内閣は、行政審議会の答申（昭和28年9月）を受け、この廃案となった法案と概ね同じ法案を昭和29年3月にも国会に提出しているが、法案は再び廃案となっている。）。

第3次鳩山内閣は、憲法改正、税制の改革と並ぶ内閣の3つの目標の一つとして掲げた行政機構の改革に取り組み（昭和30年12月2日衆・本会議鳩山一郎内閣総理大臣所信表明演説（第23回国会衆議院会議録第2号（その2）15頁））、昭和31年2月の行政審議会の答申を受け、中央人事行政機構を改革整備するため、総理府に人事局と国家人事委員会を設置し、人事院を廃止する法案を同年4月に国会に提出したが、この法案も廃案となった。

昭和32年6月のILO総会において、日本の労働者代表から、**ILO第87号条約（結社の自由及び団結権の保護に関する条約）**の未批准国に対して早期の批准を求める決議案が提出されたことを契機として、政府は同年9月、労働大臣の諮問機関である労働問題懇談会に同条約の批准の可否について諮問した。同懇談会から、ILO第87号条約は批准すべき旨の答申（昭和34年2月）を受けた第2次岸内閣は、昭和35年4月、ILO第87号条約批准承認案と国家公務員法を含む関係国内法の改正案を国会に提出した。提出された法案には、条約の批准に伴う職員団体に関する規定の整備に加え、人事院の所掌事務を限定する一方で（人事院は、給与その他の勤務条件の改善及び人事行政の改善に関する勧告、試験、分限、懲戒、苦情の処

理等、職員に関する人事行政の公正の確保及び職員の利益の保護に関する事務を所掌）、内閣総理大臣が国家公務員の人事行政に関する事務を広範に所掌し、総理府に人事局を設置することも含まれていたことから、野党から便乗改悪との批判もあり、廃案となった。

　その後も、第2次及び第3次池田内閣時代の昭和36年3月から昭和38年12月までの間に5回にわたり法案は提出されたが、いずれも廃案となった（昭和36年3月に国会に提出された法案では、分限及び懲戒も人事院の所掌から内閣総理大臣の所掌に移されている。）。

(2) 昭和40年の国家公務員法改正

　昭和39年11月に発足した第1次佐藤内閣は、昭和40年1月、ILO第87号条約批准案とともに、廃案を繰り返していた法案の内容に大幅な修正を加え、国家公務員法を含む関係国内法の改正案を国会に提出した。法案審議は一時空転するなどしたが、船田衆議院議長のあっせん案に基づく修正の上、同年5月に成立した。

　この改正は、ILO第87号条約の批准に際し、職員団体に関する規定を整備する（併せて消防庁の職員に団結権を認める。）とともに、国家公務員の人事管理に関する政府の責任体制を確立するため、中央人事行政機構を改編整備することとし、**内閣総理大臣**を**中央人事行政機関**の一つとし、その事務を担当する部局として**総理府**に**人事局**を設置するものであった。一方、人事院については若干の事務（能率、厚生、服務に関する事務の一部等）を内閣総理大臣に移管の上、存置するものであった。これにより、人事院の改組・権限縮小に向けた一連の動きは決着を見た。

【ILO第87号条約の概要】

　ILO第87号条約の主な内容は以下のとおりである。
① 　労働者及び使用者は、事前の許可を受けることなく、自ら選択する団体を設立し、加入する権利を有する。
② 　労働者団体及び使用者団体は、規約を作成し、自由に代表者を選び、その管理及び活動について定める権利を有する。
③ 　行政機関は、この権利を制限し、又はこの権利の合法的な行使を妨げる

ような干渉を行ってはならない。

④　労働者団体及び使用者団体は、行政的権限によって解散させられ、又は
その活動を停止させられない。

⑤　この条約に規定する保障を軍隊及び警察に適用する範囲は国内法令で定
める。

第2節　公務員制度改革

1　平成19年の国家公務員法改正

国家公務員制度発足後50年余の時代の経過を踏まえ、国家公務員制度
とその運用の在り方について全般的な見直しを行うことを目的として、平
成9年4月に総務庁に設置された**公務員制度調査会**は、平成11年3月に
「公務員制度改革の基本方向に関する答申」を小渕内閣総理大臣に提出し
た。この答申を受け、**任期付職員法**（第5章参照）が制定されるなど具体
的な成果につながった事項もあった。

平成12年12月1日に閣議決定された**「行政改革大綱」**において、押し
付け型の天下り、前例主義、サービス意識の欠如等の公務員に対する国民
の厳しい批判に正面から応える一方、身分保障に安住せず、公務員が持て
る能力を最大限に発揮し、内外の諸課題に挑戦することにより、「公務員
に対する国民の信頼を確保するため、公務員制度の抜本的改革を行う」こ
とが明記された（同大綱Ⅰ2）。行政改革大綱を受け、公務員制度改革につ
いては白地から再設計するとの方針の下、検討が行われ、平成13年12月
25日には**「公務員制度改革大綱」**が閣議決定された。

「行政改革大綱」に始まる公務員制度改革は、紆余曲折を経て、平成19
年の国家公務員法の改正により、①**退職管理の適正化**、②**能力・実績主義
の人事管理の徹底**の2つの改革を実現するに至った。

(1) 退職管理の適正化

ア　「公務員制度改革大綱」

いわゆる「天下り」問題については、再就職が権限・予算等を背景とし
た押し付け的なものとならないよう、「公務員制度改革大綱」において再

14　第1章　国家公務員法の制定と改正

就職の適正化を図るための具体策が示された。その柱は、離職前に在職していた国の機関と密接な関係にある**営利企業への再就職についての人事院による事前承認制度**を改め、再就職の事前承認は、職員の服務管理と行政の公正な運営に一義的な責任を有する各省庁の大臣が厳格かつ明確な基準の下で行うこととするものであった。しかしながら、営利企業への再就職の大臣承認制への移行については、「お手盛り」につながるとの厳しい批判を受けた。

イ 「新たな公務員人事の方向性について」（中馬プラン）

営利企業への再就職の事前承認制度の存続を前提とした議論から大きな転換を図るとともに、平成19年の国家公務員法改正案のベースとなったのは、**「新たな公務員人事の方向性について」（中馬プラン）**（平成18年9月15日　国務大臣（規制改革・行政改革担当）中馬弘毅）であると思われる。

中馬プランは、平成18年4月27日の経済財政諮問会議の場で、前日の国会での答弁（第164回国会参議院行政改革に関する特別委員会会議録第3号25頁）を踏まえ、小泉内閣総理大臣からどうすれば定年まで勤務できるか検討するよう指示を受けた中馬行政改革担当大臣によって取りまとめられたものである。同プランでは「官民の枠を越えた幅広い勤務経験により蓄積された公務員の知識・経験がニーズに応じ有効活用されるよう、公務の公正性に対する信頼を損なう行為を明らかにし、それを禁止するとともに、それを第三者的立場から監視することで、透明性を高めていくことが望ましい」との視点から、再就職規制の抜本的な見直しが提案された。

その概要は以下のとおりである。

① 離職後一定期間、再就職を行う場合は全て、内閣への届出を求め、内閣において**再就職情報の一元管理**を行うこと。

② 営利企業への再就職については、次の3つの行為規制を導入するとともに、③の監視体制を確立し、**現在の再就職ルールは廃止**すること。

ⅰ **自らの職務（契約・行政処分）に密接に関係する企業**に対して、現職国家公務員が自らの**再就職の打診、依頼等を行うことを禁止**

ⅱ 再就職後の元国家公務員について、退職前一定の期間在職していた機関に対し、退職後一定の期間、**就職先企業に関する契約・行政処分**

第2節　公務員制度改革　15

につき不正な働きかけを行うことを禁止

iii　再就職後の元国家公務員から、iiの働きかけ行為を受けた現職国家公務員について、働きかけを受けた事実を各府省に設置する監察官へ届出させるとともに、不正な取扱いを行うことを禁止

③　新たな再就職ルールの実効性を担保するため、人事院に置かれる国家公務員倫理審査会を改組し、**監視体制**を確立すること。

④　透明性ある再就職を支援する人材バンクについて、民間の人材サービス会社の活用などによる抜本的強化を実施すること。

ウ　平成19年の国家公務員法改正

第1次安倍内閣が発足した平成18年の秋から、次期通常国会への法案提出に向けた法制化作業が進められ、平成19年に入ると、安倍内閣総理大臣から「予算や権限を背景とした押しつけ的なあっせんによる再就職を根絶するため、厳格な行為規制を導入」する方針が示された（平成19年1月26日衆・本会議安倍晋三内閣総理大臣施政方針演説（第166回国会衆議院会議録第2号（2）5頁））。経済財政諮問会議の場において各省庁による再就職あっせんの禁止なども含めて議論が行われ、国家公務員法等改正案が同年4月に国会に提出され、同年6月に成立した。

平成19年の国家公務員法の改正では、**営利企業及び非営利法人に対する再就職あっせん規制**の導入を始め、中馬プランよりも再就職等の規制が強化されている。また、規制の監視体制として内閣府に**再就職等監視委員会**を設置し、再就職支援は内閣府に設置する**官民人材交流センター**が一元的に実施する点においても、中馬プランとは相違がある（**第13章**参照）。

(2) 能力・実績主義の人事管理の徹底

ア　公務員制度改革大綱

「公務員制度改革大綱」において、「現行の人事制度においては、職員の能力や成果を適切に評価し、その結果を任用や給与に有効に活用する仕組みが不十分であることなどから、採用試験区分や採用年次等を過度に重視した硬直的な任用や年功的な給与処遇が見られる」という課題認識が示された。そしてこれに対応するため、以下の具体策が打ち出された（同大綱

II 1)。

① 「職務（官職）を通じて現に発揮している職務遂行能力に応じて職員を等級に格付ける**能力等級制度**」を新たに設け、任用、給与及び評価の基準として活用すること。

② 職員一人一人の職務遂行能力の評価及び等級への格付けを適正に行うため、職務遂行能力基準（能力基準）を定めること。

③ 能力基準を任用の基準として活用すること。

④ 基本給（能力給）には、等級ごとに、定額部分と職員の職務遂行能力の向上に対応した加算部分を設けること。

⑤ 職務遂行能力の発揮度を能力基準に照らして評価する能力評価と目標管理の手法を用いて業績を評価する業績評価からなる新たな評価制度を導入すること。

イ　平成19年の国家公務員法改正

関係者の合意が得られるような制度設計が困難であったこと等の理由から能力等級制度は導入されなかったが、「公務員制度改革大綱」が目指したことは、平成19年の国家公務員法の改正により一定程度実現されている。具体的な制度としては、**標準職務遂行能力**を内閣総理大臣が定め、任用を行うに当たっての基準（官職に任命するためには標準職務遂行能力を有することが必要）とされ（**第6章第1節**参照）、また、標準職務遂行能力を評価の基準として活用する能力評価と業務に関する目標の達成度を評価する業績評価からなる**人事評価制度**が導入されている（**第8章**参照）。

2　平成26年の国家公務員法改正

(1)　公務員制度の総合的な改革に関する懇談会

平成19年の国家公務員法等改正案と同日（平成19年4月24日）に閣議決定された「**公務員制度改革について**」において、内閣総理大臣の下に有識者からなる公務員制度に関する検討の場を設け、採用から退職までの人事制度全般の課題について検討を進め、公務員制度の総合的な改革を推進するための基本方針を盛り込んだ法案を次期通常国会に向けて立案し、提出することとされた。この閣議決定を受け、同年7月から「**公務員制度**

の総合的な改革に関する懇談会」が開催された。平成 20 年 2 月に取りまとめられた同懇談会の「**報告書**」においては、大要以下の提案がなされた。

① 「官僚主導から脱却し、大臣の任命権を十全に発揮できるようにするとともに、縦割り行政の弊害を除去し、各府省横断的な人材の育成・活用を行うため、**内閣一元管理システム**を導入する」こと（同報告書 3 頁）。

② 「幹部候補を総合的計画的に育成する人事・選抜制度（幹部候補育成課程（仮称））を導入する」こと（同報告書 5 頁）。

③ 「国家公務員の人事管理について、政府を代表して国民に対し説明責任を負う機関として、国務大臣を長とする「**内閣人事庁**（仮称)」を設ける」こと（同報告書 12 頁）。

　この懇談会の報告書を踏まえ、国家公務員制度改革基本法案が平成 20 年 4 月に国会に提出され、自由民主党・公明党・民主党の協議による修正を経て同年 6 月に成立した。

(2) 国家公務員制度改革基本法

　国家公務員制度改革基本法においては、改革の基本方針が定められており、その主なものは以下のとおりである。

① 幹部職員の任用については、**内閣官房長官**が各省庁の**幹部職員の適格性を審査**し、**候補者名簿の作成**を行うとともに、各大臣が人事を行うに当たって、内閣総理大臣及び内閣官房長官と**協議**した上で行うこと。

② 幹部職員の昇任、降任等について、幹部職員の範囲内で、職務の特性や能力・実績に応じた弾力的なものとするための措置を講ずること（自・公・民の修正協議により追加されたもの）。

③ **幹部候補育成課程**を整備すること。

④ **内閣官房**において、ⅰ幹部職員及び管理職員に係る各府省ごとの定数の設定・改定（自・公・民の修正協議により追加されたもの）、ⅱ幹部候補育成課程に関する統一的な基準の作成、ⅲ幹部職員の適格性審査及び候補者名簿の作成等の事務を一元的に行うこと。

⑤ 内閣官房長官は、政府全体を通ずる国家公務員の人事管理について、国民に説明する責任を負うこと。総務省、人事院等が国家公務員の人事

行政に関して担っている機能を必要な範囲で内閣官房に移管すること。

⑥　内閣官房に**内閣人事局**（自・公・民の修正協議により政府提出原案の内閣人事庁が内閣人事局に修正された。）を設置すること。

(3) 平成 26 年の国家公務員法改正

　国家公務員制度改革基本法に基づき、平成 21 年 3 月（自公政権。人事院からの機能移管の在り方をめぐって政府と人事院との間の調整がつかないまま法案は閣議決定された。）、平成 22 年 2 月及び平成 23 年 6 月（民主党政権）と 3 回にわたり国家公務員法等改正案が国会に提出されたが、いずれも廃案となった。平成 24 年 12 月の第 2 次安倍内閣発足後、平成 21 年の法案を基本に検討が進められ、主に以下の事項について定める国家公務員法等改正案が平成 25 年 11 月に国会に提出され、平成 26 年 4 月に成立した。

①　内閣において**幹部職員人事の一元管理**を行うこと、一定の要件を満たせば、幹部職員を特例的に降任できること（**第 3 章**参照）。

②　各大臣等が幹部候補育成課程を設け、内閣総理大臣の定める基準に従い、運用すること（**第 7 章**参照）。

③　内閣官房に内閣人事局を設置（人事院からの機能移管の範囲等については平成 21 年に提出した法案から必要な修正がなされ、政府と人事院との間の調整は終了した。）すること（**第 3 章・第 4 章**参照）。

【自律的労使関係制度】

　民主党政権下の平成 23 年 6 月、国家公務員制度改革基本法に規定された自律的労使関係制度を措置するため、国家公務員制度改革関連 4 法案が国会に提出されたが、ねじれ国会の下、法案の審議は進まず、衆議院の解散により廃案になった（平成 24 年 11 月）。法案（自律的労使関係制度の措置関連部分）の概要は、以下のとおりであった。

①　国家公務員に協約締結権を付与し、国家公務員の労働関係に関する法律案において、ⅰ国家公務員の労働組合の認証制度、ⅱ団体交渉事項、ⅲ団体協約の効力（団体協約の内容を反映した勤務条件を定める法律案の国会提出を内閣に義務付ける等）、ⅳ中央労働委員会による不当労働行為の審査、労使間で紛争が発生したときのあっせん・調停・仲裁等について規定。

第 2 節　公務員制度改革　　19

② 国家公務員の人事行政に関する事務等を所掌し、法令により定める勤務条件について認証された労働組合と団体交渉を行い、団体協約を締結する公務員庁を設置。

③ 人事院及び人事院勧告制度を廃止。人事行政の公正の確保を図ることを任務とする人事公正委員会を設置。

第2章

憲法と国家公務員の人事制度

　有為な人材を採用して育成を図ること、存分に実力を発揮して活躍してもらうこと、働きやすい勤務環境を整備すること、活躍に応じた処遇をすること、適切に組織の新陳代謝を図って組織活力を維持することなど、人事管理の重要性については、民間企業でも公務でも大きな違いはないと思われる。他方で、国家公務員に適用される人事制度の設計は憲法の規律を受け、国家公務員の勤務関係の根幹をなす事項は法定されている。また、国家公務員は憲法上の権利である労働基本権が制約され、給与等の勤務条件の決定の仕組みも民間企業とは異なっている。本章では、憲法との関係を中心に、民間の労働法制との相違も示しつつ、国家公務員の人事制度全般に通ずる総論的な事項について概説する。

1　国会の民主的統制（任用、分限、懲戒、服務等の基準の法定）

　大日本帝国憲法（明治憲法）は、「大日本帝国ハ万世一系ノ天皇之ヲ統治ス」（同憲法1条）として天皇主権を明示し、「天皇ハ行政各部ノ官制及文武官ノ俸給ヲ定メ及文武官ヲ任免ス」（同憲法10条）と定めていた（天皇が官制大権及び**任免大権**と言われる権限を有する。）。戦前の公務員は**天皇の官吏**であり、官吏に関する制度は、枢密院に諮詢（意見を求めること）した上で、**勅令**（天皇が制定する命令）により定められていた。主な勅令としては、官吏服務紀律、文官試験規則、文官任用令、文官分限令、文官懲戒令、高等官官等俸給令、判任官官等俸給令などがあった。

　これに対し、**日本国憲法15条**1項は「公務員を選定し、及びこれを罷免することは、国民固有の権利である」と規定し、同条2項は「すべて公務員は、**全体の奉仕者**であつて、一部の奉仕者ではない」と規定している。この内容に鑑みれば、国家公務員の身分や地位に関わる基本的な事項、す

21

なわち任用、分限、懲戒、服務等の基準については、**国民主権**原理の下、国会が定めることが現行憲法上要請されているものと考えられる。

同時に、**憲法73条4号**は、内閣の権能の一つとして「**法律の定める基準に従ひ、官吏に関する事務を掌理**すること」を定め、官吏に関する事務を掌理する基準を法定することを求めている。言い換えれば、官吏に関する事務を掌理する内閣の権能を**国会の民主的統制**の下に置くことが憲法の規定上明記されているということである。

国家公務員法は、憲法73条4号にいう「官吏に関する事務を掌理する基準を定めるもの」であり、「国民に対し、公務の民主的且つ能率的な運営を保障することを目的」として制定されている。この目的を達成するため、国家公務員法は、「国家公務員たる職員について適用すべき各般の根本基準（中略）を確立し、職員がその職務の遂行に当り、最大の能率を発揮し得るように、民主的な方法で、選択され、且つ、指導さるべきことを定め」るとして、具体的には、任用、分限、懲戒、服務等の任命権者が従うべき基準や職員が遵守すべき義務を定めている（民主的な方法で選択されるとは、受験資格を有する全ての国民に対して平等の条件で公開される採用試験によって採用されるという趣旨であると解される。）（同法1条1項2項）。

また、官吏に関する事務を掌理する基準の法定は憲法上の要請であることから、任用、分限、懲戒、服務以外の給与、勤務時間などの職員の勤務条件の基準も法定し、国会の民主的統制の下に置くことが求められていると考えられる。

2　公務員の選定及び罷免

憲法15条1項は、「公務員を選定し、及びこれを罷免することは、国民固有の権利である」と規定しているが、全ての公務員を直接国民が任免することは現実的ではなく、それを求めているとは考えにくい。

憲法は、①国会は衆議院及び参議院の両議院で構成され、両議院は全国民を代表する選挙された議員で組織されること、②国会議員の中から国会の議決で内閣総理大臣が指名され、内閣総理大臣によって国務大臣が任免されることも規定している（憲法42条・43条1項・67条1項・68条）。ま

た、主任の大臣として行政事務を分担管理する各省大臣は、国務大臣のうちから内閣総理大臣によって命ぜられる（内閣法3条、国家行政組織法5条1項3項）。国民による選挙に基礎を置くこうした選定プロセスを経てその地位にある内閣総理大臣及び各省大臣が**任命権者**として公務員の任免を行う制度を設け（国家公務員法55条1項）、国民が公務員の任免を間接的に行うことにより、憲法15条1項の趣旨は実現されていると考えられる。

3　全体の奉仕者

　憲法15条2項は「すべて公務員は、全体の奉仕者であつて、一部の奉仕者ではない」と規定している。政治的に一党一派に偏することや、特定の企業・団体の利益のために便宜を図るといったことがないよう、全体の奉仕者である公務員の職務遂行の中立・公正性を確保するための具体的な規定が国家公務員法に設けられている。大別すれば、①中立・公正に職務の遂行に当たる職員を確保するために任命権者が従わなければならない基準を規定するものと、②個々の職員に対して、その職務の遂行において中立・公正性を欠く事態が生じないよう、必要な規律を課すものがある。例えば、①には、ⅰ任命権者による情実人事を排除するための**成績主義の原則に基づく任用**（同法33条）や、ⅱ任命権者が職員を恣意的に職務から排除することを禁ずるための**身分保障**（同法75条）などの規定がある（**第6章参照**）。②には、**服務**に関する規定として、ⅰ公務員は国民全体の奉仕者として公共の利益のために勤務しなければならないこと（同法96条）、ⅱ公務員の政治的行為の制限（同法102条）、ⅲ兼業の制限（同法103条・104条）などがある（**第12章第1節**参照）。また、**退職管理**に関する規定として、ⅰ営利企業等に対する再就職のあっせんの規制、ⅱ利害関係企業等への在職中の求職活動の規制及びⅲ営利企業等に再就職した職員による現役の職員への働きかけの規制（同法106条の2〜106条の4）がある（**第13章**参照）。

4 公務員の勤務関係

(1) 公務員の勤務関係の法的性格

　国家公務員法に規定する任用、**分限**、**懲戒**、服務等の基準は、**1** で見たとおり、憲法上、法定することが要請されていると考えられる。国家公務員には、その勤務関係の根幹をなす任用、分限、懲戒、服務等について、国家公務員法及びそれに基づく人事院規則の詳細な規定が適用されていることから、その勤務関係は、基本的には、**公法的規律に服する公法上の関係**であり、これを労働契約関係と解することは難しいと考えられる。

　最高裁昭和 49 年 7 月 19 日第二小法廷判決昭和 46 年（行ツ）第 14 号は、かつて存在した国の経営する企業（郵政事業、国有林野事業、印刷事業、造幣事業、アルコール専売事業）に勤務する一般職の国家公務員である、いわゆる現業職員の勤務関係について、次のとおり判示している。

　現業公務員は、一般職の国家公務員として、国の行政機関に勤務するものであり、「その勤務関係の根幹をなす任用、分限、懲戒、服務等については、国公法（筆者注：国家公務員法）及びそれに基づく人事院規則の詳細な規定がほぼ全面的に適用されている」などの点に鑑みると、「その勤務関係は、基本的には、公法的規律に服する公法上の関係であるといわざるをえない」。もっとも、現業公務員は、郵便事業等という経済的活動を行う企業に従事するものであり、労働条件に関する事項について団体交渉及び労働協約の締結が認められることからすると、その勤務関係は、「ある程度当事者の自治に委ねられている面がある」。しかし、その面も、「結局は国公法及び人事院規則による強い制約のもとにある」から、これをもって、「現業公務員の勤務関係が基本的に公法上の関係であることを否定することはできない」。

(2) 任用の法的性格

　降任、休職、免職のほか、著しい不利益処分（例えば、実質的に降任に当たる転任処分、辞職承認処分（強要されて辞職願を提出し、辞職の承認が行われたようなケース））、懲戒処分は、**行政処分**として、人事院に対して審査請求を行うことが可能である（国家公務員法 89 条・90 条）。このよう

24　第 2 章　憲法と国家公務員の人事制度

に公務員の勤務関係の変動・終了をもたらす任命権者の行為が行政処分とされていることに鑑みれば、公務員の勤務関係を成立させる採用も含めた国家公務員の任用全体が、契約ではなく行政処分（ただし、採用については本人の同意を要する。）としてなされていると考えられる。したがって、労働契約法は解釈上当然に国家公務員には適用されないが、同法 21 条 1 項においてはこれを確認的に規定し、条文上明確にしていると考えられる（「労働契約法の施行について」（平成 24 年 8 月 10 日基発 0810 第 2 号）第 6 の 2 (1)）。

【行政処分】
　　行政処分とは、「公権力の主体たる国または公共団体が行う行為のうち、その行為によつて、直接国民の権利義務を形成しまたはその範囲を確定することが法律上認められているもの」（最高裁昭和 39 年 10 月 29 日第一小法廷判決昭和 37 年（オ）第 296 号）である。

　なお、独立行政法人の一類型である行政執行法人（国立印刷局、造幣局など）の職員は、一般職の国家公務員であるが、給与や労働時間などの労働条件に関し労働協約を締結することも認められている。同時に、任用、分限、懲戒、服務等について定める国家公務員法及び人事院規則も原則適用されており、労働契約法は、行政機関に勤務する一般職の国家公務員と同じく、行政執行法人の職員にも適用が除外されている（同法 21 条 1 項）。

(3) 採用内定の法的性格

　採用については、これを契約と考えるか、行政処分（ただし、採用される者の同意を要する。）と考えるかにより、**採用内定**が取り消された場合には、差が生じ得る。民間企業において採用内定の取消しが行われた事案において、**最高裁昭和 54 年 7 月 20 日第二小法廷判決（大日本印刷事件）**は、一定の事実関係を前提とした上で、採用内定通知により、**始期付解約権留保付労働契約**が成立しており、採用内定の取消事由は、解約権留保の趣旨、目的に照らして、客観的に合理的と認められ社会通念上相当として是認することができるものに限られるとしている。

25

これに対し、東京都職員（地方公務員）の採用内定が取り消された事案において、**最高裁昭和57年5月27日第一小法廷判決（東京都建設局事件）**は、一定の事実関係を前提として、①採用内定の通知は、単に採用発令の手続を支障なく行うための準備手続としてされる事実上の行為であり、東京都職員としての地位の取得を目的とする確定的な意思表示ないしは始期付又は条件付採用行為とは認められないことから、②採用内定の通知によって職員としての地位を取得するものではなく、また都知事は採用すべき義務を負うものではないとしている。それゆえ、正当な理由がなく採用内定が取り消されても、採用内定を受けた者の法律上の地位ないし権利関係に影響を及ぼすものではないから、採用内定者においてその取消しを訴求することはできないとしている（なお、最高裁は、採用内定通知を信頼し、職員として採用されることを期待して他の就職の機会を放棄するなど、東京都に就職するための準備を行った者に対して損害賠償の責任を負う場合があるとの考えも示している。）。

　最高裁は、地方公務員の採用内定通知には、これによって始期付解約権留保付労働契約が成立するという理論を採用しておらず、公務員の採用行為は契約ではないという考えを前提としていると思われる。

　なお、採用内定の通知が事実上の行為にすぎないとしても、やむを得ない事情のない限り、採用内定の取消しを行うようなことは厳に避けるべきであることは言うまでもない。

(4) 任用、分限及び懲戒と民間企業における人事

　国家公務員法及び人事院規則は、国家公務員の任用、分限（降任、免職、休職等）及び懲戒についての基準を定めており（**第6章・第12章第3節**参照）、任命権者は、国家公務員法及び人事院規則に従い、任用、分限及び懲戒を行うことになる。その際、**6**で説明する平等取扱いの原則や人事管理の原則に違反してはならない。

　民間労働法制には、昇進（役職や職位の上昇）、昇格（職能資格制度における資格の上昇）、降格（役職や職位の引下げ、職能資格制度における資格の引下げ）、配転（職務内容や勤務場所の変更）、出向（企業（出向

元）に在籍したまま、他の企業の業務に従事すること）、休職、懲戒、解雇などの人事制度を定める法律はなく、これらは個々の企業において使用者の**人事権**により行われている。

　使用者の人事権は、具体的には、配転命令、出向命令などの業務命令や懲戒処分などの処分という形で行使されるが、その前提として配転命令権、出向命令権、懲戒権等これらの業務命令や処分を行うことができる権限が必要である。使用者が権限を有すると認められるためには、労働協約や就業規則に定め、あるいは、個別の労働契約において合意するなどにより、**労働契約**に根拠があることが必要であると解されている（労働協約、就業規則及び労働契約の関係については、**5 (2)** 参照）。

　さらに、人事権についての労働契約上の根拠があったとしても、その権限の行使が**権利の濫用**に当たらないなど法律に違反しないことが必要である。**労働契約法**においては、労働契約に基づく権利の濫用禁止が規定されているほか（同法3条5項）、特に、出向、懲戒及び解雇については、権利（出向命令権、懲戒権、解雇権）の濫用に当たる場合には無効となる旨の明文の規定が置かれている（同法14条～16条）。また、人事権については、例えば、性別を理由とする昇進差別の禁止（男女雇用機会均等法6条1号）、業務上の負傷・疾病による療養のための休業期間及びその後30日間の解雇禁止（労働基準法19条）など法律による規制を受ける。

5　公務員の勤務条件の決定
(1) 国家公務員の勤務条件決定の仕組み
ア　労働基本権の制限
　憲法28条（「勤労者の団結する権利及び団体交渉その他の団体行動をする権利は、これを保障する」）の**労働基本権**の保障は国家公務員にも及ぶと解されており、団結権は認められ、職員団体（**第4章**参照）は当局と交渉をすることができる（国家公務員法108条の2第1項～3項・108条の5第1項）。しかしながら、団体協約を締結する権利は認められておらず（同法108条の5第2項）、また、争議行為等は禁止され（同法98条2項）、労働基本権は制限されている。労働組合法及び労働関係調整法は適用を除

外され、労働者と使用者が対等の立場で決定すべき労働条件の最低基準を定める労働基準法等の適用も除外されている（国家公務員法附則6条）。

最高裁昭和48年4月25日大法廷判決（全農林警職法事件）は、公務員の労働基本権は国民全体の共同の利益の見地からする制約を免れないとして、以下の理由により、争議行為の禁止を合憲であると判示している。

① 公務員は全体の奉仕者として労務提供義務を国民全体に対して負っており、公務員が争議行為に及ぶことは、公務の停廃をもたらし、その停廃は国民全体の共同の利益に重大な影響を及ぼすか、そのおそれがある。

それゆえ、公務員の**地位の特殊性**と**職務の公共性**を根拠として公務員の労働基本権に対し必要やむを得ない限度の制限を加えることは、十分合理的な理由がある。

② 公務員の給与の財源は、国の財政とも関連して主として税収によって賄われており、また、憲法73条4号は、官吏に関する事務を掌理する基準は法律で定めるとしている。したがって、給与その他の勤務条件は、国会の制定した法律、予算によって定められるべきである。

③ 一般の私企業の場合には、労働者の過大な要求を容れることは企業の経営を悪化させ、企業の存立を危うくすることから、要求は抑制される。また、争議行為に対しては市場の抑制力が働く。公務員の場合には、そのような市場の機能が作用する余地がない。

④ 憲法によって保障される労働基本権の制限に対し、ⅰ公務員は**法定された勤務条件を享有**し、ⅱ人事院は給与、勤務時間等の勤務条件について、情勢適応の原則（**イ**参照）により、国会及び内閣に対し勧告が義務付けられているなど、適切な**代償措置**が講じられている。

イ　人事院勧告制度と勤務条件の法定

憲法上の権利である国家公務員の労働基本権を制限する代償措置の根幹をなすものとして、国家公務員の給与、勤務時間等の勤務条件について、人事院が国会及び内閣に勧告する**人事院勧告制度**が設けられている（国家公務員法28条）。また、国家公務員の主要な勤務条件が法定されていることも、労働基本権制約の代償措置の一つと位置付けられている。

国家公務員法は、職員の給与、勤務時間その他勤務条件に関する基礎事

項は、国会により社会一般の情勢に適応するように、随時これを変更することができるとする**情勢適応の原則**を定めており、これが職員の勤務条件を定める基準になっている（同法 28 条 1 項前段）。職員の給与、勤務時間等の勤務条件は、この情勢適応の原則に従い、人事院が**民間準拠**を基本として行う勧告に基づき、一般職給与法や勤務時間休暇法等により定められている。例えば、給与については、ほぼ毎年、民間準拠を基本に人事院が国会及び内閣に対して勧告を行っており、政府においては、労働基本権制約の代償措置である人事院勧告制度を尊重するとの基本姿勢に立ち、勧告の取扱いを検討・決定の上、一般職給与法改正案を国会に提出している。改正案は、国会で審議され、成立している（**第 9 章第 1 節**参照）。

また、人事院は、勧告とは別に、法令の制定改廃について国会及び内閣に対する意見の申出を行うことができる（国家公務員法 23 条）。勤務条件に関する制度の新設や改定について**意見の申出**を行うことがあり、国家公務員育児休業法や国家公務員災害補償法の制定・改正などは人事院の意見の申出を踏まえてなされている。

ウ　労働基準法と国家公務員法制の対比

憲法 27 条 2 項は、「賃金、就業時間、休息その他の勤労条件に関する基準は、法律でこれを定める」と規定し、**労働条件**の最低の基準を定める**労働基準法、最低賃金法、労働安全衛生法**などが制定されている。国家公務員にはこれらの法律は適用されないが（国家公務員法附則 6 条）、その勤務条件は法律、人事院規則等で詳細に定められており、憲法 27 条 2 項の要請（勤労条件に関する基準の法定）は満たされていると考えられる。

労働基準法、労働安全衛生法と国家公務員法制を対比してみると、労働基本権の制約に関連する規定等を除き、概ね、国家公務員法、一般職給与法、勤務時間休暇法、人事院規則等に対応する規定があり、労働基準法等の改正があれば必要な対応がなされている。例えば、

① 平成 20 年の労働基準法の改正（法定割増賃金率の引上げ）を踏まえ、一般職給与法が改正され、月 60 時間を超える超過勤務に係る超過勤務手当の支給割合が引き上げられている。

② 平成 26 年の労働安全衛生法の改正を踏まえ、人事院規則 10-4 が改正

され、ストレスチェックの実施が規定されている。

③　平成30年の労働基準法の改正（時間外労働の罰則付きの上限規制の導入）を踏まえ、人事院規則15-14が改正され、超過勤務命令を行うことができる上限が設定されている。ただし、同規則違反について罰則はなく、また、特例業務（大規模災害への対処、重要な政策に関する法律の立案等の重要な業務であって特に緊急に処理することを要するもの）に従事する職員に対しては上限を超えて超過勤務を命ずることができる（**第10章第1節**参照）など、同法の規制に比べると緩やかなものとなっている。

(2) 民間企業の労働者の労働条件決定の仕組み

　上述した国家公務員の勤務条件の決定の仕組みは民間企業の労働者の労働条件の決定の仕組みと大きく異なる。そこで、民間企業の労働者の労働条件の決定の仕組みについて概観しておく。

　民間企業の労働者の労働条件は、①労働条件の最低基準を定める労働基準法等の強行法規、②労働組合と使用者が団体交渉を通じて合意に達して締結する**労働協約**、③労働者が遵守すべき職場の規律及び労働条件の具体的細目について使用者が定める**就業規則**が、労働者と使用者の合意によって成立する労働契約の内容を規律することで設定されることとなる。

ア　労働基準法と労働契約の関係

　労働基準法で定める基準に達しない労働条件を定める労働契約（例えば、年次有給休暇の付与日数が同法で定める付与日数よりも少ない労働契約）は、その部分については無効となり、無効となった部分は、同法で定める基準による（同法13条）。

イ　労働協約と労働契約の関係

（ア）　労働協約の規範的効力

　労働協約に定める労働条件その他の労働者の待遇に関する基準に違反する労働契約（例えば、賞与の支給月数が労働協約で定める支給月数よりも少ない労働契約）の部分は無効となり、無効となった部分と労働契約に定めがない部分については労働協約上の基準によることとされている（労働組合法16条）。この効力を**労働協約の規範的効力**といい、労働協約の規範的効

力は、原則として、労働協約を締結している労働組合の組合員にのみ及ぶ。

逆に、労働契約が労働協約の基準を上回る場合も、労働協約に定める労働条件が最低条件であると解される場合は別として、その上回る部分は無効と解されている（「団結権、団体交渉その他の団体行動権に関する労働教育行政の指針について」（昭和32年1月14日発労第1号））。

（イ） 労働協約による労働条件の不利益変更

最高裁平成9年3月27日第一小法廷判決（朝日火災海上保険（石堂・本訴）事件） は、上告人の定年及び退職金算定方法を不利益に変更する労働協約について、同協約が締結されるに至った経緯、被上告会社の経営状態、同協約に定められた基準の全体としての合理性に照らせば、同協約が労働組合の目的を逸脱して締結されたものとはいえず、「その規範的効力を否定すべき理由はない」として、**労働協約による労働条件の不利益な変更** を認めている。

ウ　就業規則と労働契約の関係

（ア） 就業規則の契約内容補充効

使用者は、就業規則により事業場で働く労働者全体に対して統一的に労働条件や服務規律を設定している。労働基準法は、常時10人以上の労働者を使用する使用者に対し、就業規則を作成し、労働基準監督署長へ届け出る義務（同法89条、労働基準法施行規則49条1項）及び就業規則を労働者に周知する義務（同法106条1項）を課している。また、就業規則の作成に当たり、事業場の労働者の過半数で組織する労働組合（そうした労働組合がない場合は労働者の過半数を代表する者）からの意見聴取を義務付けている（同法90条1項）。ただし、協議や同意が求められているわけではない。

労働者及び使用者が労働契約を締結する場合において、使用者が合理的な労働条件が定められている就業規則を労働者に周知させていた場合には、労働契約の内容は、その就業規則で定める労働条件によるとされている（**就業規則の契約内容補充効**。労働契約法7条本文）。ただし、労働契約において、労働者及び使用者が就業規則の内容と異なる労働条件を合意していた部分は、合意の内容が就業規則で定める基準に達しない場合（**（イ）** 参

照）を除き、その合意が優先される（同条ただし書）。

（イ）　就業規則の最低基準効

就業規則で定める基準に達しない労働条件を定める労働契約（例えば、就業規則で定められている時給1,300円を下回る1,200円を時給とする労働契約）は、その部分については無効とし、無効となった部分は就業規則で定める基準によることとされている（労働契約法12条）。この効力を**就業規則の最低基準効**という。なお、労働契約法12条は、就業規則で定める基準以上の労働条件を定める労働契約は、これを有効とする趣旨である（「労働契約法の施行について」第3の6(2)エ）。

（ウ）　就業規則の変更による労働条件の不利益変更

使用者は、労働者との合意なく、就業規則の変更により、労働者の不利益に労働契約の内容である労働条件を変更することは原則としてできない（労働契約法9条）。ただし、変更後の就業規則を労働者に周知させ、かつ、就業規則の変更が合理的なものであるときは、労働契約の内容である労働条件は、当該変更後の就業規則に定めるところによるものとするとされ（同法10条本文）、この場合には、労働者の同意がなくとも、**就業規則の変更による労働条件の不利益変更**が可能となる。

【就業規則の記載事項】

就業規則に記載する事項には、必ず記載する必要のある**絶対的必要記載事項**と、制度を設ける場合には記載する必要のある**相対的必要記載事項**がある。①始業及び終業の時刻、休憩時間、休日、休暇など労働時間関係、②賃金の決定、計算及び支払いの方法、支払いの時期、昇給に関する事項など賃金関係、③退職に関する事項（解雇の事由を含む。）は絶対的必要記載事項である。これに対し、①退職手当関係、②賞与等の臨時の賃金関係、③安全衛生関係、④職業訓練関係、⑤災害補償・業務外の傷病扶助関係、⑥表彰・制裁関係等は相対的必要記載事項である。

エ　就業規則と法令・労働協約との関係

労働基準法には、就業規則は、法令又は当該事業場について適用される労働協約に反してはならないとの規定が設けられている（同法92条1項）。これと同趣旨の規定である労働契約法13条においては、就業規則が法令

又は労働協約に反する場合には、当該反する部分は、同法7条（就業規則の契約内容補充効）、10条（就業規則の変更による労働条件の不利益変更）及び12条（就業規則の最低基準効）の規定は、当該法令又は労働協約の適用を受ける労働者との間の労働契約については、適用しないと規定されている。これは、労働協約に反する就業規則（例えば、労働協約では家族手当を10,000円支給するとしているが、これを8,000円の支給とする就業規則）の効力は、当該労働協約を締結した労働組合に加入する労働者との関係では生じないこと（つまり労働協約に反する就業規則で定める労働条件が労働契約の内容となることはないこと）を意味している（他方、当該労働組合に加入していない労働者との関係では原則として就業規則の効力が生ずる。）。

【地方公務員と労働基準法】

地方公務員にも団体協約締結権や争議権は認められておらず（地方公務員法37条1項・55条2項）、職員の給与、勤務時間等の勤務条件は条例で定めることとされている（同法24条5項）。他方、国家公務員と異なり、地方公務員には、一部の規定を除き、労働基準法が適用される（地方公務員法58条3項）ことから、条例で定める勤務条件は労働基準法に違反しないように定められる必要がある。適用が除外される規定は、①労働条件の労使対等の立場での決定に関する規定、②就業規則の規定、③災害補償の規定等であり、④労働基準法4章（労働時間、休憩、休日及び年次有給休暇）についても、1年単位の変形労働時間制、裁量労働制、労使協定による年次有給休暇の計画的付与、使用者が時季を指定して年次有給休暇を取得させる義務、高度プロフェッショナル制度等の規定の適用が除外されている。

地方公営企業（水道事業、下水道事業、交通事業、病院事業等）や特定地方独立行政法人に勤務する地方公務員、技能労務職員（単純な労務に雇用される地方公務員）は、労働組合を結成し、給与、労働時間等の労働条件について団体交渉を行い、労働協約を締結することができる（争議行為は禁止される。）。労働基準法については、ほぼ全ての規定が適用される（地方公営企業法39条1項、地方独立行政法人法53条1項、地方公営企業労働関係法5条1項・7条・11条1項・17条1項・附則5項）。

6 平等取扱いの原則、人事管理の原則

国家公務員法が定める職員に適用される基準の通則として、情勢適応の原則（**5 (1)** 参照）のほか、平等取扱いの原則、人事管理の原則が規定されている。

(1) 平等取扱いの原則

憲法 14 条の規定（「すべて国民は、法の下に平等であつて、人種、信条、性別、社会的身分又は門地により、政治的、経済的又は社会的関係において、差別されない」）を受け、国家公務員法は、全て国民は、この法律の適用について、平等に取り扱われ、人種、信条、性別、社会的身分、門地、政治的意見、政治的所属関係によって、差別されてはならないとして、**平等取扱いの原則**を定めている（同法 27 条）。この原則は、任用（採用、昇任、降任、転任）、人事評価、幹部候補育成課程、分限、懲戒、服務などの同法の具体的な規定の運用に当たって平等に取り扱うことを求めるものである。この原則に違反して差別をした者は、懲戒処分や刑事罰の対象となる（同法 109 条 8 号）。

(2) 人事管理の原則

国家公務員法は、職員の採用後の任用、給与その他の人事管理は、職員の採用年次、合格した採用試験の種類、幹部候補育成課程対象者であるか（又はあったか）否かにとらわれてはならず、**人事評価**に基づいて適切に行われなければならないとして、**人事管理の原則**を規定している（同法 27 条の 2）。

この原則は、平成 19 年の国家公務員法の改正により新設された規定である。当時、国家公務員の人事管理については、①採用年次や採用試験の種類に依存した年功的、同期横並び的な人事管理が行われ、職員が事なかれ主義に陥ったり、自己研鑽を怠ったりするなどの弊害を招いている面があるのではないか、②人事当局側も、他の多数の職員との関係を考慮し、意欲ある有為な人材を抜擢・登用することに慎重になるなど、人材の有効活用を阻んでいる面があるのではないかなどの指摘があった。複雑高度化

する行政課題に的確に対応していくためには、能力本位の適材適所の人事配置やメリハリのある給与処遇により、職員の意欲や持てる力を引き出すことが必要であることから、平成19年の同法の改正による人事評価制度の導入に併せて、人事管理の原則として規定されたものである。

その後、平成26年の国家公務員法の改正により幹部候補育成課程が新設されたことに併せ、同課程対象者であること又は対象者であったということだけで当然に管理職までの昇任が保証されるものではないことを明確にするために、採用後の任用、給与その他の人事管理は、幹部候補育成課程対象者であるか（又はあったか）否かにとらわれてはならない旨が追加して規定されている。

7 公務員と国籍

(1) 公務員の国籍に関する法理

憲法は、公務員の選定罷免は国民固有の権利であるとしているが（憲法15条1項）、日本国籍を有しない外国人が公務員となることができるかどうかについては、規定していない。

外務公務員法においては（**第14章**参照）、国家公務員法の**欠格条項**に該当する場合のほか、①日本国籍を有しない者や、②日本の国籍を有し、かつ、外国の国籍を有する二重国籍の者は、外務公務員（＝特命全権大使・公使等及び外務職員（**第14章**参照））となることができないとされている（外務公務員法7条1項）。また、日本国籍を喪失し、あるいは、外国の国籍を有することになった場合は、当然**失職**するとされている（同条2項）。外務公務員については、日本国籍を必要とするだけでなく、「外交の現場において特に国益をかけて仕事をしなければいけない」という特殊性に鑑みて二重国籍が禁止されている（平成28年10月3日衆・予算委員会、岸田文雄外務大臣答弁（第192回国会衆議院予算委員会議録第3号37頁））。

【欠格条項】

国家公務員法には、欠格条項の規定があり、①禁錮以上の刑に処せられ、その執行を終わるまで又はその執行を受けることがなくなるまでの者（刑法等の一部を改正する法律（令和4年法律第67号）の施行（＝令和7年6

月1日から施行）に伴い、禁錮は拘禁刑に改められる。）、②懲戒免職の処分を受け、処分の日から2年を経過しない者、③憲法又はその下に成立した政府を暴力で破壊することを主張する政党その他の団体を結成し、又はこれに加入した者等に該当する場合には、官職に就くことはできないとされている（国家公務員法38条）。また、在職中に欠格条項（②を除く。）に該当した場合には、当然に失職するとされている（同法76条）。

　外務公務員以外の国家公務員として任用されるために、日本国籍を必要とするかどうかについては、国家公務員法には明文の規定はない。この点については、**公務員の国籍に関する法理**（いわゆる「**当然の法理**」）として、内閣法制局の意見（昭和28年3月25日法制局一発第29号）がある。その内容は、「一般にわが国籍の保有がわが国の公務員の就任に必要とされる能力要件である旨の法の明文の規定が存在するわけではないが、公務員に関する当然の法理として、公権力の行使又は国家意思の形成への参画にたずさわる公務員となるためには日本国籍を必要とするものと解すべきであり、他方においてそれ以外の公務員となるためには日本国籍を必要としないものと解せられる」。したがって、「日本国籍を必要とする旨の法の明文の定がある官公職又は公権力の行使若しくは国家意思の形成への参画にたずさわる官公職にある者は、国籍の喪失によつて公務員たるの地位を失うが、それ以外の官公職にある者は、国籍の喪失によつて直ちに公務員たる地位を失うことはないものと考える」というものである。

(2) 最高裁判決

　最高裁平成17年1月26日大法廷判決（管理職選考受験資格確認等請求事件）は、外国人の地方公務員就任について次のような考えを示している。

　公権力の行使に当たる行為を行うことや、地方公共団体の重要な施策に関する決定を行うこと、又はこれらに参画することを職務とする地方公務員（公権力行使等地方公務員）の職務の遂行は、住民の権利義務や法的地位の内容を定め、あるいはこれらに事実上大きな影響を及ぼすなど、住民の生活に直接間接に重大な関わりを有する。それゆえ、国民主権の原理に

基づき、国及び普通地方公共団体による統治の在り方については日本国の統治者としての国民が最終的な責任を負うべきものであること（憲法1条・15条1項参照）に照らし、原則として日本の国籍を有する者が公権力行使等地方公務員に就任することが想定されており、外国人が公権力行使等地方公務員に就任することは、我が国の法体系では想定されていないというべきである。

【国家公務員採用試験の受験と日本国籍】
　　国家公務員の採用試験については、欠格条項に該当する者のほか、日本国籍を有しない者も受験することができないとされている（人事院規則8-18第9条1項3号）。これに加え、外務省専門職員採用試験及び外交領事事務に従事する外務職員を採用するための経験者採用試験については、外国の国籍を有する者も受験できないとされている（同条2項）。

(3) 外国人の任用を可能とするための立法例

　当然の法理を前提として、国家公務員に外国人（日本の国籍を有しない者）を任用するために、法律に根拠を設けているものがある。科学技術・イノベーション創出の活性化に関する法律14条は、外国人を研究公務員（防衛省の研究公務員を除く。）に任用することを認めている（ただし、①試験研究機関等の長である職員、②試験研究機関等の長を助け、試験研究機関等の業務を整理する職の職員等及び③試験研究機関等に置かれる支所等の長である職員には、外国人を任用できない。）。また、独立行政法人通則法35条の4は、国立研究開発法人審議会の委員に外国人を任命することを認めている（同条5項。ただし、審議会の会長になることはできず、また、外国人の委員は委員の総数の5分の1を超えてはならないとされている（同条6項）。）。

第3章

内閣機能の強化と
国家公務員の人事制度

　内閣機能を強化するため、平成8年に設置された行政改革会議（会長：橋本内閣総理大臣）の議論を踏まえ、法制度によらない運用上の措置として、各省庁の幹部職員の人事に内閣が関与する仕組みが設けられている。平成26年の国家公務員法の改正により導入された幹部職員人事の一元管理制度は、その延長線上にあると考えられる。また、内閣機能を強化するため、第3次臨時行政改革推進審議会の「最終答申」（平成5年10月27日）以降、政治任用職の拡充も図られている。本章では、幹部職員人事の一元管理制度や政治任用について概説するとともに、国家公務員の人事制度の設計・構築や人事管理の基準・方針の策定等を行う作用（人事行政）についても、内閣機能の強化が図られてきていることから、併せて概説する。

1　内閣の人事管理機能の強化（幹部職員人事の一元管理等）

(1) 本省庁局長級以上の人事の内閣承認

　昭和23年の国家公務員法の改正により各大臣が所属の職員の任命権者となったことから、他省庁の重要な官職について閣僚が知る機会を失することがないよう、昭和24年2月8日の閣議決定（「各省次官等重要人事の任命発令に際し閣議了解を求めるの件」）により、各省次官、局長等の任命は、あらかじめ**閣議の了解**を得た後に行うこととされ、その運用が長く続いていた。

　【閣議了解】
　　「「閣議了解」は、本来、ある主任の大臣の権限により決定し得る事項に属

するものであるが、事柄の重要性にかんがみ、他の国務大臣の意向をも徴することが適当と判断されるものについて行われる」（「内閣制度の概要」（首相官邸 HP））。

平成 9 年 5 月 1 日の**行政改革会議**において、「行政改革推進に向けた内閣のリーダーシップ発揮の緊急性にかんがみ、当面、内閣において事務次官、局長等に係る閣議了解人事の運用について十分配慮を行うよう、内閣に口頭で要望してはどうか、との提案があり、了承された」（行政改革会議第 11 回議事概要）。この要望を受け、閣議了解の前に、局長級以上の人事案について検討するため、内閣官房において**閣議人事検討会議**が開催されることとなった（**(2)** の幹部職員人事の一元管理制度導入後は**人事検討会議**が開催されている。）。

行政改革会議の「**最終報告**」（平成 9 年 12 月 3 日）は、「内閣」の機能強化の一環として、「各省庁の次官、局長等幹部人事については、行政各部に対する内閣の優位性を明確にするため、各大臣に任免権を残しつつ、任免につき内閣の承認を要すること」を求めている（同報告 II 2 (4) ②）。行政事務を分担管理する各省庁の幹部職員人事への関与を通じて、内閣が官僚機構を統制し、内閣の方針を各省庁に徹底すること、そしてその方針の下に内閣の一員たる大臣が行う重要政策の立案・調整・決定を国家公務員が補佐する体制を構築していくことが企図されていたように思われる。

この「最終報告」に基づき策定された**中央省庁等改革基本法**において、「事務次官、局長その他の幹部職員については、任免権者がその任免を行うに際し内閣の承認を要することとするための措置を講ずるものとする」（同法 13 条）とされた。これを受け、平成 12 年 12 月 19 日の閣議決定（「事務次官、局長その他の幹部職員の任免に際し内閣の承認を得ることについて」）により、従来の閣議了解を改め、事務次官、局長等の幹部職員の任免については、あらかじめ閣議決定により**内閣の承認**を得た後に行うこととされた（幹部職員人事の一元管理制度導入後も内閣承認の仕組みは存続している。）。

【閣議決定】

　「「閣議決定」は、合議体である内閣の意思を決定するものについて行われる」（「内閣制度の概要」）。

(2) 幹部職員人事の一元管理

　平成 20 年に制定された**国家公務員制度改革基本法**は、**縦割り行政の弊害**を排除するため、「**内閣の人事管理機能を強化**」することを明記し、閣議人事検討会議や幹部職員の任免についての内閣承認という運用上の仕組みを更に進めて法制度化し、幹部職員人事の一元管理制度を導入することを改革の基本方針として示している。平成 26 年の**国家公務員法**の改正により具体化された**幹部職員人事の一元管理制度**は、「内閣の重要政策に応じた戦略的人事配置を実現し、縦割り行政の弊害を排除して各府省一体となった行政運営を確保」することを目的として導入されたものである（「採用昇任等基本方針」（平成 26 年 6 月 24 日閣議決定）4 (1)）。その対象も、閣議人事検討会議や内閣承認の対象は局長級以上であったが、制度導入の目的に鑑み、政策の企画立案や行政運営において局長級に次ぐ重要な役割を担う部長級以上に拡大されている（なお、幹部職員は、成績主義の原則に基づく任用や身分保障について定めた国家公務員法が適用される一般職の国家公務員であることに変更はない。）。

　この制度の下での幹部職員人事のプロセスの概要は次のとおりである。

① 　各省庁で実施される**人事評価**の結果などの提出を受け、**内閣官房長官**が、現職の幹部職員と任命権者である各大臣が推薦した者を対象に、幹部職の職務を遂行する上で発揮することが求められる能力（**標準職務遂行能力**（**第 6 章第 1 節**参照））を有することを確認するための審査を行う（**適格性審査**）。

② 　適格性審査の結果、標準職務遂行能力を有することが確認された者は、内閣官房長官が作成する**幹部候補者名簿**に記載される。

③ 　**任命権者**である各大臣は、幹部候補者名簿に記載された者の中から、人事案を作成し、事前に内閣総理大臣及び内閣官房長官に協議する（**任免協議**）。各大臣は、この協議に基づき幹部職員の任免を行う。

ア　適格性審査

内閣官房長官は、①幹部職員、②幹部職員以外の者であって、幹部職の職責を担うにふさわしい能力を有すると見込まれる者として任命権者（各大臣）から推薦された者（例えば、本省庁の官房（人事、予算、文書、国会等を担当する部門）の課長、各局の筆頭課長）等について、政令で定めるところにより、幹部職に属する官職に係る標準職務遂行能力を有することを確認するための審査（適格性審査）を公正に行うとされている（国家公務員法61条の2第1項）。

（ア）　幹部職及び幹部職員

国の行政機関（地方支分部局等を含まない。）に属する官職であって、事務次官級、局長級又は部長級の**職制上の段階**（**第6章第1節**参照）に属するものが**幹部職**であり、幹部職に就いている職員が**幹部職員**である（国家公務員法34条1項6号、幹部職員任用政令2条）。

（イ）　適格性審査の実施時期及び方法

適格性審査は、定期的（毎年1回）に実施されるほか、任命権者の求めがある場合その他内閣官房長官が必要があると認める場合には、随時、実施される（国家公務員法61条の2第4項、幹部職員任用政令6条1項2項）。既に幹部候補者名簿に掲載されている幹部職員についても、定期的（毎年1回）に適格性審査が行われることになる。

適格性審査においては、人事評価（過去及び直近の能力評価及び業績評価。**第8章**参照）その他の任命権者から提出された標準職務遂行能力を有することの確認に資する客観的な資料に基づいて、人事院の意見を聴いて定められている適格性審査の基準に照らして、幹部職に属する官職に係る標準職務遂行能力を有することの確認が行われる（幹部職員任用政令3条1項）。例えば、国際機関への派遣や地方公共団体への出向により（**第7章**参照）、国家公務員としての人事評価が行われていない職員を適格性審査の対象として推薦する場合には、任命権者は、人事評価に準じた、標準職務遂行能力を有することの確認に資する情報が記載された書類を提出する必要がある。

内閣官房長官は、人事評価が行われていない民間の人材に対して適格性

審査を行う場合に、適格性審査の公正な実施を確保するために必要があると認めるときは、人事行政に関し高度の知見又は豊富な経験を有し、客観的かつ中立公正な判断をすることができる者の意見を聴くものとされている（幹部職員任用政令3条3項）。「このような枠組みの下、内閣官房長官より、公務外からの採用者に関して、上記に該当する者として人事院人事官に見解を求められ」、「人事官が意見を述べ」ている（「令和5年度年次報告書」（人事院）55頁）。

【幹部職に属する官職に係る標準職務遂行能力の意味】

　幹部職全体として共通の標準職務遂行能力が一つあるわけではなく、職制上の段階が異なれば、職制上の段階に属する官職に係る標準職務遂行能力の内容も異なるものとなる。適格性審査においては、事務次官級、局長級又は部長級のいずれの職制上の段階に属する官職に係る標準職務遂行能力を有するかについて確認が行われる。

イ　幹部候補者名簿

内閣官房長官は、適格性審査の結果、幹部職に属する官職に係る標準職務遂行能力を有することを確認した者について、政令で定めるところにより、氏名その他政令で定める事項を記載した幹部候補者名簿を作成することとされている（国家公務員法61条の2第2項）。

（ア）　幹部候補者名簿の作成、更新

幹部候補者名簿は、事務次官級、局長級、部長級の職制上の段階ごとに各省庁共通で作成され、標準職務遂行能力を有することが確認された者の氏名、生年月日、職員にあってはその官職等が記載される（幹部職員任用政令4条）。

定期的な適格性審査の結果に基づき、幹部候補者名簿は毎年1回更新されるほか、随時の適格性審査において適格性を有することが確認された者が直ちに幹部候補者名簿に追加されるようにするため、幹部候補者名簿も随時更新される（国家公務員法61条の2第4項、幹部職員任用政令6条1項2項）。

（イ）　幹部候補者名簿の提示

内閣官房長官は、任命権者（各大臣）の求めがある場合には、その任命

権者に対し、幹部候補者名簿を提示するものとされている（国家公務員法
61条の2第3項）。各任命権者に名簿を提示する目的は、任命権者が名簿
に記載されている者の中から幹部職員の候補者を選定して、内閣総理大臣
及び内閣官房長官との任免協議を行うためである。それゆえ、幹部候補者
名簿は各省庁共通で作成されるが、任命権者に提示される名簿の範囲は、
①任命権者が任命権を有する官職に就いている職員、②任命権者から提示
の求めがあった者であって内閣官房長官が必要と認めるものに限られる
（幹部職員任用政令5条）。

【公正の確保】

　適格性審査の方法、幹部候補者名簿の作成・提示・更新について定める政
令（＝幹部職員任用政令のうちの一部）については、**公正の確保**の観点から、
あらかじめ人事院の意見を聴いて定めることとされている（国家公務員法
61条の2第6項）。

ウ　任免協議

（ア）　任命権者（各大臣）による人事案の作成

　幹部職への任命については、任命権者は、幹部候補者名簿に記載されて
いる者であって、**選考**により（公務外から採用する場合）又は人事評価等
に基づき（公務内部での昇任、転任による場合）、当該任命しようとする
幹部職についての適性を有すると認められる者の中から行うこととされて
いる（国家公務員法61条の3。「官職についての適性」については**第6章第1
節**参照）。任命権者は、個々の官職ごとに求められる専門的な知識、技術、
経験等の有無を考慮し、任命しようとする官職についての適性を判断し、
個々の人事案を作成することになる。その際、人事案は内閣の**幹部職への
任用に関する指針**に沿って作成することが求められる。

（イ）　任命権者と内閣総理大臣及び内閣官房長官との協議

　任命権者は、幹部職に係る任免を行うに当たっては、あらかじめ内閣総
理大臣及び内閣官房長官に書面により協議した上で、当該協議に基づいて
行うことになる（国家公務員法61条の4第1項、幹部職員任用政令8条1項）。
「協議に基づいて行う」とは、協議が調い、相互に合意した上で行う趣旨

であると解される。

任免協議においては、任命権者が作成する個々の人事案について、任命しようとする官職についての適性（当該官職に求められる専門的な知識、技術、経験等の有無を考慮し、適性が判断される。）、内閣の幹部職への任用に関する指針との整合性などの観点から、複数の視点でチェックされることになる。

任免協議の対象となるのは、採用、昇任、転任、降任であって幹部職への任命に該当するもの、幹部職以外の官職へ異動させるもの（例えば、地方支分部局の局長に転任させるもの）、職員からの申出による退職（辞職）、分限免職などである（国家公務員法61条の4第1項、幹部職員任用政令7条）。

また、内閣総理大臣又は内閣官房長官の側からも、幹部職員について適切な人事管理を確保するために必要があれば、任命権者に対し、幹部職員の昇任、転任、降任、退職（辞職）及び分限免職について協議を求めることができる。協議が調ったときは、任命権者は協議に基づいて昇任等を行うことになる（国家公務員法61条の4第4項）。

なお、法律上の仕組みではないが、任免協議に関し、内閣として適切に対応するため、内閣官房長官及び3人の内閣官房副長官を構成員とする「人事検討会議」が開催されている（平成30年3月30日衆・内閣委員会、原邦彰内閣官房内閣審議官答弁（第196回国会衆議院内閣委員会議録第6号18頁））。

【幹部職への任用に関する指針】

幹部職員人事の一元管理制度が導入されたことを踏まえ、幹部職員人事にどのように臨んでいくかについては、「採用昇任等基本方針」（**第6章第1節**参照）において、幹部職への任用に関する指針が定められている。この指針では、①政策課題への取組方針とその実現のための人事配置との関係を明確にし、適材適所の任用を行うこと、②能力・実績主義の人事管理の下、女性職員の登用を図るとともに、府省間人事交流を推進し、多様な勤務経験の有無を勘案の上、政府全体の課題に積極的に取り組むことのできる人材を適切に登用すること等が示されている（同方針4(1)）。

エ　特殊性を有する幹部職の特例

　人事院、会計検査院及び検察庁の幹部職については、以下の理由により、幹部職員人事の一元管理に関する規定（適格性審査、幹部候補者名簿、任免協議）は適用されない（国家公務員法 61 条の 8 第 1 項）。

①　人事院は、職権行使に当たって、内閣の指揮監督を受けない独立性を付与された第三者機関であり（**第 4 章**参照）、また、会計検査院は、内閣に対し独立の地位を有する憲法上の機関であること（憲法 90 条 2 項、会計検査院法 1 条）。

②　検察庁は準司法的機関として位置付けられ、法務大臣の検察官に対する指揮監督権は一般的なものにとどまるほか（検察庁法 14 条）、検察官の罷免は検察官適格審査会の議決を経ることが必要とされていること（同法 23 条）。

　また、「警察行政の民主的管理と政治的中立性の確保を図ることを目的として国家公安委員会制度が設けられていることに配慮をして」（平成 26 年 4 月 3 日参・内閣委員会、稲田朋美国務大臣答弁（第 186 回国会参議院内閣委員会会議録第 7 号 19 頁））、国家公安委員会に置かれる警察庁の幹部職についても特例が定められている。具体的には、適格性審査や幹部候補者名簿の規定は適用しないほか、任免協議の代わりに、内閣総理大臣及び内閣官房長官は、任命権者（警察庁長官の任免権者は国家公安委員会。その他の幹部職員の任命権者は警察庁長官）に対し、標準職務遂行能力を有しているか否かの観点から意見を述べることができるとすることにとどめられている（国家公務員法 61 条の 8 第 2 項）。

　内閣法制局、宮内庁、行政委員会（公正取引委員会、個人情報保護委員会等）及び国家行政組織法 7 条 5 項に規定する実施庁（政策の実施を主に所掌。公安調査庁、国税庁、特許庁、気象庁、海上保安庁）の幹部職（これらの機関の長は除く。）については、内閣総理大臣や内閣官房長官からの任免協議の規定は適用されない（国家公務員法 61 条の 8 第 3 項）。

(3) 幹部職員の降任に関する特例

　国家公務員制度改革基本法には幹部職員の任用を弾力的なものとするた

めの措置を講ずることも規定されていたことから、その具体化を図るため、平成26年の国家公務員法の改正により**幹部職員の降任の特例**が規定されている（同法78条の2）。これは、政策の企画立案について大臣を直接補佐する重要な役割を担う事務次官級及び局長級の幹部職員については、最適任の人材を登用する必要性が特に高く、かつ、これらの官職の数には限りがあることを踏まえ、一定の要件に該当する場合には、勤務実績不良等の降任の事由（**第6章第3節**参照）に該当しなくとも、意に反して降任させることができることとするものである。その要件は、以下のいずれにも該当し、その幹部職員を降任させざるを得ないことである。

① 人事評価等に照らして、他の幹部職員と比較して勤務実績が相対的に劣っている幹部職員であること。

② 相対的に勤務実績が劣っている幹部職員が任命されている官職に他の特定の者が任命された場合に、その幹部職員より優れた業績を挙げることが十分見込まれること。

③ 相対的に勤務実績が劣っている幹部職員は、欠員が生ずる見込みの他の官職についての適性が他の候補者と比較して十分でないこと等により、転任させるべき適当な官職がないこと。

ただし、この特例規定によって降任させる場合も、その範囲は直近下位の職制上の段階の幹部職であることが必要であり、事務次官級であれば局長級、局長級であれば部長級への降任に限られる。また、部長級を課長級に降任させることは認められていない。

(4) 本省庁管理職への任用

内閣の人事管理機能の強化は、主として幹部職員人事の一元管理によるものであるが、平成26年の国家公務員法の改正により、本省庁の課室長級の管理職についても、各省庁の人事管理を統制する仕組みが設けられている（これも国家公務員制度改革基本法の改革の基本方針に規定されていた事項を具体化したものである。）。具体的には、**本省庁課室長級の管理職への任用に関する基準その他の指針**を「採用昇任等基本方針」により定め、内閣総理大臣は、この基準に照らして必要があると判断するときは、任命権者

に対し、管理職への任用に関する運用の改善を求めることができるとする
ものである（同法54条2項4号・61条の5第2項）。その前提として、任命
権者は、管理職への任用状況を内閣総理大臣に報告することとされている
（同法61条の5第1項）。内閣官房内閣人事局においてこの報告が取りまと
められ、①本省庁課長級職員及び室長級職員の採用試験区分等別の在職者
数、②採用から本省庁課長級の官職及び室長級の官職に初めて任用される
までに要した勤続年数等が毎年度公表されている。

【管理職への任用に関する指針】
　「採用昇任等基本方針」において定められている「管理職への任用に関す
る指針」では、人事院規則で定める本省庁課室長級への昇任、転任の要件
（第6章第1節参照）を満たす者の中から、①女性職員の能力及び適性を的
確に把握した上でその登用を図ること、②縦割り行政の弊害を排し、内閣の
重要政策等の推進等を図るため、多様な経験を通じて幅広い視野を有し、政
府全体の立場に立って判断ができる者を選定すること等の基準にも配慮して、
適切な任用を行うことが示されている（同方針4(2)）。

2　政治任用

(1) 政治任用とは

　政治任用や政治任用によって任命する職（**政治任用職**）を定義する法令
の規定は存在しないが、政治方針、政治目標あるいは信頼関係などに基づ
いて、必要とする人材を任命権者が自由に任免することが政治任用である
と考えることができる。政治任用を可能とするためには、①国家公務員法
の成績主義の原則に基づく任用や勤務実績不良等の法律で定める事由に該
当しなければ免職されないとする身分保障の規定は適用せず（＝**特別職の
国家公務員**（第14章参照）とする。）、かつ②別の法律でもこれに類する規
定を設けないことが制度上必要となる（特別職＝政治任用職ということでは
なく、例えば、防衛省の職員は、大臣、副大臣、大臣政務官以外の職員もほぼ
全てが特別職の職員であるが、自衛隊員の任用、身分保障等を定める自衛隊法
が適用されており、政治任用とは言われない。）。もっとも、成績主義の原則
に基づく任用や身分保障の規定が設けられていない職が必ずしも全て政治

的に任命されるわけではない（例えば、宮内庁長官、侍従長、東宮大夫、式部官長等は、成績主義の原則に基づく任用や身分保障についての規定はないが、一般に、政治任用とは理解されていないと思われる。）。

(2) 政治任用の拡充

第3次臨時行政改革推進審議会の「**最終答申**」以降、国家公務員法の基本原則（成績主義の原則、身分保障）を適用せず、政治方針等に基づき、適任と判断する人材を自由に任免することができる政治任用職の拡充を通じて、内閣機能の強化が図られてきていると捉えることができる。

ア　内閣官房の体制強化

(ア)　内閣総理大臣補佐官の設置

第3次臨時行政改革推進審議会の「最終答申」は、縦割り行政の弊害を是正し、「総合的な政策展開が可能な行政システムの構築」の必要性を指摘し、内閣総理大臣が「その強力な指導力の下に各省庁による総合的な施策を打ち出していくことを強く期待したい」として、「内閣総理大臣の指導力発揮の一助となるよう」、「総理を補佐する者を若干名置くことができる旨を、法律上位置付ける」ことを求めている。

「第三次臨時行政改革推進審議会の答申の趣旨にかんがみ、内閣総理大臣に対する補佐体制の充実を図るため」（平成8年6月11日衆・内閣委員会、梶山静六内閣官房長官の説明（第136回国会衆議院内閣委員会議録第8号2頁））、平成8年に内閣法が改正され、内閣官房に、**内閣総理大臣補佐官**3人以内を置くことができるとされた。

(イ)　内閣官房副長官の増員、内閣危機管理監の設置

平成10年の内閣法の改正により、「社会経済情勢の変化の中で複雑多岐にわたる行政の課題に一層的確に対応できるよう、内閣官房における総合調整機能を強化するため」、**内閣官房副長官**が2人から3人に増員され、また、「近年の災害、事故、事件等緊急の事態の発生の状況等にかんがみ、内閣官房における危機管理機能を強化するため」（平成10年3月17日衆・内閣委員会、村岡兼造内閣官房長官の説明（第142回国会衆議院内閣委員会議録第4号17頁））、**内閣危機管理監**が新設されている。

48　第3章　内閣機能の強化と国家公務員の人事制度

【内閣の危機管理機能の強化】

　内閣の危機管理機能の強化については、「内閣の危機管理機能の強化に関する意見集約」（平成 9 年 5 月 1 日行政改革会議）において、「内閣が政府全体の指令塔としての役割をより効果的に果たせるようにするため、内閣官房に、危機管理を専門的に担当する官房副長官に準ずるクラスの職を置くこと」が求められていた。

（ウ）　内閣官房副長官補等の設置、総理を直接補佐する体制の整備

　行政改革会議の「最終報告」に基づき策定された中央省庁等改革基本法においては、内閣官房の任務や組織の在り方について、次のような内容が規定された（同法 8 条 2 項・9 条 1 項 3 項）。

①　内閣官房は、内閣及び内閣総理大臣を補佐する機関として、国政に関する基本方針の企画立案、国政上の重要事項についての総合調整、情報の収集及び分析、危機管理並びに広報に関する機能を担うこと。

②　内閣官房は、基本的に内閣総理大臣により直接選任された者によって運営されるべきものとすること。

③　内閣総理大臣の職務を直接に補佐する体制を整備するため、内閣総理大臣補佐官及び内閣総理大臣秘書官の定数の在り方を弾力的なものとすること。

　中央省庁等改革基本法に則って立案された平成 11 年の内閣法の改正により、中央省庁再編時（平成 13 年 1 月 6 日）から、**内閣官房副長官補**（3人）、**内閣広報官**（1 人）及び**内閣情報官**（1 人）が内閣官房に置かれている。また、内閣総理大臣を直接支える体制を整備するため、内閣総理大臣補佐官を置くことができる数を 3 人以内から 5 人以内に増員するとともに、3 人以内と法定されていた**内閣総理大臣秘書官**の定数は、政令で定めることに改正され、弾力化が図られている（なお、その後、平成 25 年の内閣法の改正により、国家安全保障局及び国家安全保障局長が設置されている。）。

イ　副大臣及び大臣政務官制度、大臣補佐官制度の導入

　内閣機能の強化は、内閣主導の国政運営を実現することを企図していると考えれば、内閣官房の体制強化だけではなく、内閣の一員である大臣を政治任用された国家公務員が補佐する機能の強化も、内閣主導の国政運営

を実現するためのものであり、広く捉えれば内閣機能の強化の一環と言えるのではないかと思われる（大臣の補佐機能の強化は、内閣の方針の下での大臣の指導性を強化するという趣旨と考えられる。）。

（ア）　副大臣及び大臣政務官制度の導入

　平成 11 年 1 月に自自連立政権（小渕内閣総理大臣、小沢自由党党首）が発足し、同年 7 月、議員立法により、**国会審議活性化法**が成立し、「政治主導の政策判断の迅速化」、「大臣の政策判断を補佐する機能の強化の観点から」（「**国務大臣、副大臣及び大臣政務官規範**」（平成 13 年 1 月 6 日閣議決定）2 (1)）、**副大臣**及び**大臣政務官**制度の導入（政務次官の廃止）が決定され、中央省庁再編時から副大臣及び大臣政務官が置かれている（副大臣、大臣政務官は、内閣総辞職の場合においては、内閣総理大臣その他の国務大臣が全てその地位を失ったときに、これと同時にその地位を失うとされている（同法 8 条 7 項・10 条 6 項、国家行政組織法 16 条 6 項・17 条 6 項等））。

（イ）　大臣補佐官制度の導入

　国家公務員制度改革基本法は、「議院内閣制の下、政治主導を強化し、国家公務員が内閣、内閣総理大臣及び各大臣を補佐する役割を適切に果たすこととするため」、内閣総理大臣を補佐する職及び大臣を補佐する職を特別職として設置する方針も示している（同法 5 条 1 項）。この方針に基づき、平成 26 年に内閣法、国家行政組織法等が改正され、内閣総理大臣補佐官の所掌事務が変更されるとともに、**大臣補佐官**の規定が新設されている。

① 　内閣総理大臣補佐官

　　内閣総理大臣補佐官は、内閣総理大臣の命を受け、内閣の重要政策のうち特定のものに係る内閣総理大臣の行う企画・立案について、内閣総理大臣を補佐する（平成 8 年に設置された内閣総理大臣補佐官の所掌事務を変更）。

　　なお、定数は 5 人以内であることについては変更されていない。

② 　大臣補佐官

　　各府省に、特に必要がある場合に、大臣補佐官を設置できる。定数は各大臣につき 1 人以内である。大臣補佐官は、大臣の命を受け、特定の

政策に係る大臣の行う企画・立案及び政務に関し、大臣を補佐する。

なお、内閣総理大臣補佐官は内閣総理大臣の命を受け、大臣補佐官は各府省の大臣の命を受け、上司である国務大臣の「政治主導の政策判断の迅速化及び指導力の強化のため」、特定の政策について、「国務大臣直属のスタッフ」として国務大臣を補佐することを職務としており、組織の中の指揮命令系統に位置付けられるものではない（「**内閣総理大臣補佐官及び大臣補佐官の職務遂行に係る規範**」（平成 26 年 5 月 27 日閣議決定））。

3　内閣の人事行政機能の強化

(1) 中央人事行政機関（内閣総理大臣）

憲法 73 条 4 号において、内閣は、官吏に関する事務を掌理するとされているが、一般職の国家公務員の人事行政については、内閣の指揮監督を受けない独立性を付与された**人事院**がその大半を所掌し、また、所属の職員の人事管理は各行政機関が行うことから、人事行政に対する内閣の責任は明確さに欠ける面があった。そこで、昭和 40 年の国家公務員法の改正の際、中央人事行政機構の改編整備が行われ、**内閣総理大臣**が**中央人事行政機関**の一つとして位置付けられた。同時に、総理府設置法の改正により、内閣総理大臣の人事行政に関する事務を担当する部局として、主に以下の事務を所掌する**総理府人事局**が設置された（**第 1 章第 1 節**参照）。

① 　国家公務員に関する制度に関する調査・研究・企画

② 　各行政機関が行う人事管理の方針、計画等の総合調整

③ 　国家公務員の能率、厚生、服務等（人事院から移管）

④ 　国家公務員の退職手当や特別職の国家公務員の給与制度（大蔵省から移管された退職手当法及び特別職給与法を所管）

総理府人事局の所掌する事務（国家公務員法において中央人事行政機関である内閣総理大臣の事務として規定された事務は上記②と③）は、その後、昭和 59 年 7 月の総務庁発足に伴い**総務庁人事局**に、平成 13 年 1 月の中央省庁再編に伴い**総務省（人事・恩給局）**に引き継がれたが、所掌事務が拡大されることはなかった（中央人事行政機関である内閣総理大臣の所掌事務については、総務省が内閣総理大臣を補佐。なお、上記①については、国家公務

51

員に関する制度の企画・立案に文言が修正されている。)。

(2) 中央人事行政機関（内閣総理大臣）の所掌事務の拡大

「公務員制度改革大綱」（平成 13 年 12 月 25 日閣議決定）においては、採用試験制度や職員の配置、人材育成、服務管理等に必要な人事管理制度の企画立案など内閣の人事行政の企画立案機能を強化すること等が打ち出された。その後、**第 1 章**で見たとおり、能力・実績主義の人事管理の徹底と退職管理の適正化を柱として、平成 19 年に国家公務員法が改正された。この改正により、①標準職務遂行能力及び採用昇任等基本方針に関する事務、②職員の人事評価に関する事務及び③職員の退職管理に関する事務が新たに中央人事行政機関である内閣総理大臣の事務として追加された。

(3) 内閣官房内閣人事局の設置

ア　内閣人事局設置の意義

国家公務員制度改革基本法に基づく平成 26 年の国家公務員法の改正により、中央人事行政機関である内閣総理大臣の人事行政に関する事務が拡大され（同法 18 条の 2）、独立性の高い第三者機関の立場で人事行政を担う人事院との関係において内閣の人事行政機能が強化された。同時に、内閣法の改正により、内閣を直接補助し、内閣の行政各部に対する統轄作用を助ける内閣官房に**内閣人事局**が設置され、国家公務員の人事行政に関する事務を所掌することになった（同法 12 条・20 条）。これにより、各省庁との関係においても、内閣の人事行政機能の強化が図られ、公務員の人事管理をめぐる諸課題に対応するための人事行政の推進力が高められたと言えるのではないかと思われる。

イ　内閣人事局の所掌する事務

内閣人事局の所掌する人事行政に関する事務は、以下に掲げる新設の事務及び総務省、人事院から移管された事務である（①のうち国家公務員の総人件費の基本方針等に関する事務及び②の一部（国家公務員制度の企画・立案、退職手当制度、特別職給与制度等）を除き、国家公務員法に規定する中央人事行政機関である内閣総理大臣の事務。**第 4 章**参照）。なお、人事行政に関

52　第 3 章　内閣機能の強化と国家公務員の人事制度

する事務と併せて、総務省から移管された行政機関の機構・定員管理に関する事務も所掌する。

① 幹部職員人事の一元管理等に関する事務、幹部候補育成課程に関する事務、国家公務員の総人件費の基本方針等に関する事務（新設）

② 総務省が所掌していた国家公務員の人事行政に関する事務（＝**(1)**の総理府人事局から総務省に引き継がれた事務及び**(2)**の①から③までの事務。総務省から移管）

③ 優れた人材の養成・活用に関する事務、採用試験の対象官職、種類及び採用試験により確保すべき人材に関する事務（人事院から移管）

④ 各省庁が行う研修に関する総合的企画・調整に関する事務（人事院から移管。なお、研修の実施については、内閣総理大臣及び人事院の双方が中央人事行政機関として研修計画の樹立・実施を担うこととされている（平成26年の国家公務員法の改正前は、人事院のみが実施）。）

⑤ 級別定数の設定・改定に関する事務（人事院から移管。職員の俸給（基本給）の格付け（＝給与制度上の職務の級の決定）は、級別定数（職務の級ごとの定数）の範囲内で行う必要がある。内閣総理大臣は、級別定数の設定・改定の際、事前に人事院の意見を聴くとともに、職員の適正な勤務条件の確保の観点からなされる人事院の意見を十分に尊重することとされている。）

第4章
人事行政と人事管理の主体

　民間企業の人事部は、一般に、従業員の採用、配置、育成及び処遇、各種の人事制度の設計・構築・運用など人事に関わる業務全般を担当するというのが筆者の理解である。これに対し、国家公務員の人事に関わる業務は、**人事行政**を行う組織と**人事管理**を行う組織がそれぞれの役割を果たすことにより展開されている。

　人事行政、人事管理ともに法令に定義はないことから、概ねの整理になるが、人事行政とは、各省庁の人事当局や各省庁の職員に共通して適用される人事制度の設計・構築、適正な運用の確保、人事管理の基準・方針等の策定、そのために必要な調査や関係者との調整などの作用のことである。この人事行政に関する事務は、人事院と内閣総理大臣（内閣官房内閣人事局が事務を担当する部局）が役割分担して担っている。

　一方、人事管理とは、人事行政により構築・策定された制度・基準・方針等の下で、各省庁が所属の職員に対して行う、採用、昇任、転任、人材育成、給与の決定、超過勤務の縮減、休暇の取得促進、健康・安全管理、分限、懲戒、服務規律の徹底等の各般の活動のことである（人事制度の設計、人事管理の基準・方針等の策定に際し、人事院や内閣人事局と各省庁の間では必要な意見交換や調整が行われている。）。

　なお、もう少し厳密に言えば、人事院や内閣総理大臣（内閣総理大臣から権限を委任された事務については内閣官房長官）は、法令に基づき、各省庁の行う個別の人事管理に関与することや、各省庁の職員を対象に研修を実施することもある。法令の範囲内で各省庁が所属の職員の人事管理に関してルールを設定することもある。

　また、労働組合法の適用は除外されているが、職員は、勤務条件の維持改善を図ることを目的として職員団体を結成し、これに加入することがで

きる。そして職員団体は職員の給与、勤務時間等の勤務条件について交渉
を行うことが認められている。

　本章では、次章以降での各人事制度についての説明に先立って、人事行
政に関する事務を担う人事院及び内閣総理大臣（内閣人事局）、人事管理
を行う各省庁、職員団体それぞれの位置付けや役割などについて概説する。

1　人事院

　人事院は、**国家公務員法**に基づき設置される機関であり、内閣総理大臣
とともに、**中央人事行政機関**として位置付けられている。

(1)　組織の位置付け

　内閣の統轄の下に置かれ、内閣の指揮監督を受ける他の行政機関と異な
り、人事院は**内閣の所轄の下**に置かれ（国家公務員法3条1項）、職権行使
に当たって内閣の指揮監督を受けない**独立性**を付与された**第三者機関**であ
る。人事院は、特別職の国家公務員である3人の人事官からなる合議制の
機関であり、**人事官**は、両議院の同意を得て、内閣により任命される（同
法4条1項・5条1項）。院務を総理し、人事院を代表する**人事院総裁**は、
人事官の中から内閣により命ぜられる（同法11条1項2項）。

> **【所轄の下】**
> 　「所轄の下」は、形式上はある機関の下に置かれているが、その機関の指
> 揮監督を受けず、職権行使の独立性が認められる場合に用いられている用語
> である。他の例では、「内閣総理大臣の所轄の下」に置かれる国家公安委員
> 会、「厚生労働大臣の所轄の下」に置かれる中央労働委員会がある（警察法
> 4条1項、労働組合法19条の2第1項）。公正取引委員会や個人情報保護
> 委員会は、規定ぶりは若干異なるが、どちらも「内閣総理大臣の所轄に属す
> る」と規定され、職権行使の独立性が認められている（独占禁止法27条2
> 項、個人情報保護法130条2項）。

(2)　人事院の独立性

　人事院は、**(3)** で述べる事務を所掌していることから、以下のとおり、

55

高い独立性が認められている。

ア　人事官の身分保障

　人事官には、強い**身分保障**があり、その罷免については、極めて慎重な手続が設けられている。具体的には、①心身の故障のため、職務の遂行に堪えないこと、②職務上の義務に違反し、その他人事官たるに適しない非行があることを事由として、意に反して人事官を罷免するためには、国会の訴追に基づき、最高裁判所で行われる弾劾の裁判によることが必要とされている（国家公務員法8条1項2項・9条）。

イ　内部機構の管理

　人事院の独立性を業務の実施体制の整備面から保障するため、人事院は、その**内部機構を自ら管理**するとともに、職務を適切に行うため必要な人員を予算の範囲内で配置できるとされている（国家公務員法4条3項4項）。このように内部組織について主体的に決定する権限を付与されていることから、人事院に置かれる事務総局の組織・定員は、人事院規則で定められている（同法13条1項2項、人事院規則2-3、人事院規則2-14）。

　こうした独立性に鑑み、人事院には、内閣の統轄の下における行政機関（内閣府、デジタル庁及び復興庁を除く。）の組織の基準を定める国家行政組織法は適用されないこととされている（国家公務員法4条4項）。また、人事院の職員の定員は、行政機関全体の職員の定員の総数の最高限度を定める総定員法の対象とされていない（なお、各行政機関の職員の定員は、行政機関職員定員令（政令）により定められている。）。国家行政組織法や総定員法による規制を受けない人事院の機構・定員については、内閣人事局による行政機関の機構・定員の審査の対象とされていない（公正取引委員会、個人情報保護委員会等の一般的な行政委員会は機構・定員審査の対象である。）。具体的には、例えば、新たな行政課題に対応するため、組織の新設や定員の増員が必要な場合、各省庁は内閣人事局に対して要求を行い、内閣人事局の審査により認められる必要があるが、人事院は内閣人事局に対して要求を行い、審査を受ける必要がない（もっとも、予算上の統制には服する。）。

ウ　二重予算

　憲法86条は、「内閣は、毎会計年度の予算を作成し、国会に提出して、その審議を受け議決を経なければならない」としており、内閣が国会、裁判所及び会計検査院の予算も含めて国の予算を作成することになっている。財政法は、内閣に対し、国会、裁判所及び会計検査院の歳出見積りを減額した場合には、①これらの機関の歳出見積りの詳細を歳入歳出予算に附記すること、及び②国会、裁判所又は会計検査院の歳出額を国会が修正するために必要な財源についても明記することを義務付けている（同法19条）。これは、これらの「機関の独立性を予算面から保障する」**二重予算**と言われる仕組みである（編集代表藤木英雄・金子宏・新堂幸司『法律学小辞典』（有斐閣・1972）740頁）。人事院の予算についても、二重予算制度が採用されており（一般的な行政委員会については二重予算制度は採用されていない。）、内閣が、人事院の経費の要求書を修正する場合には、その修正した要求書とともに、人事院の要求書も国会に提出することが義務付けられている（国家公務員法13条3項4項）。

エ　国会との関係

　人事院は、**国会及び内閣に対して**、給与の改定、勤務時間・休日・休暇制度の改定について勧告を行うことや法令の制定改廃に関し**意見を申し出**ることができる（**(3)** 参照）。人事院は直接国会に対し勧告や意見の申出を行うことが認められているが、この点、例えば、公正取引委員会は、「内閣総理大臣を経由して」国会に対し、独占禁止法の目的を達成するために必要な事項に関し、意見を提出することができるとされているが、直接国会に意見を提出することは認められていない（独占禁止法44条2項）。

(3)　人事院の主な所掌事務

　人事院は、労働基本権が制約されている**職員の利益の保護**に関する事務及び各省庁の人事管理や職員の職務の遂行における**中立・公正性の確保**に関する事務を所掌している。具体的には、主に以下のような事務を所掌している（国家公務員法3条2項）。

①　労働基本権制約の代償措置として、給与、勤務時間等の法律で定める

57

勤務条件の改定について国会及び内閣に対して勧告を行う（国家公務員法28条・67条、一般職給与法2条、勤務時間休暇法2条等）。

② 　国家公務員法、一般職給与法、勤務時間休暇法、国家公務員災害補償法等の法律の委任に基づく人事院規則により、勤務条件の詳細を定める。

【人事院規則で定める勤務条件の例】

人事院規則により定められる事項は広範多岐にわたっており、網羅することが困難であることから、4つほど具体的な例を示す。

i 　国家公務員法は、職員の能率が、充分に発揮され、かつ、その増進が図られるようにするため必要な事項を人事院規則で定めるとしており（同法71条1項2項）、民間労働法制を踏まえ、職員の保健及び安全保持、ハラスメント防止等について人事院規則が制定されている（**第10章第4節**参照）。

ii 　一般職給与法では、例えば、主に民間賃金水準の高い地域に勤務する職員には、基本給である俸 給（ほうきゅう）等の20％（1級地）から3％（7級地）までの地域手当（月額）の支給を法定した上で、1級地から7級地までのそれぞれに該当する具体的な地域は人事院規則で定めるとしている（同法11条の3。**第9章第1節**参照）。

iii 　勤務時間休暇法では、例えば、1日の勤務時間（7時間45分）を法定しているが、1日の勤務時間のうち、休憩時間をどのように置くのかについては人事院規則で定めるとしている（同法6条2項・9条。**第10章第1節**参照）。

iv 　国家公務員災害補償法では、例えば、職員が公務上負傷し、障害が残った場合に、第1級から第7級までの障害等級に該当する障害の場合には障害補償年金を毎年支給することを法定し、各障害等級にどのような障害が該当するのかについては人事院規則で定めるとしている（同法13条1項2項。**第10章第4節**参照）。

③ 　国家公務員の人事制度に関する法令の制定又は改廃に関し、国会及び内閣に意見を申し出る（国家公務員法23条）。国家公務員育児休業法、官民人事交流法、自己啓発等休業法、配偶者同行休業法等の法律が人事院の意見の申出を踏まえて制定されている。また、定年を65歳に引き上げる国家公務員法の改正も人事院の意見の申出を踏まえて行われてい

る。

④　国家公務員採用試験の方法、試験科目、受験資格、合格者の決定方法
　等を人事院規則により定め、採用試験を実施し、採用候補者名簿を作成
　する（国家公務員法 44 条・45 条の 3・47 条・48 条・50 条。**第 5 章**参照）。

⑤　国民全体の奉仕者としての使命の自覚及び多角的な視点を有する職員
　の育成等の観点から、各省庁の職員を対象として研修を実施する（国家
　公務員法 70 条の 6 第 1 項 1 号。**第 7 章**参照）。

⑥　職員の公正な任用の確保に関し必要な事項を人事院規則で定める（例
　えば、任命権者が選考による採用を行う場合の選考の方法・手続、昇任
　等の要件など）（国家公務員法 33 条 4 項。**第 5 章・第 6 章第 1 節**参照）。

⑦　任命権者が職員の意に反して降給、降任、免職等の処分を行うために
　必要となる具体的な基準を人事院規則で定める（国家公務員法 75 条 2
　項・78 条等。**第 6 章第 3 節**参照）。

⑧　懲戒処分としての停職の期間、減給の期間及び割合、懲戒の手続等を
　人事院規則で定める（国家公務員法 74 条 2 項・83 条 1 項。**第 12 章第 3 節**
　参照）。

⑨　官民人事交流法に基づき、公務の公正性を確保し、適正な人事交流を
　実施するため、交流基準等を人事院規則で定める。また、人事交流を希
　望する民間企業を公募する（同法 5 条・6 条。**第 5 章**参照）。

⑩　職員に禁止する政治的行為を人事院規則で定めるとともに、自営兼業
　（自ら営利企業を営むこと）の承認に関する事務を行う（国家公務員法
　102 条 1 項・103 条 1 項 2 項。**第 12 章第 1 節**参照）。

⑪　人事院に置かれる国家公務員倫理審査会が国家公務員の職務に係る倫
　理の保持に関する事務を行う（国家公務員倫理法 11 条。**第 12 章第 2 節**参
　照）。

⑫　不利益処分を受けた職員、勤務条件に関して適当な行政上の措置が行
　われることを求めたい職員及び給与の決定や公務災害の認定等に不服が
　ある職員は、人事院に対して、審査請求や行政措置の要求等を行うこと
　ができる。人事院は、これらの請求等について口頭審理その他の必要な
　事案の調査を行い、判定等を行う（国家公務員法 86 条〜92 条、一般職給

与法 21 条、国家公務員災害補償法 24 条・25 条）。これらは総称して**公平審査**と言われる仕組みである（不利益処分審査請求は**第 6 章第 3 節**、給与決定審査申立ては**第 9 章第 1 節**、災害補償審査申立て等は**第 10 章第 4 節**参照）。また、人事院は、職員からの勤務条件や人事管理に関する**苦情相談**（**第 10 章第 4 節**参照）も受け付けている。

【勤務条件に関する行政措置の要求】

　勤務条件に関する行政措置の要求（国家公務員法 86 条〜88 条）は、職員から、勤務条件に関し、人事院、内閣総理大臣又はその職員の所轄庁の長による適当な行政上の措置を求める要求があった場合に、「人事院が必要な審査をした上で判定を行い、あるいはあっせん又はこれに準ずる方法で事案の解決に当たることで、職員が勤務条件の改善と適正化を能動的に求めることを保障するものである」（「令和 5 年度年次報告書」（人事院）140 頁）。

　行政措置要求ができるのは、例えば、セクシュアル・ハラスメントの排除、超過勤務手当の未払い分の支給、健康状態に配慮した適切な勤務環境の整備など、「自分自身の勤務条件に関するものであって、将来に向かって維持改善を図ることができるもの」である。「係長へ昇任させてほしい」といった「個別の人事上の措置を求めるもの、又は、仕事の仕方等業務の運営方法についてのものなど、任命権者や職務命令の権限のある者がその権限に基づき裁量で行う事項」は、措置要求の対象とならない（「勤務条件に関する行政措置要求の手引」（令和 6 年 3 月人事院公平審査局）3 頁）。ただし、「これらの事項であっても国家公務員法に定める平等取扱の原則（第 27 条）、人事管理の原則（第 27 条の 2）に抵触する不当な取扱いがあるとすることなどを理由とし、その具体的事実を示して措置要求を行うものなどについては、受理される場合」がある（同手引 3 頁）。

2　内閣総理大臣（内閣人事局）

　国家公務員の人事行政を担う機関は、人事院と**内閣総理大臣**（正確に言うと、中央人事行政機関である内閣総理大臣が国家公務員法 18 条の 2 に規定する事務を所掌する。内閣官房（主任の大臣は内閣総理大臣）が中央人事行政機関である内閣総理大臣の事務のほか、国家公務員に関する制度の企画・立案、退職手当制度及び特別職給与制度に関する事務等を一体的に所掌する（内閣法

60　　第 4 章　人事行政と人事管理の主体

12条)。これらの人事行政に関する事務の担当部局が内閣人事局である。）に二元化されている。人事院は、**1**で述べたとおり、組織の位置付けや役割が明確である。これに対し、**内閣人事局**はどのような位置付け・役割の組織なのか、案外、これを的確に説明することは容易ではない。一つの説明としては、最高の行政機関である内閣を直接補助する**内閣官房**に置かれた組織（内閣法20条1項）という利点をいかし、各省庁に共通する人事管理上の課題に対して、政府全体として進めていく人事管理の方針・方向性を示す司令塔機能を果たすこと、また、そのために制度の新設・改正が必要であれば、自ら又は人事院と連携・協力してこれを実現していく、そうした役割が期待される組織と言えるのではないかと思われる。勤務条件についての人事院勧告や人事院規則の制定・改正、採用試験の実施、公平審査など人事院にしかできないこともあるが、内閣人事局は、国家公務員の人事制度に関する法令の企画・立案を担当し、各行政機関の人事管理に関する方針、計画等に関し、その統一保持上必要な総合調整に関する事務を所掌しており、人材の確保、育成、活用等に関して、以下の **(2)**、**(3)** に示すとおり、相当なことができるのではないかと思われる。

(1) 内閣官房の事務の位置付けと内閣人事局の体制

　合議体である内閣を直接補助し、内閣の行政各部に対する統轄作用を助けるため、内閣官房が設置されている。内閣官房は、その統轄作用を助けるための企画立案・総合調整事務のほか、国家公務員の人事行政に関する事務も所掌している。各省の所掌する事務が**分担管理事務**と言われているのに対して、内閣官房の所掌する事務は**内閣補助事務**と言われている。

　内閣官房の**主任の大臣**は内閣総理大臣であり、**内閣官房長官**が内閣官房の事務を統轄するとされている（内閣法13条3項・25条1項）。

　　【内閣官房の主任の大臣】

　　　内閣法25条2項は、内閣総理大臣は、内閣官房に係る主任の行政事務について、法律又は政令の制定、改正又は廃止を必要と認めるときは、案をそなえて、閣議を求めなければならないとしている。法律案は閣議決定された上で国会に提出される。また、政令は閣議で決定して制定される。

内閣人事局の所掌事務については、内閣官房全体の事務を統轄する内閣官房長官の負担軽減を図るため、内閣官房長官が直接担当する幹部職員人事の一元管理に関する事務（**第3章**参照）を除き、**国家公務員制度担当大臣**が担当し、政策判断が行われている。一般職給与法等の法律を改正する際には、主任の大臣として内閣総理大臣が**閣議請議**（閣議を求める手続）を行うが、国会審議は国家公務員制度担当大臣が対応している。

内閣人事局には**内閣人事局長**が置かれ、内閣総理大臣が内閣官房副長官の中から指名する者をもって充てられている（内閣法20条3項4項）。

(2) 内閣人事局の所掌する人事行政に関する主な事務

内閣人事局は、国家公務員の人事行政に関する事務として、具体的には、主に以下のような事務を所掌している（内閣法12条2項7号～12号・20条2項）。なお、人事行政に関する事務のうち、国家公務員の総人件費の基本方針等に関する事務については、**第15章**で概説する。

① 国家公務員の人事制度に関する法令（当然ではあるが人事院規則は含まない。）の企画・立案を担当する（なお、③、⑥は内閣人事局の所掌事務の全体像を示すため、①に含まれるものを特記したものである。）。

② 各行政機関の人事管理に関する方針、計画等に関し、その統一保持上必要な総合調整に関する事務を所掌する（国家公務員法18条の2第2項）。

【人事管理運営方針】

内閣人事局は、政府全体を通じ統一的な人事管理を推進するため、毎年度、**人事管理運営方針**を定めている（内閣総理大臣決定）。令和6年度の人事管理運営方針においては、ⅰ長時間労働の是正、適切な勤務時間管理の徹底、ⅱデジタル技術の活用による業務効率化、ⅲテレワーク・フレックスタイム制による柔軟な働き方の推進、ⅳマネジメント改革の推進、ⅴ人材確保・育成に関する戦略的な取組、ⅵシニア職員の活用、ⅶ仕事と生活の両立支援、ⅷ能力及び実績に基づく人事管理の徹底と多様な人材の活用、ⅸ女性職員の活躍推進、ⅹ健康の増進、ⅺ服務規律の確保と法令遵守の徹底、ⅻ非常勤職員の処遇改善など、各省庁が共通に取り組む事項が定められている。

③ 採用試験の対象官職及び種類、採用試験により確保すべき人材について政令により定める（国家公務員法45条の2。**第5章**参照）。

④ 官職に任用するために必要となる職務遂行能力を示すとともに、採用、昇任等の任用に関する制度の適切かつ効果的な運用を確保するための内閣としての基本的な方針（仕事と生活の調和を図るための指針を含む。）を策定する（国家公務員法34条1項5号・54条1項2項。**第6章第1節**参照）。

⑤ 幹部職員人事の一元管理に関する事務を行う（国家公務員法61条の2〜61条の4。**第3章**参照）。

⑥ 人事評価の基準、方法等について政令により定める（国家公務員法70条の3。**第8章**参照）。

⑦ 各省庁が設ける幹部候補育成課程の運用の基準を設定する（国家公務員法61条の9）。また、各省庁が行う研修の計画の樹立・実施に関し、総合的な企画及び調整を行うほか、各省庁の幹部候補育成課程対象者の政府全体を通じた育成や内閣の重要政策に関する理解を深めることを通じた各省庁の施策の統一性の確保の観点から、各省庁の職員を対象として研修を実施する（同法70条の6第1項2号・3項。**第7章**参照）。

⑧ 各省庁の職員の心身の健康の保持増進等に関する事項に関し計画を作成し、各省庁を通じて計画に盛り込まれた施策を推進する（国家公務員法73条。**第10章第4節**参照）。

⑨ 国家公務員の服務（人事院の所掌する政治的行為の制限、営利企業の役員との兼業及び自営兼業の制限を除く。）に関する事務を所掌し、非営利団体における兼業の許可に関する事務等を行う（国家公務員法104条。**第12章第1節**参照）。また、退職管理に関する事務を所掌し、管理職職員であった者の再就職情報の閣議報告及び公表に関する事務等を行う（同法106条の25。**第13章**参照）。

(3) 人事制度に関する法令の企画・立案

人事制度に関する法令の企画・立案がどのように行われているのか整理すると、概ね次のパターンがある。

① 一般職給与法や国家公務員育児休業法の改正など、人事院勧告や人事院の意見の申出を踏まえて、政府において法律案の企画・立案が行われる（ここで、「政府」という文言は、内閣の指揮監督を受けない第三者機関である人事院を含まない意味で用いている。）。

② 退職手当法の改正については、人事院の勧告はなされず、政府において法律案の企画・立案が行われる。このほか、人事評価制度や再就職規制の導入等を内容とする平成19年の国家公務員法の改正や幹部職員人事の一元管理や幹部候補育成課程の仕組みの導入等を内容とする平成26年の国家公務員法の改正も、人事院の意見の申出はなされず、政府において法律案の企画・立案が行われている。

③ 政府において先行して制度化の方針を決定し、人事院が第三者機関としての判断を行い、意見の申出がなされ、法律案の企画・立案が行われる。任期付職員法案、留学費用償還法案（留学後早期に離職した職員等から留学費用を償還させる制度）、自己啓発等休業法案などがその例である。

④ 人事院における検討が必要となる政策を実現するため、人事院に対して、政府から法律に基づかない事実行為として検討の要請を行う。要請を受けた人事院から勧告や意見の申出がなされ、法律案の企画・立案が行われる。フレックスタイム制の拡充、国家公務員の定年の引上げなどがその例である。

なお、人事院規則は人事院の主体的な判断により制定・改廃がなされるが、内閣総理大臣は人事院規則の制定・改廃に関し、必要な要請をすることができるとされている（国家公務員法23条の2）。

(4) 機構・定員管理、級別定数の設定・改定に関する事務

内閣人事局は、行政機関の機構・定員管理に関する事務を所掌するとともに、これと一体的に担うことが適当な級別定数の設定・改定に関する事務も所掌しているが、これらについては人件費に関連することから国家公務員の総人件費の基本方針等に関する事務と併せて**第15章**で概説する（なお、級別定数については、職員の給与の決定に関係することから、**第9章第1節**においても必要な説明をしている。）。

3 各省庁（人事当局）

　各省庁は、政府全体としての方針に沿って、官房の人事担当課（なお、多くの省庁においては、所属の職員の健康管理に関する事務は福利厚生担当課が所掌している。）が中心となり、各部局の人事担当者とも連携しながら、所属の職員の採用から退職までの人事管理を行う。

① 採用について言えば、採用面接を行い、採用する職員を決定することはもとより、多様な人材に広く志望してもらうため、ⅰホームページやSNSを活用した省庁の仕事の魅力のアピール、ⅱ業務の内容、やりがいや勤務の実情などを職員が直接語る説明会の開催、ⅲインターンシップの機会の提供など、年間を通して様々な活動が展開されている（**第5章**関連）。

② 人材の配置に関しては、省庁内の各部局における業務課題への対応、新たな職務経験をさせることによる人材の育成などの観点から、4月と通常国会終了後の夏を中心に行われる大規模な人事異動に向けて、個々の職員の人事上の希望の把握、各部局からの人事要望の聴取、人事異動案の作成・調整などの作業が行われている。その中で、人事評価の結果に基づき、上位の官職に昇任させる職員の選抜も行われることになる（**第6章第1節**関連）。また、職員の処遇として昇任に準ずるような意味を持つ、給与制度上の昇格（基本給である俸給の格付けを上げること。**第9章第1節**関連）も、人事評価に基づいて行われている。

③ 人材の育成については、人事担当課と各部局の管理職とがそれぞれの役割を果たすことによって、職員に成長機会を付与し、能力の向上を図っていくことが重要な課題である。管理職のマネジメント力強化の取組も求められている。研修については、例えば、業務に必要な専門的な知識の付与、マネジメント力の強化、業務の見直し・効率化等を目的とした研修が企画され、参加者の募集・選定が行われ、実施されている。また、国内外の留学機会の提供も行われている。職員に多様な経験を積ませ、人材の育成を図るため、省庁間の人事交流、民間企業への交流派遣、国際機関等への派遣、地方公共団体や独立行政法人等への出向なども人事の一環として行われている。幹部候補育成課程については、職員本人

65

の希望と人事評価の結果に基づき、対象者の選定が行われ、課程が運用されている（**第7章**関連）。

④　人事評価は、職場の上司により、能力評価が年1回、業績評価が年2回行われる（**第8章**関連）。各部局の人事担当者によって、評価期間の期首及び期末における手続（業務に関する目標の設定、評価者と被評価者との面談の実施等）についての進捗管理が行われる。評価結果の取りまとめが行われた後、人事評価の結果を活用して、年1回の昇給の昇給区分（AからEまでの5区分。昇給区分に応じて基本給である俸給の月額を上げる幅に差が設けられており、Cが標準的な昇給幅）や年2回の勤勉手当の成績率（国家公務員のボーナスには期末手当と勤勉手当があり、勤勉手当は成績率に応じ支給額に差が生ずる。）を決定するための作業も行われる（**第9章第1節**関連）。

⑤　長時間労働を是正するため、その前提としてパソコンの使用時間などの客観的な記録を基礎とした超過勤務時間の適正な管理を徹底していくこと、長時間の超過勤務を命じた場合にその要因の整理・分析・検証を行うこと、業務量の削減・業務の効率化、管理職のマネジメントの改善などが重要な取組課題となっている（**第10章第1節**関連）。

テレワークやフレックスタイム制を活用した働く場所と時間の柔軟化の推進、仕事と生活の両立支援のため、育児休業や介護休暇（民間企業で言えば介護休業）を取得する職員の業務分担の変更や代替要員の確保を含め、制度を利用しやすい環境づくりも求められている（**第10章第2節・第3節**関連）。

心身の健康の管理については、年1回は、健康診断やストレスチェックが行われる。長時間の超過勤務を行った職員に対する医師による面接指導の徹底も必要とされている。良好な勤務環境を確保するため、ハラスメントの防止のための研修を実施し、ハラスメントを受けた職員から相談を受ける体制を整えている（**第10章第4節**関連）。

⑥　令和5年4月から定年の65歳への段階的な引上げが始まっている。60歳での役職定年や60歳を超える職員の給与水準を60歳時の7割水準とすることにより職責や処遇が変化するシニア職員に対し、その知

識・技術・経験を十分にいかせる適切な職務を付与し、モチベーション
の維持・向上を図るための方策を検討・実施しながら、シニア職員の活
躍を進めていく必要がある（**第11章第2節**関連）。

⑦　公務員に対する国民の信頼の確保の観点からは、国家公務員法に定め
る服務規律や再就職等規制の遵守、職務に係る倫理の保持の徹底、法令
に違反する行為があった場合の懲戒処分の厳正な実施なども人事担当課
の役割である（**第12章・第13章**関連）。

以上は、各省庁において行われる人事管理に関する業務や課題の一端で
ある。人材の確保・配置・育成、管理職のマネジメント力の向上、働き方
改革や定年の65歳引上げに伴うシニア職員の活躍の推進など、人事管理
に関する業務や課題は多岐にわたっており、困難度も増している。

このほか、各省庁は、勤務条件に関し、職員団体（**4**参照）との間で交
渉を行っている。

4　職員団体

国家公務員法に定める職員団体について、労働組合法の労働組合とも対
比しつつ、概説する。

(1) 職員団体の結成、加入

労働組合法は、労働者が主体となって自主的に労働条件の維持改善その
他経済的地位の向上を図ることを主たる目的として組織する団体又はその
連合団体を「**労働組合**」というとし、主体、自主性、目的、団体性を労働
組合であることの要件としている。使用者の利益を代表する者（①役員、
②人事に関して直接の権限を有する監督的地位にある労働者、③使用者の労働
関係についての計画と方針に関する機密事項に接する監督的地位にある労働者、
④その他使用者の利益を代表する者）の参加を許すものや、団体の運営のた
めの経費について使用者から経理上の援助を受けるものは、自主性の要件
を満たさず、労働組合には当たらないとされている（同法2条）。

労働組合は使用者と団体交渉を行い、労働組合と使用者との間の労働条
件等に関して労働協約を締結することができる（労働組合法6条・3章）。

67

団体交渉の過程で争議行為を行うことも認められている（同法1条2項・7条1号・8条参照）。

　国家公務員法は、**団体協約締結権**及び**争議権**を制限し、労働組合法の適用を除外しているが（国家公務員法 98 条 2 項・108 条の 5 第 2 項・附則 6 条）、職員がその勤務条件の維持改善を図ることを目的として組織する団体又はその連合体を「**職員団体**」と位置付け、職員は職員団体を結成し、又は加入することができるとし、**団結権**を認めている（同法 108 条の 2）。

　職員は、職員団体を結成しないこと、加入しないことの自由も認められている（国家公務員法 108 条の 2 第 3 項本文）。職員団体への加入を職員に義務付け、職員団体に加入しない職員又は職員団体から脱退した職員を免職する**ユニオン・ショップ制**を禁止し、**オープン・ショップ制**（職員団体に加入すること・しないこと、職員団体から脱退することは職員の自由）を採用している。これは、職員は成績主義の原則に基づき任用されていることから、職員団体に加入しないことや、職員団体から脱退することを理由として免職することは適当でないことによるものと考えられる。

　職員団体は、職員が組織する団体又はその連合体であり、職員が主たる構成員であること、具体的には構成員の過半数は職員であることが必要と解されている（したがって、地方公務員や労働組合法が適用される行政執行法人の職員が過半数を占めている団体や、国家公務員法に規定する職員団体と地方公務員法に規定する職員団体（地方公務員法 52 条）の連合体は国家公務員法の職員団体にはならない。）。

　また、職員団体との関係において当局の立場に立って遂行すべき職務を担当する**管理職員等**とそれ以外の職員とは、職員団体の自主性を確保する趣旨で、同一の職員団体を組織することはできないこととされている（国家公務員法 108 条の 2 の第 3 項ただし書）。

【管理職員等】

　管理職員等については、労働組合法 2 条の規定（使用者の利益を代表する者）に準じて規定されている（国家公務員法 108 条の 2 第 3 項ただし書）。その上で、人事院規則 17-0 により、具体的に管理職員等に該当する職員が各省庁の組織区分ごとに定められている。例えば、本省庁の課長級以

上の職員、複数の都府県の区域を管轄区域とする地方支分部局の部長級以上
の職員、人事担当課長、人事や予算担当の課長補佐、人事係長、人事や労務
担当の係員等が定められている。

(2) 団結権が制限される職員

　警察職員（警察庁の職員及び国家公務員である都道府県警察の警視正以
上の階級の警察官。警察法56条1項）及び**海上保安庁又は刑事施設（刑務
所、少年刑務所、拘置所）において勤務する職員**は、職員団体の結成・加
入を禁止されている（国家公務員法108条の2第5項）。これに違反して団
体を結成した者は刑事罰の対象となる（同法110条1項20号。刑法等の一
部を改正する法律（令和4年法律第67号）の施行（＝令和7年6月1日から施
行）に伴い、罰則の根拠は国家公務員法110条1項19号に改められる。）。**入国
警備官**は、国家公務員法の規定の適用については、警察職員とするとされ
ており（出入国管理及び難民認定法61条の3の2第4項）、職員団体の結成・
加入を禁止されている。

(3) 職員団体の登録制度

　職員団体は、役員の氏名、事務所の所在地等を記載した申請書に規約を
添えて、人事院に登録を申請することができる（国家公務員法108条の3第
1項、人事院規則17-1第1条）。**職員団体の登録制度**は、職員団体が国家公
務員法に定める要件を満たした「民主的かつ自主的な団体であることを人
事院が公証するものであり、これによって、交渉等における当局と職員団
体との関係の円滑化を図り、安定した労使関係の確立を期待しているもの
である」（「令和5年度年次報告書」（人事院）133頁）。

　登録の要件は、①役員を除く構成員の全員が職員であること、②規約の
作成、役員の選挙等職員団体の重要事項の決定が民主的な手続で行われる
こと、③職員団体の規約に一定の事項（ⅰ名称、ⅱ目的・業務、ⅲ構成員
の範囲及びその資格の得喪、ⅳ役員、ⅴ業務執行、会議及び投票等）の定
めがあることである（国家公務員法108条の3）。

　令和5年度末における登録職員団体の総数は1,207団体である。また、

管理職員等による職員団体（10団体）を除いた職員団体加入人員は
63,606人であり、職員団体加入率は33.4％（加入人員63,606人／在職者数
190,267人（令和5年7月1日現在の一般職国家公務員在職状況統計表における
常勤職員数に検察官の数を加え、警察職員等及び管理職員等の数を除いたも
の））となっている（「令和5年度年次報告書」（人事院））。

(4) 交　　渉

ア　交渉応諾義務

　登録された職員団体から、職員の給与、勤務時間その他の勤務条件に関
し、適法な交渉の申入れがあった場合には、**交渉事項について適法に管理
し、又は決定することができる当局**はその申入れに応ずる必要がある（国
家公務員法108条の5第1項4号）。登録されていない職員団体も勤務条件
について交渉できる。昭和48年の**公務員制度審議会**の答申においては、
「登録されない職員団体が当局に交渉を求めた場合においても、当局は、
合理的理由がない限り、恣意的にその求めを拒否することのないよう努め
るべきである」とされている（「国家公務員、地方公務員及び公共企業体の職
員の労働関係の基本に関する事項について（答申）」（昭和48年9月3日公務員
制度審議会答申第4号））。

　労働組合法は、使用者が雇用する労働者の代表者と団体交渉をすること
を正当な理由なく拒むことを**不当労働行為**として禁止している（同法7条
2号）。使用者が雇用する従業員が加入している労働組合であれば、使用
者はその労働組合との団体交渉に応ずる必要がある。なお、団体交渉の相
手方となる労働組合については、全組合員のうち使用者が雇用する従業員
が一定割合を占めていることを必要とするような要件は設けられていない。

　労働組合法には、職員団体の登録制度に相当するような制度はないが、
労働組合が、不当労働行為の救済（労働委員会は、使用者が不当労働行為の
禁止規定に違反した旨の申立てを受けたときは、調査・審問を行い、認定した
事実に基づき、救済命令等を発する。）を受けるためには、労働委員会に証
拠を提出して、①同法に定める労働組合であるための要件（主体、自主性、
目的、団体性）を満たしていること、及び②民主的な運営を確保するため

に必要な事項が記載された規約を整備していることについて、労働委員会の**資格審査**を受ける必要がある（同法5条）。なお、資格審査は、労働組合が、不当労働行為の救済を受けるほか、同法に規定する手続に参与（例えば、労働委員会（公益委員、労働者委員、使用者委員の三者構成）の労働者委員の推薦など）するために必要とされるものであり、資格審査を受けていなくても、同法上の労働組合であれば、団体交渉を行い、労働協約を締結することは可能である。

イ　交渉に当たる当局

交渉事項について適法に管理し、又は決定することができる当局が交渉に当たる。一般職給与法や勤務時間休暇法など、国会の制定する法律で定められている勤務条件の改善が交渉事項となる場合には、法律案を作成し、閣議請議を行う権限を有する行政機関（基本的には内閣人事局）がその限度において当局となる。各省庁において適法に管理し、又は、決定できる事項（例えば、超過勤務の縮減、休暇を取得しやすい職場環境の整備、ハラスメント防止、健康・安全管理、職場環境の改善）については、各省庁が当局として職員団体と交渉を行うことになる。

一般職給与法や勤務時間休暇法等の委任に基づき、勤務条件の詳細は人事院規則で定められており、その範囲で人事院は勤務条件を決定する権限を有するが、人事院は労使中立の第三者機関であり、交渉に当たる「当局」にはならない。もっとも、人事院は、職員の勤務条件に関し、勧告、意見の申出、人事院規則の制定・改廃などを行うに当たって、第三者機関の立場で「職員団体等と会見を行うことを通じて、意見、要望など」を聴いている（「令和5年度年次報告書」（人事院）135頁）。

なお、内閣総理大臣が人事院規則の制定・改廃に関し必要な要請をすることができるとされていることとのバランスに鑑み、登録された職員団体は、職員の勤務条件について必要があると認めるときは、人事院に対し、人事院規則を制定し、又は改廃することを要請することができるとされている（国家公務員法108条の5の2）。

ウ　交渉事項、管理運営事項

職員の給与、勤務時間、休憩、休暇、保健、安全保持その他の勤務条件

が交渉事項となるが、**国の事務の管理及び運営に関する事項（管理運営事項）**は、行政機関の主体的な判断と責任において処理すべき事項であり、交渉の対象とすることはできない（国家公務員法108条の5第3項）。例えば、各省庁の政策に関する事項、行政機関の組織に関する事項、人事権の行使に関する事項などは、管理運営事項に該当すると考えられるが、いかなる事項が管理運営事項に該当するかについては、明確な指針はなく、個別具体的に判断される必要がある。なお、公務員制度審議会の答申においては、「管理運営事項の処理によって影響を受ける勤務条件は、交渉の対象となる」（「国家公務員、地方公務員及び公共企業体の職員の労働関係の基本に関する事項について（答申）」）とされている（例えば、定員の減少により、超過勤務が増えることになれば、超過勤務の問題が交渉の対象となる。）。

　職員団体と当局との交渉は、団体協約を締結する権利を含まず、職員の争議行為も禁止されていることは既に述べたとおりである。

　労働組合法には、団体交渉を行うことができない事項についての規定はないが、団体交渉の対象事項には、①使用者が正当な理由なく団体交渉を拒否した場合に不当労働行為となる**義務的団交事項**（賃金、労働時間、安全衛生等労働条件その他の待遇に関する事項や団体交渉のルール等団体的労使関係の運営に関する事項であって、使用者が決定できるもの）と、②**任意的団交事項**（経営・生産に関する事項等。ただし、経営・生産に関する事項であっても、労働者の労働条件に関連する（影響を及ぼす）場合は、その限りで義務的団交事項となり得ると解されている。）がある。

(5) 在籍専従、短期従事

ア　在籍専従

　職員は、職員団体の業務に専ら従事することができないのが原則であるが、所轄庁の長が相当と認め、その許可を受けた場合には、最長7年間、登録された職員団体の役員としてその職員団体の業務に専ら従事（**在籍専従**）することができる（国家公務員法108条の6第1項～3項・附則7条、人事院規則17-2第8条）。在籍専従している間は、休職者となり（同法108条の6第5項）、給与は支給されない。また、在籍専従した期間は、退職手

当の算定上の基礎となる在職期間から除算される（退職手当法7条4項）。

　　イ　短期従事

　所轄庁の長は、職員から申請があり、公務の運営に支障がないと認める
ときは、1年を通じて30日を超えない範囲内で有効期間（1日又は1時
間単位）を定めて、登録された職員団体の役員等として、勤務時間中その
職員団体の業務に従事（**短期従事**）することを許可することができる（人
事院規則17-2第6条1項〜5項）。許可を受けた職員は、許可の有効期間中
職務に従事することができず、許可を受けて職務に従事しなかった期間は、
俸給、地域手当等の給与が減額される（同条6項7項）。

(6) 不利益取扱いの禁止

　職員は、職員団体の構成員であること、職員団体を結成し、職員団体に
加入しようとしたこと、又はその職員団体における正当な行為をしたこと
のために不利益な取扱いを受けないとされている（国家公務員法108条の
7）。任用、分限、懲戒、給与などにおける差別的な取扱いは、平等取扱
いの原則に違反する（同法27条）。不利益処分を受けた職員は、人事院に
対して審査請求を行うことができるほか（同法90条1項）、平等取扱いの
原則に抵触する不当な取扱いがあることなどを理由とし、その具体的事実
を示して人事院に対して行う行政措置要求は受理される場合もある（同法
86条）。

　労働組合法においても、労働者が労働組合の組合員であること、労働組
合に加入し、労働組合を結成しようとしたこと、又は労働組合の正当な行
為をしたことを理由に、その労働者の解雇を含め不利益な取扱いをするこ
とは不当労働行為として禁止されている（同法7条1号本文）。不利益な取
扱いを受けた労働者やその労働者が加入する労働組合（既に述べたとおり
労働委員会の資格審査を受けることが必要）は、労働委員会に対して救済を
申し立てることができる（同法4章2節）。

第**5**章

人材の確保

　社会経済情勢は日々刻々と変化し、国民の価値観は多様化する中にあって、行政ニーズは複雑多様化しており、これに的確に対応していくためには、多様で有為な人材を確保し、活躍してもらうことが必要である。多様な人材が組織に刺激を与え、新たな発想を生み、価値を創造し、仕事のやり方の見直しを促していくことが期待される。

　各省庁においては、多様で有為な人材を確保するため、①採用試験による採用（国家公務員の職務は多種多様であり、それに対応できる人材を確保するため、多くの種類の採用試験が実施されている。）、②選考による採用、③専門性を有する人材の任期付の採用、④民間企業との間の人事交流による採用、⑤民間の人材の非常勤職員としての採用など、様々な方法により**採用**が行われている。

　本章では、これらの採用の仕組みについて、それぞれの仕組みによる採用の状況も含めて概説する。

1　採用試験による採用

(1)　採用試験による採用の仕組み

　職員の採用は、受験資格を有する国民であれば誰でも平等にエントリー可能であり、受験者の中からより良い人材を選抜することができる**採用試験**によって行うことが制度上の原則となっている（国家公務員法36条）。

　採用試験は、その対象とする官職に応じ、次の4種類に大別される（国家公務員法45条の2）。

①　政策の企画・立案又は調査・研究に関する事務をその職務とする係員の官職への採用を目的とする**総合職試験**

②　定型的な事務をその職務とする係員の官職への採用を目的とする**一般**

74　　第5章　人材の確保

職試験

③ 特定の行政分野に係る専門的な知識を必要とする事務をその職務とする係員の官職への採用を目的とする**専門職試験**

④ 民間企業における実務経験等を有する者を係長以上の官職に採用することを目的とする**経験者採用試験**

　採用試験の対象官職や採用試験の種類の詳細、採用試験により確保すべき人材については、各省庁がその所掌する事務を遂行するために必要とする人材の確保に関わる事項であることから、内閣官房内閣人事局が所管する政令により定めることとされている（国家公務員法45条の2第1項〜3項）。この政令として、採用試験を実施する人事院の意見を聴いて（同条4項）、採用試験対象官職等政令が定められている。

　総合職試験や一般職試験は、採用予定のある省庁の職員に採用されるための共通の試験である。受験者の有する知識等の違いに応じ、①総合職試験は、院卒程度の者を対象とする試験と大卒程度の者を対象とする試験に分けられており、②一般職試験は、大卒程度の者を対象とする試験と高卒程度の者を対象とする試験に分けられている（採用試験対象官職等政令2条1項2項）。

　専門職試験は、特定の行政分野＝特定の省庁の職員に採用されるための試験であり、その種類は、行政分野と受験者の有する知識等の違いに応じ、多岐にわたっている。具体的には、例えば、刑務官採用試験（高卒程度の者を対象）、国税専門官採用試験（大卒程度の者を対象）、税務職員採用試験（高卒程度の者を対象）、労働基準監督官採用試験（大卒程度の者を対象）、海上保安学校学生採用試験（高卒程度の者を対象）などの試験がある（採用試験対象官職等政令2条3項・別表）。

　経験者採用試験には、採用予定のある省庁の職員に採用されるための共通の試験と特定の省庁の職員に採用されるための試験とがあり、いずれも大卒程度の者を対象としている（詳細は採用試験対象官職等政令に基づく内閣官房令により定められている。）。

ア　採用試験により確保すべき人材

　採用試験により確保すべき人材については、全ての採用試験に共通して、

「国民全体の奉仕者として、国民の立場に立ち、高い気概、使命感及び倫理感を持って、多様な知識及び経験に基づくとともに幅広い視野に立って行政課題に的確かつ柔軟に対応し、国民の信頼に足る民主的かつ能率的な行政の総合的な推進を担う職員となることができる知識及び技能、能力並びに資質を有する者」を確保することが定められている（採用試験対象官職等政令3条）。そして、これに加える形で、政令により定められた採用試験の種類ごとに確保すべき人材が定められている（同政令別表、経験者採用試験対象官職等内閣官房令4条・別表）。

【大卒程度の者を対象とする一般職試験により確保すべき人材】

　一例を挙げると、大卒程度の者を対象とする一般職試験により確保すべき人材は次のとおり定められている。

① 　人文科学、社会科学、自然科学のいずれかの分野における特定の専門領域に関する知識又は技術及びその関連領域における知識を備えていること。
② 　課題を解決できる論理的な思考力、判断力、表現力を備えていること。
③ 　採用後の研修又は職務経験を通じて①の「特定の専門領域に関する知識又は技術及びその関連領域における知識」と②の「論理的な思考力、判断力、表現力」の向上が見込まれること。
④ 　①から③までに掲げるもののほか、採用試験の種類の全てを通じて備えているべき知識、能力等（ⅰ人文科学、社会科学及び自然科学の分野の基礎的知識、ⅱ基礎的な課題を正確・迅速に処理し、その結果を踏まえた説明を適切に行うことができる基礎的能力、ⅲ公共の利益のために勤務することの自覚及び国際的かつ多角的な視点）を備えていること。

イ　採用試験の名称、区分試験、地域試験、試験種目、実施方法

　政令により定められた必要な人材を確保できるよう、試験の区分、試験種目、受験資格など、採用試験の具体的な実施のために必要な事項の詳細が人事院規則8-18により定められている（国家公務員法44条・45条の3、同規則3条〜7条・別表第1・第2）。

　採用試験の種類に対応して**採用試験の名称**が定められている（国家公務員採用総合職試験（院卒者試験）、同総合職試験（大卒程度試験）、同一般職試験（大卒程度試験）、同一般職試験（高卒程度試験）等）。採用試験によって

76　　第5章　人材の確保

は、各省庁における人材確保の必要性や受験者の専攻分野などを踏まえ、区分を設けて実施されるものもある（**区分試験**。例えば、総合職試験（大卒程度試験）であれば、政治・国際・人文、法律、経済、デジタル、工学、教養等の区分）。また、採用試験やその区分試験によっては、「合格者の地域的偏在を防ぎ」（「令和5年度年次報告書」（人事院）45頁）、各地域に所在する地方支分部局等からの採用に応じられるように、地域に区分して実施されるものもある（**地域試験**。例えば、一般職試験（大卒程度試験）の「行政区分」は、北海道、東北、関東甲信越、東海北陸、近畿、中国、四国、九州、沖縄の9地域に区分）。

【デジタル区分、政治・国際・人文区分】

「デジタル社会の実現に向けた改革の基本方針」（令和2年12月25日閣議決定）において、デジタル庁を含め政府部門においてデジタル改革を牽引していく人材を確保するため、「国家公務員採用試験について、令和4年度以降の実施に向けて総合職試験に新たな区分（「デジタル」（仮称））を設けることや、出題などに関する検討を人事院に要請する」とされたことを受け、人事院規則が改正され、令和4年度から、総合職試験に「デジタル区分」が設けられている。

また、人事院は、人文系（文学、歴史学、哲学等）の専攻者が受験しやすくなるよう、総合職試験（大卒程度試験）の区分のうち「政治・国際区分」を「政治・国際・人文区分」に改め、令和6年度の試験から実施している。

そして採用試験やその区分試験ごとに、**試験種目**（例えば、一般職試験（大卒程度試験）の「行政区分」であれば、基礎能力試験、専門試験（多肢選択式）、一般論文試験及び人物試験）が定められている（試験種目のうち専門試験等については出題分野が定められている。）。採用試験は、第1次試験及び第2次試験（一部の採用試験についてはこれらに加えて第3次試験）に分けて実施される（試験種目のうち、例えば、人物試験などが第2次試験において実施される。）。

ウ　受験資格

採用試験やその区分試験ごとに、**受験資格**（年齢、大学院修士課程を修了・3月までに修了見込み、大学を卒業・3月までに卒業見込み等）が定めら

れている。

　総合職試験（院卒者試験、大卒程度試験）や一般職試験（大卒程度試験）は、採用試験の最終合格者が発表される日の属する年度（試験年度）の4月1日における年齢が30歳未満の者であれば受験可能である。それゆえ、民間企業で勤務してから、採用試験に合格し、採用されることも珍しくない（なお、総合職試験及び一般職試験の大卒程度試験の受験には、試験年度の4月1日における年齢が21歳以上であることが必要とされているが、毎年春に実施される他の総合職試験と異なり、毎年秋に実施される総合職試験（大卒程度試験）の「教養区分」は、試験年度の4月1日における年齢が19歳以上であれば受験できるとされている（＝大学2年の秋に受験可能)。)。他方、一般職試験（高卒程度試験）については、大卒者が合格者の多数を占めることが生じないよう、高卒者の雇用確保の観点が考慮されているものと思われるが、試験年度の4月1日において高等学校卒業の日の翌日から起算して2年を経過していない者等に受験資格が認められている（人事院規則8-18第8条1項・別表第3）。

エ　採用試験の公開、告知

　採用試験は、受験資格を有する全ての国民に対して、平等に公開される必要がある。**試験機関**である人事院（外務省専門職員採用試験は外務省）は、①採用試験・区分試験・地域試験の名称、②受験資格、③試験種目・出題分野、④採用試験の実施時期・試験地、⑤合格者の発表の時期・方法、⑥受験申込書の提出の場所・時期などの必要な受験手続等を官報により**告知**するとともに、インターネット等の手段により周知することになっている（国家公務員法46条〜48条、人事院規則8-18第11条・19条・20条、平成24年人事院指令8-1）。

オ　採用試験の試験機関の役割、最終合格者の決定

　試験機関は採用試験の告知・周知のほか、受験申込みの受理、採用試験の実施、**合格者の決定**、**採用候補者名簿**の作成等を行う（国家公務員法45条の3・48条・50条、人事院規則8-18第12条）。採用試験、区分試験又は地域試験ごとに、各試験種目の成績を総合して得られた結果により、採用予定者数等を勘案して必要と認められる数の最終の合格者が決定される

（同規則 24 条）。

カ　採用候補者名簿、各省庁での面接

　採用試験に合格した者の氏名及び得点は、採用試験、区分試験又は地域試験ごとに作成される採用候補者名簿（名簿）に記載される（国家公務員法 51 条、人事院規則 8-12 第 10 条 1 項 2 項）。**名簿の有効期間**は名簿が効力を発生した日（最終合格者の発表日）から 1 年が原則であるが、総合職試験、一般職試験（大卒程度試験）、国税専門官採用試験、労働基準監督官採用試験などは 5 年（総合職試験（大卒程度試験）の「教養区分」は 6 年6 か月）となっている（同規則 10 条 3 項・14 条）。各省庁は、名簿に記載された者の中から**面接**を行い、その結果を考慮して採用することとなる（同法 56 条）。面接の結果の考慮については、採用後の人事配置、職務付与、研修等を通じて能力の研鑽が図られ、長期にわたり公務に従事していくに足る素質を有するかどうかも含めて判断することが適当であることから、平成 19 年の国家公務員法の改正により明記されたものである。

　総合職試験や一般職試験（大卒程度試験）の合格者に対する面接は、受験者が各省庁を訪問する機会の平等化、採用事務の効率化・円滑化、採用プロセスの透明性や公平性の確保等を図るために、毎年度、各省庁の人事担当課長によって申合せがなされる「**官庁訪問**」ルールに従って行われている（「2024 年度大学等卒業予定者等の採用について」（令和 6 年 2 月 14 日各省庁人事担当課長会議申合せ））。

　「官庁訪問」は、受験者が志望する省庁を訪問し、各省庁の職員による業務説明や面接を経て、採用内々定に至るプロセスである。省庁側は志望者のコミュニケーション能力、責任感、協調性、主体性などの資質・能力を見て、採否の判断を行い、受験者側も仕事内容、業務説明を行う職員の魅力、組織文化などを見て、就職先としての自らの選択を決める機会となっている。

　なお、採用候補者名簿の有効期間中に採用されればよいことから、試験に合格した年度には「官庁訪問」を行わず、民間企業に就職して経験を積んだ転職希望者や博士課程に進学した者が、採用試験を受け直すことなく、翌年度以降に「官庁訪問」を行い、採用されることも制度上可能である。

【教養区分】

総合職試験（大卒程度試験）の**「教養区分」**は、専攻分野にとらわれない広範な見識を有する学生や外国の大学の卒業者など多様で有為な人材確保に資するよう、企画立案に係る基礎的な能力の検証を重視した試験区分である（「国家公務員試験採用情報NAVI」（人事院HP））。この区分からの採用者数は増加傾向にあり、令和3年度98人（総合職試験（大卒程度試験）全体の採用は513人）、令和4年度106人（同488人）、令和5年度134人（同523人）となっている（防衛省・防衛装備庁、行政執行法人における採用を含む。）（「国家公務員試験採用情報NAVI」）。

(2) 採用試験による採用の状況

採用試験による採用者数は、①令和2年度9,550人（総合職試験704人、一般職試験4,709人、専門職試験3,880人、経験者採用試験257人）、②令和3年度10,246人（総合職試験720人、一般職試験4,763人、専門職試験4,573人、経験者採用試験190人）、③令和4年度10,097人（総合職試験715人、一般職試験4,867人、専門職試験4,393人、経験者採用試験122人）であり（行政執行法人における採用を含む。令和3～5年度年次報告書（人事院））、採用の方法の中心（選考による採用の状況は**2 (2)**参照）となっている。しかしながら、国家公務員採用試験の申込者数は、**表1**のとおり減少傾向が続いている状況にある。

表1　国家公務員採用試験の申込者数　　　　　　　　　　　　（単位：人）

	平成25年度	平成30年度	令和5年度
全試験	135,239	130,090	100,049
総合職試験	24,360	22,559	18,386
一般職試験（大卒程度試験）	35,840	33,582	26,319
一般職試験（高卒程度試験）	9,752	14,455	9,889

※　「令和5年度年次報告書」（人事院）46頁に基づき作成。

(3) 女性職員の採用

「第5次男女共同参画基本計画」（令和2年12月25日閣議決定）において

は、**女性職員の採用**について、①国家公務員採用試験及び国家公務員採用総合職試験からの採用者に占める女性の割合を毎年度35%以上とすること、②国家公務員採用試験（技術系区分）からの採用者に占める女性の割合を令和7年度までに30%とすることが成果目標として設定されている。

　各省庁における女性国家公務員の採用状況は、毎年、内閣人事局によって取りまとめられ、公表されており、令和6年4月1日付けの国家公務員採用試験からの採用者に占める女性の割合は**表2**のとおりである（防衛省における採用を含む。）。なお、女性職員の登用の状況については**第6章**で紹介する。

表2　国家公務員採用試験からの女性職員の採用状況　　　（令和6年4月1日付け）

	採用総数（人）	うち女性（人）	女性の割合（%）
総合職試験	832	297	35.7（34.5）
一般職試験	5,303	2,213	41.7（38.3）
専門職試験	2,862	1,018	35.6（31.6）
合計	8,997	3,528	39.2（35.4）
うち技術系区分	1,647	469	28.5（―）

※　「女性国家公務員の採用状況のフォローアップ」（内閣官房内閣人事局）に基づき作成。
※　（　）は平成31年4月1日付けの女性の割合である（技術系区分の採用者に占める女性の割合は、第5次男女共同参画基本計画において初めて成果目標として掲げられている。）。

2　選考による採用

(1)　選考による採用の仕組み

　職員の採用は、採用試験によることを原則としているが、以下の官職に採用する場合には、採用試験以外の能力の実証に基づく試験の方法である**選考による採用**が認められている（国家公務員法36条ただし書、人事院規則8-12第18条、平成26年人事院公示第13号）。

①　係長以上の官職
②　係員の官職のうち特別の知識、技術等の能力を必要とする官職（獣医

学、意匠学等の専門的知識・技術を特に必要とする官職、無線従事者の免許や海技士の免許を有する者を充てる必要がある官職等）

③　教育職や医療職のように採用試験を実施していない官職

選考により、民間企業などにおいて勤務経験のある者を係長や課長補佐等に中途採用することも行われている。

任命権者が選考を行うに当たっては、インターネットの利用、公共職業安定所への求人の申込み等による告知を行い、できる限り広く募集を行うことが原則である（人事院規則 8-12 第 22 条）。

選考は、任命権者が次の①から③までに掲げる方法の中から原則として3つ以上（①に掲げる方法及び②に掲げる方法の中からそれぞれ少なくとも1つ以上）選択する方法により、選考される者が職務を遂行するために必要な能力を有するかどうかを、経歴、知識又は資格を有すること等を要件とする任命権者が定める基準に適合しているかどうかに基づいて判定するものである（人事院規則 8-12 第 21 条、「人事院規則 8-12 の運用について」第 21 条関係 1 項）。

①　一般的な知識・知能又は専門的な知識・技術等についての筆記試験、文章による表現力又は課題に関する理解力等についての論文試験や作文試験など

②　人柄、性向等についての人物試験、技能等の有無についての実地試験又は過去の経歴の有効性についての経歴評定

③　補充しようとする官職の特性に応じ、身体検査、身体測定又は体力検査など

(2) 選考による採用の状況

選考による採用者数は、令和 2 年度 1,587 人、令和 3 年度 1,831 人、令和 4 年度 2,002 人と増加している（任期の定めのある職員、人事交流により採用した職員及び定年後に再任用された職員を除く。行政執行法人における採用を含む。令和 3 〜 5 年度年次報告書（人事院））。

なお、民間企業（労働者数 301 人以上）に対し、**労働施策総合推進法**により、中途採用比率の公表が義務付けられたことを踏まえ、国の行政機関

においても**中途採用**の一層の活用のために、転職希望者に対し情報を提供することは重要であることなどから、各省庁の人事担当課長による申合せ「中途採用比率公表に向けた対応について」（令和3年6月23日人事管理運営協議会幹事会申合せ）に基づき、中途採用比率が各省庁において公表されている（内閣人事局が一般職の国家公務員全体における中途採用比率を公表）。ここでの「中途採用」には、専門的な能力・経験をいかせる官職への選考による採用等のほか、民間企業での実務経験等を有する者を採用することを目的とした経験者採用試験等による採用も含まれている（ただし、新規学卒者等を主な対象とした選考による採用や総合職試験や一般職試験（大卒程度試験）による新卒者以外の採用は含まれていない。）。また、「中途採用比率」とは、当該年度に採用等した職員（人事交流により採用した職員、任期の定めのある職員及び非常勤職員を除く。）の数に占める「中途採用」職員数の割合である。

国の行政機関及び行政執行法人全体の中途採用比率は、令和元年度19%、2年度16%、3年度16%、4年度17%と横ばいである。

3　任期付職員法に基づく採用

(1)　任期付職員制度の創設

「**公務員制度改革の基本方向に関する答申**」（平成11年3月16日公務員制度調査会）において、民間企業経験者、弁護士、公認会計士、研究者その他公務部内では育成することが困難な専門性を有する者を任期を限って任用し、給与等の適切な処遇を行えるよう、新たな任期付任用の仕組みを整備すべきである旨の提言がなされた。この答申等を踏まえ、中央省庁等改革推進本部（本部長：内閣総理大臣、本部員：全国務大臣）において、「行政課題の変化等に応じて必要な人材を弾力的かつ機動的」に確保できるよう、「**新たな任期付任用制度の整備を図る**」ことが決定された（「中央省庁等改革の推進に関する方針」（平成11年4月27日）VIII第4-2.）。

人事院においても、「公務に有用な専門的な知識経験等を有する者を任期を定めて採用し、高度の専門的な知識経験等を有する者についてはその専門性等にふさわしい給与を支給することができる制度の整備について、

83

検討を進め」、平成 12 年 8 月、民間人材の採用の円滑化のための任期付採用に関する法律の制定についての**意見の申出**を国会及び内閣に対して行った（「平成 12 年度年次報告書」（人事院）74 頁）。この意見の申出を踏まえ、内閣から「一般職の任期付職員の採用及び給与の特例に関する法律案」が同年 10 月に国会へ提出され、翌 11 月に成立している。

(2) 採用の要件

任期付職員法に基づき、人事院の承認を得て、**選考**により、**任期**を定めて職員を採用することができる場合は、次のとおりである（同法 3 条）。

① **高度の専門的な知識経験又は優れた識見**を有する者をその者が有する高度の専門的な知識経験又は優れた識見を一定の期間活用して遂行することが特に必要とされる業務に従事させる場合

【高度の専門的な知識経験・優れた識見】
「高度の専門的な知識経験」とは、「例えば、弁護士又は公認会計士がその実務を通じて得た高度の専門的な知識経験、大学の教員又は研究所の研究員で特定の分野において高く評価される実績を挙げた者が有する当該分野の高度の専門的な知識経験」をいう。また、「優れた識見」とは、「例えば、民間における幅広い分野で活躍し、広く社会的にも高く評価される実績を挙げ、創造性、先見性等を有すると認められる者が有する幅広い知識経験」をいう（「任期付職員の採用及び給与の特例の運用について」（平成 12 年 11 月 27 日任企-590）法第 3 条及び規則第 2 条関係 2 項）。

② 次の i から iii までのいずれかに該当し、**専門的な知識経験**を有する者をその専門的な知識経験が必要とされる業務に期間を限って従事させることが、公務の能率的運営を確保するために必要であるとき
　i　専門的な知識経験を有する職員の育成に時間を要するため、部内で適任者を確保することが一定の期間困難である場合
　ii　専門的な知識経験が急速な技術の進歩によって陳腐化してしまうなど専門的な知識経験の性質上、有効に活用することができる期間が一定の期間に限られる場合
　iii　i 及び ii に準ずる場合

【専門的な知識経験】

「専門的な知識経験」とは、例えば、「①国際機関勤務経験者等が有する国際活動に関する専門的な知識経験、②情報処理・通信技術者が有する IT に関する専門的な知識経験」をいう（「民間人材の任期付採用」2（1）（人事院HP））。

(3) 採用の手続

任命権者は、任期付職員法の規定により職員を採用しようとする場合には、選考に当たって、可能な限り**公募**等により幅広く人材を求めるよう努めることが必要とされている（「任期付職員の採用及び給与の特例の運用について」法第3条及び規則第2条関係1項）。

(4) 採用した職員の配置と任期

任命権者は、公務の公正性を確保しつつこの制度の適正かつ円滑な運用を図るため、任期付職員の採用前の雇用関係等の事情に応じて、当該任期付職員の配置、従事する業務等について適切に配慮することが求められている（「任期付職員の採用及び給与の特例の運用について」法第3条及び規則第2条関係1項）。

職員の任期は、5年以内で任命権者が定める（任期付職員法4条）。任期が5年に満たない場合には、本人の同意と人事院の承認を得て、採用した日から5年を超えない範囲内で任期を更新することができる（同法5条、人事院規則23-0第4条）。なお、定年制は適用されず（国家公務員法81条の6第3項）、任期が満了すれば退職する（人事院規則8-12第52条）。

(5) 給　　与

ア　特定任期付職員の給与

(2) の①に該当して採用された職員（**特定任期付職員**）には、任期付職員法に定める俸給表が適用され、専門的な知識経験又は識見の度合い、従事する業務の困難及び重要の度合いに応じて、その号俸（1号俸＝俸給月額380,000円（令和6年4月1日現在）〜7号俸＝俸給月額839,000円（同日現在））が決定される（任期付職員法7条1項2項、人事院規則23-0第6

条)。「極めて高度の専門性を有する者を極めて重要な業務に従事するポストに採用する場合など特別の事情」があるときは、一般職給与法適用職員の最高額（事務次官等の俸給月額 1,178,000 円（同日現在））の範囲内で俸給月額を定めることができる（任期付職員法 7 条 3 項。「民間人材の任期付採用」4 (1)）。

　特定任期付職員には、通勤手当、地域手当（主に民間賃金の高い地域に在勤する職員に支給される手当）、期末手当が支給されるほか、特に顕著な業績を挙げたと認められる職員には、その俸給月額（1 か月分）に相当する額を**特定任期付職員業績手当**として年 1 回支給することができる（任期付職員法 7 条 4 項、人事院規則 23-0 第 8 条）。他方、昇給制度（**第 9 章第 1 節**参照）はなく、また、扶養手当、住居手当、超過勤務手当（残業手当）、勤勉手当などは支給されない（同法 8 条）。

【特定任期付職員のボーナス】
　特定任期付職員についても、勤務成績を適時のタイミングで給与に反映し、支給額のメリハリを柔軟に付けることが適当であり、また、勤務成績に応じてより高い年収水準を可能とすることは、人材の確保にも資するとして、人事院は、令和 6 年 8 月 8 日、特定任期付職員に対し人事評価の結果等に応じて支給される勤勉手当を支給（特定任期付職員業績手当は廃止）すること（令和 7 年 4 月 1 日から実施）について国会及び内閣に対して勧告を行っている（「職員の給与に関する報告」56 頁・57 頁、「勧告」74 頁・75 頁）。

イ　特定任期付職員以外の任期付職員の給与

　特定任期付職員以外の任期付職員（**(2)** の②に該当。高度の専門的知識は求められていない。）については、任期の定めのない職員と同じ給与制度（俸給表、諸手当）が適用される。

(6) 任期付職員法に基づく採用の状況

　任期付職員法に基づき採用された職員の令和元年度から令和 5 年度までの 5 か年度の各年度末における在職者総数を見ると、1,656 人、1,754 人、2,080 人、2,289 人、2,462 人と増加している（人数には行政執行法人の職員を含む。「令和 5 年度年次報告書」（人事院））。

【任期付研究員制度】

　国の試験研究機関等の研究業務に従事する職員については、**任期付研究員法**において、次の場合に、選考により任期を定めて採用することが認められている。

① 　研究業績等により当該研究分野において特に優れた研究者として認められている者を招へいして、高度の専門的な知識経験を必要とする研究業務に従事させる場合（**招へい型**）（同法 3 条 1 項 1 号）

② 　独立して研究する能力があり、研究者として高い資質を有すると認められる若手研究者を、当該研究分野における先導的役割を担う有為な研究者となるために必要な能力のかん養に資する研究業務に従事させる場合（**若手育成型**）（同項 2 号）

　いずれの場合も給与の特例が定められ、招へい型の場合には、勤務時間を割り振らない裁量による勤務が制度上可能とされている（任期付研究員法 6 条～ 8 条）。

4　官民人事交流法に基づく採用

　官民人事交流法は、民間企業との間の人事交流により、民間企業の人材を選考により任期を定めて各省庁に採用する「**交流採用**」と各省庁の職員を民間企業へ派遣する「**交流派遣**」の双方について規定している。本章では、人材の確保に関する仕組みについて説明しているが、ここでは、多様な勤務をする機会（**第 7 章参照**）を提供する仕組みである交流派遣についても、併せて説明したい。

(1)　官民人事交流制度の創設

　昭和末期から平成初期にかけて、行政官の民間派遣の取組が始まっている。昭和 63 年度から、総務庁人事局は、行政運営手法の向上と官民の相互理解の推進に資するため、各省庁の課長補佐クラスの職員を民間企業に派遣する取組である行政政策研究課程（民間派遣）を実施し、平成 3 年度から、人事院は、「民間企業の効率的・機動的な業務運営や柔軟な発想方法等」の修得を目的とする民間派遣研修制度により、各省庁の職員を民間企業に派遣する取組を実施した（「平成 7 年度年次報告書」（人事院）20 頁）。

一方、民間から公務への受入れに関しては、特別な仕組みはなかったが、「国家公務員（常勤又は非常勤）として採用した上で、一定の期間経過後辞職し、民間企業に復帰する形で行われ」、平成7年11月時点において、17省庁で内部部局に236人の民間企業職員が受け入れられていた（「平成7年度年次報告書」（人事院）24頁）。

　官民の人事交流を推進することは、組織の活性化や柔軟で幅広い視野を持った人材の育成などの面から意義があることから、人事院は、「官民の交流が円滑に行えるよう、公務の公正性の確保にも十分配慮しつつ、官民双方向の新たな交流システムについて検討を進め」、平成9年3月、「**国と民間企業との間の人事交流を適正に実施するための一般職の職員の身分等の取扱いに関する法律の制定についての意見の申出**」を国会及び内閣に対して行った（「平成8年度年次報告書」（人事院）4頁・5頁）。この意見の申出を踏まえ、内閣から「国と民間企業との間の人事交流に関する法律案」が平成11年4月に国会へ提出され、同年12月に成立している。

(2) 官民人事交流法の目的

　官民人事交流法は、行政運営における重要な役割を果たすことが期待される職員を民間企業に派遣（交流派遣）することにより、行政課題に柔軟かつ的確に対応するために必要な知識及び能力を有する人材の育成を図るとともに、民間企業における実務の経験を通じて効率的かつ機動的な業務遂行の手法を体得している者を採用（交流採用）することにより行政運営の活性化を図り、公務の能率的な運営に資することを目的とする（同法1条）。

(3) 官民人事交流の対象となる民間企業の範囲

　官民人事交流の対象となる民間企業は、株式会社、信用金庫、相互会社、信用協同組合、労働金庫、監査法人、弁護士法人、医療法人、学校法人、社会福祉法人、消費生活協同組合、特定非営利活動法人（NPO法人）、一般社団法人・一般財団法人（公益社団法人・公益財団法人を含む。）等である（官民人事交流法2条、人事院規則21-0第4条、「国と民間企業との間の

88　第5章　人材の確保

人事交流の運用について」（平成 26 年 5 月 29 日人企-660）規則第 4 条関係）。

(4) 民間企業の公募

人事院は、人事交流を希望する**民間企業を公募**し、応募企業の名簿及び応募企業が示した人事交流に関する条件を各省庁に対して提示する（官民人事交流法 6 条）。

(5) 交流採用の手続、交流採用の形態

各省庁は、人事院から提示された名簿に記載のある民間企業と協議した上で**交流採用の実施に関する計画**を作成し、その計画が官民人事交流法の規定及び人事院規則で定める交流基準（**(9)** 参照）に適合するものであることについて**人事院の認定**を受ける必要がある（官民人事交流法 19 条 2 項）。

各省庁は、当該民間企業との間で、交流採用職員となるために企業を退職する者の交流採用（**退職型**）にあっては、交流採用に係る任期が満了した場合の当該民間企業による**再雇用に関する取決め**を締結する必要がある。また、民間企業に現に雇用されている者を企業との雇用関係を継続したまま行う交流採用（**雇用継続型**）にあっては、**交流採用に係る任期中の雇用及び任期が満了した場合における雇用に関する取決め**を締結する必要がある。雇用継続型の取決めにおいては、交流採用の任期中の雇用に基づき賃金の支払いその他の給付を行うことを内容として定めてはならず、交流元の民間企業は各省庁に交流採用されている従業員にはその期間中は賃金を支払うことはできない。ただし、交流元企業がその雇用する者の福利厚生の増進を図るために行う給付のうち、住宅資金、生活資金、教育資金等の貸付け、住宅の貸与等であって、公務の公正性の確保に支障がないものとして人事院が認めるものは取決めの内容とすることができることから、取決めの締結により、雇用継続型の交流採用職員は、これらの資金を借り受けることは可能であり、社宅から退去する必要もない（官民人事交流法 19 条 3 項 4 項、人事院規則 21-0 第 43 条）。

【雇用継続型の交流採用の導入の経緯】

「公務員制度改革大綱」（平成 13 年 12 月 25 日閣議決定）において、「民間からの人材の確保に関する現行制度においては、民間企業を退職しないと公務員として採用できない取扱いとなっており、このことが官民交流の最大の阻害要因となっている」ことから、交流採用職員の身分併有を認めるための官民人事交流法の改正を行い、「民間企業を退職しなくとも公務員として採用できるようにする」（同大綱 II 2（2）②ア）とされたことに基づき、平成 18 年に同法の改正が行われ、交流元企業との雇用関係が継続している者の交流採用が可能になった。

(6) 交流採用職員の任期、給与、服務等

各省庁と民間企業との間での取決め締結後、その民間企業に雇用されていた者又は現に雇用されている者について交流採用が行われる（官民人事交流法 19 条 1 項）。交流採用に係る任期は 3 年以内で任命権者が定め、任命権者が所掌事務の遂行上特に必要があると認める場合には、本人の同意と人事院の承認を得て、交流採用をした日から最長 5 年までは任期を更新することができる（同条 5 項、人事院規則 21-0 第 44 条）。

給与は国から支給され、交流元企業から賃金は支給されない。

交流採用職員を交流元企業に対する処分等に関する事務や交流元企業との間における契約の締結・履行に関する事務を職務とする官職に就けること、交流採用職員がその任期中、交流元企業の事務・事業に従事することは、ともに禁止されている（官民人事交流法 20 条・21 条 2 項、人事院規則 21-0 第 45 条）。

(7) 交流派遣の手続

各省庁は、人事院から提示された名簿に記載のある民間企業と協議して**交流派遣の実施に関する計画**を作成し、交流派遣を予定する職員の同意を得た上で、計画が官民人事交流法の規定及び人事院規則で定める交流基準に適合するものであることについて人事院の認定を受ける必要がある（同法 7 条 2 項）。認定された計画に従って、各省庁は、当該民間企業との間で交流派遣職員の労働条件等について取決めを締結する（同条 3 項）。

(8) 交流派遣職員の派遣期間、身分、給与、服務等

　各省庁は、民間企業との間で取決め締結後、職員を民間企業に交流派遣する（官民人事交流法7条1項）。交流派遣する期間は3年以内であるが、派遣先企業が延長を希望する場合には、本人の同意と人事院の承認を得て、交流派遣をした日から最長で5年までは、その期間を延長することができる（同法8条）。

　交流派遣職員は、上記 **(7)** の取決めの内容に従って、派遣先企業との間で労働契約を締結し、交流派遣の期間中、派遣先企業の業務に従事する（官民人事交流法9条）。交流派遣の期間中は、公務員の身分は保有するが、公務員としての職務には従事できない（同法10条1項）。また、派遣先の民間企業から賃金が支給され、国から給与は支給されない（同法11条）。

　交流派遣職員は、派遣前の省庁への許認可等の申請、派遣前の省庁との契約の締結・履行等の業務に従事することや、職員たる地位の利用、派遣前の官職に就いていたことによる影響力の利用は禁止されている（官民人事交流法12条1項2項、人事院規則21-0第36条）。

　交流派遣後職務に復帰した職員については、復帰から2年間は、派遣先であった民間企業に対する処分等に関する事務や派遣先であった民間企業との間における契約の締結・履行に関する事務を職務とする官職に就けてはならない（官民人事交流法13条3項、人事院規則21-0第38条）。

(9) 交流基準

　人事院は、適正な人事交流の実施のため、行政運営に関し優れた識見を有する者の意見を聴いて、**交流基準**を定め（官民人事交流法5条、人事院規則21-0第2章）、以下の人事交流について一定の制限を設けている。

① 業務に係る刑事事件に関し起訴され、又は許認可等の取消し、業務停止命令等の不利益処分を受けた民間企業との間の人事交流（人事院規則21-0第7条、「国と民間企業との間の人事交流の運用について」規則第7条関係2項）

② 許認可等の処分等に関する事務を所掌する官職（X）に就いていた職員をその事務の対象となる民間企業（子会社を含む。）（Y）へ交流派遣

すること、当該官職（X）に当該民間企業（子会社を含む。）（Y）の従
業員を交流採用すること（人事院規則 21-0 第 10 条・21 条）

③　許認可等の処分等の対象とされる同一の民間企業と国の同じ部局（本
省庁の課等）との間の連続的な人事交流（人事院規則 21-0 第 13 条・22
条）

④　省庁と民間企業との間の契約の締結・履行に携わった職員及び民間企
業の従業員の人事交流（人事院規則 21-0 第 15 条・24 条）

⑤　省庁と締結した契約の総額が一定額以上であり、かつ、その契約の総
額が当該民間企業の売上額等の総額の一定割合以上の契約関係にある民
間企業との間の人事交流（人事院規則 21-0 第 14 条・23 条）

⑥　官民人事交流の対象となる民間企業のうち一部の法人については、国
等の事務又は事業の実施等によって収益の主たる部分を得ている部門が
ある場合、当該部門との間の人事交流（人事院規則 21-0 第 19 条・25 条）

(10)　官民人事交流の実施状況

人事院は、毎年、官民人事交流の状況を国会及び内閣に報告している
（官民人事交流法 23 条 2 項）。令和元年から令和 5 年までの 5 か年間の各年
末における交流採用職員の在職者総数は、510 人、540 人、585 人、696 人、
754 人と増加している。一方、同じ期間の各年末の交流派遣職員総数は、
78 人、70 人、64 人、71 人、64 人とほぼ横ばいである（人数には行政執行
法人における交流派遣を含む。）。なお、令和 5 年の新規交流採用 363 人のう
ち退職型は 6 人であるなど、交流採用の大半が雇用継続型である。

5　非常勤職員としての民間人材の受入れ

民間の専門的な知見を活用するため、民間の人材を非常勤職員として採
用することが行われている。非常勤職員は従事する職務や期待する役割、
勤務形態も多様であることもあり、民間企業との雇用関係が継続されてい
る非常勤職員が当該企業の業務に引き続き従事することや当該企業から給
与を受けることについて、国家公務員法上、一律の規制は設けられていな
い（非常勤職員については兼業が制限されていない（**第 14 章**参照）。）。

他方、職務の公正な執行の確保、公務に対する信用の保持などの観点から、非常勤職員にも、守秘義務や信用失墜行為の禁止等の国家公務員法の服務に関する規定（**第12章第1節**参照）が原則適用されている。こうした服務に関する規律の遵守を徹底するとともに、採用する非常勤職員の「過去の職歴や所属機関等を勘案の上、当該職員の配置や従事する業務に配慮する」など、適切な人事運用を行い、公務の公正性に疑念が生じないようにすることが必要である（令和元年10月30日衆・内閣委員会、武田良太国家公務員制度担当大臣答弁（第200回国会衆議院内閣委員会議録第3号17頁））。

　令和5年10月1日時点（令和元年10月1日時点）での非常勤職員としての民間人材（民間企業、行政執行法人以外の独立行政法人、公益法人等の人材、弁護士、公認会計士、大学教授等）の受入れ数は、内閣人事局の資料によれば、1,577人（1,109人）となっている（防衛省への受入れを含む。）。

第6章

人材の配置、異動
（任用、身分保障、分限）

　採用され、配属先が決まり、新規採用職員を対象とする初任者向け研修が行われ、国家公務員としての職業人生がスタートする。上司の指導を受けながら、与えられた仕事に取り組む中で、職務を遂行する上で必要となる基礎的な知識・技能を習得していく。1～2年程度勤務すると、人事異動があり、その後も2～3年程度で異動を繰り返していく。異動により配置されたポストで経験を積み重ねながら、個々の職員のキャリアが形成されていく。どのようなポストに配置され、どのようなポストに異動するのかは、職員の職業人生にとって極めて重要な意味を持つとともに、配置・異動先は、転勤があるのか、超過勤務が多い多忙なポストなのかなど、職員の生活にも大きな影響を与える。また、勤務を続ける中では、不幸にして傷病等により勤務ができなくなることもあり得る。

　国家公務員法は、人事の中核である職員の任用制度（**第5章**で概説した採用のほか、昇任、転任、降任）及び分限制度（降給、降任、免職、休職等）（任用制度の降任と分限制度の降任の関係は**第1節4**参照）について定めている。人事担当者はその制度に定められた基準に従った上で、行政課題への対応、人材の育成など、様々な要素を勘案し、時に公務能率を維持するため、人事を行うことになる。

　本章では、まず、**第1節**において、任用の基本原則（成績主義の原則）、その基本原則に沿って構築されている任用制度の具体的な内容、制度の適切・効果的な運用を確保するための方針のほか、これらの制度や方針の下で行われる人事異動について概説する。**第2節**においては、任用・分限の両制度と密接に関連する公務員の身分保障について概説する。最後に、**第3節**においては、分限制度とその運用の状況、不利益処分である分限処分

94　第6章　人材の配置、異動

を受けた職員の救済措置について概説する。なお、地方公共団体等への出向、民間企業への交流派遣、国際機関等への派遣も人事異動の一環として行われるが、これらについては、**第7章**で取り上げる。

第1節　任　用

様々な行政課題に対応し、国の行政事務を能率的に遂行するために必要な組織やポスト（「**職**」）が設置される。個々の「職」には、一人の職員が遂行すべき職務とそれに伴う責任が割り当てられる。国家公務員法は、一般職に属する全ての「職」を「**官職**」と、官職に就けられている者を「**職員**」と定義している（同法2条4項）。任命権者が官職に人を任命する行為の総称が**任用**であり、任命行為の方法としては、採用、昇任、降任、転任の4つの類型が基本となる（同法35条）。

昇任は民間企業の昇進（役職を上げること）に相当し、降任は民間企業の降格（役職を下げること）に相当するものである（ただし民間企業では、職能資格制度上の等級を下げることも降格に当たる。）。また、転任は民間企業の配転（職務内容や勤務場所の変更）に相当するものである。

国家公務員法には、転勤について規定はなく、一般的には、昇任や転任等による勤務地の変更を伴う異動が転勤と言われており、特に、転居を伴う異動をイメージして語られることが多い。新たな勤務地への赴任に伴う住居又は居所の移転については旅費が支給され（旅費法）、単身赴任となる場合は単身赴任手当が、広域異動となる場合には広域異動手当が支給される（手当については**第9章第1節**参照）。

1　成績主義の原則

国家公務員法33条1項は、「職員の任用は、この法律の定めるところにより、その者の受験成績、人事評価又はその他の能力の実証に基づいて行わなければならない」と定め、**成績主義の原則**が任用の基本原則であることを明確にしている。成績主義の原則は、職務を遂行するために必要となる能力に欠ける者を任命権者との個人的なつながりにより登用するような

第1節　任　用　95

恣意的な人事を排除し、人事の公正を確保するとともに、能力に基づいて優秀な人材を確保・活用し、公務を能率的に運営していくために不可欠な原則である。

2 任命権者と任用の方法

職員の退職や異動により、**官職に欠員**が生じた場合には、**任命権者**は、採用、昇任、降任又は転任のいずれか一の方法により、職員を任命することができる（国家公務員法 35 条）。

(1) 任命権者と任命権の委任、専決処理

行政機関の長（内閣総理大臣、各省大臣、会計検査院長、人事院総裁、各外局（例えば、文化庁、観光庁）の長）がその部内の機関に置かれる官職の任命権を有する（ただし、外局の幹部職の任命権は、原則、各大臣が有する。国家公務員法 55 条 1 項）。これらの任命権者は、例えば、①地方支分部局の課長補佐以下の官職の任命権を複数の都府県の区域を管轄区域とする地方支分部局の局長に委任する、②事務補助を行う非常勤官職の任命権を部局長に委任するなど、部内の高い職位にある国家公務員に**任命権を委任**することができる（同条 2 項）。

任命権の委任のように、行政庁がその権限の一部を他の行政機関に委譲することは権限の委任といわれ、権限の委任がなされたときは、委任庁はその権限を失い、受任機関がその権限を自己の名と責任において行使することになる。法律の定める権限の所在を対外的にも変更することになるので法律の根拠が必要とされる。

権限の委任はせず、行政庁が、訓令等により、その補助機関の判断（決裁）で事務を処理することを認めることも行われており、これは**専決**といわれる。この場合は、権限の委任と異なり、法律上の権限を有する行政庁の名で権限が行使されることになる。例えば、課長補佐以下の任命について、事務次官により専決処理され、任命権者である大臣名の辞令が交付されるといったことが考えられる。ただし、本省庁課長職以上の人事案件は例外なく大臣決裁事項とするよう、文書規定を整備するとされており

(「**国務大臣、副大臣及び大臣政務官規範**」(平成13年1月6日閣議決定) 2 (2)
③)、本省庁課長職以上の人事案件は専決処理されることはないと考えら
れる。

(2) 採用、昇任、降任及び転任の定義

採用、昇任、降任及び**転任**については、平成19年の国家公務員法の改
正により、法律に定義規定が設けられている。①採用は公務部外から人材
を確保・登用するものであることから、職員以外の者を官職に任命するこ
とと定義されている。また、②昇任は上位の「**職制上の段階**」にある官職
に任命すること(例えば、係長を課長補佐に任命)、③降任は下位の「職制
上の段階」にある官職に任命すること(例えば、係長を係員に任命)、④転
任は昇任にも降任にも該当せず、現在任命されている官職以外の官職に任
命すること(水平異動であり、例えば、係長を異なる事務を担当する他の係長
に任命)と定義されている(同法34条1項1号〜4号)。

ア　職制上の段階の上下の別によって昇任等を定義する理由

国の行政組織においては、行政事務は上位機関から下位機関へと順次分
配されるとともに、上下の機関における指揮監督関係により最末端レベル
(係員)に分配された事務までの全ての事務が統制され、系統的な(上か
ら下に順序立てた)組織編制(局、部、課、室、係など)となっている。
「職制上の段階は、このような**組織における指揮監督の系統や序列等の階
層秩序**を表すもの」であり、個々の官職は、「系統的な組織編制の下に設
置されるものであるため、国家行政組織法、各府省設置法、各府省組織令、
各府省組織規則等の組織法令等により組織編制を行う時点でいずれかの職
制上の段階に属する」こととなる(「参議院議員吉川春子君提出国家公務員の
人事評価、標準職務遂行能力、再就職(天下り)規制等に関する質問に対する
答弁書」(平成19年7月6日内閣参質166第54号))。つまり、官職を設置す
る時点で、その官職が、例えば、課長級、課長補佐級、係長級などのいず
れの職制上の段階に属するのかは明確であるということである。そして、
「同一の職制上の段階に属する官職群であれば、その職務を遂行する上で
発揮することが求められる能力については、共通して一定のものが必要に

なると考えられる」ため、「職制上の段階の上下の別によって」、昇任、降任及び転任が定義されている（同答弁書）。

　なお、「各府省等に置かれる各官職がいずれの職制上の段階に属するか」については、「採用昇任等基本方針」（平成 26 年 6 月 24 日閣議決定。**5** 参照）において、「任命権者は、個々の人事異動が昇任、降任又は転任のいずれに該当するのかを職員があらかじめ認識でき、また、官職ごとに発揮することが求められる標準職務遂行能力が明確になるよう」、「訓令、通達等により明らかに」することとされている（同方針 7（3）。標準職務遂行能力については **3** 参照）。

イ　昇任、降任及び転任の定義に関する特例

　平成 19 年の国家公務員法の改正前は、当時の人事院規則 8-12 第 5 条により、**職階制**の実施を前提として、昇任、転任、配置換、降任についての定義が規定されていたが、職階制が実施されていないため、同規則 81 条の規定により、その定義は「従前の例による」とされていた。この従前の例とは、①昇（降）任は、職員を昇（降）格させること（昇（降）格は給与制度上の仕組みであり、職員の任用は給与制度に依拠して行われていた。）、又は職員を法令その他の規定により公の名称が与えられている上（下）位の官職に任命すること、②転任は、任命権者を異にする他の官職に任命すること（昇任又は降任を除く。）、③配置換は、任命権者を同じくする他の官職に任命すること（昇任又は降任を除く。）であった（「人事院規則 8-12（職員の任免）の運用について」（昭和 43 年 6 月 1 日任企-344））。

【職階制】

　職階制は、職務の種類及び複雑と責任の度が類似している官職の群を「職級」（官職の分類の最小単位）とし、個々の官職はいずれかの「職級」に格付けされ、同一の「職級」に属する官職については、その官職に任用するための資格要件を同一のものとし、かつ、給与については同一の俸 給 表を適用することを企図して、官職を分類整理する計画であった。職階制は、我が国の組織・人事風土と適合しない、実施のための事務負担が膨大である、異動・昇進の範囲が狭くなり、円滑な人事配置に支障を生ずる等の理由により（吉田耕三・尾西雅博編『逐条国家公務員法（第 2 次全訂版）』（学陽書房・

2023）54 頁）、昭和 22 年の国家公務員法制定後、60 年近くにわたり実施
されておらず、平成 19 年の同法の改正により廃止された。

　この定義の下、一部の省庁では、今後の人事計画を見据えた人材の適材
適所の配置などの観点から、例えば、同種の機関であっても、機関の規模
の大小により、小規模機関の長から大規模機関の部長への異動を配置換と
する運用が人事慣行として行われていた。しかしながら、平成 19 年の国
家公務員法の改正による職制上の段階に着目した昇任、降任及び転任の定
義の下では、このような異動は降任となるため、適任者の柔軟な任用が困
難となり、従来の慣行に基づく人事計画を大幅に見直さざるを得なくなる。
　このため、任命権者が、職員をその職員が現に任命されている官職の置
かれる機関と規模の異なる他の機関（管轄区域の単位を同じくする機関又
は同種の機関（刑務所などの施設等機関の場合）に限る。）に置かれる官職
（職員が任命されている官職より一段階上（下）位の職制上の段階に属す
る官職に限る。）に任命する場合において、当該任命が従前の例によれば
昇（降）任に該当しないときは、当分の間、これを転任とみなすとされ、
従前の人事運用を可能とする措置が講じられている（国家公務員法等の一
部を改正する法律（平成 19 年法律第 108 号）附則 8 条 3 項）。

(3) 配置換と併任
　国家公務員法 35 条ただし書は、法律又は人事院規則で別段の定めがあ
る場合には、採用、昇任、降任、転任以外の方法により官職に任命するこ
とを認めている。人事院規則 8-12 において**配置換**と**併任**が定められてい
る。
　ア　配置換
　従前の転任と配置換の差異は、任命権者を異にする異動か同じくする異
動かの違いにとどまることから、平成 19 年の国家公務員法の改正では、
法律上の定義としては差を設けず、転任についてのみ定義されている。し
かし、人事院規則においては、同法上の転任のうち、職員をその職員が任
命されている官職と任命権者を同じくする他の官職に任命することを配置

第 1 節　任　　用　　99

換（人事院規則 8-12 第 4 条 5 号）として、配置換と配置換以外の転任とを
区分し、それぞれを行うための要件に差を設けている（**3** 参照）。

イ　併　　任

併任は、ある官職に任命されている職員をその官職に就けたままで、他
の官職（同じ省庁内の官職に限らない。）に任命することをいい、例えば、
以下の場合に認められる（人事院規則 8-12 第 4 条 6 号・35 条、「人事院規則
8-12 の運用について」第 35 条関係 2 項）。

① 併任の期間が 3 か月を超えない短期の場合（例えば、欠員となった課長
ポストを 1 か月間他の課の課長に併任させ、2 つの課長ポストを兼務させる。）

② 内閣官房等における政府全体として取り組むべき重要又は緊急な政策
課題へ対応する場合

③ 併任先部局等との業務上の連携を強化する必要がある場合

④ 臨時に又は一定の期間業務が特に繁忙となる部局等に対して応援を行
う場合

(4) 官職に欠員が生じていない場合の例外的な任用

休職（病気休職・刑事休職（**第 3 節**参照）、研究休職（**第 7 章**参照））、休
業（育児休業・配偶者同行休業（**第 10 章第 3 節**参照）、自己啓発等休業
（**第 7 章**参照））又は派遣（民間企業への交流派遣（**第 5 章**参照）、国際機関
等への派遣（**第 7 章**参照））中の職員は、それぞれの制度の根拠となる法律
（例えば、休職であれば国家公務員法、育児休業であれば国家公務員育児
休業法）において、職員としての身分を保有するが、職務に従事しないと
されている。職員としての身分を保有するということは、国家公務員法が
官職に就いている者を職員と定義しているため（同法 2 条 4 項）、休職、休
業、派遣中であっても、官職を保有している（＝官職に就いている。）と
いうことであり、官職に欠員が生じていないことを意味する。

国家公務員法 35 条は、官職に欠員が生じた場合に、採用、昇任等によ
り欠員を補充することができると規定している。しかし、休職等により職
務に従事しない職員がおり、実質的には人員の減少した体制で業務を処理
するような場合についてまで、官職に欠員は生じていないという形式的な

理由で、その官職に他の者を就けられないとすると、公務の能率的な運営に支障を生ずるおそれがある。このため、休職、休業、派遣中の場合は、他の者を重ねてその官職に任用することを可能としている（例えば、人事院規則 11-4 第 4 条では、休職中の職員は、休職にされた時占めていた官職を保有するが、当該官職を他の職員をもって補充することを妨げるものではない旨を規定している。）。

戦前の官吏制度では、「官」の概念と「職」の概念とが区別され、官吏としての身分を与える任官と具体的な職に補する補職の概念があったが、国家公務員法では、この**任官補職**の仕組みから転換し、官職を媒介として、公務員身分を保有することと職に就くこととは一体のものとなり、一つの行為により行われることになっている。ただし、休職、休業、派遣の場合には、例外的に、公務員としての身分を保有（＝官職を保有）することと、職務に従事することとが切り離されている。

3 昇任及び転任についての基準

職員の昇任及び転任（幹部職員の任用については特例（**第 3 章**参照）が定められている。）については、平成 19 年の国家公務員法の改正により、任命権者が、人事評価に基づき、任命しようとする官職に必要な標準職務遂行能力及び当該官職についての適性を有すると認められる者の中から行うこととされている（同法 58 条 1 項。この規定に基づく任命権者の判断は、人事院規則 8-12（**(3)** 参照）及び採用昇任等基本方針（**5** 参照）により一定の制約を受ける。）。

国家公務員法の改正前、昇任は、その官職よりも下位の官職の在職者の間における競争試験によって行うことを制度上の原則としつつ、現実の運用としては、制度上は例外である、従前の勤務実績に基づく選考により行われていた。1 回限りの競争試験で昇任の適否を判断するよりも、人事異動により職員に様々な職務上の経験を積ませ、成長を促していく過程で、勤務成績を定期的に評価（人事評価）し、より上位の官職への昇任の適否を判断する方が的確に能力の実証を行うことができ、合理的であると考えられる。このため、昇任試験は廃止され、昇任については、人事評価に基

第 1 節　任　用　101

づいて行うことが原則とされたものである。また、行政課題に的確に対応するためには、能力本位の適材適所の人材配置が必要であり、昇任のみが厳格に行われればよいということにはならないため、国家公務員法の改正前はその方法について規定のなかった転任についても、人事評価に基づいて行うことが原則とされている。

(1) 標準的な官職と標準職務遂行能力

平成19年の国家公務員法の改正前、昇任の選考は、法律上、人事院の定める基準により、人事院又は人事院が定める選考機関が行うとされていたが、当時の人事院規則8-12第90条において、任命権者が選考機関としてその定める基準により行うとされており、昇任又は転任により任命しようとする官職に必要とされる能力が明確でなく、年功的、同期横並び的な人事管理が行われる一因となっていると指摘されていた。

任用に当たっての基準を明確にするため、平成19年の国家公務員法の改正により、①「職制上の段階の上下の別によって、昇任、降任及び転任を定義し、組織法令等による組織編制の時点で明確になっている職制上の段階を端的に表すものとして」、「職制上の段階の標準的な官職を政令で確認的に定め」るとともに、②「当該標準的な官職の職務を遂行する上で発揮することが求められる能力として内閣総理大臣が標準職務遂行能力を定め、これを職員の昇任等に際しての判断基準」としている（「参議院議員吉川春子君提出国家公務員の人事評価、標準職務遂行能力、再就職（天下り）規制等に関する質問に対する答弁書」）。

ア　標準的な官職

標準的な官職は、標準職務遂行能力を定める前提として定めるものである。国の行政事務は多種多様であるため、職制上の段階の上位、下位の別だけでなく、職務の種類によっても職務を遂行する上で求められる能力の違いが生ずることも踏まえ、標準的な官職は、職制上の段階及び職務の種類に応じて、政令で定めることとされている（国家公務員法34条2項）。

標準的な官職を定める政令においては、職務の種類を、一般行政、公安、税務、研究、研修・教育、医療、調剤、看護、特許、検疫、航空交通管制

等の 30 種類に区分しつつ、行政機関には、本省庁内部部局、施設等機関
（例えば、研究所、刑務所、検疫所）、地方支分部局（様々な地方支分部局
があるが、管轄区域の範囲や内部組織の違いに着目して類型化できる。）
等があることから、これらの部局又は機関等の存在を前提として、標準的
な官職が定められている。具体的には、一般行政の本省庁であれば、係員、
係長、課長補佐、室長、課長、部長、局長、事務次官が標準的な官職とし
て定められている。

　　イ　標準職務遂行能力

　標準職務遂行能力は、標準的な官職の職務を遂行する上で発揮すること
が求められる能力として内閣総理大臣が定めるものである（国家公務員法
34 条 1 項 5 号）。これは、職務の種類ごとの各職制上の段階に属する官職
群に共通して求められる職務遂行能力を分析し、記述するという性格のも
のである。

　【標準職務遂行能力の具体例】
　　一般行政、本省庁内部部局の課長の標準職務遂行能力は以下のとおりであ
　る（「標準職務遂行能力について」（平成 21 年 3 月 6 日内閣総理大臣決定）
　別表第 1 の 1 ）。
　① 〈倫理〉国民全体の奉仕者として、高い倫理感を有し、課の課題に責任を
　　持って取り組むとともに、服務規律を遵守し、公正に職務を遂行すること
　　ができる。
　② 〈構想〉所管行政を取り巻く状況を的確に把握し、国民の視点に立って、
　　行政課題に対応するための方針を示すことができる。
　③ 〈判断〉課の責任者として、適切な判断を行うことができる。
　④ 〈説明・調整〉所管行政について適切な説明を行うとともに、組織方針の
　　実現に向け、関係者と調整を行い、合意を形成することができる。
　⑤ 〈業務運営〉コスト意識を持って効率的に業務を進めることができる。
　⑥ 〈組織統率・人材育成〉適切に業務を配分した上、進捗管理及び的確な指
　　示を行い、成果を挙げるとともに、部下の指導・育成を行うことができる。

(2) 官職についての適性

　標準職務遂行能力は、それぞれの職制上の段階に属する官職群に共通し

て求められる職務遂行能力であるが、例えば、職制上の段階を同じくする課長であっても、個々の課長ポストにより、所掌する事務や担当する職務が異なり、必要とする専門性にも違いがある。このため、職員の昇任及び転任については、「標準職務遂行能力のみならず、「**任命しようとする官職についての適性**」を有すると認められる者の中から行うこととされており」（国家公務員法58条1項）、「当該適性の判断に当たっては、個々の官職ごとに求められる専門的な知識、技術、経験等の有無が考慮されることとなる」（「参議院議員吉川春子君提出国家公務員の人事評価、標準職務遂行能力、再就職（天下り）規制等に関する質問に対する答弁書」）。

(3) 人事評価に基づく昇任、転任の判断

昇任及び転任に際しては、任命しようとする官職に必要な標準職務遂行能力及び当該官職についての適性を有するかどうかを**人事評価**に基づき判断することとされている。職員の昇任の際には、任命権者は、職員が現に任命されている官職よりも上位の職制上の段階に属する官職に必要な標準職務遂行能力及び当該官職についての適性を有すると認められることが必要であるが、現に任命されている官職における職員の勤務成績を評価する人事評価に基づき、こうした判断が可能であるかという問題がある。

この点については、「一般的に、任命しようとする官職より下位の職制上の段階に属する官職において勤務成績が優秀であれば、上位の職制上の段階に属する官職に係る職務遂行の能力を有する蓋然性が高いと考えられることから、任命権者が、職員について、当該職員の人事評価に基づき、現在任用されている官職より上位の職制上の段階の標準的な官職に係る標準職務遂行能力を有する者と認めることには、一定の合理性がある」と考えられる（「参議院議員吉川春子君提出国家公務員の人事評価、標準職務遂行能力、再就職（天下り）規制等に関する質問に対する答弁書」）。

ア 昇　任

任用の基本原則である成績主義の原則の実施に必要な職員の公正な任用の確保に関する事項については、人事院規則で定めるとされている（国家公務員法33条4項）。人事院規則8-12において、昇任については、以下で

述べる人事評価の要件を満たす候補者の中から、人事の計画その他の事情を考慮した上で、最も適任と認められる職員を昇任させることができるとされている（同規則25条、「人事院規則8-12の運用について」第25条関係）。

人事評価には能力評価（評価期間は1年で年1回実施）と業績評価（評価期間は6か月で年2回実施）があり、それぞれの評価の結果を総括的に示す全体評語の付与は、「卓越して優秀」、「非常に優秀」、「優良」、「良好」、「やや不十分」、「不十分」の6段階で行われ（本省庁課長級以下の職員の場合）、例えば、本省庁の課長、室長、課長補佐に昇任させるためには、以下の2つの要件を満たすことが必要とされている。

①　昇任させようとする日以前の直近の連続した2回の能力評価のうち、1回は全体評語が「優良」（本省庁課長への昇任の場合には「非常に優秀」）以上であり、かつ、もう1回も「良好」以上であること。

②　昇任させようとする日以前における直近の連続した4回の業績評価のうち、1回は全体評語が「優良」以上であり、かつ、他の3回も「良好」以上であること。

なお、本省庁係長への昇任の場合は、室長・課長補佐への昇任よりも人事評価の要件が緩和されている。他方、標準的な官職が本省庁課長である職制上の段階より上位の職制上の段階に属する官職への昇任については、本省庁課長への昇任よりも人事評価の要件が厳しくされている（適格性審査（第3章参照）の対象となる幹部職への昇任、転任、配置換については人事院規則により要件を定める対象とされていない。）。

【懲戒処分と昇任】

昇任させようとする日以前1年以内に懲戒処分（本省庁課長以上への昇任の場合は、昇任させようとする日以前2年以内に停職処分、1年6か月以内に減給処分、1年以内に戒告処分）を受けている職員は昇任させることができない（人事院規則8-12第25条、「人事院規則8-12の運用について」第25条関係6項）。

イ　転任、配置換

転任については、満たすべき具体的な要件は人事院規則においても定め

られておらず、人事の計画その他の事情を考慮した上で、最も適任と認められる者を転任させることができるとされている。ただし、本省庁の室長以上の官職への転任については、昇任の要件の規定が準用（昇任の要件の規定を転任の要件としても用いる。）されている（人事院規則8-12第26条）。

　配置換についても、人事の計画その他の事情を考慮した上で、最も適任と認められる者を配置換することができるとされている。配置換の場合は、任命権者が同一であることから、配置換しようとする官職についての標準職務遂行能力を有することは原則として改めて確認する必要はなく、人事評価の結果に基づき、配置換しようとする官職についての適性を有することが認められれば足りるとされている（人事院規則8-12第27条）。また、本省庁の室長以上の官職への配置換については、転任の場合と異なり、昇任の要件の規定は準用されていない。

4　降任による任命の基準

　「人事評価又は勤務の状況を示す事実に照らして、勤務実績がよくない場合」等には、職員の意に反して降任させることができるとの国家公務員法の分限の規定（同法78条。**第3節**参照）に基づき、職員の降任を行うか否かを任命権者が判断する（**分限制度における降任**は、勤務実績不良等の法定の事由に該当する職員を役職の下位のいずれかの官職に異動させることまでを決める制度である。）。職員を降任させると判断した場合には、その職員についての人事の計画への影響等を考慮し、人事評価に基づき、任命しようとする官職に必要な標準職務遂行能力及び当該官職についての適性を有すると認められる官職に任命することになる（**任用制度における降任**は、具体的な降任先の官職を決める制度であり、平成19年の国家公務員法の改正により整備されたものである。同法58条2項、人事院規則8-12第29条1項）。なお、降任は、勤務実績不良等の事由に該当しない場合でも、職員から書面による同意を得て行うことも可能である（本人の同意を得て降任させる場合は、そもそも分限制度は関係せず、任用制度の降任の規定に従い、降任先の官職を決定することになる。同規則29条2項）。

106　　第6章　人材の配置、異動

5 採用昇任等基本方針

平成19年の国家公務員法の改正では、行政事務の遂行に当たる職員を能力本位で適所に配置し、人材の有効活用を図り、行政組織全体の能力を最大限発揮させることにより、公務の能率的な運営を確保する観点から、新たな採用、昇任、降任及び転任に関する制度が整備されている。これらの制度の適切かつ効果的な運用を確保することにより、能力・実績主義の人事管理を徹底していくことは重要であることから、そのための基本的な方針（**採用昇任等基本方針**）を閣議決定により定めることとされている（同法54条）。

閣議決定は、内閣の構成員である国務大臣のみならず、内閣の統轄の下にある行政機関を拘束するが、任命権者であっても、会計検査院長、人事院総裁、行政執行法人の長（独立行政法人通則法26条により、行政執行法人の長が職員の任命を行う。）は、内閣の統轄の下にある行政機関の長ではないため、採用昇任等基本方針の案を作成する内閣総理大臣はあらかじめ任命権者と協議することとしている。その上で、会計検査院長、人事院総裁等も含め各任命権者に対しては、閣議決定で定める統一的な方針に沿って採用、昇任、降任及び転任を行うことを義務付けている。

平成26年の国家公務員法改正により、採用昇任等基本方針に定める事項が追加され、現在の「採用昇任等基本方針」には、①採用に関する指針、②昇任及び転任に関する指針（**6**参照）、③幹部職及び管理職への任用に関する指針（**第3章**参照）、④女性職員の採用・登用の拡大及び職員の仕事と生活の調和を図るための指針（この指針の中で、女性職員活躍・ワークライフバランス推進協議会を設置し、具体的な施策を盛り込んだ取組指針を定めるとされている。）、⑤人材交流等の推進（府省間人事交流に関する指針、地方公共団体との人事交流等に関する指針、官民の人材交流に関する指針。**第7章**参照）等が定められている。

6 人事異動

本節では、これまでに任用制度や制度の適切・効果的な運用を確保するための方針について説明してきたが、以下では、この制度や方針の下で行

第1節　任　用　107

われる人事運用について概説する。これと対比する意味で民間企業における人事異動（配転）についても併せて見ておきたい。

(1) 任命権者の裁量

人事異動は、主に昇任や転任によって行われる。これらは、職員の同意を要しない行政処分である。人事評価に基づき、任命しようとする官職に必要な標準職務遂行能力及び当該官職についての適性を有すると認められる者の中から、人事の計画等の事情を考慮し、採用昇任等基本方針に沿ってどの官職に誰を昇任又は転任させるのかについては、組織内の職員の地位の変動や処遇を決定する権限を有する任命権者の裁量に委ねられている（なお、昇任に関する指針においては、人事評価に基づき、能力及び実績に基づく人事管理を徹底するとされている。）。

昇任、転任による人事異動を行う事由や人事異動の範囲（エリア、ポスト）を直接制限する法令の定めはなく、任命権者の裁量の範囲は広いと考えられるが、人事院に対する審査請求（**第3節**参照）や訴訟において、裁量権の逸脱・濫用があると評価されれば、取り消されることになる（例えば、特定の職員を辞職させるため、他に適当な職員がいるにもかかわらず、家族の介護をしている職員をあえて遠隔地に転勤させるようなことがあれば、裁量権の逸脱・濫用に当たり得ると考えられる。）。

(2) 人事異動を行う理由と人事異動の時期、サイクル

人事異動は、①省庁内の各部局の業務上の課題に対応するために適切な人材を配置する、②職員に新たな職務を経験させ、成長する機会を与える、③職場に新たな人材を入れることで刺激を与え、組織を活性化させる、④職員が特定のポストに長期にわたって在任することによる弊害の発生を防止するなどの理由で行われていると考えられる（転任に関する指針においては、多様な勤務機会の付与、多岐にわたる行政課題や業務の繁閑への的確な対応、同一官職に長期間就けることに伴う弊害の防止等を勘案しつつ転任を行うことが定められている。）。

なお、職員本人の希望・意欲を踏まえた人材の活用の観点から、特定の

ポストについて省庁内の希望する職員が応募することができる公募（**省庁内公募**）を行っている省庁もある。

人事異動の時期、サイクルについても、法令の定めはない。年度末の3月31日に定年退職、4月1日に新規採用が行われることから、4月に大規模な異動が行われることが多い。また、通常国会終了後に幹部職員の退職や異動が行われ、それに伴って、夏にも相応の規模で人事異動が行われることも多い。一般的には、概ね2年から3年（短い場合には1年）程度で他の官職に異動する。

(3) 人事異動についての職員への配慮

昇任、転任を行うに際して、職員本人の同意を得ることは必要とされていないが、異動の有無や異動させる場合の異動先ポストについては、職員本人の職務やキャリアに関する希望、健康状態、家族の状況（育児、介護）等にも可能な限り配慮する必要がある。

転勤については、人材の確保や働き方改革などの観点から、民間企業の中には見直しの動きもある。また、転勤があることは、特に、地方支分部局での採用において、転勤のない（あるいは転勤の範囲の狭い）地方公務員の採用と比べ、不利に作用することは否めないと思われる。

内閣官房内閣人事局は、令和元年に、各省庁の職員を対象に転勤（転居を伴う異動）に関してアンケートを実施している。回答者数は44,946人であり、回答者の属性は、①既婚世帯67.0%（既婚世帯のうち共働き66.9%）、②子どもあり57.5%である。アンケート結果によれば、転勤経験のある職員は73.3%（男性78.7%、女性51.7%）、転勤回数は5回以上が37.7%である。転勤についての意向は、転勤を経験したくない職員は63.5%、転勤を経験したい職員は34.3%である。転勤に躊躇や支障を感じる理由は、経済的負担、子の就学・受験、持ち家の購入、配偶者の勤務（共働き）、親等の介護などが多くなっている。転勤経験者のうち、経験した転勤について満足と回答した職員が60.8%、不満と回答した職員が39.2%となっている。

転勤に関して、「**国家公務員の女性活躍とワークライフバランス推進の**

第1節　任　用　　109

ための取組指針」（平成 26 年 10 月 17 日女性職員活躍・ワークライフバランス推進協議会（議長：内閣人事局長、構成員：各省庁の事務次官等）決定）においては、「転居を伴う人事異動は、対象となる職員の生活環境に大きな変化を生じさせるものであるため」、各省庁は、「転勤に関して定期的に本人の意向を確認したり、可能な限り早期に内示を実施したりするなど、職員に対する十分な配慮を行う」とされている。また、管理職への登用に当たり、転勤や本府省における勤務経験が事実上の要件とされることで、育児、介護等の事情により転勤ができない職員の登用の支障とならないよう、各省庁は、「キャリアパスにおける転勤の必要性についての再検討」を行うとされている。その上で、必要な転勤について、特に育児、介護等による時間制約のある職員に対しては、「職員本人の希望を踏まえて」、限定されたエリア内での転勤や育児、介護等以外の時期に転勤等を行い、必要な職務経験を積ませ、登用に向けた育成を行うなど、「育児、介護等がキャリアパスの支障にならないよう配慮を行う」とされている（同指針 15 頁）。

(4) 民間企業における人事異動（配転）

　公務員の任用は行政処分であるのに対し、民間企業における**配転**（職務内容や勤務場所の変更）は**業務命令**としてなされる。

　「モデル就業規則」（令和 5 年 7 月版　厚生労働省労働基準局監督課）の 8 条においては、配転について、①会社は、業務上必要がある場合に、労働者に対して就業する場所及び従事する業務の変更を命ずることがあること、これに対して②労働者は正当な理由なく拒むことはできないことが、規定例として示されている（なお、モデル就業規則の記載はあくまでもモデル例であり、具体的にどういう内容を規定するかは、個々の企業において判断されることになる。）。

　配転命令が有効になされるためには、①使用者が配転命令権を有すると認められること（**就業規則**に根拠規定が置かれるなど）、②配転命令権が認められる場合であっても、その行使が権利の濫用に当たらないことが必要である（労働契約法は「使用者は、労働契約に基づく権利の行使に当たっては、それを濫用することがあってはならない」と規定している（同法 3 条 5

項）。）。

最高裁昭和 61 年 7 月 14 日第二小法廷判決（東亜ペイント事件）は、配転命令権の存在、配転命令権の濫用について、次のように判示している。

① 労働協約及び就業規則に、会社は業務上の都合により従業員に転勤を命ずることができる旨の定めがあり、会社と従業員の間で労働契約が成立した際にも勤務地を限定する旨の合意はなされなかったという事情の下においては、会社は個別的同意なしに従業員の勤務場所を決定し、これに転勤を命じて労務の提供を求める権限を有する。

② 使用者は業務上の必要に応じ、その裁量により労働者の勤務場所を決定することができるが、転勤、特に転居を伴う転勤は、一般に、労働者の生活関係に少なからぬ影響を与えることから、使用者の転勤命令権は無制約に行使することができるものではなく、これを濫用することは許されない。

③ 転勤命令につき、業務上の必要性が存しない場合、又は、業務上の必要性が存する場合であっても、ⅰ転勤命令が他の不当な動機・目的をもってなされたものであるとき、若しくはⅱ労働者に対し通常甘受すべき程度を著しく超える不利益を負わせるものであるとき等、特段の事情がない限りは、当該転勤命令は権利の濫用になるものではない。

④ 業務上の必要性についても、転勤先への異動が余人をもっては容易に替え難いといった高度の必要性に限定することは相当でなく、労働力の適正配置、業務の能率増進、労働者の能力開発、勤務意欲の高揚、業務運営の円滑化など企業の合理的運営に寄与する点が認められる限りは、業務上の必要性の存在を肯定すべきである。

この昭和 61 年の最高裁判決は、転勤のため単身赴任となることによる家庭生活上の不利益は「通常甘受すべき程度のもの」としているが、その後に制定された育児・介護休業法（平成 13 年の改正後）においては、事業主は、労働者の就業場所を変更しようとする場合に、就業場所の変更によって育児又は家族の介護を行うことが困難となる労働者がいるときは、その労働者の育児又は家族の介護の状況に配慮することを求められている（同法 26 条）。また、平成 19 年制定の労働契約法は、労働契約の締結・変

第 1 節　任　用　111

更をする場合には、仕事と生活の調和にも配慮すべきと規定している（同法3条3項）。

7　女性職員の登用

　女性職員の登用については、**男女共同参画基本計画**に成果目標が掲げられ、推進が図られている。「第5次男女共同参画基本計画」（令和2年12月25日閣議決定）においては、女性職員の登用については、令和7年度末までに、①係長相当職（本省）に占める女性の割合を30％、②係長相当職（本省）のうち新たに昇任した職員に占める女性の割合を35％、③国の地方機関課長・本省課長補佐相当職に占める女性の割合を17％、④本省課室長相当職に占める女性の割合を10％、⑤指定職相当（本省部長相当職以上の職）に占める女性の割合を8％とすることが成果目標として掲げられている。

　表1は、「第4次男女共同参画基本計画」（平成27年12月25日閣議決定）以降の女性職員の登用状況の推移を示すものである（防衛省における登用を含む。）。

表1　各役職段階に占める女性職員の割合　　　　　　　　　　　　（各年7月の数値）

	平成28年	令和2年	令和3年	令和4年	令和5年
係長相当職（本省）	23.9%	26.5%	27.7%	28.3%	29.2%
係長相当職（本省）のうち新たに昇任した職員	—	—	25.7%	25.9%	25.5%
国の地方機関課長・本省課長補佐相当職	9.4%	12.3%	13.3%	14.1%	15.0%
本省課室長相当職	4.1%	5.9%	6.4%	6.9%	7.5%
指定職相当	3.6%	4.4%	4.2%	5.0%	4.7%

※　「女性国家公務員の登用状況のフォローアップ」（令和6年1月19日内閣官房内閣人事局）にも基づき作成。

※　係長相当職（本省）のうち新たに昇任した職員に占める女性の割合は第5次男女共同参画基本計画において初めて成果目標として掲げられている。

112　　第6章　人材の配置、異動

第2節　身分保障

　国家公務員は、民間企業と異なり、倒産リスクがなく、身分も保障されており、不祥事を起こして懲戒免職になるような場合は別として、解雇されることもなく、安定した職業であると指摘されることがある。

　身分保障という言葉が一人歩きしがちであるが、身分保障について定める国家公務員法75条は、法律又は人事院規則で定める事由に該当しなければ、本人の意に反して降任、休職又は免職をされることはなく（同条1項）、また、国家公務員法又は人事院規則が定める事由に該当するときにのみ、降給される（同条2項）と規定している。言い換えれば、法律又は人事院規則で定める事由に該当する場合には、降給、降任、休職又は免職をされることを認めている規定でもある。

　第1節で説明した成績主義の原則に基づき任用されても、勤務成績の良好な職員が任命権者によって一部の政治的な目的のために恣意的に職務から排除されるようなことがあれば、成績主義の原則が実効性を失い、職員の公正な任用が阻害される。このため、成績主義の原則及び公務の中立性の確保の必要性・重要性に鑑み、身分保障の規定が設けられており、これにより、職員は、国民全体の奉仕者として、安んじて職務に専念できるようになる。

【一部の政治的な目的のための任命権の濫用の禁止】

　「国務大臣、副大臣及び大臣政務官規範」においては、「国務大臣は、職員の任命権を一部の政治的目的のために濫用してはならない」とされている（同規範1 (10) ①）。

　公務員に**労働基本権**を付与すれば身分保障は不要となるという指摘があるが、身分保障の規定の趣旨は上述のとおりであり、労働基本権が制約されていることを理由として規定されているものではない。身分保障の規定は、昭和22年の国家公務員法の制定時から設けられており、当時は、団結権を否定される警察官吏、消防職員及び監獄に勤務する者を除き、公務員にも労働協約締結権が認められていた。また、国家公務員法75条1項

第2節　身分保障　　113

は、労働協約締結権が認められている行政執行法人の職員にも適用されている。こうした事実からも、身分保障と労働基本権はトレードオフの関係にあると言うことまでは難しいと思われる。

第3節　分　　限

　身分保障を前提としつつ、公務の能率の維持及び公務の適正な運営の確保のために、職員本人の意に反して公務員の身分に不利益な変動を生じさせる制度の総称が**分限制度**である。分限制度には、基本的に全職員が対象となる**降任、免職、降給、休職**、失職（失職については**第2章**参照）及び定年による退職（**第11章**参照）のほか、特定の職員のみが対象となる幹部職員の特例的な降任（**第3章**参照）、管理監督職勤務上限年齢による降任・降給を伴う転任（**第11章第2節**参照）がある。

1　降任、免職、降給

　降任は、職員を公務員としての身分を維持しつつ、役職の下位の官職に異動させることであり、免職は、職員を退職させ、公務員としての身分を失わせることである（国家公務員法34条1項3号、人事院規則8-12第4条10号）。職員の意に反する降任又は免職は、国家公務員法が定める①**勤務実績不良**、②**心身の故障**、③**適格性欠如**、④**組織の改廃等**の4つの事由のいずれかに該当する場合に行うことができるとされている。

　降給には、職員の意に反して、職員の職務の級を同一の俸給表の下位の職務の級に変更する**降格**（職員の職務に応じて決定されている俸給（基本給）の格付け（職務の級）を下げること）と、職員の意に反して、職員の号俸を同一の職務の級の下位の号俸に変更する**降号**（俸給の格付け（職務の級）は維持したまま、俸給の額を下げること）があり（人事院規則11-10第3条）、国家公務員法又は人事院規則で定める事由に該当する場合に行うことができるとされている（俸給表、職務の級及び号俸については**第9章第1節**参照）。降格は、降任や管理監督職勤務上限年齢による転任に伴って行われる場合のほか、上述の①から④までのいずれかの事由に該当する場合に行われ、

114　第6章　人材の配置、異動

降号は上述の①の事由に該当する場合に行われる。

【降給の事由】

　平成 19 年の国家公務員法の改正前は、降給の事由を定める人事院規則は制定されていなかった。これは、職員を降格させ給与を下げることも降任として位置付けられており（**第 1 節 2 (2) イ参照**）、国家公務員法に定める降任の事由のいずれかに該当すれば、降格させることが可能であったことから、降給の事由について定める人事院規則を制定する必要性に乏しかったことによると思われる。平成 19 年の国家公務員法の改正により、降任と降格は別々の制度として分離されたことに伴い、人事院規則 11-10 が制定され、降格の事由が定められるとともに、それまでにはなかった新たな仕組みである降号の事由も定められている。

　降任・免職は任命権者が行う。一方、降給は給与上の措置であることから、各庁の長（一般職給与法 7 条に規定する各庁の長（内閣総理大臣、各省大臣、会計検査院長、人事院総裁）又はその委任を受けた者）が行う。

(1) 降任、免職、降給の事由

ア 勤務実績不良

　職員の能力評価又は業績評価の全体評語が「不十分」（全体評語の付与が 2 段階（事務次官級）又は 3 段階（本省庁局長・部長級）で行われる幹部職員の場合は「下位」）の段階である場合又は職員の勤務の状況を示す事実に基づき、勤務実績がよくないと認められる場合（能力評価又は業績評価の全体評語が「やや不十分」の段階である場合も含まれる。）に該当し、人事院が定める「改善措置」のいずれかを行ったにもかかわらず、勤務実績が不良なことが明らかなときには、警告書を交付した後、弁明の機会を与えた上で、職員に対して降号、降格、降任又は免職をすることができる（国家公務員法 78 条 1 号、人事院規則 11-4 第 7 条 1 項、「人事院規則 11-4 の運用について」第 7 条関係 3 項 9 項、人事院規則 11-10 第 4 条 1 号イ・5 条、「人事院規則 11-10 の運用について」第 4 条及び第 5 条関係 1 項 7 項）。

　「改善措置」としては、①職員の上司等が、注意又は指導を繰り返し行うこと、②現在担当している職務が職員に向いていない可能性もあること

第 3 節 分　限　115

から、職員を他のポストに転任させること等により従事する職務を見直すこと、③職員の矯正を目的とした研修の受講を命ずること、④その他職員の矯正のために必要と認める措置をとることが定められている。

この基準の下で、各省庁における統一的な運用の確保を図るため、国家公務員法18条の2第2項の規定に基づき、**「勤務成績が不良な職員に対する対応について（通知）」**（令和2年7月20日閣人人第453号）が内閣人事局から各省庁に発出されている。この通知では、①能力評価又は業績評価の全体評語が「不十分」となった職員に限らず、②能力評価又は業績評価の全体評語が2期以上連続して「やや不十分」となっている職員に対しても、分限処分となる可能性を伝達した上で、人事院の定める「改善措置」のいずれかを行うこととされている。

「改善措置」実施後に、直近の能力評価及び業績評価がともに「やや不十分」以下である場合には、勤務実績が不良であることが明らかな状態にあるものと解されることから、警告書を交付した後、弁明の機会を与えた上で、公務能率の維持及び能力・実績主義の人事管理の徹底の観点から、原則として降任（係員の場合は降格又は降号）又は免職を実施することとされている。ただし、免職の実施は、①2期以上連続して能力評価又は業績評価の全体評語が「不十分」の段階であり、かつ、直近の能力評価の全体評語が「不十分」の段階であること、②現在職員が任命されている官職よりも下位の職制上の段階に属する官職の職務を遂行することが期待できないことが必要とされており、降任の場合に比べ、慎重な判断が求められている。

イ　心身の故障

任命権者（降格の場合は各庁の長）が指定する医師2名によって、私傷病に起因するものか、公務上の傷病に起因するものかを問わず、長期の療養・休養を要する疾患又は療養・休養によっても治癒し難い心身の故障があると診断され、その疾患や故障のため職務の遂行に支障があり、又は職務の遂行に堪えないことが明らかな場合には、職員に対して降格、降任又は免職をすることができる（国家公務員法78条2号、人事院規則11-4第7条3項、人事院規則11-10第4条1号ロ）。

医師2名による診断については、①3年間の病気休職（**2**参照）の期間が満了するが、心身の故障の回復が不十分で職務を遂行することが困難と考えられる場合、②病気休職中であって、今後、職務を遂行することが可能となる見込みがないと判断される場合、③病気休暇（**2**参照）又は病気休職を繰り返してそれらの期間の累計が3年を超え、そのような状態が今後も継続して、職務の遂行に支障があると見込まれる場合等に行うこととされている（「人事院規則11-4の運用について」第7条関係5項、「人事院規則11-10の運用について」第4条及び第5条関係3項）。

ウ　適格性欠如

職員の適格性を判断するに足ると認められる事実に基づき、その官職に必要な適格性（降格の場合は職員が決定されている職務の級の職務を遂行することについての適格性）を欠くと認められる場合であって、**ア**に記載の改善措置を行ったにもかかわらず、適格性を欠くことが明らかなときには、警告書を交付した後、弁明の機会を与えた上で職員に対して降格、降任又は免職をすることができる（国家公務員法78条3号、人事院規則11-4第7条4項、「人事院規則11-4の運用について」第7条関係7項〜9項、人事院規則11-10第4条1号ハ、「人事院規則11-10の運用について」第4条及び第5条関係5項〜7項）。なお、「適格性を欠く」場合とは、当該職員の容易に矯正することができない持続性を有する素質、能力、性格等に基因してその職務の円滑な遂行に支障があり、又は支障を生ずる高度の蓋然性が認められる場合をいう。

適格性欠如又は**ア**で説明した勤務実績不良（職員の勤務の状況を示す事実に基づく場合）と評価することができる事実の例としては、①勤務を欠くことにより職務を遂行しなかった、②割り当てられた特定の業務を行わなかった、③不完全な業務処理により職務遂行の実績が挙がらなかった、④業務上の重大な失策を犯した、⑤職務命令に違反した、職務命令を拒否した、⑥上司等に対する暴力、暴言、誹謗中傷を繰り返した、⑦協調性に欠け、他の職員と度々トラブルを起こしたことが挙げられる（「分限処分に当たっての留意点等について」（平成21年3月18日人企-536）Ⅰ1、「降給に当たっての留意点等について」（平成21年3月27日給2-32）Ⅰ3）。

エ　組織の改廃等

官制（行政組織のことである。）や定員の改廃又は予算の減少により職務の級の定数の不足、廃職又は過員を生じた場合には、職員に対して降格、降任又は免職をすることができる（職員の職務の級は、職務の級ごとに設定されている定数の範囲内で決定する必要があり、ある職務の級の定数が減少した場合、その職務の級に決定されている職員のうちのいずれかを下位の職務の級に降格させる必要が生じ得る。国家公務員法 78 条 4 号、人事院規則 11-10 第 4 条 2 号）。

組織の改廃等を事由とする分限免職については、地方公務員の分限免職についての過去の裁判例であるが、「任命権者において被処分者の配置転換が比較的容易であるにもかかわらず、配置転換の努力を尽くさずに分限免職処分をした場合に、権利の濫用となる」と判示しているものがある（福岡高裁昭和 62 年 1 月 29 日判決（北九州市病院局職員分限免職事件））。日本年金機構の設立に伴う社会保険庁の廃止（平成 22 年 1 月 1 日）に際し、525 人の職員に分限免職処分が行われ、人事院に対して 71 件の審査請求がなされた。人事院は、この 71 件の事案について審理し、うち 25 件については、「他府省による受入れ」が「限定的であったこと」、「新規採用を相当数行ったこと」等、分限免職処分を回避するための「取組には不十分な点も認められ、少なくとも公務部門における社会保険庁職員の受入れを、限定的ではあるが一部増加させる余地はあったと認められる」として、処分を取り消す判定を行っている（「平成 25 年度年次報告書」（人事院）21 頁）。

降格、降任又は免職をするに当たり、誰を対象とするかについては、任命権者が、勤務成績、勤務年数その他の事実に基づき、公正に判断して決めることとされており（人事院規則 11-4 第 7 条 5 項、人事院規則 11-10 第 4 条）、人選の公平性・公正性が問われることになる。

(2) 条件付採用期間中の職員の分限

職員の採用は、一定の場合を除き、条件付とされ、採用から原則 6 か月間勤務し、その間、良好な成績で職務を遂行したときに、正式のものとなるとされている（国家公務員法 59 条）。**条件付採用期間中の職員**について

は、国家公務員法の身分保障や本人の意に反する降任、免職、休職等の規定を適用せず、その分限については人事院規則で定めるとされている（同法81条）。人事院規則11-4では、条件付採用期間中の職員は、①勤務実績不良、心身の故障などの客観的事実に基づいてその官職に引き続き任用しておくことが適当でないと認められる場合や、②組織の改廃等の事由に該当する場合には、いつでも降任又は免職をできるとして、降任・免職の要件が緩和されている（同規則10条）。ただし、条件付採用期間中の職員であっても、人事院規則に定める事由に該当しない限り、降任、免職をされないという保障を受ける（最高裁昭和49年12月17日第三小法廷判決昭和47年（行ツ）第89号）。

(3) 分限処分と任命権者の裁量

最高裁昭和48年9月14日第二小法廷判決（長束小学校長降任事件）（適格性欠如を事由とする降任処分の取消しを求めた地方公務員についての事案）は、分限処分については、任命権者にある程度の裁量権は認められるが、純然たる自由裁量に委ねられているものではなく、分限制度の目的（公務の能率の維持及びその適正な運営の確保）と関係ない目的や動機に基づいて分限処分をすることが許されないのはもちろん、処分事由の有無の判断についても恣意にわたることを許されず、考慮すべき事項を考慮せず、考慮すべきではない事項を考慮して判断するとか、また、その判断が合理性を持つ判断として許容される限度を超えた不当なものであるときは、裁量権の行使を誤った違法のものであることを免れないとしている。

　また、免職の場合には、公務員としての地位を失うという重大な結果になることから、適格性の有無の判断については、特に、厳密、慎重であることを要求されるのに対し、降任の場合における適格性の有無については、公務の能率の維持及びその適正な運営の確保の目的に照らして裁量的判断を加える余地を比較的広く認めても差支えないものと解されるとしている。

　内閣人事局の「勤務成績が不良な職員に対する対応について（通知）」において、免職については、降任に比べ、要件を厳格にし、慎重な判断を必要としているのも、この最高裁判決の考え方に沿ったものと考えられる。

第3節　分　限　119

(4) 降任、免職、降給の状況

令和元年度から令和5年度までの5年間における免職の状況は、表2のとおりである。

表2　事由別の免職の状況　　　　　　　　　　　　　　　　　　（単位：人）

年度＼事由	勤務実績不良	心身の故障	適格性欠如	組織の改廃等
令和元年度	2	3	3	0
令和2年度	2	5	3	0
令和3年度	3	2	5	0
令和4年度	1	7	1	0
令和5年度	4	1	4	0

※　令和元年度から令和5年度までの年次報告書（人事院）に基づき作成。

職員が分限事由に該当し、分限免職処分をすることが可能な場合でも、処分を行う前に、まずは、その職員に辞職を促す（辞職の強要は許されない。）という対応をするのが一般的であると思われる。

また、令和元年度から令和5年度までの5年間において、①降任は、令和3年度に1人（勤務実績不良）、5年度に6人（勤務実績不良）、②降格は、令和3年度に1人（降任に伴う降格）、4年度に3人（勤務実績不良）、5年度に5人（降任に伴う降格4人、勤務実績不良及び適格性欠如による降格1人）、③降号は令和5年度に1人（勤務実績不良）である（令和元～5年度年次報告書（人事院））。

【辞職】

職員がその意により退職することを**辞職**といい、任命権者は、職員から書面をもって辞職の申出があったときは、特に支障のない限り、これを承認するものとされている（人事院規則8-12第4条11号・51条）。「特に支障のない限り」としている趣旨は、退職する職員の後任者の補充等、公務の運営に支障が生じないような手立てを講ずるには一定の時間的な猶予が必要となることによるものであり、速やかに必要な措置を講じ、辞職を承認する必要がある。

(5) 民間企業における解雇と分限免職

　公務員の分限免職に比べると、民間企業は解雇が比較的容易であると指摘されることがあるから、民間企業における解雇について述べたあと、これらを行うことができる事由について対比してみる（解雇と免職の事由の対比であり、現実にどの程度解雇や免職が行われているのか対比するものではない。）。

ア　解雇権濫用法理

　民間企業においては、「退職に関する事項（解雇の事由を含む。）」は、就業規則の絶対的必要記載事項であるため、就業規則には必ず解雇の事由を規定する必要がある（労働基準法 89 条 3 号）。解雇事由が定められていても、「解雇は、客観的に合理的な理由を欠き、社会通念上相当であると認められない場合は、その権利を濫用したものとして、無効」（**解雇権濫用法理**）となる（労働契約法 16 条）。

　解雇の合理的な理由としては、①負傷や疾病による労務提供の不能、②能力又は適格性の欠如・喪失、勤務成績不良、③職場の規律違反、④経営上の理由（経営不振）などがある。客観的に合理的な理由があっても、労働者にとって有利となる様々な事情が考慮され、解雇することが苛酷にすぎるなど、社会通念上相当と認められなければ、解雇は無効となる。

　経営上やむを得ない理由による解雇である**整理解雇**は、労働者の責めに帰すべき事由による解雇ではなく、使用者の経営上の理由による解雇であることから、より厳しい判断の枠組み（整理解雇法理）が形成されている。具体的には、①人員削減の必要性、②解雇回避の努力、③人選（解雇対象者選定）の合理性、④解雇手続の妥当性という 4 つの重要な要素を総合的に考慮して、客観的に合理的な理由があるか、社会通念上相当であるかが判断される（①から④までは、総合考慮ではなく、解雇が有効とされるために全てを満たすべき要件であるとする説もある。）。

イ　モデル就業規則における解雇事由と国家公務員法の分限免職事由

　「モデル就業規則」においては、解雇についての規定例が示されており、そこに掲げられた解雇事由と国家公務員法 78 条の分限免職の事由を対比すると次のとおりである。

（解雇）

第53条　労働者が次のいずれかに該当するときは、解雇することがある。

---

① 勤務状況が著しく不良で、改善の見込みがなく、労働者としての職責を果たし得ないとき。

② 勤務成績又は業務能率が著しく不良で、向上の見込みがなく、他の職務にも転換できない等就業に適さないとき。

上記の事由は、国家公務員法78条1号の事由（勤務実績不良）又は3号の事由（適格性欠如）に相当すると考えられる。

---

③ 業務上の負傷又は疾病による療養の開始後3年を経過しても当該負傷又は疾病が治らない場合であって、労働者が傷病補償年金を受けているとき又は受けることとなったとき（会社が打ち切り補償を支払ったときを含む。）。

④ 精神又は身体の障害により業務に耐えられないとき。

上記の事由は、国家公務員法78条2号の事由（心身の故障）に相当すると考えられる。

---

⑤ 試用期間における作業能率又は勤務態度が著しく不良で、労働者として不適格であると認められたとき。

条件付採用期間中の職員の降任、免職の事由については、人事院規則11-4第10条において定められ、⑤に相当する事由も定められている。

---

⑥ 第68条第2項に定める懲戒解雇事由に該当する事実が認められたとき。

（注）　同項においては、ⅰ重要な経歴詐称、ⅱ正当な理由なく無断欠勤し、出勤の督促に応じない、ⅲ業務上の命令違反、ⅳ素行不良で著しく社内の秩序・風紀を乱す、ⅴハラスメント禁止に違反し、その

情状が悪質、vi私生活上の非違行為による会社の名誉信用の毀損、vii業務上の秘密の漏洩等、懲戒解雇事由が具体的かつ詳細に列挙されている。また、平素の服務態度その他の情状によっては、普通解雇、減給又は出勤停止とすることがあるとされている。

　職員の行為が国家公務員法の懲戒処分の事由（**第12章第3節**参照）にのみ該当する場合には、分限処分を行うことはできない。他方、職員の行為が分限処分の事由にも懲戒処分の事由にも該当する場合には、人事院の通知「分限処分に当たっての留意点等について」においては、勤務実績不良又は適格性の欠如と判断するに足りる「問題行動の中には懲戒処分の対象となる事実も含まれている場合もあることから、当該事実を把握した任命権者は、分限処分と懲戒処分の目的や性格に照らし、総合的な判断に基づいてそれぞれ処分を行うなど厳正に対応する必要がある」とされている（同通知I4）。

　懲戒免職の場合には退職手当の支給が制限されるのに対し、分限免職の場合は退職手当が支給されることから、懲戒免職とせず、分限免職とする場合には、その理由について十分な説明が必要になると考えられる。

⑦　事業の運営上又は天災事変その他これに準ずるやむを得ない事由により、事業の縮小又は部門の閉鎖等を行う必要が生じ、かつ他の職務への転換が困難なとき。

　上記の事由は、国家公務員法78条4号（組織の改廃等）に相当すると考えられる（ただし、国家公務員の場合、民間企業と異なり、経営の不振や企業業績の悪化による免職は考えにくい。）。

⑧　その他前各号に準ずるやむを得ない事由があったとき。

　民間企業において、解雇は就業規則に列挙された事由に該当する場合にのみ可能なのか、あるいは、就業規則に記載された事由は例示であり、記載以外の事由により解雇することが可能かについては、学説は分かれてい

第3節　分　限　123

る。上記の⑧のような規定を置くことにより、両説の距離は縮小している
と考えられる。他方、国家公務員法は免職できる事由を4つに限定してお
り、上記の⑧に相当する規定は設けられていない。

2 休　　職

(1) 休職の事由

　職員が、私傷病によると公務上の傷病によるとを問わず、心身の故障の
ため、長期の休養を要する場合（**病気休職**）や刑事事件に関し起訴された
場合（**刑事休職**）においては、本人の意に反して、休職にすることができ
る（国家公務員法79条）。

　負傷や疾病による療養が必要となった場合、職員の請求により、療養の
ため勤務しないことがやむを得ないと認められる必要最小限度の期間につ
いて病気休暇が認められるが（**第10章第1節**参照）、長期の休養を要する
と判断された場合には病気休職にされる。

　刑事休職制度は、「国家公務員が刑事事件に関し起訴された場合に、主
として公務に対する国民の信頼を確保し、かつ、職場秩序を保持する目的
から、当該公務員をして、右事件の訴訟係属が終了するまで、公務員とし
ての身分を保有させながら職務に従事させないこととする制度である」
（最高裁昭和63年6月16日第一小法廷判決昭和59年（オ）第890号）。

(2) 休職の期間

　病気休職の期間は、人事院規則11-4において、休養を要する程度に応
じ、3年を超えない範囲内において、個々の場合について任命権者が定め
るとされ、休職にした日から3年を超えない範囲で更新できるとされてい
る（国家公務員法80条1項前段、同規則5条1項）。休職の期間が満了すれ
ば職員は当然に復職し、また、休職期間中にその事由が消滅したときは、
休職は終了し、任命権者は速やかに復職を命じなければならないとされて
いる（同法80条1項後段、同規則6条）。

　他方、3年間の病気休職の期間が満了するが、心身の故障の回復が不十
分で職務を遂行することが困難と考えられる場合には、医師2名による診

断が必要となり、降格、降任又は免職の判断がなされることになる（**1**
(1) イ参照）。

【民間企業における傷病休職の休職期間の満了による退職】
　「モデル就業規則」の９条においては、労働者が、業務外の傷病により休
職し、休職期間が満了してもなお傷病が治癒せず就業が困難な場合は、休職
期間の満了をもって退職とするという規定例が示されているが、期間満了に
よる退職規定の適用については、治癒の程度・回復の見込み、就業の可能な
業務への配置の可能性なども含めて、慎重に判断される必要がある。
　なお、就業規則において業務上の傷病による休職について定めることも可
能であるが、療養継続中に、休職期間満了による退職扱いをすることは、
「労働者が業務上負傷し、又は疾病にかかり療養のために休業する期間及び
その後30日間」の解雇禁止規定（労働基準法19条１項）の類推適用によ
り、無効となるとする判例がある。

　刑事休職の期間は、起訴された刑事事件が裁判所に係属する間とされて
いる（国家公務員法80条２項）。

(3) 休職の効果

　休職者は、職員としての身分を保有するが、職務に従事しない（国家公
務員法80条４項）。休職者の給与については、①公務上の負傷・疾病又は
通勤による負傷・疾病による休職の場合は、休職の期間中、給与の全額を
支給する、②私傷病による休職の場合は、休職の期間が満１年（結核性疾
患による休職の場合は満２年）に達するまでは、俸給、扶養手当、地域手当、
住居手当、期末手当等のそれぞれ80/100を支給することができる、③刑
事休職の場合は、休職の期間中、俸給、扶養手当、地域手当、住居手当等
のそれぞれ60/100以内を支給することができるとされている（一般職給
与法23条）。

(4) 休職の状況

　令和元年から令和５年までの各年（７月１日現在）の休職の状況は、①
公務上の負傷・疾病による休職及び通勤による負傷・疾病による休職は５

人前後、また、②刑事休職は5人以下で推移しているが、③私傷病による休職は、1,364人、1,426人、1,529人、1,623人、1,778人と増加している（令和元〜5年度年次報告書（人事院））。

3　分限（降給、降任、休職、免職）処分の手続と救済措置
(1)　処分説明書の交付

降給、降任、休職又は免職をする処分は任命権者が通知書を交付して行う（人事院規則11-10第7条、人事院規則8-12第54条）。職員に対し、その意に反して、①分限処分（降給、降任、休職、免職）、②著しく不利益な処分、又は③懲戒処分を行おうとするときは、処分を行う者には、職員に対し、処分の際、処分の事由を記載した説明書（**処分説明書**）を交付することが義務付けられている。また、職員は、著しく不利益な処分を受けたと考えるときは、処分説明書の交付を請求することができる（国家公務員法89条）。

(2)　人事院に対する審査請求

不利益処分を受けた職員に対する救済制度として、**不利益処分についての審査制度**が設けられている。この救済制度は、分限制度や懲戒制度が任命権者によって公正に運用されることを確保するための裏付けとなる仕組みでもある。

具体的には、不利益処分（分限処分、著しく不利益な処分又は懲戒処分）に不服がある者は、人事院に対して審査請求をすることができる（国家公務員法90条1項）。ただし、処分説明書を受領した日の翌日から起算して3か月以内にすることが必要であり、処分説明書を受領しなかった場合でも、処分があった日の翌日から起算して1年を経過したときは、することができなくなる（同法90条の2）。

審査請求の対象となる「著しく不利益な処分」とは、「既得の権利又は救済に値する利益を直接かつ具体的に侵害することにより著しい不利益をもたらすもの」であり、例えば「実質的な降任に当たる配置換処分・転任処分、辞職承認処分（辞職を強要された）など」である（「不利益処分につ

126　第6章　人材の配置、異動

いての審査請求の手引」（令和6年3月人事院公平審査局）3頁）。

　職員から、意に反して、不利益処分を受けたとして審査請求があった場合に、「人事院は、事案ごとに公平委員会を設置して処分に違法又は不当なところはないか調査を行わせ、委員会が作成した調書に基づき、処分を承認し、修正し、あるいは取り消す判定」を行う（「国家公務員の公平審査制度」（人事院HP）。国家公務員法91条・92条）。

　なお、条件付採用期間中の職員については、降任又は免職をされても、処分説明書は交付されず、人事院に対して審査請求することもできないと解されている（国家公務員法81条1項2号）。

(3) 訴訟との関係

　人事院に対して審査請求をすることができる不利益処分の取消しの訴えは、審査請求に対する人事院の裁決を経た後でなければ、提起することができないとされている（**審査請求前置主義**。国家公務員法92条の2）。ただし、審査請求があった日から3か月を経過しても裁決がないときなどには、裁決を経ないで、処分の取消しの訴えを提起することができる（行政事件訴訟法8条）。

第3節　分　限　　127

第7章

人材育成

　個々の職員を成長させ、職員の能力を全体的に底上げし、組織として諸課題に的確に対応するため、人材の育成は人事管理上の重要課題である。

　人材の成長には、どのようなポスト・仕事を経験するか、意欲的・主体的に職務に取り組めるか、適切な指導を得られるか、必要な知識・技術を習得できるかなどの要素が大きな影響を与えると考えられる。人材の育成は、こうした視点も踏まえ、①人事当局による職員のポストへの配置、②上司となる管理職による具体的な職務の割当てや職務遂行の過程での部下職員への指導・助言、③研修の実施、④所属の組織を離れた多様な勤務を経験する機会の付与等を通じて行われる。

　国家公務員法には、これらを体系化した全ての職員を対象とする人材育成についての規定は設けられていないが、平成26年の同法の改正により、幹部職員の候補となり得る管理職員としてその職責を担うにふさわしい能力・経験を有する職員を育成するための仕組み（幹部候補育成課程）が整備されている。

　本章では、人材育成において人事当局及び管理職の果たす役割、幹部候補育成課程の仕組みと運用の現状、研修、所属の省庁を離れた多様な勤務の機会、留学などについて概説し、最後に、職員の自発的な能力開発を支援する意味も有する自己啓発等休業制度について概説する。

1　人材育成における人事当局及び管理職の役割

　人材の育成は、①人事当局は、個々の職員をどのようなポストに配置し、どのような経験をさせるか（経験が人を育てる）、②上司は、配置された職員に具体的にどういう仕事を担わせ（職場レベルで可能な成長機会の付与）、どのように仕事をさせるか（裁量を与え、主体的な業務遂行を促す

128　第7章　人材育成

など)、どう指導・助言を行うか、そして、③職員が配置された職場で一定期間勤務すると、人事当局は別のポストに異動させ、新たにどのような経験をさせるかという積み重ねの中で図られていくことが基本であると考える。

そこには、人事当局としての職員全体の育成の方針・考え方や個々の職員に応じた育成の方針・考え方があり、その前提として、職員の職務やキャリアに関する希望を聴き、人事異動時には職員に対し異動先で期待する役割を伝えるといったことが、職員の意欲を高め、効果的な人材育成を図るためにも、欠かせないと考えられる。

職場においては、**第8章**で説明する人事評価(業績評価)の業務目標の設定(期首面談の実施)、評価期間中の日々のコミュニケーションや期末面談における的確な指導・助言を通じた人材育成が期待され、管理職の**マネジメント能力**も問われることになる。

所属の職員の人材育成は、各省庁においてそれぞれ行われるが、「**国家公務員の女性活躍とワークライフバランス推進のための取組指針**」(平成26年10月17日女性職員活躍・ワークライフバランス推進協議会(議長:内閣人事局長、構成員:各省庁の事務次官等)決定)において、若手職員が自らのキャリアを主体的に考え、形成していくという視点も含めて、各省庁が共通に取り組む事項が示されており、その一部(概要)を紹介する。

(1) 人事当局の役割

人事異動を通じた人材育成・**キャリア形成**を図るため、人事当局は、職員の人事異動に際しては、能力やスキル、職歴等のほか、中長期的なキャリアに関する要望等を考慮するとともに、人事当局(又は上司となる管理職)から個々の職員に対して、期待や成長課題等について説明を行うなど、納得感の向上に努める。併せて、人事当局は、職員の育成に必要となる職務経験の付与につながるよう、職員の上司となる管理職に対して、職員の能力開発、キャリアに関する要望等や人事当局としての中長期的な育成方針等を的確に伝達し、管理職と協力して人材育成に取り組む。

また、職員に自己成長の機会を提供するため、人事当局は、若手職員が

自身のキャリアデザイン（ライフイベント等も考慮した中長期的なキャリアを主体的に考え、能力開発に取り組むこと等）を実現するために必要な知識やスキル、職務経験を蓄積できるよう、省内外公募制、官民交流、留学、出向等の自主的に挑戦できる機会の周知、拡大等に取り組む。

(2) 管理職の役割

　管理職は、部下職員がやりがいを感じて意欲的に業務に取り組み、また成長していくことで公務のパフォーマンスを高められるよう、業務の意義の説明により業務への納得感を高めること、権限や裁量を付与すること、挑戦的な業務の機会を付与すること、さらには現場や外部の有識者との交流など幅広い経験をさせることにより、職員の主体的な働き方を促進する。その際、管理職は、日常的な業務上のやりとりに加え、人事評価の期首・期末面談、期中における 1on1 ミーティング（上司と部下との間で行う 1 対 1 の対話）等を活用し、部下職員の業務状況を把握し、適切なフォローを行うとともに、強みを伸ばすために褒めたり、弱みを克服するために助言や指導をしたりすることによって、部下職員の成長を積極的に促す。

　また、管理職は、日頃のコミュニケーションを通じて把握した能力や希望等の情報を基に、部下職員の中長期的なキャリア形成にも留意した上で、1on1 ミーティングや期末面談等の場を活用し、年 1 回以上、キャリア形成に係る助言を行う。

2　幹部候補育成課程
(1) 幹部候補育成課程の整備

　国家公務員の人事管理においては、**国家公務員採用 I 種試験**合格者を幹部要員として採用段階で選抜し、採用年次が同期の職員を横並び的に早期に昇任させるということが、国家公務員法上の制度として位置付けられたものではなく、各省庁の運用として事実上行われてきた。いわゆる「**キャリア・システム**」と呼ばれるこのような運用については、優秀な人材を公務員として確保することや、負荷の大きい職務を経験する機会を集中的に付与することにより、幹部要員の効率的な育成に資するという見方があっ

130　　第7章　人材育成

た。その一方で、「Ⅰ種採用職員の中には誤った特権意識を抱く者が出てきたり、優秀なⅡ種・Ⅲ種等採用職員の意欲を削いだりするなどの弊害」（「平成15年度年次報告書」（人事院）84頁）、「人事管理が硬直的となり適材適所の人事配置や能力に応じた人材活用を妨げるなどの弊害」（「平成16年度年次報告書」（人事院）98頁）についての指摘もあった（**第2章6**参照）。

【国家公務員の採用試験体系の見直し】

　人事院は、国家公務員制度改革基本法の要請（多様かつ優秀な人材の登用のため、採用試験の種類及び内容を抜本的に見直す。）も踏まえ、「キャリア・システムと慣行的に連関している採用試験体系を抜本的に見直す」こととし、「従来のⅠ種試験、Ⅱ種試験、Ⅲ種試験等を廃止して、総合職試験及び一般職試験等に再編し、総合職試験に院卒者試験を創設するとともに、専門職試験及び経験者採用試験を創設」し、平成24年度から実施している（「平成24年度年次報告書」（人事院）11頁）。

　「**公務員制度改革大綱**」（平成13年12月25日閣議決定）においては、「採用試験区分や採用年次等に基づいて一律に本府省幹部職員への登用がなされているなどの問題がある」として、複雑高度化する行政課題に的確に対応していくため、「本府省幹部候補職員を計画的に育成する仕組み」を導入する方針が決定された（同大綱Ⅱ1(7)）。

　「公務員制度改革大綱」に基づく本府省幹部候補職員を計画的に育成する仕組みは制度化に至らず、課題として積み残されていた。平成20年に制定された**国家公務員制度改革基本法**において、①政府は**幹部候補育成課程**を整備すること、②幹部候補育成課程における育成の対象となる者（課程対象者）の選定は、採用後、一定期間の勤務経験を経た職員の中から、本人の希望及び人事評価に基づいて行うこと、③課程対象者であること又は課程対象者であったことによって、管理職員への任用が保証されるものとしてはならないこと等が改革の基本方針の一つとして規定された。

　この基本法に基づき、平成26年に**国家公務員法**が改正され、内閣総理大臣、各省大臣、会計検査院長、人事院総裁その他政令で定める機関の長（公正取引委員会委員長、警察庁長官、金融庁長官等）は、幹部職員の候補と

なり得る管理職員としてその職責を担うにふさわしい能力及び経験を有する職員を育成するための課程（幹部候補育成課程）を設け、内閣総理大臣の定める基準に従い、運用するという仕組みが整備されている（同法 61 条の 9 第 1 項、幹部職員任用政令 13 条）。

(2) 幹部候補育成課程の運用の基準

　幹部候補育成課程に関する政府全体としての統一性を確保するために定められた「**幹部候補育成課程の運用の基準**」（平成 26 年 8 月 29 日内閣官房告示第 1 号）の概要は次のとおりである。

① 実施規程の整備

　この運用の基準等に基づき、各大臣等が課程の実施規程を定め、各省庁における課程を運用する。

② 課程対象者の選定の基準

ⅰ 採用後 3 年以上勤務し、かつ、10 年を下回らない勤務年数で実施規程で定める年数の範囲内の者について、本人の希望及び人事評価に基づき選定する。選定に当たっては、課程における育成を希望する職員の監督者（所属する課の課長など）の意見を考慮する。課程対象者として選定した職員及びその監督者に対し、選定した旨を通知する。

ⅱ 各年度に新たに選定する課程対象者数は、各年度の平均的な管理職への新規昇任数や採用者数、多様な勤務を経験する機会の付与の見込み等を勘案し、人材育成方針に基づく適切な運用が可能な規模とする。

③ 引き続き課程対象者とするかどうかの判定の基準

　半年ごとに人事評価の結果等に基づき判定する。課程対象者であることを希望しなくなった場合等には随時判定する。

④ 課程の期間に関する基準

　標準的な期間は選定後 15 年程度とし、実施規程において具体的な期間を定める。

⑤ 課程の内容に関する基準

ⅰ 所管行政の専門性、政策の企画立案能力、マネジメント能力を効果的に修得できるよう、計画的な人事配置方針の下、適時適切な業務に

従事させる。

ii　他省庁、民間企業又は国際機関等における多様な勤務を経験する機会等を、課程期間中、原則として2回以上付与するよう努める。

また、地方公共団体、地方支分部局等での勤務機会の付与に努める。

iii　内閣総理大臣が行う研修を計画的に受講させるとともに、各省庁においても課程対象者を対象とした研修を実施する。

(3) 幹部候補育成課程の運用状況

各省庁における幹部候補育成課程の運用状況は、毎年度、内閣官房内閣人事局によって取りまとめられ、公表されている（防衛省を含み、それぞれで公表を行う会計検査院及び人事院を除く。）。令和2年度から4年度までにおける課程対象者新規選定数、課程終了者数、課程から外れた者数、年度末課程対象者総数を見ると、次の表のとおりである。

表　幹部候補育成課程の運用の状況

		令和2年度	令和3年度	令和4年度
課程対象者新規選定数		922人	872人	930人
	うち女性	262人（28.4%）	240人（27.5%）	253人（27.2%）
課程終了者数		209人	284人	289人
	うち女性	25人（12.0%）	32人（11.3%）	46人（15.9%）
課程から外れた者数		115人	171人	235人
	うち女性	32人（27.8%）	42人（24.6%）	61人（26.0%）
年度末課程対象者総数		10,464人	10,882人	11,280人
	うち女性	1,972人（18.8%）	2,138人（19.6%）	2,285人（20.3%）

※　「幹部候補育成課程の運用の状況に関する公表について」（内閣官房内閣人事局）に基づき作成。

※　課程から外れた者には退職した職員も含まれると思われる。

3　研　修

研修は、現在又は将来の職務の遂行に必要な知識・技能の習得と能力・資質の向上を目的として実施するものである（国家公務員法70条の5第1

項)。

研修の計画（研修の体系的な実施と個別具体の研修実施のための計画）を樹立し、実施に努める主体は、**人事院、内閣総理大臣**（内閣人事局）、**関係庁の長**（各省庁）である。国家公務員法は、研修の計画は、研修の目的を達成するために必要かつ適切な研修の機会が確保されるものでなければならないという理念とそれぞれの主体が実施する研修の観点を定めている（同法70条の6第1項2項）。この観点は、それぞれの組織の位置付け・性格、役割に鑑みて規定されていると思われるが、重畳的な観点から研修を実施することが否定されるものではないと考えられる。

研修の体系やその体系の下での具体的な研修のコース・種類、対象者、カリキュラム、実施方法などについては、国家公務員法に規定はなく、人事院、内閣人事局、各省庁において決められている。

(1) 国家公務員の研修に関する基本方針

内閣総理大臣は、政府全体を通じて研修が体系的・効果的に実施されるよう、内閣総理大臣（内閣人事局）及び関係庁の長（各省庁）が行う研修についての計画の樹立・実施に関し、その総合的企画と各省庁に対する調整を行うとされ（国家公務員法70条の6第3項）、総合的な企画や調整を行うに当たっての基本的な方針（「**国家公務員の研修に関する基本方針**」（平成26年6月24日内閣総理大臣決定））が策定されている。なお、独立性の高い第三者機関である人事院が行う研修の計画の樹立・実施に関しては、内閣総理大臣の総合的企画・調整の対象とされていない。人事院に対しては、内閣総理大臣は、総合的な企画に関連して、必要な協力を要請することができるとされている（同条4項）。

「国家公務員の研修に関する基本方針」においては、内閣人事局及び各省庁は、研修の企画・運営に当たっては、以下のことを重視することとされている（同方針3 (1)）。

① 不断の情報収集により研修ニーズの把握に努め、適時適切な内容をカリキュラムに盛り込むこと。

② 研修効果を高める観点から、研修対象者の参加意欲や学習意欲を引き

出す工夫を行うこと。その一環として、研修対象者本人やその監督者が、研修の意義・必要性を理解できるよう情報提供に努めること。

③　研修の目的や内容に応じて、行政組織内外の資源を的確に用いること。

④　研修効果を把握し、研修内容の改善に努めるとともに、研修履修後に受講者のキャリアパス等の人事管理に適切に活用すること。

　また、この基本方針において、内閣人事局や各省庁が実施する研修の類型が示され、相互の連携・協力により、政府全体を通じて体系的で効果的な研修が実施されるよう努めることとされている（同方針3（2））。

(2) 内閣人事局及び各省庁が実施する研修

　「国家公務員の研修に関する基本方針」において、内閣人事局は、各省庁の職員を対象とし、以下の研修を実施することとされている（同方針3（2）ア）。

①　幹部候補育成課程対象者の政府全体を通じた育成の観点から行う研修

②　複数の行政分野にまたがる政策について深く思考する機会及び所属組織の枠組みを超えた相互研鑽の機会を提供することにより、政策の企画立案に係る能力・資質を向上させる研修

③　国家公務員の職場において共通に必要な業務の管理に係る能力・資質を向上させる研修

　一方、各省庁は、所属職員の育成の観点から、以下の研修等を実施することとされている（「国家公務員の研修に関する基本方針」3（2）イ）。

①　所掌事務に係る職員の専門性の向上を図る研修

②　組織・職種の特性と職位・役割に応じた、業務遂行・業務運営に係る能力、対人関係能力、組織統率・人材育成に係る能力の向上を図る研修

③　幹部候補育成課程対象者の育成を図る研修

④　特定の属性の職員の育成を図る研修

(3) 人事院が実施する研修

　人事院は、人事院規則10-14において、以下の研修の計画を樹立し、実施するものとされている（同規則2条1項）。

① 行政研修（行政運営における中核的な役割を担うことが期待される職員等が、国民全体の奉仕者としての高い職業倫理を保持しつつ、その使命を自覚して施策を行うための当該職員等の資質・能力の向上等を図る研修）
② 指導者養成研修（職員の能力の向上をより効果的に図るための技法を修得させる等により、各省庁が行う研修の指導者の養成を図る研修）
③ テーマ別研修（公務における人材育成のため必要な専門的な知識や能力の向上等を図る研修）その他人事院が定める合同研修（各省庁の地方機関の職員を対象とした役職段階別の研修。「人事院規則 10-14（人事院が行う研修等）の運用について」（平成 26 年 5 月 29 日人研調-664）第 2 条関係）
④ 行政官在外研究員制度及び行政官国内研究員制度による研修（**7** 参照）

4　省庁間人事交流、地方公共団体との人事交流

　所属の省庁を離れ、他省庁、地方公共団体、民間企業、国際機関、在外公館等において多様な勤務を経験する機会の付与は、人材の育成という観点からも意義がある。これらについて **4** から **6** までにおいて概説する。

(1) 省庁間人事交流

　「府省等間の連携の強化と広い視野に立った人材の育成の観点から」、**省庁間の人事交流**が推進されている（「採用昇任等基本方針」（平成 26 年 6 月 24 日閣議決定）6 (1)）。政府全体として取り組むべき重要又は緊急な政策課題へ対応するため、内閣官房に組織が新設され、併任により、内閣官房での勤務を経験させる機会も多い。

　なお、省庁間人事交流により、他省庁へ異動することを**出向**と称している。任用制度の一類型として出向制度があるわけではなく、一般職の職員が他省庁の一般職に異動する場合は、転任、併任や昇任により異動することになる。防衛省の特別職の職員（自衛隊法適用。**第 14 章**参照）が他省庁の一般職（国家公務員法適用）に異動する場合は、適用される法体系が異なることから、防衛省を退職し、他省庁の一般職の職員として採用されるという形式がとられることになる（その逆の場合もある。）。また、国家

公務員に復帰する前提で、国の行政機関を退職（職員が辞職の申出を行い、任命権者が承認する。）し、地方公共団体、行政執行法人以外の独立行政法人、特殊法人などに採用されることも出向と称している。

(2) 地方公共団体との人事交流

地方公共団体との人事交流は「相互理解の促進及び広い視野を有する人材の育成の観点から」進められている（「採用昇任等基本方針」6 (2)）。また、「幹部候補育成課程の運用の基準」では、各省庁は、課程対象者に対し、地方の実情に関する理解を深め、国民のニーズや行政の国民生活への影響を感得できる現場に近い機関で勤務することによって、幅広い視野を修得するとともに、政策の企画立案能力の向上を図る観点から、地方公共団体や地方支分部局での勤務を経験する機会を付与するよう努めるとされている。

内閣人事局の資料によれば、令和元年から令和5年までの各年（10月1日現在）の国から地方公共団体への出向者総数は、概ね1,700人から1,800人程度（都道府県1,150人程度、市町村600人程度）である。

5 民間企業等との人材交流

(1) 民間企業への交流派遣

民間企業への交流派遣については、民間企業からの交流採用と併せて**第5章**で述べたとおりである。令和5年末の交流採用職員の在職者総数が754人であるのに対し、同年末の交流派遣職員総数が64人であるなど、交流派遣職員数が交流採用職員数に比べて極端に少ないのは、人繰りが厳しく、各省庁側に職員を民間企業に交流派遣する余裕がないという事情も一つの要因ではないかと思われる。

(2) 研究休職

病気休職、刑事休職（**第6章第3節**参照）のほか、人事院規則で定める場合に職員をその意に反して休職にすることができるとされている（国家公務員法79条）。例えば、学校、研究所、病院その他人事院の指定する公

137

共的施設において、その職員の職務に関連があると認められる学術に関する事項の調査・研究・指導に従事し、又は人事院の定める国際事情の調査等の業務や国際約束等に基づく国際的な貢献に資する業務に従事する場合には、職員を休職にすることができるとされている（人事院規則 11-4 第 3 条 1 項 1 号）。これは**研究休職**と言われるものであり、任命権者の要請に応じて、本人も同意の上、人事異動の一環として、休職にするのが一般的である。それゆえ、病気休職や刑事休職のような不利益処分とは性格が異なると考えられ、実質的には民間企業への交流派遣や国際機関等への派遣（**6** 参照）に近い性格のものと位置付けることができる。

研究休職している職員は、令和元年 349 人、2 年 354 人、3 年 356 人、4 年 309 人、5 年 322 人である（いずれの年も 7 月 1 日現在。令和元〜5 年度年次報告書（人事院））。

6　国際機関、在外公館での勤務

(1) 国際機関等への派遣

各省庁の職員は、国際協力等の目的で、国家公務員としての身分を持ったまま、**国際機関派遣法**に基づく派遣という形で、国際機関や外国政府の機関等で勤務する機会を与えられることがある。

この法律は、昭和 45 年 12 月に制定されている。当時、「わが国の国際的地位の向上に伴い、国際機関、外国政府の機関等に技術協力等のため派遣される職員の数が増大」していたが、当時の制度では「これらの機関に派遣された職員の身分、処遇等に関する取り扱いが必ずしも統一的に行なわれにくいため、種々の不均衡を生じて」いた（昭和 45 年 12 月 3 日衆・内閣委員会、山中貞則総理府総務長官の説明（第 64 回国会衆議院内閣委員会議録第 1 号 3 頁・4 頁））。このため、「派遣職員の利益を保護し、安んじて派遣先の業務に従事することができるように、一般職の職員の国際機関、外国政府の機関等への派遣について新たに制度を設け、派遣職員の処遇の適正をはかる必要がある旨」の人事院の意見の申出に基づき、法制化されたものである（山中総理府総務長官の説明（同会議録同号 4 頁））。

138　第 7 章　人材育成

ア　派遣の要件、派遣期間

任命権者は、条約その他の国際約束等に基づき又は①我が国が加盟している国際機関、②外国政府の機関、③外国の州や自治体の機関、外国の学校、研究所、病院等からの要請に応じ、これらの機関の業務に従事させるため、その同意を得て職員を**派遣**することができる（国際機関派遣法2条、人事院規則18-0第2条）。

派遣期間は、国際協力の目的に応じて種々の派遣期間が想定されることから上限は定められていないが、5年を超える期間を定めて職員を派遣するときは人事院への協議が必要とされている（人事院規則18-0第4条）。

イ　派遣期間中の職員の身分及び給与

派遣職員は、国家公務員の身分は引き続き保有するが、国の職務には従事しない（国際機関派遣法3条）。派遣先の勤務に対して報酬が支給されないとき、あるいは、支給される報酬の額が低いときは、派遣の期間中、俸給、扶養手当、地域手当、広域異動手当、住居手当、期末手当等（「俸給等」）のそれぞれ100/100以内が支給される（同法5条1項、人事院規則18-0第7条1項）。「俸給等」の支給割合の決定（行政職俸給表（一）の適用を受ける日本国外に在勤する派遣職員の場合）に当たっては、決定される支給割合によって支給される「俸給等」の年額と派遣先から受ける報酬の年額（支給されなければ0円）との合計額が、派遣職員が在外公館に勤務する外務公務員であるとした場合に支給される「外務公務員俸給等年額（俸給、扶養手当、期末手当、勤勉手当、在勤基本手当、住居手当及び配偶者手当の年額）」（**第14章**参照）を超えないようにすることが必要である（「派遣職員の給与の支給割合の決定等について（通知）」（昭和50年4月1日給実甲第444号）第1第1項2項）。

ウ　派遣実績

平成30年度から令和4年度までの5か年度の各年度末における国際機関等派遣職員数は、それぞれ385人、360人、358人、345人、348人と微減傾向にある。令和4年度末の派遣職員数348人の派遣先機関別の内訳は、国際連合139人、その他の国際機関121人、外国政府66人などと、また、派遣先地域別の内訳は、欧州145人、アジア138人、北米55人などとな

139

っている（人数には行政執行法人の職員を含む。「令和5年度年次報告書」（人事院））。

【派遣先国際機関】
　国際連合関係機関では、国際原子力機関（IAEA）、国際通貨基金（IMF）、国際労働機関（ILO）、国連教育科学文化機関（UNESCO）、国連食糧農業機関（FAO）、世界知的所有権機関（WIPO）などに、その他の国際機関では、アジア開発銀行（ADB）、経済協力開発機構（OECD）などに派遣されている（「令和4年度末府省別・派遣先機関別派遣状況」（人事院））。

(2) 在外公館勤務
　各省庁の職員は、外務省に出向し、**在外公館**（外国に置かれる日本国の大使館や総領事館等）の一等書記官や参事官等で勤務する機会もある。

7　留　　学
(1) 留学制度
　研修の一環として、各省庁はそれぞれ独自に所属の職員を国外又は国内に**留学**させる制度を設けている。
　人事院は各省庁の職員を対象として**行政官長期在外研究員制度**と**行政官国内研究員制度**を設けている。
　行政官長期在外研究員制度は、「行政の国際化が進展する中で、国際的視野を持ち、複雑・多様化する国際環境に的確に対応できる行政官の育成を図ることを目的に、各府省の行政官を原則として2年間諸外国の大学院に派遣し、研究に従事させる制度である（令和6年度派遣から1年制の大学院に1年間のみ派遣するコースを新設）。派遣される研究員は、在職期間が10年未満の行政官（令和7年度派遣からは、各府省が人事管理上必要と認める場合は10年以上の行政官も応募が可能）で、各府省の長が推薦する者のうちから、人事院の選抜審査及び大学院の選考を経て決定」される（「令和5年度年次報告書」（人事院）88頁）。
　新規派遣者数は、令和元年度141人、2年度122人、3年度164人、4年度161人、5年度158人である（「令和5年度年次報告書」（人事院））。

140　　第7章　人材育成

行政官国内研究員制度は、「複雑かつ高度化する行政に対応し得る専門的な知識、技能等を有する行政官の育成を図ることを目的に、各府省の行政官を国内の大学院に派遣し、研究に従事させる制度」であり、博士課程コースと修士課程コースがある。派遣される研究員は、「各府省の長が推薦する者のうちから、人事院の選抜審査及び大学院の入学試験を経て決定される」（「令和5年度年次報告書」（人事院）90頁）。

　博士課程コースの新規派遣者数は、令和元年度3人、2年度3人、3年度4人、4年度7人、5年度0人、修士課程コースの新規派遣者数は、令和元年度18人、2年度13人、3年度13人、4年度16人、5年度13人である（令和元～5年度年次報告書（人事院））。

(2) 留学費用の償還

　行政官長期在外研究員制度による派遣を始め、研修の一環として行われる留学は、留学した職員の職務の遂行に必要な知識・技能の習得、職員の能力・資質の向上を目的に行われる。留学から復帰後も継続して勤務し、留学の成果を公務に還元することが期待されることから、留学終了後早期に退職することは留学の目的に照らして適切ではない。また、留学は公費により行われるものでありながら、海外の大学院で学位を取得し、給与などの条件が良い企業に転職することは、国民の理解を得られない。こうしたことから、「公務員制度改革大綱」において、「留学派遣者が復帰後早期に退職する問題に対処するため、早期退職の場合の留学派遣費の償還等について法整備を行う」とされた（同大綱II 1 (9) ②ア）。

　人事院は、「留学の実効性を確保するとともに、留学に対する国民の信頼を確保」するため、「留学中に又は留学終了後早期に職員が離職した場合、その離職した者に留学費用相当額の全部又は一部を償還させる」制度を設ける必要があるとして、平成17年10月、「**一般職の職員の留学費用の償還に関する法律の制定についての意見の申出**」を国会及び内閣に対して行った（「一般職の職員の留学費用の償還に関する法律の制定についての意見の申出の説明」（平成17年10月18日人事院））。この意見の申出を踏まえ、内閣から「国家公務員の留学費用の償還に関する法律案」が平成18年3

141

月に国会に提出され、同年6月に成立している。

ア　償還義務

　留学期間中に離職した職員は、留学のために国が支出した**留学費用**の総額に相当する金額を国に**償還**しなければならない。また、留学終了後の在職期間が5年に達するまでの期間に離職した職員は、留学のために国が支出した留学費用の総額に相当する金額を、職員としての在職期間の逓増に応じて一定の割合で逓減させた金額を国に償還しなければならない（在職期間が1か月伸びれば、償還金額は1/60減少し、在職期間が60月（5年）になれば償還金額はゼロになる。）（留学費用償還法3条1項、人事院規則10-12第7条）。

イ　費用償還の対象となる留学

　費用償還の対象となる「留学」は、大学の大学院の課程又はこれに相当する外国の大学の課程に在学してその課程を履修する研修であって、国家公務員法70条の6の規定に基づき、職員の同意を得て国が実施するもののうち、①公務外においても有用な知識、技能等の修得が可能なもの、②国が必要な費用を支出するもの、③職員の同意はあらかじめ書面により行われるものという3つの要件を満たすものとして人事院が定めるものである（留学費用償還法2条2項、人事院規則10-12第2条）。具体的には、行政官長期在外研究員制度及び行政官国内研究員制度（博士課程コース、修士課程コース）による研修や各省庁が個別に設けている制度による研修が人事院によって定められている（「人事院規則10-12の運用について」第2条関係1項）。なお、外務公務員法15条において研修について国家公務員法の特例が定められている外務職員（**第14章**参照）の場合は、外務職員の研修に関する省令4条の在外研修が費用償還の対象となる（留学費用償還法7条、外務職員留学費用償還省令2条）。

【費用償還対象となる留学の要件】

　費用償還の対象となる留学について、公務外においても有用な知識、技能等の修得が可能であることを要件の一つとしている理由は、専ら公務部内でのみ有用な知識、技能等を修得する留学の場合、その費用は本来各省庁（国）が負担すべきであること、また、公務外でも有用な知識、技能等は修

得できず、退職する職員に利益も生じないことから、職員に費用を負担させることは難しいということによるのではないかと思われる。また、留学も研修の一環として職務命令である研修受講命令（**第 12 章第 1 節**参照）によって行われるものであり、職務命令に従ってなされた職員の同意なしの留学に対して、費用償還義務を課すことは適当でないことから、職員の同意を得て行われる留学であることが費用償還の対象となる要件の一つとされている（平成 18 年 4 月 18 日参・総務委員会、戸谷好秀総務省人事・恩給局長答弁（第 164 回国会参議院総務委員会会議録第 15 号 8 頁））。

ウ　償還対象となる留学費用

償還の対象となる「留学費用」は、旅費法による旅費、大学院等の課程を置く大学等に対して支払う費用（例えば、入学料、授業料、施設使用料）、大学院等の課程を履修する上で必要な教育を受けるために当該教育を行う教育施設に対して支払う費用（例えば、サマースクール受講料）である（留学費用償還法 2 条 3 項、人事院規則 10-12 第 3 条、「人事院規則 10-12 の運用について」第 3 条関係 2 項 4 項）。なお、外務職員については、旅費法による旅費及び在外公館名称位置給与法 6 条 8 項の研修員手当が償還の対象となる（留学費用償還法 7 条、外務職員留学費用償還省令 3 条）。

エ　留学費用の償還の状況

留学費用の償還状況等は、毎年度、人事院及び内閣人事局によって取りまとめられ、概要が公表されている。令和 5 年度に新たに在外研修又は国内研修に係る費用の償還義務が発生した件数は 85 件あり、令和 6 年 8 月 1 日までに 80 件が償還を終えている。平成 18 年 6 月の留学費用償還制度創設以降、令和 5 年度末までに留学を開始した件数の総数は 7,314 件であり（防衛省、行政執行法人及び裁判所が実施する留学を含む。）、留学費用償還義務が発生した件数の総数は 661 件となっている。このうち、令和 3 年度から令和 5 年度までの 3 年間で新たに償還義務が発生した件数が 245 件（令和 3 年度 76 件、4 年度 84 件、5 年度 85 件）で、償還義務発生件数の総数 661 件の 4 割弱（37.1%）となっており、留学中又は留学後 5 年以内の離職者が増加傾向にある。

8 自己啓発等休業

自己啓発等休業制度は、自発的・自主的な能力開発及び国際協力の機会を職員に提供することを目的として、公務員としての身分を持ったままで**大学等における修学**や**国際貢献活動**を認める制度である。

この制度の導入に至る経緯としては、「**公務員制度改革の基本方向に関する答申**」（平成 11 年 3 月 16 日公務員制度調査会）において、「職員が自ら希望して大学院等へ進学すること、自ら希望して民間の研究機関等で研究を行うこと、青年海外協力隊や中長期のボランティア活動に従事すること等自己啓発や社会貢献を目的とする長期の休業等の制度の創設を図るべきである」ことが既に指摘されていた（同答申 [各論] 7）。「公務員制度改革大綱」においては、社会貢献活動に従事することは対象に含まれなかったが、「意欲ある職員の主体的な能力開発を支援するため、大学院等に進学する場合や研究所・シンクタンク等で研究活動に従事する場合など」に、「一定期間、給与の支給を受けずに身分を保有したままで、自主的に自己啓発のための活動を行うことができる仕組みの導入を図る」とされた（同大綱 II 1 (9) ②イ）。

人事院は、「自発的に職務を離れて大学院等で修学することや国際貢献活動への参加を通して国際協力に資することを希望する意欲ある職員に対し、職員としての身分を保有しつつ、職務に従事しないことを認める「一般職の職員の自己啓発等休業に関する法律」を新たに制定することについて」、平成 18 年 8 月、国会及び内閣に対して意見の申出を行った（「平成 18 年度年次報告書」（人事院）52 頁）。この意見の申出を踏まえ、内閣から「国家公務員の自己啓発等休業に関する法律案」が平成 19 年 2 月に国会に提出され、同年 5 月に成立している。

(1) 自己啓発等休業の事由

休業が認められる事由は、大学等における修学及び国際貢献活動である（自己啓発等休業法 2 条 3 項〜5 項）。

「大学等における修学」とは、国内外の大学、大学院の課程に在学してその課程を履修することをいう。

144　第 7 章　人材育成

「国際貢献活動」とは、次の①又は②の活動に参加することをいう（「職員の自己啓発等休業の運用について」（平成19年7月20日職職-257）1項）。

①　独立行政法人国際協力機構（JICA）が行う「青年海外協力隊」、「シニア海外ボランティア」、「日系社会青年ボランティア」、「日系社会シニア・ボランティア」

②　JICAの推薦によって従事する国連ボランティア計画が行う国連ボランティア

(2)　自己啓発等休業の請求と承認、休業期間

　任命権者は、在職期間が2年以上の職員が自己啓発等休業を請求した場合に、公務の運営に支障がないと認めるときは、職員の勤務成績、大学等における修学又は国際貢献活動の内容その他の事情（自己啓発等休業が職員の育成に与える影響など）を考慮した上で、休業を承認することができる。休業が承認される期間は、①大学等における修学のための休業の場合は2年（修業年限が2年を超え3年を超えない大学院の課程（日本の大学院に相当する外国の大学の課程を含む。）に在学してその課程を履修する場合は3年）を超えない範囲内の期間、②国際貢献活動のための休業の場合は3年を超えない範囲内の期間とされている。自己啓発等休業の期間の延長は、当初の自己啓発等休業で請求が可能な期間を超えない範囲内（2年又は3年）で、1回に限り可能である（自己啓発等休業法3条・4条、人事院規則25-0第5条、「自己啓発等休業の運用について」（平成19年7月20日職職-256）第1第4項）。

(3)　自己啓発等休業期間中の職員の身分及び給与

　自己啓発等休業をしている職員は、職員としての身分は保有するが、職務に従事せず、休業期間中、給与は支給されない（自己啓発等休業法5条）。

　なお、国内外の大学、大学院の課程に在学してその課程を履修する場合の入学料や授業料等は、自己負担である。

（4）自己啓発等休業制度の利用状況

　人事院が隔年で実施している調査によれば、新たに自己啓発等休業をした職員は、平成29年度27人（大学等における修学23人、国際貢献活動4人）、令和元年度26人（大学等における修学23人、国際貢献活動3人）、令和3年度16人（全て大学等における修学）である（調査の対象には行政執行法人の職員を含む。）。

第**8**章

人事評価

　能力・実績主義の人事管理の徹底を図るため、平成19年の国家公務員法の改正により、それまでの**勤務評定制度**が廃止され、新たに**人事評価制度**が導入されている。

　勤務評定制度は、「人事の公正な基礎の一つとするために、職員の執務について勤務成績を評定し、これを記録する」（人事評価制度の導入に伴い、廃止された人事院規則10-2第1条）ものではあったが、①評価の基準が不明確である、②任用、給与、人材育成等に十分活用されていない、③上司（評定者）と部下（被評定者）のコミュニケーションがなく、一方的な評価になっているなどの問題点が指摘されていた。

　人事評価については、それまでに蓄積されていた知見や当時既に開始されていた人事評価の試行も踏まえ、勤務評定制度について指摘されていた問題を解消するように、制度が設計・構築された。その後、制度の運用の状況や内閣官房内閣人事局が開催した有識者検討会で取りまとめられた「**人事評価の改善に向けた有識者検討会報告書**」（令和3年3月）を踏まえ、①人材育成及びマネジメント能力の向上のためのツールとして人事評価を活用する観点や、②職員の能力・実績をきめ細かく的確に把握・評価する観点からの改善も図られてきている。

　人事評価結果の任用、給与への具体的な活用については**第6章及び第9章**において説明しており、本章では、最近の人事評価の改善の取組も踏まえつつ、人事評価の目的、誰が、いつ、何を、どのように、評価し、その結果はどう扱われるのかについて概説するとともに、人事評価とは別に行われている多面観察の取組についても紹介する（なお、本章での説明においては、人事評価に関する法令・通知のほか、内閣人事局・人事院の資料に依拠している箇所も多いことから、該当箇所に法令、通知のほか、依拠した資料名

147

を記載している。）。

1 人事評価の目的、根本基準、法的性格

(1) 人事評価の目的と根本基準、制度設計の枠組み

人事評価は、**能力評価**と**業績評価**を実施することを前提として、「任用、給与、分限その他の**人事管理の基礎**とするために、職員がその職務を遂行するに当たり発揮した能力及び挙げた業績を把握した上で行われる勤務成績の評価」と定義されている（国家公務員法 18 条の 2 第 1 項）。

このように人事評価は、任用、給与、分限等の人事管理の基礎とすることを目的に実施されるものであると同時に、職員の強み・弱みを把握し、指導・助言等により能力開発を促進するなど、**人材育成**の意義を有し、**組織パフォーマンスの向上**に寄与することを目的として実施されるものである（「人事評価の基準、方法等について」（平成 21 年 3 月 6 日総人恩総第 218 号）第 1）。人事評価が人事管理の基礎となるツールとして機能していくためには、公正になされることが基本であることから、「職員の人事評価は、公正に行われなければならない」ことが**人事評価の根本基準**として定められている（国家公務員法 70 条の 2）。

人事評価の定義や根本基準を法定した上で、**人事評価の基準、方法等**については政令により定めるとされている。この政令については、人事評価制度は、任用、給与、分限等の人事管理の基礎となるものとして構築される必要があり、かつ、公正に行われることが必要であるため、その趣旨をより徹底できるよう、人事行政の公正の確保に関する事務を所掌する人事院の意見を聴いて定めることとされている（国家公務員法 70 条の 3 第 2 項）。そしてこの政令として人事評価政令が制定されている。

(2) 人事評価制度の法的性格

平成 19 年の国家公務員法の改正に至る過程では、人事評価制度が勤務条件（**第 4 章参照**）に該当するかどうかが議論となった。結論としては、人事評価は、任用、給与、分限等の人事管理の基礎となるものであるが、「人事評価制度自体は、職員の執務の状況を的確に把握し、記録すること

148　第 8 章　人事評価

を内容とするものであり、また、人事評価の結果をどのように活用するかという点については、人事評価制度それ自体ではなく、任用、給与、分限等のそれぞれの制度において定められることとなるものであることから、人事評価制度は、勤務条件には該当しない」と整理されている（「参議院議員吉川春子君提出国家公務員の人事評価、標準職務遂行能力、再就職（天下り）規制等に関する質問に対する答弁書」（平成19年7月6日内閣参質166第54号））。こうした整理の下、人事評価は中央人事行政機関である内閣総理大臣の所掌とされ、その基準、方法等は人事院規則ではなく、政令により定めることとされている。

2　人事評価の実施体制（誰が評価を行うのか）

　人事評価は、国家公務員法、人事評価政令及び所轄庁の長（各省の大臣など）が定める**人事評価実施規程**に基づき、所轄庁の長又はその指定する部内の上級の職員（**実施権者**）によって実施されることになっている（同政令1条・2条）。具体的には、①評価を受ける職員（**被評価者**）の監督者の中から実施権者が指定する**評価者**（同政令7条1項）が評価を行い、②評価者の監督者の中から実施権者が指定する**調整者**（同条2項）が、評価者の評価について、不均衡がないか審査し、③最後に、実施権者が、調整者による調整について審査を行い、適当であることが確認されれば、評価が確定するというプロセスを踏むことになっている（**4**参照）。

　なお、評価者の指定については、管理職である室長級以上の者を基本とするが、評価者一人当たりの被評価者の人数が多く、評価者に過度の負担がかかる場合など職場の実態等により室長級以上の者とすることが困難である場合には、例えば、課長補佐級の者とすることも可能であるとされている（「人事評価の基準、方法等について」第4の1）。

　また、実施権者は、評価者や調整者の補助者を指定することができる（人事評価政令7条3項）。**評価補助者**の役割は、被評価者の職務遂行状況（日常の業務遂行における職務行動の状況や目標の達成度合い）等について評価者に情報提供することや、目標設定の補助（被評価者が記載した目標が実際の業務分担に照らして適当かどうか評価者に助言）等を行うこと

である（「人事評価の基準、方法等について」第4の3(1)、「人事評価ガイド《評価者・調整者の手続編》」(2022.06 ver. 内閣人事局・人事院)2頁・9頁)。

3　能力評価と業績評価（いつ、何を評価するのか）

　人事評価には、能力評価（職員がその職務を遂行するに当たり発揮した能力を把握した上で行われる勤務成績の評価）と業績評価（職員がその職務を遂行するに当たり挙げた業績を把握した上で行われる勤務成績の評価）があり、10月1日から翌年9月30日までの期間を単位として毎年の**定期評価**として実施される（人事評価政令4条1項・5条1項2項)。

　人事評価は、他の職員との比較ではなく、職員一人一人の職務遂行能力や勤務実績をできる限り客観的に把握し、適切に評価する仕組みとすることが適当であることから、評価項目（能力評価）や設定された目標（業績評価）に照らして、**絶対評価**により行う制度設計がなされている（職員相互間の比較により優劣を判断する相対評価にはしていない。「人事評価ガイド《制度全般編》」(2024.04 ver. 内閣人事局・人事院)5頁)。

【相対評価と絶対評価】

　　相対評価は、明確な評価基準を設定する必要はなく、職員相互間の比較により優劣を判断するものであり、職員に競争意識が生まれ、それぞれが高い成果を挙げるように努力する、評価に要するコストは小さく、評価もしやすく、評価の差もつけやすいと言われている。他方で、自分の能力や業績だけで評価が決まらず、周囲の職員のレベル・力量によって、評価が左右されることから、低い評価になった職員の納得感に欠ける、モチベーションの低下を招く、人材育成に活用できない、組織の和へ好ましくない影響を与えるなどのデメリットも指摘されている。

　　これに対し、国家公務員の人事評価は、あらかじめ設定する基準に照らして能力や業績を評価する絶対評価により行われている。

　　能力評価は、職員が職務遂行の中でどのような行動をとることができたか（＝能力を発揮できたか）を客観的に把握し、評価項目ごとに示される「求められる職務上の行動」に照らして、発揮した能力の程度を評価するものとなっている（(1)参照）。また、業績評価は、職員が評価期間においてどのような役割が果たせたか（＝業績を挙げたか）を客観的に把握し、業務に関

する目標に示される「評価期間において職員が果たすべき役割」に照らして、挙げた業績の程度を評価するものとなっている（**(2)** 参照）。

　人事評価を任用、給与等の人事管理の基礎資料として活用できるようにするためには、職員の能力や業績を客観的に把握する仕組みとする必要があり、あらかじめ設定された基準に照らして評価することにより、職員の納得感も得やすくなると考えられる。また、人事評価は、一人一人の職員の能力や業績を客観的に把握し、職員の強み（優れている点）、弱み（改善を要する点）を把握・認識し、それを基に、評価者は指導・助言を行い、職員（被評価者）は自らの能力の向上に努めるという仕組みとすることにより、人材育成のための重要なツールとなる。これらの点が絶対評価のメリットであり、絶対評価を採用している理由でもあると考えられる。

(1) 能力評価

ア　能力評価の基準

　能力評価は、能力を発揮すれば、職務上の行動として顕在化することから、評価期間において職員が職務遂行の中で実際にとった行動を、評価項目ごとに定められる**求められる職務上の行動**に照らして、職員が**発揮した能力の程度**を評価することによって行われる（人事評価政令４条３項。職員の潜在的能力や業務に関係のない能力、性格等を評価するものではない。）。

　この能力評価は、職員の昇任等の人事を行うに際して求められる**標準職務遂行能力**を有するかどうかを判断できるものであることが必要である（標準職務遂行能力については**第６章第１節**参照）。それゆえ、**評価項目**（本省庁課長であれば、倫理、構想、判断、説明・調整、業務運営、組織統率・人材育成の各評価項目）及び求められる職務上の行動は、標準職務遂行能力に対応して設定することとされている。例えば、本省庁の課長についての評価項目の一つである組織統率・人材育成に係る求められる職務上の行動は、「適切に業務を配分した上、進捗管理及び的確な指示を行い、成果を挙げるとともに、部下の指導・育成を行う」などと設定される。また、職員のどのような行動を見て評価したらよいか分かりやすくするため、個々の評価項目及び求められる職務上の行動ごとに、具体的な行動類型を**着眼点**として設けることとされている（「人事評価の基準、方法等について」第

151

3）。

なお、評価項目、求められる職務上の行動及び着眼点は、人事評価実施規程において定められる**人事評価記録書**の様式（人事評価内閣官房令7条1項）の中で定められている。

イ 評価期間

能力評価は、10月1日から翌年9月30日までの期間を**評価期間**として、年1回実施される（人事評価政令5条3項）。能力評価は、当該職位に求められる職務上の行動が安定的にとられているかどうかを評価するものであることから、一定程度の期間について観察することが望ましく、また、任用や昇格（基本給である俸 給の格付けを上げること）、毎年1月1日に行われる昇給の昇給区分の決定（昇給区分はAからEまでの5区分。昇給区分に応じて俸給の月額を上げる幅に差が設けられている。）への活用も念頭に置いて、年1回の実施とされている（「人事評価ガイド《制度全般編》」6頁。任用については**第6章第1節**、昇格・昇給については**第9章第1節**参照）。

なお、定期評価とは別に、条件付採用又は条件付昇任（国家公務員法59条）を正式のものとするか否かの判断のために、条件付採用（昇任）期間中の職員に対し、条件付採用（昇任）期間（6か月）を評価期間とする能力評価を行う（業績評価は行わない。）**特別評価**の仕組みがある（人事評価政令4条2項・15条）。

(2) 業績評価

ア 業績評価の基準

業績評価は、評価期間において職員が果たすべき役割について、**業務に関する目標**を定め、職員に対してあらかじめ示した上で、**役割を果たした程度**を評価することによって行われる（人事評価政令4条4項）。

なお、設定した目標は人事評価記録書に記載することになっている。

イ 業務に関する目標の設定

業務に関する目標は、業績評価において、評価期間中被評価者が果たすべき役割を評価者との間で明確化・共有化するために設定するものである。目標設定の方法には、上司や組織の目標から職位（課長補佐、係長な

ど）や役割分担に応じてブレークダウンして設定する方法と、被評価者が自らの業務内容を踏まえて目標（案）をボトムアップで設定する方法がある。目標設定＝果たすべき役割の確定（**4 (1)** 参照）に当たっては、適切な評価の実施の観点、組織パフォーマンス向上の観点、人材育成上の観点、**マネジメントの強化**の観点から、以下のことが求められている（「人事評価の基準、方法等について」第5、「人事評価ガイド《制度全般編》」10頁、「人事評価ガイド《被評価者の手続編》」（2022. 06 ver. 内閣人事局・人事院）1頁・2頁）。

① 目標は、期末にその達成状況が判定できるよう、できるだけ具体的に（何を、いつまでに、どの水準まで、どのように（方法・手段））設定することが必要である。

② 業績評価は職位に応じた果たすべき役割を評価するものであることから、職位にふさわしい目標とする必要がある。

③ 複数の目標を立てた場合、達成が困難な（容易な）目標、業務上のウエイトが高い（低い）業務に関する目標などがあり得ることから、それを評価の際に考慮することができるよう、それぞれの目標ごとに**困難度**、**重要度**（＝業務上に占めるウエイトの高さ）を設定することが必要である。

④ 組織として成果を挙げていくに当たり、職位に応じてどのような役割を果たすか、どのように貢献（知見や経験の積極的な活用による成果への貢献、周囲への支援等の取組）をするかについて目標として記載することが必要である。

⑤ 職員の挑戦的な取組を促し、成長を支援するため、職位における通常の目標と比べて困難度が高い目標（**チャレンジ目標**）を原則1つ以上設定することが必要である。なお、評価の際は、チャレンジ目標については、未達成であることのみをもって低い評価とはせず、達成状況や取組状況の水準が職位にふさわしいものかどうかという観点に留意することが必要である。

⑥ 本省庁・地方支分部局等の課室長級以上の管理又は監督的地位にある職員は、業務運営や組織統率・人材育成に関するマネジメント上の課題

について、達成状況を振り返ることができる具体的な目標（**マネジメント目標**）を1つ以上設定することが必要である。

ウ　評価期間

業績評価は、10月1日から翌年3月31日までの期間及び4月1日から9月30日までの期間をそれぞれ評価期間として、年2回実施される（人事評価政令5条4項）。業績評価は、職員が果たすべき役割を目標として設定し、その達成度を評価することから、1年先では不確定要素も大きく、また、その結果を年2回（6月、12月）支給される勤勉手当の成績率の決定に活用すること（国家公務員のボーナスには期末手当と勤勉手当があり、勤勉手当は成績率に応じ支給額に差が生ずる。）も念頭に置いて、評価期間は半年とされている（「人事評価ガイド《制度全般編》」6頁。勤勉手当については**第9章第1節**参照）。

4　人事評価手続（評価はどう行われ、結果はどう取り扱われるのか）

(1) 期首面談

評価者は、定期評価における業績評価の評価期間の開始に際し、被評価者と面談（**期首面談**）を行い、業務に関する目標を定めること等により被評価者が評価期間において果たすべき役割を確定する必要がある（人事評価政令12条1項）。果たすべき役割の確定に当たっては、評価者は、設定した目標が被評価者に求められる役割にふさわしいものとなっているかに留意し、面談において被評価者と十分に認識を共有するよう努めることとされている（人事評価内閣官房令5条、「人事評価の基準、方法等について」第5の5・第7）。

(2) 評価期間中

評価者は、評価期間中においては、定期的な対話の機会を設定する等、日々の業務管理を通じて、

① 目標の達成状況や目標達成に向けた業務遂行のプロセス、職務遂行の中でとられている行動等をよく観察し、評価の判断材料となる事実（**評価事実**）を収集・記録すること、併せて、期首に設定した目標以外の取

組の事実も収集・記録すること、

② 被評価者の業務の状況に関心を持ち、被評価者の能力開発やスキルアップにつながるよう、設定した目標の達成状況や職務遂行の中でとった行動などを踏まえた指導・助言を実施、

③ 状況が変化した場合、必要に応じて目標を変更すること、

などに取り組むよう努める必要がある（「人事評価の基準、方法等について」第7、「人事評価ガイド《制度全般編》」12頁、「人事評価ガイド《評価者・調整者の手続編》」7頁・8頁）。

(3) 期末手続

ア 自己申告

自己申告は、被評価者が、評価期間中の業務遂行状況（評価期間中に職務上とった行動、目標の達成状況、目標以外の業務の取組状況）を振り返り、評価者が評価を行う上で必要となる情報を人事評価記録書に記載して提供するものである（「人事評価ガイド《制度全般編》」13頁、「人事評価ガイド《被評価者の手続編》」6頁～8頁）。

評価者は、能力評価又は業績評価を行うに際し、その参考とするため、被評価者に対し、あらかじめ、能力評価又は業績評価に係る評価期間において被評価者の発揮した能力又は被評価者の挙げた業績に関する被評価者の自らの認識その他評価者による評価の参考となるべき事項について申告を行わせるとされている（人事評価政令8条・13条）。

イ 評　　価

(ア) 評語の段階と評語に該当する基準

個別評語（評価項目ごとに評価の結果を表示するもの（能力評価の場合）、設定した目標ごとに評価の結果を表示するもの（業績評価の場合））及び**全体評語**（能力評価又は業績評価の結果を総括的に表示するもの）の付与は、「卓越して優秀」「非常に優秀」「優良」「良好」「やや不十分」「不十分」の6段階で行われ（本省庁課長級以下の職員の場合）、人事評価記録書に評語が記載される。なお、事務次官級の職員は2段階、本省庁局長・部長級の職員は3段階で行われる（人事評価政令6条1項2項）。

155

本省庁課長級以下の職員が発揮した能力や果たした役割が、いずれの評語に該当するかを判断する基準については、能力評価の場合は、「望ましい行動（＝職位に応じた職務を高い水準で遂行できるレベルの行動）を上回る行動」や「望ましい行動」がとられる「頻度」（望ましい行動を上回る行動が①常に確実にとられた、②頻繁にとられた、③しばしばとられた、望ましい行動が④基本的にとられた、⑤とられないことがやや多かった、⑥とられていなかった）が基準とされている。また、業績評価の場合は、「成果・貢献等（貢献等とは、組織として成果を挙げるに当たっての貢献、業務遂行に当たっての創意工夫、効率的な業務遂行等を意味する。）」の程度（①まれにみる顕著な、②非常に大きな、③しばしば期待を上回る、④期待どおり、⑤求められた水準を下回る、⑥ほとんどない）が基準とされている（「人事評価ガイド《制度全般編》」4頁、「人事評価の基準、方法等について」別紙2-1・別紙2-2）。

（イ）　個別評語の付与

評価者は、被評価者の自己申告の内容も参考にして、評価期間中に収集した事実に基づき評価を行う。能力評価については、職務上の行動の水準や頻度に応じて評価項目ごとに個別評語を付与する。業績評価については、設定した目標ごとに、目標の困難度を踏まえた目標の達成状況のほか、①組織として成果を挙げるに当たってどの程度貢献したか、②業務遂行に当たってどのような創意工夫をしたか、③効率的に業務を遂行したか、④目標の達成状況等が被評価者に起因しない事由により影響を受けているかなど、職務遂行のプロセスも考慮に入れて個別評語を付与する（人事評価政令9条1項・14条、「人事評価の基準、方法等について」第6・別紙2-2）。

（ウ）　全体評語の付与

全体評語の付与については、次のルールに従う必要がある（人事評価政令9条1項・14条、人事評価内閣官房令2条、「人事評価の基準、方法等について」第6）。

① 全体評語は、例えば、全ての個別評語に同一の段階の評語を付与する場合には、原則として、その段階の評語を上回らないこととするなど、個別評語を適切に勘案して、能力評価、業績評価のそれぞれについて付

156　第8章　人事評価

与することが必要である。

② 能力評価を行うに当たっては、**倫理の評価項目**は国家公務員として遵守すべき基本的な行動であることを考慮して評価を行うこととし、倫理の個別評語に下位の評語を付与する場合には、全体評語は、6段階評価の職員にあっては最下位より3段階以上上位の段階の評語を付与しないこととする（倫理の個別評語は◎／○／△の3段階で評価（人事評価政令6条2項ただし書、「定期評価における評語の付与等の特例について」（令和3年9月10日内閣総理大臣決定））し、倫理が△の場合、全体評語は「優良」以上にはできないことになる。）。

③ 管理又は監督の地位にある職員の能力評価については、マネジメント能力の評価を特に重視し、業務運営及び組織統率・人材育成又はそれに類する評価項目を**重要マネジメント項目**として評価を行い、能力評価の全体評語は、原則として、重要マネジメント項目に付与する個別評語を上回らないこととする。

④ 業績評価の全体評語の付与に当たっては、重要度が高い個別評語を重視して全体評語を付与する等、目標の重要度を踏まえるほか、突発事態への対応や業務上の研修への参加等、目標以外に取り組んだ事項についても、その達成状況や取組状況等を勘案し、評価を行う。

（エ）　所見、秀でている点・改善点、育成に関する意見等の記載

評価者は、個別評語及び全体評語を付すほか、それぞれの評語を付した理由その他参考となるべき事項を人事評価記録書の**所見欄**に記載する（人事評価政令6条4項、「人事評価の基準、方法等について」第6）。

「能力評価については、**秀でている点・改善点等の記載欄**に、被評価者の秀でている点や改善点、中長期的な人材育成を意識した、育成に関する意見等も記載」する（「人事評価ガイド《評価者・調整者の手続編》」14頁）。

被評価者が管理又は監督の地位にある職員の場合は、「被評価者の部下・現場の状況の聴き取りを行うなど積極的に観察し、評価事実の収集を行い、能力評価の重要マネジメント項目の評語付与理由等を、**重要マネジメント項目の所見欄に記載**」する（「人事評価ガイド《評価者・調整者の手続編》」13頁）。

ウ　調整、確認

人事管理の基礎となる人事評価の客観性（正確性）を確保するため（＝職員の能力や実績を客観的に（正確に）把握するため）、評価者一人の判断により評価結果が確定しないよう、調整者による**調整**、実施権者による**確認**の仕組みが設けられている。

（ア）　調　整

評価者による評価実施後、調整者は、評価者が行った能力評価及び業績評価それぞれの全体評語に不均衡等があるかどうかについて審査を行う。その際の具体的な観点としては、「自己の把握する事実と評価者の評価とが大きく食い違っていないか」、「特定の部分に重きを置き過ぎたバランスを欠く評価になっていないか」、「全体的な水準から見た評価の甘辛などの偏りがないか」、といったことが挙げられる（人事評価政令9条2項・14条、「人事評価ガイド《制度全般編》」14頁、「人事評価ガイド《評価者・調整者の手続編》」17頁）。

審査の結果、特に不均衡等が見られなければ、評価者と同じ全体評語を人事評価記録書の調整者欄に記載することになるが、不均衡等がある場合には、以下の①又は②のどちらかの方法により調整を行う（「人事評価ガイド《評価者・調整者の手続編》」17頁）。

① 自ら事実等を把握している場合等

　調整者欄に自ら全体評語を記載する。

② 評価者の評価結果に甘辛などの偏りがある場合等

　評価者に**再評価**を命ずる（なお、再評価の結果、特に不均衡等が見られなければ、評価者と同じ全体評語を調整者欄に記載することになる。）。

（イ）　確　認

実施権者は、調整者による調整の結果について審査し、適当でないと判断した場合には、調整者に**再調整**を行わせる（任命権者が評価者である場合や被評価者の数が極めて限られる場合など調整者を指定しない合理的な理由があって調整者が指定されていない場合には、評価の結果について審査する。その結果、適当でないと判断したときは、評価者に再評価を行わせる。）（人事評価政令7条2項ただし書・9条3項・14条、「人事評価の基準、

方法等について」第4の2）。実施権者が自ら全体評語を変更することはない。

　再調整（又は再評価）を行う必要がない場合には、実施権者の確認をもって評価が確定する（「人事評価ガイド《制度全般編》」14頁）。

エ　評価結果の開示、期末面談

　実施権者による確認終了後、開示を希望しない職員等を除き、全体評語を含む**評価結果を開示**する（人事評価政令10条・14条、人事評価内閣官房令4条1項）。人事評価記録書には全体評語のほか、個別評価、所見、秀でている点・改善点なども記載されているが、評価結果の開示が職員の主体的な取組を促すための措置であることも踏まえ、所轄庁の長は人事評価実施規程において適切な開示範囲を定める必要がある（「人事評価の基準、方法等について」第8）。

　評価結果の開示を希望しない職員であっても、全体評語が「やや不十分」又は「不十分」の場合（全体評語の付与が6段階で行われる職員の場合）には、人材育成の観点から、全体評語を開示することが必要である（人事評価内閣官房令4条2項）。

　期末面談は、評価結果の開示の有無にかかわらず実施することになっている。評価者は、被評価者が職務遂行の中でとった行動について、一層の向上が期待される優れた点（強み）や改善を図るべき点（弱み）等に基づき、今後の業務遂行や職務遂行能力向上に向けた**指導・助言**を行うことが求められている（人事評価政令11条・14条、人事評価内閣官房令5条、「人事評価の基準、方法等について」第7）。

　「人事評価においては、評価を受ける被評価者自身が、評価を受け身でとらえるのではなく、評価を契機として自ら主体的に能力開発に取り組むなど、評価の結果を具体の業務遂行に反映していくことにより、職員個々の、ひいては組織としてのパフォーマンスを向上させていくことが重要」である（「人事評価ガイド《制度全般編》」15頁）。

(4) 苦情への対応

　実施権者は、職員に開示された人事評価の結果に関する職員の苦情その

他人事評価に関する職員の苦情について、適切に対応する必要がある（人事評価政令20条1項）。苦情への対応は、所轄庁の長が人事評価実施規程において定める**苦情相談**及び**苦情処理**により行うものとされている（人事評価内閣官房令6条1項2項）。

苦情相談は、評価制度全般、評価手続（評価者が面談をしない、評価者による指導が不十分など）、評価結果など人事評価に関する苦情を幅広く受け付ける仕組みである（人事評価内閣官房令6条3項）。

苦情処理は、開示された評価結果に関する苦情及び苦情相談で解決されなかった苦情のみを受け付ける仕組みである（人事評価内閣官房令6条4項）。苦情処理において開示された評価結果が適当であるかどうかについて審査が行われ、開示された評価結果が適当でないと判断された場合には、実施権者は、評価者に再評価を行わせ、又は調整者に再調整を行わせるものとされている（同条6項）。

苦情の申出を阻害しないよう、職員は、苦情の申出をしたことを理由として、不利益な取扱いを受けないことが人事評価政令上明記されている（同政令20条2項）。また、「苦情への対応に関係する者は、直接対応する者のみならず、事実確認を求められた者も含め、苦情の申出があった事実、当該苦情の内容等について、その秘密の保持に留意する」必要がある（「人事評価の基準、方法等について」第12の2））。

5　人事評価制度の運用における課題

人事評価は、**1**で述べたことを目的として実施されるものであり、人事管理の基礎となる重要なツールである。「人事評価の改善に向けた有識者検討会報告書」を踏まえ、改善措置も講じられてきているが、根底には人が人の能力や業績を評価することの難しさがあるように思われる。

国家公務員の人事評価は絶対評価により行われているが、絶対評価の場合には、上位の評価や下位の評価とする人数や割合といった枠が設定されないことから、職場における人間関係を考慮し、課題を抱えて日々苦労し、頑張っている職員には心情的に実際の能力・実績以上の高い評価をすることや、モチベーションの低下を心配し、あるいは評価結果に対する苦情な

どのトラブルの発生を回避するため、甘めの評価をするといったことが起こりやすいと考えられる。

しかしながら、例えば、以下のように評価結果とその活用面での取扱いに乖離が生ずることが常態化した場合、メリハリある処遇に人事評価が十分に活用できず、人事評価が形骸化しかねない。

① 人事評価の結果（全体評語）は上位であるのに、毎回、年1回の昇給の昇給区分がCに決定される（昇給区分はAからEまでの5区分。昇給区分に応じて基本給である俸給の月額を上げる幅に差が設けられており、昇給区分A、Bの順に昇給幅が大きく、Cは標準的な昇給幅。**第9章第1節1 (3)** 参照）。

② 同様に、年2回の勤勉手当（国家公務員のボーナスのうち勤勉手当は成績率に応じ支給額に差が生ずる。）は、成績区分が「良好」（＝標準）の成績率に決定される（成績区分は、上から順に、「特に優秀」、「優秀」、「良好」、「良好でない」の4段階。**第9章第1節2 (9) イ**参照）。

また、人事評価が寛大化し、職員の強み・弱みが客観的に把握・認識されず、そのために適切な指導・助言がなされず、能力向上に取り組む契機とならなければ、職員の成長という観点からは、人事評価が意義あるものにならないと考えられる。

人事評価を任用、給与、人材育成などに活用していくためには、職員の能力・実績を客観的に把握することが必要であり、そのためには、評価者である管理職は自らもプレーヤーとして職務を遂行しなければならないことも多く、多忙中、負担も大きくなるが、評価事実が丁寧に収集・記録されることが基本になると考えられる。その上で、「それぞれの評語に該当する基準」（**4 (3) イ**参照）の意味が正しく理解され、適切な評価が行われることにより、人事評価制度の改善を実効あるものとしていくことが期待される。

【人事評価の評語の分布状況と人事評価の改善】

内閣人事局は、絶対評価により行われる能力評価1回分（評価期間：平成30年10月～令和元年9月）及び業績評価2回分（評価期間：①平成31年4月～令和元年9月、②令和元年10月～令和2年3月）の全体評語

の分布について各省庁に対して調査を行っており、その結果、本省庁課長級以下の職員の全体評語（S（特に優秀）、A（通常より優秀）、B（通常）、C（通常より物足りない）、D（はるかに及ばない））の分布は、Sが10％前後、Aが50％超、Bが37％前後、Cが0.4％などとなっている。

　全体評語がAの職員が50％を超えていることから、上位のポスト数や基本給である俸給の格付けを上位に決定できる職員数の枠（**第9章第1節**参照）の制約がある中で誰を昇任、昇格させるか、また、上位（A、B）の昇給区分に決定できる割合が25％（本省庁課長補佐、係長クラスの場合）、勤勉手当について特に優秀、優秀の成績区分の成績率に決定できる割合が30％以上（一般の職員の場合）という制約（**第9章第1節**参照）がある中で、誰を上位の昇給区分や特に優秀、優秀の成績区分の成績率に決定するかに当たり、必ずしも十分な基礎資料が得られていないことを窺わせる。

　こうした結果も示されて議論された「人事評価の改善に向けた有識者検討会」の報告書を踏まえ、職員の能力・実績をきめ細かく的確に把握・評価するため、令和5年の3月期の業績評価から、本省庁課長級以下の職員の人事評価の評語区分は5段階から6段階に細分化され、評語の名称や評語に該当する基準も刷新されている。

6　多面観察の取組

　上司が部下職員を評価する人事評価とは別に、部下職員が上司である管理職員の行動（例えば、「方向性の提示」、「創造的な組織づくり」、「判断・調整・優先順位付け」、「コミュニケーション」、「組織力の発揮」、「人材育成」、「ワークライフバランスとダイバーシティ」、「コスト意識」、「組織の規律維持」（「管理職に求められるマネジメント行動のポイント」（平成29年4月内閣官房内閣人事局発行））を観察した結果を管理職本人にフィードバックする「**多面観察**」が各省庁で実施されている。これは、管理職員が、「自身の姿勢・言動が周囲の職員にどのように受け止められ、影響を与えているかを知ることで、自身のマネジメントの強みや弱みについて「気付き」を得て、強みを伸ばすとともに弱みを克服する契機とし、組織パフォーマンスの向上に繋げることを期待」して実施されているものである（「マネジメント能力向上のための多面観察の取組」（内閣官房HP））。

第9章

人材の処遇（給与、退職手当）

　能力を発揮し、成果を挙げた職員を給与上適切に処遇することは、職員のモチベーションの維持・向上、人材の確保の観点から、重要な意義を有する。**第1節**では、個々の公務員の給与がどう決定されるのか、また、商品の販売やサービスの提供によって得られた収益の中から給与を支給する民間企業と異なり、主として税収を財源として給与が賄われる公務員について、全体としての給与水準はどう決定されるのか概説する。

　国家公務員が退職した場合には、民間企業の退職一時金に相当する退職手当が支払われる。退職手当は、職員の在職中の功績に対し金銭的に報いる意味があり、住宅ローンの支払いを含め、退職後の生活設計にも関わることから、職員の関心も高くなる。**第2節**においては、個々の公務員の退職手当はどう算定されるのか、また、給与と同じく税収で賄われる退職手当の公務員全体としての水準はどう決定されるのか概説する。

第1節　給　　与

1　俸給決定の仕組み

　国家公務員法は、職員の給与については別に法律で定めるとしており（同法63条）、その別に定める法律として**一般職給与法**が制定されている。同法は、職員の給与として、**俸給**と扶養手当、住居手当、通勤手当、超過勤務手当、期末手当、勤勉手当等の諸手当を定めている。俸給は、**民間企業の基本給**に相当するものであり、1週間当たり38時間45分という正規の勤務時間による勤務に対する報酬である（同法5条1項）。また、期末手当及び勤勉手当は民間企業の賞与（ボーナス）に相当するものである。

　基本給である俸給は採用時の金額から次第に増加していくことになるが、

第1節　給　　与　　163

改めて考えてみると、それはなぜだろうか。上位のポストに就くことにより難しい仕事や責任の重い仕事をするから給与を上げるのか（＝給与は職務と責任に対して支払う。）、業務に習熟し、能力が高まったから給与を上げるのか（＝職員の能力に対して給与を支払うので、ポスト数の制約から上位のポストに就けなくとも能力が高まれば給与が上がる。）、勤続期間が長くなったことに報いるために給与を上げるのか、あるいは生計費の上昇をカバーするために給与を上げるのか。この点について、国家公務員法62条は、「職員の給与は、その官職の職務と責任に応じてこれをなす」（＝**職務給の原則**）としており、一般職給与法もこの職務給の原則に従って給与制度を構築している。もっとも、職務給の原則といっても、これを徹底すると、職責のより重い官職に就かない限り給与が上がらないことになってしまうため、職員の能力、勤続期間（経験年数）、生計費といった属人的な要素も考慮して給与を上げられる仕組みを作っている。

(1) 俸給表

国家公務員法は、職務給の原則を採用するとともに、職員の給与に関する法律には、生計費や民間における賃金等を考慮し、等級ごとに明確な俸給額の幅を有する**俸給表**を定めることを求めている（同法64条）。

ア　俸給表の種類

一般職給与法は、職員に適用される俸給表を職務の種類ごとに定めている（同法6条・別表第1～第11）。

令和6年4月1日現在の全俸給表の適用職員数（新規採用職員、定年後に再任用された職員等を除く。）は250,434人である。このうち、①一般行政事務に従事する職員に適用される**行政職俸給表（一）**の適用人員が最も多く139,298人（55.6％）である。このほか、適用人員が多い順に、②国税局や税務署などの職員に適用される税務職俸給表49,806人（19.9％）、③海上保安官などに適用される公安職俸給表（二）22,934人（9.2％）、④刑務官、入国警備官などに適用される公安職俸給表（一）21,838人（8.7％）となっている（「国家公務員給与の実態」（令和6年8月人事院））。

イ　俸給表の構造（「職務の級」と「号俸」）

　各俸給表には、職員の職務の複雑、困難及び責任の程度の違いを俸給月額に反映させるため「**職務の級**」が設定されている。同時に、同一の「職務の級」の中に、相応の数の「**号俸**」が設定され、号俸に応じて俸給月額が定められている。下位の職務の級よりも上位の職務の級の方が相対的に高い金額の俸給月額が用意されており、職責が重くなるほど高い俸給を受けることが可能になっている。また、同一の「職務の級」であっても、俸給月額が一定の幅を有する構造になっていることから、職員の職責に変更がなくとも、「昇給」（**(3)** 参照）を行うことが可能となっている。

表1　俸給表のイメージ　　　　　　　　　　　　　　　　　　　（単位：円）

職務の級	1級	2級	3級	4級	5級	6級	7級	
号俸	俸給月額	俸給月額	俸給月額	俸給月額	俸給月額	俸給月額	俸給月額	…
1	162,100	208,000	240,900	271,600	295,400	323,100	365,500	…
2	163,200	209,700	242,400	273,200	297,500	325,300	368,100	…
3	164,400	211,400	243,800	274,700	299,500	327,500	370,500	…
4	…	…	…	…	…	…	…	…
・	…	…	…	…	…	…	…	…

　適用される職員数が最多の行政職俸給表（一）は1級から10級までの10段階の職務の級が設定されている。人事院規則9-8において俸給表ごとに職務の級の標準的な職務が定められており（**級別標準職務**）、各職務の級がどういう職務に対応しているのかが明らかになっている（同規則3条・別表第一）。

　行政職俸給表（一）の各職務の級の本省における標準的な職務は、次頁の表2のとおりである（ただし、3級の標準的な職務については一部省略）。

　号俸は、各職務の級とも、1号俸が最低の金額で、上位の号俸ほど高い金額となる。行政職俸給表（一）であれば2級が125号俸まであり、最も号俸数が多く、上位の職務の級になるほど号俸数は少なくなっている。

第1節　給　与　　165

表 2　行政職俸給表（一）の職務の級と本省の標準的な職務

職務の級	本省の標準的な職務
1 級	定型的な業務を行う職務
2 級	主任の職務、特に高度の知識又は経験を必要とする業務を行う職務
3 級	本省の係長の職務
4 級	本省の困難な業務を分掌する係の長の職務
5 級	本省の課長補佐の職務
6 級	本省の困難な業務を処理する課長補佐の職務
7 級	本省の室長の職務
8 級	本省の困難な業務を所掌する室の長の職務
9 級	本省の重要な業務を所掌する課の長の職務
10 級	本省の特に重要な業務を所掌する課の長の職務

（注）　1 級及び 2 級の職務は本省と地方支分部局とで共通である。

【指定職俸給表】

　事務次官や本省の局長・部長等に適用される指定職俸給表には、職務の級は設定されておらず、職責に応じて 1 号から 8 号までの号俸のみが設定され、その号俸に応じて俸給月額が定められている（例えば、事務次官は 8 号俸、本省庁局長は 4 号俸又は 5 号俸）。**(3)** 及び **(4)** で見る「昇給」や「昇格」の仕組みは存在しない。

(2)　初任給

ア　国家公務員採用試験に合格して係員の官職に採用された職員の初任給

　国家公務員採用試験に合格して係員の官職に新規に採用されると、従事する職務の種類に応じて適用される俸給表が決定され、俸給表ごとに定められている**初任給基準表**に従って職務の級及び号俸が決定される（一般職給与法 8 条 3 項 4 項、人事院規則 9-8 第 11 条 2 項・12 条 1 項 1 号・別表第 2）。

　一般行政事務に従事し、行政職俸給表（一）が適用される新規採用職員の職務の級及び号俸とこれに対応して定められている俸給月額は、**表 3**のとおりである。

　俸給月額とは別に、主に民間賃金の高い地域に在勤する職員には地域手

表 3　行政職俸給表（一）適用職員の初任給　　　　（令和 6 年 4 月 1 日現在）

合格した採用試験	級・号俸	俸給月額
総合職試験（院卒者試験）	2 級 11 号俸	224,100 円
総合職試験（大卒程度試験）	2 級 1 号俸	200,700 円
一般職試験（大卒程度試験）	1 級 25 号俸	196,200 円
一般職試験（高卒程度試験）	1 級 5 号俸	166,600 円

（注）　令和 6 年 8 月 8 日に行われた人事院勧告では、採用市場における給与面での競
　　　争力向上のため、初任給の大幅な引上げが勧告されている（例えば、総合職試験
　　　（大卒程度試験）は 29,300 円の引上げ、一般職試験（大卒程度試験）は 23,800
　　　円の引上げ）（「職員の給与に関する報告」43 頁・44 頁）。

当が支給される（**2 (5)** 参照）。東京特別区内にある本省庁に勤務する職
員に支給される地域手当の月額は、俸給・扶養手当等の合計額の 20％ で
ある。また、本省庁の課長補佐以下の職員には本府省業務調整手当が支給
され（**2 (10)** 参照）、行政職俸給表（一）1 級の係員の場合には月額
7,200 円、同 2 級の係員の場合には月額 8,800 円が支給される。

　本省庁に配属された職員（扶養親族がない行政職俸給表（一）適用職員の
場合）の地域手当及び本府省業務調整手当も含めた初任給（令和 6 年 4 月
1 日現在）は、採用の基礎となった採用試験に応じ、総合職試験（院卒者
試験）277,720 円、総合職試験（大卒程度試験）249,640 円、一般職試験
（大卒程度試験）242,640 円、一般職試験（高卒程度試験）207,120 円とな
る。

【博士課程修了者等の処遇改善】

　「博士人材が活躍する環境を社会全体で整備する取組が進められているこ
とや、官民を問わず人材獲得競争が厳しい技術系の人材を公務において確保
する必要があることなどを踏まえ」（「職員の給与に関する報告」（令和 4 年
8 月 8 日人事院）11 頁・12 頁）、博士課程修了者等の処遇改善が図られて
おり、令和 5 年 4 月 1 日から、より高い金額の初任給の決定ができるよう
になっている。

　また、例えば、大学卒業後、民間企業で勤務してから、一般職試験（大

第 1 節　給　　与　　167

卒程度試験）に合格して採用されるなど、採用前に一定の経験を有する場合には、初任給基準表に定める号俸よりも高い号俸に決定することができる（人事院規則9-8第15条）。

イ　経験者採用試験に合格して係長以上の官職に採用された職員の初任給

民間企業における実務経験等を有する者を対象とする経験者採用試験（**第5章参照**）に合格して係長以上の官職に採用された職員も、従事する職務の種類に応じて適用される俸給表が決定される。しかしながら、初任給基準表は定められておらず、職務の級は、職務の複雑、困難及び責任が同程度の職務に従事する部内の他の職員の職務の級を踏まえ、経験者採用試験合格者の知識経験、免許等を考慮し、従事する職務に応じて決定される。また、号俸は、経験者採用試験合格者の有する経験年数に相応する経験年数を有する部内の他の職員の号俸を踏まえ、当該経験者採用試験合格者の能力、実績等を考慮して決定される。これにより、経験者採用試験合格者については、その能力、実績等を踏まえ、部内で最も高い評価を受けてきた職員と同等又はそれを超える号俸に決定することも可能となっている（人事院規則9-8第11条3項・12条1項2号、「人事院規則9-8の運用について」第12条関係4項、「民間企業等からの採用時の給与決定及び職員の昇格の柔軟な運用について（通知）」（令和4年9月12日給2-148、給3-149））。

(3) 昇　　給

職員として採用され、勤務を始めると、毎年1回、勤務成績に応じて職員の号俸を同一の職務の級の上位の号俸に変更する**昇給**が行われる。

ア　昇給の意義

職員の従事する職務の困難さや責任の重さに変更はなくとも、俸給月額を上げる昇給制度を設けている趣旨は次のように考えられる。

① 同じ職務の級にあっても、一定程度、熟練度が増すことや、能力が伸長することに対して配慮ができる（ただし、その度合いは徐々に小さくなると考えられるため、上位の号俸ほど号俸間の俸給月額の差を小さくし、昇給の効果は抑制されている。）。

② 職務に変更はなくとも、勤務成績が良好な職員の俸給月額を上げられ

ることから、職員のモチベーションの維持・向上を図ることができる（ただし、55歳を超えると、勤務成績が特に良好でなければ昇給せず、その場合でも昇給幅は55歳以下の職員に比べ大きく抑制されている。）。

③ 職員が同一の職務の級のまま長年勤務する場合でも、生計費の上昇をカバーできる。

【昇給を可能とする俸給表の構造と職務給の原則】

　既に述べたとおり、各職務の級には、一定の幅の俸給月額が設定されており、この幅の範囲内で昇給させることができる俸給表の構造になっている。

　また、例えば、一般行政事務に従事する職員に適用される行政職俸給表（一）の3級は本省の係長の職務、4級は本省の困難な業務を分掌する係の長の職務、5級は本省の課長補佐の職務、6級は本省の困難な業務を処理する課長補佐の職務であるが、3級と4級・5級、4級と5級・6級、5級と6級の俸給月額の幅には一定程度の重なりがある。この重なりの範囲内では、昇格（**(4)** 参照）しなくとも、昇給により上位の職務の級の俸給月額と同程度の俸給月額を受けることができる俸給表の構造になっている。

　職務給の原則を採用しつつも、職員の職務と責任に変更がない場合でも、職員の能力、勤続期間、生計費などの属人的な要素を考慮し、一定程度俸給月額を上げることが可能な仕組みとなっている（ただし、**(4)** で見るとおり昇格の機会は限られている。）。

【本府省課室長級の給与】

　人事院は、令和6年8月8日、国会及び内閣に対して、以下の報告・勧告を行っている（「職員の給与に関する報告」41頁・45頁・46頁・62頁、「勧告」71頁・75頁・別記第5）。

　職務や職責をより重視した俸給体系を整備する観点から、本府省課室長級（行政職俸給表（一）8級相当以上）については、各級の初号の俸給月額を引き上げつつ上下の隣接する職務の級間での俸給月額の重なりを解消し、昇格することに伴い現在よりも大きく給与が上昇する仕組みとする。また、現行の号俸を大くくり化することにより、各級を俸給月額の刻みの大きい号俸構成とし、勤務成績が特に良好な職員については、昇給によって一層大きな給与上昇を確保する（令和7年4月1日から実施）。

第1節　給　与　　169

イ　昇給区分と昇給号俸数

昇給は、毎年1月1日に、職員の勤務成績に応じて**昇給区分**（AからEまでの5区分）を決定して行われる（一般職給与法8条6項7項、人事院規則9-8第34条・37条1項）。昇給区分に応じて昇給する号俸数（**昇給号俸数**）が定められており、①A区分（勤務成績が極めて良好）は8号俸以上、②B区分（勤務成績が特に良好）は6号俸、③C区分（標準）は4号俸（行政職俸給表（一）7級以上の職員及びこれに相当する職員は3号俸）、④D区分（勤務成績がやや良好でない）は2号俸、⑤E区分（勤務成績が良好でない）はゼロである。ただし、50歳代後半層における給与水準の上昇を抑制するため、55歳を超える職員の昇給号俸数は、A区分で2号俸以上、B区分で1号俸、C区分以下はゼロとなっている（同法8条7項8項、同規則37条7項・別表第7の4）。

ウ　上位の昇給区分（A又はB）に決定できる割合

昇給区分を決定する職員の総数に占めるA又はBの昇給区分に決定する職員の数の割合は、人事院の定める割合（表4）に概ね合致している必要がある（人事院規則9-8第37条6項、「人事院規則9-8の運用について」第37条関係15項）。

表4　昇給区分A又はBに決定できる人事院の定める割合

係員クラスの職員	A区分とB区分で20％（A区分は5％以内）
本省庁の課長補佐及び係長クラスの職員	A区分5％、B区分20％
行政職俸給表（一）7級相当以上の職員	A区分10％、B区分30％（注）

(注)　行政職俸給表（一）7級以上の職員及び他の俸給表の適用を受ける職員でこれに相当する職員は、C区分の昇給号俸数を3号俸と本省庁課長補佐クラス以下の4号俸よりも1号俸低く抑えている一方、上位の昇給区分に決定できる割合を高めている。

【上位の昇給区分に決定できる割合等の見直し】

人事院は、令和6年8月8日、より柔軟・適切に勤務成績の反映ができるよう、昇給について以下の措置を講ずること（令和7年4月1日から実施）を国会及び内閣に対して報告している（「職員の給与に関する報告」42

頁～46 頁）。

① 係員クラスについては、上位の昇給区分に決定できる職員の割合を20% から 25% に引き上げる。

② 行政職俸給表（一）8 級相当以上を職務や職責をより重視した俸給体系に改めることに伴い、同俸給表 3 級相当から 7 級相当までを一つの職員層として昇給区分の決定を行う仕組みに改める（その際、各省庁の判断でこの職員層を更に細分化して昇給区分を決定することができるように措置する。）。

③ 行政職俸給表（一）8 級相当以上については、各省庁の判断で上位の昇給区分に決定できる職員の割合を一定程度拡大できるよう措置する。

エ　昇給の基準（昇給区分の決定）

昇給日の直近の**能力評価**（評価期間は 1 年で年 1 回実施）及び直近の連続した 2 回の**業績評価**（評価期間は 6 か月で年 2 回実施）の結果の組合せにより、第 1 グループの職員、第 2 グループの職員の順に、上記表 4 の割合（枠）の範囲内で、昇給区分 A、昇給区分 B に決定される（例えば、第 2 グループの職員であっても、枠が埋まれば昇給区分 C に決定される。）（人事院規則 9-8 第 37 条 1 項 1 号、「人事院規則 9-8 の運用について」第 37 条関係 1 項）。

【第 1 グループ、第 2 グループ】

3 回の人事評価の結果がいずれも「非常に優秀」の段階以上であり、かつ、そのうちの 1 回は「卓越して優秀」の段階である職員が第 1 グループとなる。また、能力評価の結果が「優良」の段階以上であり、かつ、2 回の業績評価の結果が「良好」の段階以上（うち 1 回は「優良」の段階以上）である職員が第 2 グループとなる（「人事院規則 9-8 の運用について」第 37 条関係 1 項）。

他方、昇給日の直近の能力評価及び直近の連続した 2 回の業績評価の結果のいずれかが「やや不十分」の段階である職員は昇給区分 D、これらの評価の結果がいずれも「やや不十分」の段階である職員又はいずれかが「不十分」の段階である職員は昇給区分 E に決定される（人事院規則 9-8 第 37 条 1 項 3 号、「人事院規則 9-8 の運用について」第 37 条関係 4 項 5 項）。

【懲戒処分等と昇給】

　昇給日前年の9月30日以前1年間及び昇給日前年の10月1日から昇給日の前日までの間において懲戒処分を受けた職員（懲戒処分を受けることが相当とされる行為をした職員を含む。）又は訓告その他の矯正措置（**第12章第3節**参照）の対象となる事実（勤務成績に及ぼす影響の程度が軽微なものを除く。）のあった職員のうち、①戒告、矯正措置の対象となる職員は昇給区分Dに、②停職、減給又はその対象となった事実の勤務成績に及ぼす影響の程度が著しいと認められる戒告の対象となる職員は昇給区分Eに決定される（一般職給与法8条6項後段、人事院規則9-8第35条・37条1項3号、「人事院規則9-8の運用について」第35条関係・第37条関係4項5項）。

　昇給区分がA、B、D及びE以外の職員の昇給区分はCに決定される（人事院規則9-8第37条1項2号）。

【給与決定審査申立て】

　人事評価の結果に基づく昇給区分の決定や勤勉手当の成績率の決定（**2(9)**参照）など給与の決定に関して苦情のある職員は、人事院に対して審査を申し立てることができる（一般職給与法21条）。申立てを受けた人事院は「事案を審査した上で、決定という形でそれに対する判断を示す」ことになる（「令和5年度年次報告書」（人事院）142頁）。

(4) 昇　　格

　職員が勤務を続ける中で、能力・実績に応じて、職員の職務の級を同一の俸給表のより職責の重い上位の職務の級に変更する**昇格**が行われる（人事院規則9-8第2条2号）。令和6年4月1日現在の行政職俸給表（一）適用職員（新規採用職員、定年後に再任用された職員等を除く。）139,298人のうち、職務の級が7級以上の職員（＝本省課室長、地方支分部局の部長、所長クラスの職員）は7,654人である（「国家公務員給与の実態」）ことからも分かるとおり、毎年行われる昇給と異なり、昇格の機会は限られている。

ア　級別定数

　昇格は、職務の級ごとに設定される定数（＝**級別定数**）の枠の中で行うことが必要になっている（一般職給与法8条3項）。級別定数は、級別標準職務（**(1)**参照）を基準とし、「職員の担当する職務の困難度や責任の程度

等を踏まえ」、その「職務の遂行に必要な資格、能力や経験等の内容も考慮して」、職員の職務を「各俸給表の職務の級別に分類」し、その数を職名別に積み上げたものであり、各省庁においてそれぞれの職務の級に決定できる職員数の枠となる（「令和5年度年次報告書」（人事院）101頁）。「行政需要の増大や行政の複雑・多様化等に伴う業務の変化に対応し」、級別定数については、毎年、必要な見直しが行われている（「令和5年度年次報告書」（人事院）101頁）。

表5　級別定数のイメージ

職名＼職務の級	10級	9級	8級	7級	6級	5級	4級	3級	2級	1級
課長	35	20								
室長			80	40						
課長補佐					150	130				
係長							150	360		
係員									135	120

【級別定数と職務給の原則】

　職務給の原則を徹底すれば、純粋に職務の複雑、困難及び責任の程度についてのみ給与上の評価を行い、級別定数の設定・改定が行われることになる。しかしながら、職務の遂行に必要な資格、能力や経験等の内容も考慮して行われるということは、職務給の原則の範囲内であれば（例えば、係長のまま5級に昇格させるようなことは職務給の原則の範囲内とは言い難いと考えられる。）、職務の複雑、困難及び責任の程度に明確な変更がなくとも、職員の有する知識、技術、経験といった属人的な要素を考慮して、昇格させることも許容されていると考えられる。実際、例えば、同じ課長補佐ポストに就いていながら、5級から6級に昇格させる運用も行われている。

　級別定数の設定・改定は、人事院の意見を聴いて、内閣総理大臣（内閣官房内閣人事局）が行うことになっている。級別定数の設定・改定は、職員にとっては昇格により給与が上がる機会の増減に影響することから、内閣総理大臣は、職員の適正な勤務条件の確保の観点からなされる人事院の意見を十分に尊重するものとされている（一般職給与法8条1項）。

第1節　給　　与　　173

【級別定数と昇格の機会】

　例えば、係長ポストが 30 あり、4 級の級別定数が 25、3 級の級別定数が 5 の場合は、その逆の場合よりも、多くの職員が 4 級に昇格でき、俸給月額も上がることになる。

　人事院は、「意見の作成に当たって」、「公務組織の円滑な運営及び職員の士気の維持・高揚を図る必要性並びに職員構成の変化による世代間の大きな不公平や府省間の著しい不均衡が生じないこと等に配慮」している（「令和 5 年度年次報告書」（人事院）101 頁）。

　こうして設定・改定される級別定数は、各省庁において、「適正・妥当な職務の級の決定が行われるよう、給与格付の統一性、公正性を確保する役割を担っている」（「令和 5 年度年次報告書」（人事院）101 頁）。

イ　昇格させるための要件

　職員を昇格させるための要件として、人事評価の結果等に基づいて上位の官職へ昇任をすることが定められている（人事院規則 9-8 第 20 条 2 項 1 号）。これにより昇任に伴って昇格させることができる（例えば、行政職俸給表（一）の 4 級の係長を課長補佐に昇任させ、同時に 5 級に昇格させる。）。また、昇任を必要としない範囲での昇格（例えば、行政職俸給表（一）の本省庁係長の 3 級から 4 級への昇格）の要件が別に定められている（同項 3 号）。具体的には、まず、昇格させようとする日以前 2 年間に行われた 2 回の能力評価及び 4 回の業績評価のうち、2 回の人事評価の結果が「優良」の段階以上であり、かつ、他の 4 回の人事評価の結果が「良好」の段階以上であることが必要である（行政職俸給表（一）の 2 級・3 級及び他の俸給表のこれに相当する級への昇格の場合は要件が緩和されている。）。これに加えて、昇格させようとする日以前 2 年間における人事評価の結果等に基づき、昇格させようとする職務の級の職務を遂行することが可能であると認められることが必要となる。

【懲戒処分と昇格】

　昇格させようとする日以前 1 年以内に懲戒処分を受けている職員は、昇格させることができない（人事院規則 9-8 第 20 条 2 項 4 号）。

ウ 在級期間

職員を昇格させる場合には、更に、人事院規則9-8の在級期間表に定める**在級期間**（職員を昇格させる場合に必要な1級下位の職務の級に在級した年数）の要件を満たすことも必要になっている。これは各職員間の給与の均衡という意味で少なくともそれぞれの職務の級に決定する場合の最低の基準を定めているものである（同規則20条4項・別表第6）。例えば、行政職俸給表（一）であれば、4級に決定するためには、3級に4年間在級していることが必要となる。

ただし、在級期間要件を定めていることが、優秀な職員の早期昇格の妨げにならないよう、昇格させようとする日以前における直近の能力評価及び業績評価の結果が「非常に優秀」の段階以上であるときは、昇格に必要な在級期間を短縮することができる（在級期間表に定める在級期間に50/100以上100/100未満の割合を乗じて得た期間をもって、在級期間表の在級期間とすることができる。例えば、昇格に必要な在級期間が4年と定められている場合であれば、2年にまで短縮できる。）。さらに、本省庁の課室長、課長補佐又は係長クラスに抜擢して任用を行う場合には、「在級期間にかかわらず、そのポストの標準的な職務の級に応じた級に昇格させる」ことができる（「令和4年度年次報告書」（人事院）19頁）。

他方、実態としては、級別定数の枠内でしか昇格できないこと、また、上位のポストに昇任できなければ、上位のポストの職務に対応した職務の級に昇格できないことから、在級期間を満たせば順次上位の級に昇格していけるというものではない。

【在級期間の見直し】

人事院は、昇格における要件の一つである在級期間について、その廃止を含めた見直しについて早急に検討を進めるとの考えを表明している（「公務員人事管理に関する報告」（令和6年8月8日）28頁）。

(5) 降格、降号

人事院規則11-10に定める事由に該当する職員をその意に反して**降格**させる場合（**第6章第3節**参照）又は書面による同意を得て職員を降格させ

第1節 給 与 175

る場合には、その職務に応じ、その者の職務の級を下位の職務の級に決定することになる。その場合、職員の人事評価の結果又は勤務成績を判定するに足りると認められる事実に基づき、下位の職務の級の職務を遂行することが可能であると認められる必要がある（人事院規則 9-8 第 24 条）。

人事院規則 11-10 に定める事由に該当する職員をその意に反して**降号**させる場合（**第 6 章第 3 節**参照）の号俸は、降号した日の前日に受けていた号俸より 2 号俸下位の号俸になる（人事院規則 9-8 第 42 条）。

(6) 俸給の支給

俸給は、毎月 1 回、その月の 15 日以後の人事院規則で定める日に支給される（一般職給与法 9 条）。人事院規則においては、省庁ごとに、16 日、17 日又は 18 日のいずれかの**支給定日**が定められている（人事院規則 9-7 第 1 条の 4・別表）。

2 諸手当

職員の従事する職務は多様であり、また、全国各地に勤務する官署があることから、一般職給与法等に基づき、多種多様な手当が支給されるが、支給対象職員が限られている手当もあり、ここでは代表的な手当について説明する（地域手当、広域異動手当、期末手当及び勤勉手当の算定基礎となる俸給・諸手当の説明の際も、支給対象職員が限られている手当は含めていない。）。

(1) 扶養手当

他に生計の途がなく主として職員の扶養を受けている扶養親族のある職員には**扶養手当**が支給される（一般職給与法 11 条）。なお、年額 130 万円以上の恒常的な所得があると見込まれる者は扶養親族には該当しない（人事院規則 9-80 第 2 条 2 号）。

支給額は、配偶者又は父母が扶養親族の場合には、1 人につき月額 6,500 円である。ただし、本省庁室長級（行政職俸給表（一）8 級相当）の職員に対する支給額は、月額 3,500 円である。また、「扶養親族を有することによる生計費の増嵩の補助という扶養手当の趣旨に鑑み」（「職員の

176　第 9 章　人材の処遇

給与に関する報告」（平成 28 年 8 月 8 日人事院）16 頁。ルビは筆者）、一定以
上の給与水準にある本省庁課長級（行政職俸給表（一）9 級・10 級相当）
の職員には、支給されない。子が扶養親族である場合には、本省庁課室長
級の職員も含めて、同額が支給され、子 1 人につき月額 10,000 円である。
満 16 歳に達する年度の 4 月 1 日から満 22 歳に達する年度の 3 月末までの
間にある子が扶養親族である場合には、1 人につき 5,000 円が加算される。
例えば 17 歳の高校生と 20 歳の大学生を扶養していれば、合計 30,000 円
になる。

　なお、指定職俸給表が適用される職員（指定職職員）には扶養手当及び
(2) の住居手当は支給されない（一般職給与法 19 条の 8 第 1 項）。

【扶養手当の見直し】

　人事院は、令和 6 年 8 月 8 日、国会及び内閣に対して、以下の勧告を行
っている（「職員の給与に関する報告」51 頁・52 頁・65 頁、「勧告」72
頁・75 頁・76 頁）。

　政府全体として、配偶者の働き方に中立となるよう、制度の見直しに向け
た取組が進められている状況の下で、民間企業の配偶者に係る家族手当や公
務の配偶者に係る扶養手当の支給状況は減少傾向が続いていることを踏まえ、
配偶者に係る扶養手当を廃止する。また、子に要する経費の実情や、我が国
全体として少子化対策が推進されていることを踏まえ、配偶者に係る扶養手
当の廃止により生ずる原資を用いて、子に係る手当額を 13,000 円に引き
上げる（令和 7 年 4 月 1 日から 2 年間かけて段階的に実施）。

(2) 住居手当

　自ら居住するため家や部屋を借り受け、月額 16,000 円を超える家賃を
支払っている職員には、次の額の**住居手当**が支給される（一般職給与法 11
条の 10）。

① 　月額 27,000 円以下の家賃を支払っている職員には、家賃の月額から
　16,000 円を控除した額（家賃が 27,000 円であれば 11,000 円）

② 　月額 27,000 円を超える家賃を支払っている職員には、家賃の月額か
　ら 27,000 円を控除した額の 2 分の 1（2 分の 1 の額が 17,000 円を超え
　るときは 17,000 円）を 11,000 円に加算した額

第 1 節　給　　与　　177

家賃が 61,000 円であれば、(61,000 円 - 27,000 円) × 1/2 = 17,000 円、17,000 円 + 11,000 円 = 28,000 円が住居手当の額となり、家賃が 61,000 円を超えても支給される住居手当の額は増えず、28,000 円が住居手当の最高支給限度額となる。

(3) 通勤手当

日々の通勤のため交通機関又は有料の道路を利用してその運賃又は料金を負担する職員（通勤距離が片道 2 キロメートル未満の職員を除く。）には、運賃等の額に相当する額の**通勤手当**が支給される。交通機関を利用する場合、6 か月定期券が発売されていれば、6 か月定期券の価額が通勤手当として支給（年 2 回）される。ただし、1 か月当たり 55,000 円が支給限度額となっている。通勤のため自動車等を使用する職員（通勤距離が片道 2 キロメートル未満の職員を除く。）には、自動車等の使用距離に応じ、月額 2,000 円から 31,600 円までの通勤手当が支給される（一般職給与法 12 条、人事院規則 9-24 第 8 条・18 条の 2・19 条の 3）。

【通勤手当等の見直し】

人事異動により通勤の実情に変更を生じたため、通勤のため新幹線等を利用する職員には、その負担する特別料金等の額の 2 分の 1 に相当する額が通勤手当として支給されている（ただし、1 か月当たり 20,000 円が上限）。

人事院は、令和 6 年 8 月 8 日、国会及び内閣に対して、以下の報告・勧告を行っている（「職員の給与に関する報告」52 頁〜54 頁、「勧告」73 頁・75 頁）。

勤務地を異にする異動の円滑化や離職防止にも資することから、民間の通勤手当の状況を踏まえ、通勤手当の支給限度額を、新幹線等の特別料金等の額を含めて 1 か月当たり 150,000 円に引き上げる。また、採用志望者の年齢の幅が広がり、採用時から新幹線通勤や単身赴任を余儀なくされる職員が生じていることに対応し、人材確保にも資するよう、採用時から新幹線等に係る通勤手当や **(4)** で見る単身赴任手当の支給を可能にする。さらに、人材配置の円滑化の観点から、育児、介護等の事情により転居した職員にも新幹線等に係る通勤手当の支給を可能にする（令和 7 年 4 月 1 日から実施）。

(4) 単身赴任手当

人事異動（転勤）に伴い、父母の介護、学校に在学する子の養育、配偶者の就業等のやむを得ない事情により、同居していた配偶者と別居し、単身で生活することとなった職員には、**単身赴任手当**が支給される（一般職給与法 12 条の 2、人事院規則 9-89 第 2 条）。支給額（月額）は、職員の住居と配偶者の住居との間の交通距離に応じて 30,000 円から 100,000 円までである。

(5) 地域手当

公務員給与に地域の民間賃金水準を的確に反映させるため、地域における民間の賃金水準を基礎とし、物価等を考慮して人事院規則で定める地域に在勤する職員には**地域手当**が支給される（一般職給与法 11 条の 3 第 1 項、人事院規則 9-49 第 2 条・別表第 1）。

支給額（月額）は、俸給、俸給の特別調整額（**(7)** 参照）及び扶養手当の月額の合計額に、地域手当の**級地**の区分に応じた支給割合（1 級地 20％、2 級地 16％、3 級地 15％、4 級地 12％、5 級地 10％、6 級地 6％、7 級地 3％）を乗じて得た額である（一般職給与法 11 条の 3 第 2 項）。例えば、1 級地に在勤し、俸給月額が 30 万円（他の手当の支給がない場合）の職員であれば、30 万円×0.2＝6 万円の地域手当が支給される。

地域手当の級地別の主な支給地域は、1 級地は東京都特別区、2 級地は大阪・横浜・川崎の各市、3 級地は千葉・さいたま・名古屋の各市、4 級地は相模原市・神戸市、5 級地は京都・堺・広島・福岡の各市、6 級地は仙台市・静岡市、7 級地は札幌・新潟・浜松・岡山・北九州の各市である（一般職給与法 11 条の 3 第 3 項、人事院規則 9-49 第 3 条・別表第 1）。

なお、地域手当が支給される地域に 6 か月を超えて在勤した職員が支給割合のより低い地域又は支給されない地域に異動した場合には、異動を円滑に行い、「適切な人材配置を確保するため」（「職員の給与に関する報告」（平成 17 年 8 月 15 日人事院）30 頁）、異動の日から 2 年間、1 年目は異動前の支給割合、2 年目は異動前の支給割合の 8 割の地域手当が支給される（**異動保障**。一般職給与法 11 条の 7）。例えば、東京都特別区（1 級地、支

第 1 節 給　与　179

給割合 20%）に在勤していた職員が転勤により 4 級地（支給割合 12%）に在勤することとなった場合、1 年目は 20%、2 年目は 16%（20%×0.8）の地域手当が支給され、3 年目から 12% になる。

【地域手当の見直し】

　最新のデータを用いて地域の民間賃金の状況を国家公務員給与に反映するとともに、地域をまたぐ異動の円滑化等に資するものとなるよう、人事院は、令和 6 年 8 月 8 日、地域手当の見直しについて、国会及び内閣に対して、以下の報告・勧告を行っている（「職員の給与に関する報告」42 頁・46 頁〜50 頁・63 頁・64 頁、「勧告」72 頁・75 頁・76 頁）。

　級地区分及び支給割合を 1 級地 20%、2 級地 16%、3 級地 12%、4 級地 8% 及び 5 級地 4% の 5 区分に再編する。級地区分の設定は、現在市町村ごととしているが、都道府県を基本とするよう見直す。都道府県庁所在地及び人口 20 万人以上の市については、その地域の民間賃金を反映させる（＝都道府県の級地区分とは別の級地区分を個別に設定する市もあるということ）。これにより、1 級地は東京都特別区、2 級地は東京都、大阪市・横浜市・川崎市等、3 級地は神奈川県・大阪府、千葉市・さいたま市・名古屋市等、4 級地は愛知県・京都府、仙台市・静岡市等、5 級地は千葉県・静岡県・福岡県等 11 県、札幌市・岡山市等となる（令和 7 年 4 月 1 日から段階的に実施）。

　地域手当の異動保障の期間を 3 年に延長し、3 年目は異動前の支給割合の 6 割の地域手当を支給する（令和 7 年 4 月 1 日以降の異動から適用）。

(6) 広域異動手当

　60 キロメートル以上の広域にわたる異動（転勤）をした職員には、異動の前後の官署の所在地間の距離に応じ、異動の日から 3 年間**広域異動手当**が支給される（一般職給与法 11 条の 8）。「他の都道府県に支店を有し広域的な転勤のある民間企業の従業員の賃金水準が、地域の平均的な民間企業の従業員の賃金水準に比べて高い実態にあることを考慮し」（「職員の給与等に関する報告」（平成 26 年 8 月 7 日人事院）21 頁）、広域にわたる異動を円滑に行い、適切な人材配置を確保する趣旨で支給される手当である。

　支給額（月額）は、俸給、俸給の特別調整額及び扶養手当の月額の合計

額に、60 キロメートル以上 300 キロメートル未満の範囲の異動の場合には 5 ％、300 キロメートル以上の異動の場合には 10% を乗じて得た額である。ただし、地域手当が支給される職員には、広域異動手当の支給割合から地域手当の支給割合を減じた割合になる。例えば、地域手当が支給されない地域から 500 キロメートル離れた 6 ％ の地域手当が支給される地域に異動する場合は、10% から 6 ％ を減じた 4 ％ が広域異動手当として支給される。

(7) 俸給の特別調整額

　管理又は監督の地位にある職員に対し、**俸給の特別調整額**（いわゆる管理職手当）が支給される（一般職給与法 10 条の 2、人事院規則 9-17 第 1 条・2 条・別表第 1・第 2）。支給額（月額）は、俸給表別、職務の級別、俸給の特別調整額の区分（官職に応じて一種から五種までの 5 つの区分）別に定められている。例えば、本省庁課長（行政職俸給表（一）9 級・区分は一種の場合）であれば 130,300 円と、地方支分部局の課長（行政職俸給表（一）6 級・区分は四種の場合）であれば 62,300 円などと定められている。

　なお、指定職職員には俸給の特別調整額は支給されない（一般職給与法19 条の 8 第 1 項）。

(8) 超過勤務手当

　正規の勤務時間を超えて勤務することを命ぜられ、超過勤務（残業）をした職員には**超過勤務手当**が支給される（一般職給与法 16 条、人事院規則9-97 第 2 条）。支給額は、「勤務 1 時間当たりの給与額×支給割合×超過勤務時間数」である。支給割合は、労働基準法の時間外、休日及び深夜労働に対する割増賃金の割増率を踏まえて設定されており、①正規の勤務時間が割り振られた平日における超過勤務は 125/100（午後 10 時から翌日午前 5 時までの深夜における超過勤務は 150/100）、②正規の勤務時間が割り振られていない週休日（日曜日、土曜日など）における超過勤務は135/100（深夜の場合は 160/100）である。また、超過勤務が月 60 時間を超えた場合には、特に長い超過勤務を抑制するため、支給割合が高く設定

され、150/100（深夜の場合は175/100）となっている。

　なお、俸給の特別調整額が支給される職員及び指定職職員には超過勤務手当は支給されない（一般職給与法19条の8第1項2項）。ただし、これらの職員が臨時又は緊急の必要によりやむを得ず、週休日等又は平日の深夜（午前0時から午前5時まで）に勤務した場合（指定職職員は週休日等に勤務した場合）には、**管理職員特別勤務手当**が支給される（同法19条の3）。

【管理職員特別勤務手当の見直し】

　人事院は、令和6年8月8日、国会及び内閣に対して、①管理職員に対してその勤務実態に応じた適切な処遇を確保する観点から、平日深夜に係る管理職員特別勤務手当の支給対象時間帯を、午後10時から午前5時までに拡大すること、②指定職俸給表適用職員も平日深夜に係る管理職員特別勤務手当の支給対象とすること（どちらも令和7年4月1日から実施）を勧告している（「職員の給与に関する報告」55頁、「勧告」73頁〜75頁）。

(9) 期末手当及び勤勉手当

ア　期末手当

　「民間における賞与等のうち一定率（額）分に相当する手当」（「国家公務員の諸手当の概要」（人事院HP））として、**基準日**（6月1日、12月1日）に在職する職員及び基準日前1か月以内に退職した職員に対し、「**期末手当基礎額×支給割合×在職期間別割合**」により算定される**期末手当**が年2回支給される（一般職給与法19条の4第1項2項）。

　期末手当基礎額は、基準日現在の「俸給及び扶養手当」の月額と「これらに対する地域手当及び広域異動手当」の月額の合計額をベースに①職務の級等に応じた加算と②管理又は監督の地位に応じた加算をした額である（一般職給与法19条の4第4項5項）。

　支給割合（6月期及び12月期は同じ割合）は、①一般の職員122.5/100、②特定管理職員（行政職俸給表（一）7級以上の職員及びこれに相当する職員）102.5/100、③指定職職員65/100である（令和6年4月1日現在）。

　在職期間別割合は、基準日以前6か月以内の期間における職員の在職期間の区分に応じて、30/100（在職期間3か月未満）から100/100（在職期

間6か月）までの4段階で設定されている。私傷病による休職の期間の2分の1、自己啓発等休業の期間の2分の1など人事院規則で定める期間は在職期間から除算される（人事院規則9-40第5条）。例えば、私傷病による休職の期間が4か月ある職員の在職期間別割合は60/100となる。

イ 勤勉手当

（ア） 算定方法

「民間における賞与等のうち考課査定分に相当する手当」（「国家公務員の諸手当の概要」）として、基準日（6月1日、12月1日）に在職する職員及び基準日前1か月以内に退職した職員に対し、「**勤勉手当基礎額×期間率×成績率**」により算定される**勤勉手当**が年2回支給される（一般職給与法19条の7第1項2項、人事院規則9-40第9条）。

勤勉手当基礎額は、基準日現在の「俸給」の月額と「これに対する地域手当及び広域異動手当」の月額の合計額をベースに①職務の級等に応じた加算と②管理又は監督の地位に応じた加算をした額である（一般職給与法19条の7第3項4項）。

期間率は、基準日以前6か月以内の期間における職員の勤務期間の区分に応じて、0（勤務期間0）から100/100（勤務期間6か月）までの14段階で設定されている。私傷病による休職の期間、自己啓発等休業の期間など人事院規則で定める期間は勤務期間から除算される（人事院規則9-40第10条・11条・別表第2）。例えば、私傷病による休職が4か月ある職員の期間率は30/100となる。

（イ） 成績率

職員の成績率は、「特に優秀」、「優秀」、「良好」、「良好でない」の4段階（指定職職員は「優秀」以下の3段階）の**成績区分**に応じて、人事院規則で定められている割合の範囲内で、各省庁において決定することになる（人事院規則9-40第13条1項）。職員がそれぞれの成績区分に該当するために必要な要件（＝基準日以前の直近の業績評価の結果）及び各省庁が職員の成績率を決定できる割合の範囲（令和6年4月1日現在）は、次頁の**表6**のとおりである（なお、**（ウ）**で述べるとおり、「特に優秀」、「優秀」の成績区分の成績率の決定については、一定の枠（分布率）の範囲内で行う必要がある

ため、要件を満たすことは必須であるが、逆に要件を満たせば当然にその成績区分の成績率に決定できるというわけではない。)。

表6　成績区分該当のために必要な要件と成績率を決定できる割合の範囲

成績区分（成績区分に該当するために必要な要件）	職員の成績率を決定できる割合の範囲（6月期も12月期も同じ）	
特に優秀（業績評価の結果が「非常に優秀」以上）	一般の職員 特定管理職員	205/100 以下 121.5/100 以上 245/100 以下 145.5/100 以上
優秀（業績評価の結果が「優良」以上（指定職は「上位」))	一般の職員 特定管理職員 指定職職員 （事務次官等	121.5/100 未満 110/100 以上 145.5/100 未満 131/100 以上 210/100 以下 112.5/100 以上 105/100）
良好（業績評価の結果が「良好」（指定職は「中位」))	一般の職員 特定管理職員 指定職職員	98.5/100 118.5/100 99/100
良好でない（業績評価の結果が「やや不十分」以下（指定職は「下位」))	一般の職員 特定管理職員 指定職職員	90/100 以下 109/100 以下 90.5/100 以下

※　基準日以前6か月以内の期間において懲戒処分を受けた職員（懲戒処分の対象となる事実があった職員を含む。）又は訓告その他の矯正措置の対象となる事実があった職員の成績区分は「良好でない」になる。

【成績区分が「特に優秀」「優秀」な職員の成績率を高くするための原資】

　　期末手当及び勤勉手当の年間の平均支給月数は、民間のボーナスの年間の支給割合（月数）との均衡を図ったものとなっている（**3 (1) イ**参照）。この勤勉手当の平均支給月数は、勤勉手当の支給総額を計算するために用いられるものである（令和6年4月1日現在、6月期・12月期とも、一般の職員102.5/100、特定管理職員122.5/100)。個々の職員に対し支給する勤勉手当の額の算定に当たっては、成績区分が「良好」（標準）の職員（この成績率に決定される職員が最も多い。）の成績率を支給総額計算上の支給月数よりも低く設定することにより（表6)、成績区分が「特に優秀」又は「優秀」な職員に対して、より大きな金額の勤勉手当を支給することを可能にするための原資を捻出している。

（ウ）　上位の成績率に決定する職員数の割合

成績区分が「特に優秀」、「優秀」な職員として成績率を定める職員の数

については、人事院が基準となる割合（分布率）を定めており（人事院規則9-40第13条5項、「期末手当及び勤勉手当の支給について」（昭和38年12月20日給実甲第220号））、その割合の範囲内で、評価結果の上位の職員から順に、「特に優秀」、「優秀」の成績区分の成績率に決定される。

表7　上位の成績率に決定する職員数の割合

一般の職員	特に優秀が5％以上、優秀が25％以上
特定管理職員	特に優秀が3％以上、優秀が25％以上
指定職職員	優秀が30％以上

【成績率に係る見直し】

　人事院は、令和6年8月8日、より柔軟・適切に勤務成績の反映ができるよう、①勤勉手当の「特に優秀」の成績区分の成績率の上限（前頁の表6）を、平均支給月数の3倍（現在2倍）に引き上げること、②「特に優秀」及び「優秀」の両成績区分に設定している人員分布率の合計は維持した上で、各省庁における実情に応じ、「特に優秀」の成績区分を適用される者を増やすことができるよう見直しを行うこと（どちらも令和7年4月1日から実施）を国会及び内閣に対して報告している（「職員の給与に関する報告」42頁・43頁・56頁）。

(10)　本府省業務調整手当

　本省庁の業務に従事する課長補佐、係長及び係員クラスの職員には、「国家行政施策の企画・立案、諸外国との折衝、関係府省との調整、国会対応等の本府省の業務に従事する職員の業務の特殊性・困難性を踏まえ」（「職員の給与等に関する報告」（平成20年8月11日人事院）9頁）、本省庁における人材確保の必要性も考慮し、**本府省業務調整手当**が支給される（一般職給与法10条の3、人事院規則9-123第5条・6条・別表）。本府省業務調整手当の支給額（月額）は、俸給表及び職務の級に応じて定められている。例えば、行政職俸給表（一）では、1級7,200円及び2級8,800円（係員）、3級17,500円及び4級22,100円（係長）、5級37,400円及び6級39,200円（課長補佐）である。

第1節　給　与　　185

(11) 諸手当の支給

諸手当も俸給と同じ日（**1 (6)** 参照）に支給されるが、超過勤務等を行った実績に応じて支給される手当については、その翌月の支給定日に支給される（人事院規則 9-7 第 11 条 1 項）。期末手当及び勤勉手当は、年 2 回、6 月 30 日と 12 月 10 日に支給される（人事院規則 9-40 第 14 条・別表第 3）。

3 給与水準（人事院勧告、民間準拠）

(1) 人事院勧告

国家公務員の給与、勤務時間等の勤務条件は、国会により社会一般の情勢に適応するように、随時変更することができるとされており、人事院はその変更に関して**国会及び内閣に勧告**することが求められている（国家公務員法 28 条）。

人事院は、「その時々の経済・雇用情勢等を反映して労使交渉等によって決定される常勤の民間企業従業員の給与水準と常勤の国家公務員の給与水準を均衡させること（**民間準拠**）を基本として」、給与勧告を行っている（「職員の給与に関する報告」（令和 6 年 8 月 8 日人事院）31 頁。太字は筆者）。

国家公務員給与と民間給与を比較するため、人事院は、企業規模 50 人以上、かつ、事業所規模 50 人以上の全国の民間事業所約 58,400（母集団事業所）のうちから抽出した約 11,700 の事業所を対象に民間給与の実態を調査（**職種別民間給与実態調査**）している（事業所数は令和 6 年調査）。

> **【官民給与比較の対象となる企業規模】**
>
> 比較対象企業規模については、人事院は、昭和 39 年に「50 人以上」から「100 人以上」に引き上げたが、平成 18 年に見直しを行い、民間企業従業員の給与をより広く把握し、国家公務員の給与に反映させる観点から、「100 人以上」から「50 人以上」に引き下げている（平成 18 年の見直しに至るまでの間に、三度にわたる閣議決定において、人事院に対して、比較対象企業の範囲を拡大する方向での比較対象企業規模の見直し等について要請が行われている。）。

ア 月例給の官民比較に基づく給与勧告

月例給については、調査対象事業所の事務・技術関係職種（＝行政職俸

給表（一）が適用される一般行政事務に類似）の個々の常勤従業員に4月分として実際に支払われた給与月額及びその従業員の役職段階、学歴、年齢等を詳細に調査している（「職員の給与に関する報告」（令和6年8月8日人事院）34頁）。

　給与実態調査の結果に基づき、国家公務員（行政職俸給表（一）が適用される常勤職員）の人員構成（**役職段階、勤務地域、学歴、年齢階層**別の人員数から見た人員構成）と同じ人員構成の民間企業であれば、いくらの給与が支払われるかを算出し、その算出した給与額（民間給与）と行政職俸給表（一）適用職員に実際に支払われた4月分の給与額（国家公務員給与）を比較して、**官民較差**が算出される。このように国家公務員の人員構成のウエイトを用いた比較（**ラスパイレス方式**という。）を行っている理由は、公務員の給与額と民間の給与額を単純平均で比較してしまうと、例えば、仮に、公務員は都市部よりも地方勤務の職員の方が多く、民間は地方よりも都市部勤務の従業員の方が多いとした場合（あるいは、その逆とした場合）、人員構成の違いが考慮されないため、民間の平均給与額が高く（低く）算出されることが想定され、適切な官民比較ができないためである。

　【ラスパイレス方式】

　　ラスパイレス方式による官民給与比較は、具体的には、行政職俸給表（一）が適用される個々の常勤職員（行（一）職員）に対して、役職段階、勤務地域、学歴、年齢階層を同じくする民間企業の事務・技術関係職種の常勤従業員の4月分平均給与額を支給したとして、それに要する支給総額を行（一）職員数で除して得た額（民間給与）と、行（一）職員に現に支払っている4月分の給与支給総額を行（一）職員数で除して得た額（国家公務員給与）を比較することにより行われる（「給与勧告の仕組み」（令和6年8月人事院）6頁）。なお、官民比較を行う際の給与額には、時間外手当（民間）・超過勤務手当（国家公務員）及び実費弁償的な性格の通勤手当は含まない。

官民較差があれば、人事院は、その較差を解消し、民間給与との均衡を図るため、国会及び内閣に対して勧告を行っている。較差を解消するため、

第1節　給　　与　　187

俸給月額の増減のほか、諸手当の改善が勧告されることもある。俸給表の引上げ改定の勧告が行われる場合、初任給・若年層に重点を置いた引上げが行われ、高齢層については改定幅が抑制されるのが最近の傾向である。

　勧告は例年8月になされているが、俸給月額の引上げ改定を行う場合には、4月時点の比較に基づいて公務員給与と民間給与を均衡させるものであることから、4月に遡及して改定（**遡及改定**）する勧告となっている。

【遡及改定】

　人事院勧告に基づく一般職給与法の改正により、例えば、俸給月額が1,000円引き上げられ、12月の給与から引上げ後の俸給が支給される場合、遡及改定により、4月から11月までの8か月分の引上げ額に相当する8,000円（1,000円×8か月）及び俸給を算定基礎とする諸手当の増額分に相当する額が追加的に支給されることになる（「**差額支給**」と言われている。）。なお、過去（平成14年、15年、17年、21年、22年）に行われた月例給の引下げ改定の場合には、遡及改定ではなく、12月の期末手当で必要な減額調整を行い、年間給与で官民の均衡が図られるように措置されている。

イ　ボーナスの官民比較に基づく給与勧告

　民間のボーナスの直近1年間（前年の冬のボーナスと当年の夏のボーナス）の支給実績を事業所別に調査（調査対象事業所は月例給の調査と同じ。）した上で、民間のボーナスの支給割合（月数）を求め（1年間に民間事業所で支払われたボーナスは、所定内給与月額の何月分に相当するかを求める。）、これを国家公務員の期末手当及び勤勉手当の年間の平均支給月数と比較している（「職員の給与に関する報告」（令和6年8月8日人事院）36頁）。差があるときは、民間のボーナスの支給割合との均衡を図るため、人事院は期末手当及び勤勉手当の支給月数を0.05月単位で改定する勧告を行っている。

(2) 人事院勧告を受けた政府の対応

　勧告を受けた内閣においては、**労働基本権制約の代償措置である人事院勧告制度を尊重**するとの基本姿勢に立ち、国の財政状況、経済社会情勢など国政全般との関連を考慮しつつ、**給与関係閣僚会議**において検討を行っ

た上で、閣議において勧告の取扱いを決定している（「国家公務員の総人件費に関する基本方針」（平成26年7月25日閣議決定）、令和5年度の給与改定方針閣議決定時の「内閣官房長官談話」（令和5年10月20日））。

人事院勧告に基づく一般職給与法の改正案は、内閣から、通例、秋の臨時国会に提出され、国会での審議の上、成立している（人事院勧告に準じた給与改定を行うため、特別職給与法、防衛省給与法、検察官俸給法、裁判官報酬法の改正案も、同時期に国会に提出され、国会での審議の上、成立している。）。

第2節　退職手当

1　退職手当とその性格

職員が退職した場合には、**退職手当法**により、職員が退職した日から起算して原則1か月以内に**退職手当**が支給される（死亡による退職の場合にはその遺族に支給される。退職手当法2条・2条の3第2項）。

退職手当には、**勤続報償的な性格**（長期勤続又は在職中の功績・功労に対する報償）、**賃金後払い的な性格**（在職中に受け取るべきであった賃金部分を退職に際して受け取るもの）、**生活保障的な性格**（退職後の生活を保障するために支払われる給付）があるが、基本的な性格は勤続報償であると解されており、給与と異なり人事院勧告の対象になっていない。

2　退職手当支給額の算定構造

退職手当として支給する額は、**基本額**（**退職日の俸給月額×退職理由別・勤続期間別支給率×調整率**）に調整額を加えた額である。調整率は官民均衡を図るために乗ずる率（現在は83.7/100）であり、**3**で説明する。

(1)　基本額の支給率

退職手当法においては、①職員自身の都合による退職（自己都合退職）、②定年退職、③早期退職募集に応募して認定を受けての退職（応募認定退職）等の退職理由別の支給率が勤続期間別に定められている（同法3条～5条）。退職手当の基本的な性格が勤続報償であることから、支給率は、定

年退職の方が自己都合退職よりも大きく、また、同じ退職理由であっても、勤続期間が長いほど大きくなる。なお、定年退職の場合と応募認定退職の場合の支給率は同じ率に設定されており、勤続35年でその支給率は上限に達し、35年を超えて勤務しても支給率は増加しない（同法附則8項等）。

(2) 勤続期間

ア　勤続期間の計算

　退職手当の算定の基礎となる**勤続期間**の計算は、職員としての引き続いた**在職期間**（＝職員となった日の属する月から退職した日の属する月までの月数）による（退職手当法7条1項2項）。国家公務員を退職して、人事交流により地方公共団体に出向し、地方公務員として勤務した後引き続いて再び国家公務員に採用される場合を含め、地方公務員から引き続いて国家公務員となった場合には、地方公務員として在職した期間は国家公務員としての在職期間に含めて計算される（同条5項）。

　在職期間中の休職、休業、派遣などにより国家公務員としての職務に従事しない期間については、在職期間から除算される場合がある。除算の有無や職務に従事しない期間のうち除算される期間の割合は、休職、休業、派遣などの事由ごとに、退職手当法や休業、派遣について定める個別法において定められている。在職期間から除算される期間があるということは、その分だけ退職手当の算定の基礎となる勤続期間が短くなり、支給率が小さくなることを意味する。

【在職期間からの除算】

　公務上又は通勤による傷病による休職の場合は全期間が在職期間として通算されるが、私傷病による休職の場合は休職期間の2分の1が在職期間から除算される（退職手当法7条4項）。

　育児休業（子が3歳に達する日まで認められる。）については、子が1歳に達するまでの期間は3分の1が除算され（国家公務員育児休業法10条）、子が1歳に達した後の期間は2分の1が除算される（退職手当法7条4項）。

　配偶者同行休業（外国での勤務等により外国に滞在する配偶者と共に生活するための休業）の期間については全期間が除算される（配偶者同行休業法

9条）。自己啓発等休業の期間については、全期間除算が原則であるが、休業の事由である修学又は国際貢献活動の内容が公務の能率的な運営に資すると認められる等の要件を満たせば、その期間の2分の1の除算にとどまる（自己啓発等休業法8条）。

国際機関等への派遣や民間企業への交流派遣の期間については全期間が在職期間として通算される（国際機関派遣法9条2項、官民人事交流法17条2項）。

イ　独立行政法人等に出向した場合の在職期間の取扱い

国の職員が、任命権者の要請により、独立行政法人、特殊法人などの特別の法律により設立された法人でその業務が国の事務又は事業と密接な関連を有するもののうち政令で定めるものの職員又は役員となるため退職し、当該法人の職員又は役員として在職した後引き続いて再び国の職員となった場合には、その法人の職員又は役員としての在職期間を含めた全期間が退職手当算定の基礎となる在職期間として扱われる（退職手当法7条の2・8条）。

【独立行政法人、特殊法人】

独立行政法人には、例えば、日本学生支援機構（JASSO）、年金積立金管理運用独立行政法人（GPIF）、日本貿易振興機構（JETRO）、都市再生機構（UR都市機構）があり、特殊法人には、例えば、日本年金機構がある。

(3) ピーク時特例

退職手当の基本額は退職日の俸給月額を基礎に算定することから、在職中に降格などにより俸給月額が下がった場合、その後の昇格や昇給により降格前の俸給月額の水準まで戻らなければ、降格がなかった場合に比べると、算定される退職手当の基本額はマイナスになる。このマイナスの影響を小さくするため、平成17年の退職手当法の改正により、いわゆる**ピーク時特例**の規定が創設されている。これは、退職手当の算定の基礎となる退職までの在職期間中に、一般職給与法の改正による官民均衡を図るための俸給月額の減額改定以外の理由（例えば、降格等）によって俸給月額が減額されたことがある場合に、減額前のピーク時の俸給月額が退職日の俸

給月額を上回るときは、退職手当の基本額の計算方法の特例（＝ピーク時特例）の規定を適用するというものである（退職手当法5条の2）。

　ピーク時特例の規定を適用すると、退職手当の基本額は、「減額前のピーク時の俸給月額（図のA）に減額日前日までの勤続期間に応じた支給率（図のa）を乗じて得た額」と、「退職日の俸給月額（図のB）に退職日までの勤続期間に応じた支給率（図のb）から減額日前日までの勤続期間に応じた支給率（図のa）を差し引いた支給率（b－a）を乗じて得た額」を合算した額となる（ここでの支給率は調整率を乗じた後のもの）。計算式を示すと、ピーク時特例の規定を適用した場合の基本額は、（A×a）＋｛B×（b－a）｝＝｛（A－B）×a｝＋B×bとなり、ピーク時特例の制度がないとした場合の基本額B×bを上回る。なお、減額日の前日までに勤続35年に達し、定年退職や応募認定退職する場合、支給率は勤続35年を超えて勤続しても増えることはないことから、b－a＝ゼロとなり、基本額はA×aとなる。

　これまでは実際に降格された職員は極めて少なく、ピーク時特例の規定の適用実績も少なかったと思われる。令和3年の国家公務員法の改正により、原則60歳だった定年が令和5年4月1日から2年に1歳ずつ段階的に65歳まで引き上げられることになったが、職員が60歳に達した日後の

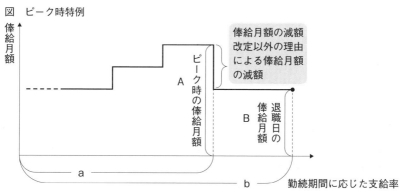

図　ピーク時特例

※　「国家公務員の60歳以降の働き方について―情報提供・意思確認制度に基づく情報提供パンフレット―」（令和6年1月版　人事院給与局・内閣官房内閣人事局）に基づき作成。

最初の 4 月 1 日以後、俸給月額は原則として 7 割水準に下げられるため、このピーク時特例の規定が大きな意味を持ってくることになる（**第 11 章第 2 節**参照）。

(4) 早期退職募集制度と退職手当の割増し

ア　制度の趣旨及び基本的な枠組み

早期退職募集制度は、中高年齢層の職員の自発的な退職を促すことにより、職員の年齢構成を適正化し、組織の新陳代謝を図るため、原則 45 歳以上の職員を対象として（制度創設時は、定年 60 歳で 45 歳以上の職員を対象。定年の 65 歳への引上げ後も、民間など公務外への転身の容易性を考慮し、45 歳以上の職員を対象）、定年前に退職する意思を有する職員を各省庁において募集する制度であり、平成 24 年の退職手当法の改正により創設されたものである（同法 8 条の 2 第 1 項）。

各省庁は、この定年前の早期退職の募集を行うに当たり、募集実施要項（募集の対象となる職員の範囲、募集人数、募集期間、退職すべき期日又は期間等を記載）を対象となる職員に周知することとされている。応募又は応募の取下げは職員の自発的意思に委ねられるものであり、職員に強制してはならないとされている。応募した職員については、原則として応募による退職が予定されている職員である旨の認定が各省庁において行われる（退職手当法 8 条の 2 第 2 項～5 項、退職手当法施行令 9 条の 5）。

早期退職のインセンティブとして、この認定を受けて退職（**応募認定退職**）する場合には、退職手当の支給率は、勤続年数を同じくする定年退職の場合と同率とされている（退職手当法 3 条・4 条 1 項 3 号・5 条 1 項 6 号）。加えて、勤続 20 年以上の退職者に対しては、退職日の年齢と定年との差 1 年につき原則 3 % 退職時の俸給月額を割増しして基本額を算定することとされている（同法 5 条の 3、退職手当法施行令 5 条の 3 第 3 項 4 項 3 号）。仮に、これをそのまま適用した場合には、定年の 65 歳への段階的引上げ完了後は、例えば、45 歳で退職すれば 60%（(65−45)×3 %）の割増しとなり、60 歳で退職すれば 15%（(65−60)×3 %）の割増しとなる。しかしながら、**イ**で述べるとおり、当分の間、割増しの対象となる年齢と割増率

は、定年引上げ前と同じとする措置が講じられている。

【幹部職員の割増し】

　本省庁部長クラスは 1 年につき 2 ％、本省庁局長クラスは 1 年につき 1 ％に抑えられており、事務次官クラスは割増しをされない（退職手当法 5 条の 3、退職手当法施行令 5 条の 3 第 4 項 1 号 2 号）。

イ　定年の 65 歳への引上げに伴う当分の間の措置

　俸給月額の割増しの対象となる年齢は、当分の間、定年の引上げ前は 60 歳定年であった職員（旧 60 歳定年の職員）であれば、45 歳から 59 歳までの退職が割増しの対象となり（退職手当法附則 16 項、退職手当法施行令附則 4 項）、60 歳以降の退職は割増しの対象にならない。これは、そもそも退職時の俸給月額の割増しをする趣旨は、仮に、早期退職せず、定年まで勤務して退職すれば、退職時の俸給月額が上昇する（＝退職手当の基本額も増える。）ことを考慮しているものであるが、当分の間、60 歳を超えると給与を 7 割水準とする措置が講じられており、60 歳以降は退職時の俸給月額の上昇による退職手当の基本額の増額が見込めないことから、割増しの対象は 59 歳までとし、60 歳以降の退職は割増しの対象にしていないものと考えられる。

【旧特例定年が設定されていた職員に相当する職員の割増し】

　定年の引上げ前、定年は原則 60 歳であったが、例外として定年を 60 歳とすることが適当でない官職に就いている職員については、65 歳を上限とする特例定年が定められていた（旧特例定年。**第 11 章第 1 節**参照）。旧特例定年が設定されていた職員に相当する職員については、旧特例定年の年齢（63 歳又は 65 歳）から 15 年を減じた年齢（48 歳又は 50 歳）から旧特例定年に達する前までの 15 年の間の退職者が割増しの対象となる。

　割増率についても、当分の間、旧 60 歳定年の職員であれば、表 8 のとおり、退職日の年齢と 60 歳との差 1 年につき原則 3 ％ の率で退職時の俸給月額を割増しして基本額を算定することとされている。

表8　旧60歳定年の職員の退職時の年齢と割増率（一般の職員の場合）

退職時年齢	59歳	58歳	57歳	55歳	50歳	…	46歳	45歳
割増率	3%	6%	9%	15%	30%	…	42%	45%

(5) 調整額

調整額は、平成17年の退職手当法の改正で設けられた仕組みである。平成17年の一般職給与法の改正により、公務員給与に民間賃金の地域差をより反映させるために、俸給表の水準を全体として4.8％引き下げる一方、主に民間賃金の高い地域に勤務する職員には地域手当を支給することとされた。退職手当（基本額）は退職日の俸給月額を算定の基礎としていることから、特段の措置を講じなければ、退職手当水準も連動して下がることになる。人事院勧告に基づく一般職給与法の改正により民間準拠で俸給月額が引き下げられるときには、退職手当について特段の措置は講じていないが、俸給月額への配分を減らし、手当への配分を増やすという給与制度の見直しにより退職手当の水準が下がることは不合理である。このため、全体として退職手当の水準は維持する範囲内で、職員の公務への貢献度を勤続年数に中立的な形でより的確に反映させるよう、職員の在職中の職責（給与制度上の職務の級等）に応じた加算をするため、調整額という仕組みが設けられたものである。具体的な加算額は、職責（職務の級等）に応じて11区分の**調整月額**（第1号区分の95,400円から第11号区分のゼロまで）を設定し、退職した者の在職中の職責（職務の級等）の高い方から5年分（60か月分）の調整月額を合計して算定される（平成26年の一般職給与法の改正により、俸給表の水準が平均で2％引き下げられる一方、地域手当の支給割合等が引き上げられている。これに併せて、退職手当法が改正され、調整月額が現在の額に引き上げられている。退職手当法6条の4）。

【調整額の算定の具体例】

行政職俸給表（一）6級の職員は第7号区分に該当し、調整月額は43,350円であることから、本省庁の6級の課長補佐として5年勤務して退職した場合には、調整額は43,350円×60か月＝2,601,000円となる。5級の課長補佐として3年勤務し、その後昇格して6級の課長補佐として

２年勤務して退職した場合には、行政職俸給表（一）５級の職員は第８号区分に該当し、調整月額は 32,500 円であることから、調整額は 43,350 円×24 か月＋32,500 円×36 か月＝2,210,400 円となる。

3　退職手当の支給水準の見直し

(1) 調整率

退職手当の支給水準については、従前から概ね５年ごとに民間企業の退職給付の実態を調査し、見直しが行われてきている。昭和 48 年の法改正により、官民均衡を図るため、120/100 の**調整率**が初めて設定され、以後、調整率は、昭和 56 年の改正により 110/100 に、平成 15 年の改正により 104/100 に、平成 24 年の改正により 87/100 に、平成 29 年の改正により 83.7/100 に引き下げられてきている（退職手当法附則６項〜８項等）。

平成 24 年の退職手当法の改正では、官民較差（平均 402 万 6 千円）を解消するため、退職手当の支給水準が 2,707 万 1 千円から 2,304 万 5 千円に約 400 万円引き下げられることになった。引下げ幅が大きかったため、調整率は、平成 25 年１月１日から段階的に引き下げられ、平成 26 年７月１日以降の退職から 87/100 となった（速やかに官民均衡を図るため、過去の改正と比べ、１回当たりの引下げ幅も大きく、引下げの間隔も９か月に短縮されている。）。

平成 29 年の退職手当法の改正では、官民較差（平均 78 万 1 千円）を解消するため、調整率は平成 30 年１月１日から 83.7/100 に引き下げられている。より精緻に官民均衡を図るため、調整率の分子を初めて整数ではなく小数とし、0.1/100 単位で調整率が設定されている（過去の段階的な引下げにおける１回の引下げ幅とのバランスを考慮し、段階的な引下げは行われていない。）。

(2) 支給水準の見直しに関するルール

内閣人事局設置後の平成 26 年７月 25 日に閣議決定された「**国家公務員の総人件費に関する基本方針**」において、「退職給付（退職手当及び年金払い退職給付（使用者拠出分））について、官民比較に基づき、概ね５年

ごとに退職手当支給水準の見直しを行うことを通じて、官民均衡を確保する」との支給水準の見直しのルールが明確化されている。

　概ね5年ごとの見直しとされているのは、退職給付は勤続報償を基本的な性格としているが、退職後の生活保障的な側面を有することから退職給付制度には一定の安定性・予見性が必要であること、また、退職給付の調査は民間企業の負担も大きいこと等が考慮されていると考えられる。

【退職等年金給付】

　公務員がかつて加入していた共済年金も民間企業の従業員が加入する厚生年金と同じく公的年金であったが、①共済年金には厚生年金にはない三階部分の職域部分があり、手厚い給付となっている、加えて、②共済年金は厚生年金と比べて保険料率が低いなどとして、公務員優遇との指摘があった。

　被用者年金制度全体の公平性・安定性の確保の観点から、被用者年金制度の一元化等を図るための厚生年金保険法等の一部を改正する法律（平成24年法律第63号）により、それまでの共済年金は厚生年金に統一され、公務員も平成27年10月1日から厚生年金に加入している（被保険者となっている）。また、共済年金の職域部分も同日に廃止されている。

　ただ、職域部分は、民間の企業年金の普及の状況などをも考慮して設けられた仕組みでもあり、国家公務員の退職給付の給付水準の見直し等のための国家公務員退職手当法等の一部を改正する法律（平成24年法律第96号）により、国家公務員共済組合法が改正され、平成27年10月1日から、**退職等年金給付（退職年金、公務障害年金、公務遺族年金）制度**が新たに設けられている。この制度は、「国家公務員の総人件費に関する基本方針」における「年金払い退職給付」のことであり、民間企業の退職給付（退職一時金及び企業年金）と国家公務員の退職給付（退職手当及び退職等年金給付）の水準が均衡する範囲内で設けられているものである。

　退職等年金給付と廃止された共済年金の職域部分とでは、次のとおり、性格や制度の仕組みが異なっている。

　性格は、共済年金の職域部分は社会保障制度としての公的年金の一部であるのに対し、退職等年金給付は公的年金の一部ではなく、民間の企業年金に相当するものであり、退職給付の一部である。

　財政運営の方式は、職域部分は賦課方式（現役世代の保険料収入で受給者の給付を賄う。）であるのに対し、退職等年金給付は積立方式（将来の年金

給付に必要な原資をあらかじめ保険料で積み立てる。）である。

保険料は、職域部分を含めた共済年金の給付に充てるための保険料が厚生年金の給付のみに充てられる保険料になり、退職等年金給付に充てるための保険料は別途徴収される。

なお、平成 27 年 9 月 30 日までの共済組合員期間を有する者は、同日以前の組合員期間を計算の基礎とする従来の職域部分（経過的職域加算額）を受給することができる。

(3) 官民比較の方法

民間企業の退職給付（退職一時金及び企業年金）の実態調査及び退職給付水準の官民比較は、平成 24 年、平成 29 年の退職手当の支給水準の見直しの際も、人事院が行っている。

令和 3 年も同様に、国家公務員の退職手当制度を所管する内閣人事局と国家公務員共済組合法の退職等年金給付制度を所管する財務省から人事院に対し、民間の退職金及び企業年金の実態調査の実施と見解の表明について要請を行い、人事院は企業規模 50 人以上の民間企業 45,605 社から抽出した 7,562 社に対し調査を実施し、退職給付水準の官民比較を行っている（「民間の退職金及び企業年金の実態調査の結果並びに国家公務員の退職給付に係る本院の見解について」（令和 4 年 4 月 21 日人事院）1 頁）。

> **【退職給付水準について官民比較の対象となる企業規模】**
>
> 退職手当は退職時の給与（俸給月額）を算定の基礎としており、給与については企業規模 50 人以上の企業を対象とした調査に基づき官民均衡を図っていることに鑑みれば、退職給付水準についても、企業規模 50 人以上の企業を比較対象として官民均衡を図ることは合理的であると考えられる。

官民比較は、①個々の「国家公務員」（勤続年数 20 年以上の行政職俸給表（一）適用職員。以下の「国家公務員」も同じ。）の退職者に対して、退職事由及び勤続年数を同じくする民間企業の従業員（勤続年数 20 年以上の事務・技術関係職種の常勤従業員）の平均退職給付額（退職一時金と企業年金（使用者拠出分）の合算額）を支給したとして、それに要する支給総額を退職した「国家公務員」総数で除して得た金額（民間企業であれば 1 人当た

りいくらの退職給付となるか＝A）と、②「国家公務員」退職者に現に支給されている退職給付総額（退職手当と退職等年金給付及び経過的職域加算額（使用者拠出分）の合算額）を退職した「国家公務員」総数で除した得た金額（国家公務員1人当たりの退職給付額＝B）の差を算出して行われる（「民間の退職金及び企業年金の実態調査の結果並びに国家公務員の退職給付に係る本院の見解について」7頁）。

　令和3年の調査に基づく官民比較の結果では、民間2,405万5千円（上記のA）、公務2,407万円（上記のB）となり、公務が1万5千円（0.06％）上回っていたが、差が極めて小さいことから調整率の引下げは行われなかった。

4　失業者の退職手当と雇用保険法

　民間においては、労働者の生活及び雇用の安定を図るとともに、その就職を促進すること等を目的とする**雇用保険法**により、離職後失業状態にある者、職業に関する教育訓練を受けた者等に対して、**失業等給付**（求職者給付、就職促進給付、教育訓練給付及び雇用継続給付）が支給される。この失業等給付に充てられる雇用保険料は事業主及びその従業員が折半して負担している。

　一方、退職手当法の対象となる国家公務員は、雇用保険法の適用が除外されており（同法6条6号、雇用保険法施行規則4条1項1号）、雇用保険に加入していない。退職手当法には、勤続期間が短く極めて低額の退職手当しか受給しない（又は懲戒免職処分を受け退職手当が支給されない）退職者が退職後失業状態にあるような場合に限定して、失業等給付（求職者給付）相当額を支給する制度（**失業者の退職手当**）が設けられている（退職手当法10条）。これは、退職手当が勤続報償としての性格を基本としつつも、退職後の生活保障的な性格も併せ有することによるものである。

　具体的には、勤続期間12か月以上の国家公務員が退職後失業している場合において、退職時に支給された退職手当の額（X）が、雇用保険法の失業等給付（求職者給付）相当額（Y）に満たないときは、その差額分（Y－X）を限度として、失業者の退職手当が公共職業安定所等を通じて

支給される。なお、支給に必要な財源については、雇用保険料で賄われるものではなく、別途予算措置がなされている。

　国家公務員については、民間の労働者のような景気の悪化による失業が予想されにくいことに加え、失業者の退職手当制度が設けられていることから、雇用保険法の規定の適用が原則として除外されている。仮に、失業者の退職手当制度を廃止し、雇用保険に加入すれば、国家公務員も、雇用保険料を負担することになる代わりに、失業状態にある者に支払われる求職者給付のほか、教育訓練給付や高年齢雇用継続給付（いずれも失業等給付）などを受けられるようになるが、国も一事業主として雇用保険料を負担することになり、そのための新たな予算措置が必要となる。

5　退職手当の支給制限処分、返納命令処分、支払差止処分

(1) 退職手当の支給制限処分

　職員が退職前において、①禁錮以上の刑が確定して失職した場合、②懲戒免職処分を受けて退職した場合には、退職手当の全部又は一部を支給しないこととする**支給制限処分**を行うことができる。平成 20 年の退職手当法の改正前は全部不支給であったが、同年の改正により、民間企業の例や裁判事例も踏まえ、退職者の職責、勤務の状況、非違の内容・程度、非違に至る経緯、非違が公務の遂行に及ぼす支障の程度、非違が公務に対する国民の信頼に及ぼす影響等を考慮して一部を支給することも可能とされている（同法 12 条、退職手当法施行令 17 条）。

【民間企業の退職金】

　民間企業においては、退職金制度を設けることは法令により義務付けられていないが、退職手当の定めをする場合においては、適用される労働者の範囲、退職手当の決定、計算及び支払いの方法・支払いの時期に関する事項を就業規則に定める必要がある（労働基準法 89 条 3 号の 2）。退職金の不支給事由又は減額事由を設ける場合には、退職手当の決定及び計算の方法に関する事項に該当するため、就業規則に明記する必要がある。「モデル就業規則」（令和 5 年 7 月版　厚生労働省労働基準局監督課）においては、労働者が退職し又は解雇されたときは退職金を支給するが、「懲戒解雇された者に

200　第 9 章　人材の処遇

は、退職金の全部又は一部を支給しないことがある」とする規定例が示されている（モデル就業規則54条1項ただし書）。

しかしながら、退職手当法改正案の国会審議において、この一部支給制限制度について「公務規律の弛緩を招くことがないよう、厳正かつ公正な運用に努めること」との附帯決議がなされており（「国家公務員退職手当法等の一部を改正する法律案に対する附帯決議」（平成20年12月11日衆・総務委員会（第170回国会衆議院総務委員会会議録第7号17頁）、同月18日参・総務委員会（同国会参議院総務委員会会議録第6号17頁））、「国家公務員退職手当法の運用方針」（昭和60年4月30日総人第261号）においては、「非違の発生を抑止するという制度目的に留意し、一般の退職手当等の全部を支給しないこととすることを原則とする」とされている。

懲戒免職処分を受けた職員には退職手当を支給しないことにより、職員に服務規律を遵守させ、不適切な行為（非違行為）の発生を抑止する効果があるが、懲戒免職処分を受けても一部退職手当が支給されることが一般的になると、その抑止効果が弱まることから、この運用方針においては、全部支給しないことを原則とするとの考えを示したものと思われる。

(2) 退職手当の返納命令処分等

職員が退職手当の支給を受けた後は、在職中の行為に係る刑事事件に関し禁錮以上の刑が確定した場合には、退職手当の全部又は一部を返納させることができるとされていたが、退職手当の支給後に懲戒免職処分に相当する行為が発覚しても、禁錮以上の刑が確定しない限り、退職手当を返納させることができなかった。

平成20年の退職手当法の改正により退職手当の支給制限及び返納制度が拡充され、現在では、職員が退職後、①在職期間中の行為に関し禁錮刑以上の刑が確定した場合、又は②在職期間中に懲戒免職処分を受けるべき行為をしたと認められる場合は、退職者（死亡退職した者が②の行為をしたと認められる場合は遺族）に対し、退職手当の支給前であれば支給制限処分、支給後であれば退職手当の全部又は一部の返納を命ずる**返納命令処分**

を行うことができることになっている（同法 14 条 1 項 2 項・15 条・16 条）。

　退職手当の返納を命ずる処分については、退職者の職責、勤務の状況、非違の内容・程度、非違に至る経緯、非違が公務の遂行に及ぼす支障の程度、非違が公務に対する国民の信頼に及ぼす影響等のほか、退職した者（遺族に返納を命ずる場合は遺族）の生計の事情を勘案して行うこととされている（退職手当法 15 条・16 条）。

(3) 支払差止処分

　退職手当の支給制限処分を行う可能性があることを前提に、一定の要件に該当する場合、事実関係が確定する（例えば、在職期間中の行為に関し禁錮以上の刑が確定する、在職期間中に懲戒免職処分を受けるべき行為をしたと認められるなど）までの間、退職手当の**支払いを差し止める処分**を行うことができる（退職手当法 13 条）。

(4) 退職手当審査会への諮問

　処分を受ける者の権利保護を図る観点から、懲戒免職処分を受けるべき行為があったことを認めたことによる支給制限処分及び禁錮刑以上が確定した場合を含む全ての返納命令処分を行う際には、内閣府に設置されている**退職手当審査会**に諮問することとされている（退職手当法 18 条・19 条）。諮問を受けた退職手当審査会において、処分案についての調査審議が行われる。

（注）　刑法等の一部を改正する法律（令和 4 年法律第 67 号）の施行（＝令和 7年 6 月 1 日から施行）に伴い、退職手当法の規定中の「禁錮」は「拘禁刑」に改められる。

第10章
ワークライフバランスと勤務環境

　職場には、育児や介護を行う職員、妊娠中の女性職員、病気を抱えている職員、障害のある職員、シニア職員、仕事以外の活動もしたい職員、遠距離通勤の職員など様々な職員が働いている。働き方改革の推進や仕事と生活の両立支援によりワークライフバランスの実現につなげ、また、職員の心身の健康の確保やハラスメントのない職場づくりに取り組み、あらゆる職員にとって働きやすい良好な勤務環境を整備することは、一人一人の職員が意欲的に職務に取り組み、その能力を存分に発揮し、職責を果たすために必要な基盤となる（無論、職員が意欲的に職務に取り組むためには、働きやすい環境の整備とともに、働きがいを向上させるための取組も不可欠である。）。

　本章では、まず、**第1節**において、①職員が仕事をする上で基本となる勤務時間に関する制度の仕組み、②長時間労働の是正のための施策、③心身の疲労回復や生活の充実などの意義を有する年次休暇などの休暇制度について概説する。次いで、**第2節**において、時間や場所にとらわれない柔軟な働き方を可能とする仕組み（フレックスタイム制、テレワーク）について、また、**第3節**において、育児休業、介護休暇を始めとする仕事と生活の両立を支援する各種制度について概説する。最後に、**第4節**において、①職員が能率を充分に発揮できるような勤務環境を確保するためのハラスメントの防止、②職員が不安なく仕事に取り組めるための基盤となる心身の健康確保、さらには③不幸にも公務上の災害（負傷・疾病）が生じた場合の職員に対する補償などについて概説する。

第1節　勤務時間、超過勤務命令の上限、休暇

1　行政機関の休日と官庁執務時間

　週休日や勤務時間は職員の勤務条件として定められるものであるが、これらと密接に関連するものとして、行政機関の休日と官庁の執務時間がある。**行政機関休日法**1条1項は、①日曜日及び土曜日、②祝日法に規定する休日、③12月29日から1月3日までの日は、行政機関の休日とし、行政機関の執務は原則として行わないとしている（なお、行政機関休日法2条は、国の行政庁に対する申請・届出等の期限で一定の定め方をするものが行政機関の休日に当たるときは、原則としてその翌日をもってその期限とみなすとしている。）。また、官庁の執務時間については、現在でも効力を有する**「官庁執務時間並休暇ニ関スル件」**（大正11年閣令第6号）により、「官庁ノ執務時間ハ日曜日及休日ヲ除キ午前八時三十分ヨリ午後五時迄トス但シ土曜日ハ午後零時三十分迄トス」と定められている。

【週休2日制と行政機関休日法】

　週休2日制については、昭和56年3月からの4週5休制に続き、昭和63年4月からは4週6休制が実施された（各官署では土曜日も通常どおりの事務を行い、職員が土曜日を交替で休む**開庁方式**）。当時、「我が国の経済力は国際的にも高い水準に達したが」、「労働時間が欧米主要国に比べて長いこともその一因」となり、「国民の生活実感がそれに伴わない」（「昭和63年度年次報告書」（人事院）90頁）との指摘がなされていた。そうした時代状況の中で、「真に豊かさを実感できる国民生活を実現するため」、国全体として労働時間の短縮が推進されており、その一環として行政機関における週休2日制を推進するため、昭和64年1月から**土曜閉庁方式**による4週6休制が実施された（昭和63年11月8日衆・内閣委員会、髙鳥修総務庁長官の説明（第113回国会衆議院内閣委員会議録第11号28頁））。

　この土曜閉庁方式の導入に当たり、昭和63年12月には、土曜閉庁は、長年社会に定着している執務日を変更し、「国民の権利義務、国民生活等多方面に影響を及ぼすものである」ことから、従来から休日として扱っている日曜日、国民の祝日等と合わせて、月2回の土曜日を行政機関の休日と位置付けるため、行政機関休日法が制定された（昭和63年11月8日衆・内

閣委員会、勝又博明総務庁人事局長答弁（第113回国会衆議院内閣委員会議録第11号29頁））。同時に、日曜日と第2・第4土曜日は、勤務を要しない日とする一般職給与等法の改正が行われた（平成6年の勤務時間休暇法の制定までは、一般職給与等法の中で勤務時間等について規定されていた。）。

　平成4年3月には、一般職給与等法及び行政機関休日法が改正され、全ての土曜日が勤務を要しない日及び行政機関の休日になり、平成4年5月から完全週休2日制が実施された。

2　勤務時間、週休日、休憩時間

(1)　勤務時間、週休日

　労働基準法においては、使用者は、労働者に、休憩時間を除いて、週40時間・1日8時間（**法定労働時間**）を超えて労働させてはならないとされている（同法32条）。また、使用者は、労働者に対して、毎週少なくとも1回の休日（**法定休日**）を与えなければならないとされている（同法35条1項）。これらの規定に違反した者は、刑事罰の対象となる（同法119条1号）。民間企業では、同法に定める最低基準に反しないよう、就業規則において、従業員の始業及び就業の時刻、休憩時間、**所定労働時間、所定休日**（週2日を所定休日とする場合は、どちらかは法定休日、どちらかは**法定外休日**）などが定められる。

　これに対し、国家公務員である職員については、労働基準法は適用されず、**勤務時間休暇法**により、

①　**勤務時間**（所定労働時間に相当するもの）は、休憩時間を除き、1週間当たり38時間45分とすること、

②　行政機関の休日に合わせ、日曜日及び土曜日は**週休日**（＝**勤務時間を割り振らない日**）とすること、

③　**各省各庁の長**（各省の大臣、外局の長等）は、月曜日から金曜日までの5日間において、1日につき7時間45分の勤務時間を割り振ること、

④　勤務時間を割り振る際には、休憩時間を置くこと、

などが定められている（同法5条1項・6条1項2項・9条）。勤務時間は労働基準法の法定労働時間より短く、また、週休日は法定休日の日数より

も多くなっている。ただし、1日7時間45分、1週間38時間45分を超えて、あるいは、週休日に勤務させることは禁止されていない。

【交替制等勤務職員の週休日と1日の勤務時間】
　刑務官、航空管制官、入国警備官、税関職員、海上保安官等の**交替制等勤務の職員**については、週休日を日曜日・土曜日とせず、また、1日に割り振る勤務時間を7時間45分としないことが認められている（勤務時間休暇法7条1項）。ただし、その場合には、連続する勤務日が12日を超えず、かつ、1回の勤務時間が16時間を超えないという基準に従い、4週間ごとの期間につき8日の週休日を設け、1週間当たり38時間45分（4週間で155時間になれば、38時間45分よりも多い週、少ない週があってもよい。）となるように勤務時間を割り振ることが原則として必要となる（同条2項、人事院規則15-14第5条）。

(2) 勤務時間の割振り、休憩時間

　交替制等勤務職員以外の一般の職員の勤務時間の割振りと休憩時間について、以下概説する。

ア　勤務時間の割振り

　勤務時間の割振りは、一次的には、職員の勤務開始時刻と終了時刻、休憩時間を各省庁の訓令等により定めることによって行われる。通常の勤務においては、官庁執務時間（午前8時30分から午後5時まで）をカバーできるように、勤務時間は午前8時30分から午後5時15分まで、休憩時間は正午から午後1時までというように定められるのが基本となる。東京都、さいたま市、横浜市、大阪市、名古屋市等に所在し、通勤混雑緩和のため**時差通勤**を実施する官署に勤務する職員については、官庁執務時間をカバーする区分のほか、例えば、勤務時間は、①午前9時から午後5時45分まで、②午前9時30分から午後6時15分まで、休憩時間は①、②とも正午から午後1時までとするなど、時差通勤が可能となるように複数の区分が設定される。これらのうちのいずれかの区分の勤務に個々の職員を割り当てることも勤務時間の割振りである。

　このほか、各省庁において、①超過勤務による疲労の蓄積防止、②職員の修学等の支援又は③障害の特性等（障害者への配慮）を理由として、あ

206　第10章　ワークライフバランスと勤務環境

るいは、各省庁における業務上の必要性を理由として、一日の勤務時間の長さは変えずに、始業・終業時刻が通常の勤務時間帯よりも早く（遅く）なるように弾力的に勤務時間の割振りを行うことも可能である（**早出遅出勤務**。なお、育児・介護を行う職員の早出遅出勤務については、**第3節**参照）。

イ　休憩時間

勤務時間の割振りを行うに際しては、概ね毎4時間の連続する正規の勤務時間（最大4時間30分）の後に1時間又は45分の**休憩時間**を置くことが必要である（人事院規則15-14第7条1項1号2号、「職員の勤務時間、休日及び休暇の運用について」（平成6年7月27日職職-328）第6第1項）。ただし、公務の運営及び職員の健康・福祉を考慮して支障がないと各省各庁の長が認めるときは、連続する正規の勤務時間が6時間30分を超えることとなる前に休憩時間を置くことができる（同条2項）。

障害者（身体障害者、知的障害者、精神障害者）である職員については、その申出があり、公務の運営に支障がないと認められる場合には、休憩時間の①**分割**（例えば、60分を45分と15分に分割して、45分は正午から午後1時までの時間帯に置き、15分はそれ以外の時間帯に置く。）、②**延長**、③**短縮**（休憩時間の短縮は始業から終業までの拘束時間を短くし、早く退庁できるという利点がある。）又は④**追加**（正午から午後1時までの休憩時間に加え、30分又は15分の休憩時間を設定）をすることができる（人事院規則15-14第7条3項、「職員の勤務時間、休日及び休暇の運用について」第6第3項〜6項）。

【勤務間のインターバルの確保】

睡眠時間を含む生活時間を十分に確保することは、健康の維持のために不可欠であることから、職員の健康及び福祉の確保に必要な勤務の終了からその次の勤務の開始までの時間（＝**勤務間のインターバル**。目安として11時間）を確保することについて、令和6年4月から各省各庁の長に努力義務が課されている（人事院規則15-14第1条の2、「勤務間のインターバル確保について」（令和6年3月29日職職-78）2）。

3 超過勤務命令の上限、勤務時間管理

(1) 超過勤務を命ずる根拠規定

　民間企業においては、使用者が、労働者に労働基準法の法定労働時間を超えた労働（**時間外労働**）又は法定休日における労働（**休日労働**）をさせるためには、使用者と事業場の労働者の過半数で組織する労働組合（そうした労働組合がない場合は労働者の過半数を代表する者）との間で書面による協定（**36協定**）を締結し、労働基準監督署長に届け出ることが必要である（同法36条、労働基準法施行規則16条）。加えて、実際に、使用者が、36協定の範囲内で、労働者に時間外労働又は休日労働を命じ、労働義務を負わせるためには、就業規則などにその根拠となる規定を設けることが必要となる。

　これに対し、勤務時間休暇法においては、各省各庁の長は、**公務のため臨時又は緊急の必要**がある場合には、**正規の勤務時間**以外の時間において職員に勤務をすることを命ずることができるとされている（同法13条2項）。なお、平日の1日に割り振られた勤務時間を超えて勤務を命ずる場合も、週休日である日曜日や土曜日に勤務を命ずる場合も、正規の勤務時間以外の勤務（**超過勤務**）であり、労働基準法における時間外労働と休日労働の区別のようなものはない（ただし、超過勤務手当の支給割合は異なる（第9章第1節参照）。）。

> **【勤務時間休暇法に基づく権限の委任】**
>
> 　各省各庁の長は、超過勤務の命令や後述する休暇の承認を含め、勤務時間休暇法に規定する権限の一部を部内の職員に委任することができる（同法4条2項）。

(2) 超過勤務命令の上限

　平成30年の労働基準法の改正により**時間外労働の罰則付きの上限規制**が導入されたことから、その改正の内容も踏まえ、人事院規則15-14が改正され、**超過勤務命令の上限**が設定されている。超過勤務手当が支給されない管理又は監督の地位にある職員に対する超過勤務命令も、この上限規制の対象となる。なお、同規則に違反して超過勤務を命じた者への罰則は

設けられていない。

ア　超過勤務を命ずる時間の上限（原則）

　各省各庁の長は、職員に超過勤務を命ずる場合には、1か月45時間、1年（原則として4月1日から翌年3月31日までの期間）360時間の範囲内で必要最小限の超過勤務を命ずるものとされている（人事院規則15-14第16条の2の2第1項1号イ、「職員の勤務時間、休日及び休暇の運用について」第10第6項）。

イ　超過勤務を命ずる時間及び月数の上限（他律的業務の比重が高い部署）

　各省各庁の長は、業務量、業務の実施時期その他の業務の遂行に関する事項を自ら決定することが困難な他律的業務の比重が高い部署（**他律部署**）として指定するものに勤務する職員については、以下の時間及び月数の範囲内で必要最小限の超過勤務を命ずるものとされている（人事院規則15-14第16条の2の2第1項2号）。

①　1か月100時間未満

②　1年720時間

③　2か月、3か月、4か月、5か月及び6か月のいずれの期間においても超過勤務を命ずる時間の1か月当たりの平均時間が80時間

④　1か月に45時間を超えて超過勤務を命ずる月数は1年のうち6か月

　他律部署には、国会関係、国際関係、法令協議、予算折衝等に従事するなど、業務の量や時期が各省庁の枠を超えて他律的に決まる比重が高い部署が該当し得るが、個別具体のある部署が他律部署に該当するか否かについては、その部署の業務の状況を考慮して適切に判断する必要があるとされている（「超過勤務を命ずるに当たっての留意点について」（平成31年2月1日職職-22）1）。また、「部署」の単位は、原則として課・室又はこれらに相当するものであり、他律部署の範囲は必要最小限とし、その範囲を定めた場合には、速やかに職員に周知する必要があるとされている（「職員の勤務時間、休日及び休暇の運用について」第10第4項11項）。

ウ　超過勤務命令の上限の特例

　「必要な行政サービスの提供を中止するということができないことから」

第1節　勤務時間、超過勤務命令の上限、休暇　209

（平成31年3月12日参・内閣委員会、一宮なほみ人事院総裁答弁（第198回国会参議院内閣委員会会議録第3号33頁））、超過勤務命令の上限の特例が設けられている。その内容は、各省各庁の長が、**特例業務**（大規模災害への対処、重要な政策に関する法律の立案、他国又は国際機関との重要な交渉その他の重要な業務であって特に緊急に処理することを要するものと各省各庁の長が認めるものをいう。）に従事する職員に対し、上限となる時間又は月数を超えて超過勤務を命ずる必要がある場合については、超過勤務命令の上限の規定は適用しないとするものである（人事院規則15-14第16条の2の2第2項）。

特例業務の範囲は、職員が従事する業務の状況を考慮して必要最小限のものとする必要があるとされている。さらに、上限となる時間又は月数を超えて職員に超過勤務を命ずる場合には、上限を超えた部分の超過勤務を必要最小限のものとし、かつ、職員の健康の確保に最大限の配慮をするとともに、職員に対し、原則として事前に通知する必要があるとされている。また、超過勤務命令の上限規制の単位となる1年の末日の翌日から起算して6か月以内に、当該超過勤務に係る要因の整理、分析及び検証を行うことが求められている（人事院規則15-14第16条の2の2第3項、「職員の勤務時間、休日及び休暇の運用について」第10第12項14項）。

(3) 超過勤務の状況

人事院の資料（「上限を超えて超過勤務を命ぜられた職員の割合等について（令和4年度）」）によれば、一般職の国家公務員約28万人のうち、本府省勤務は約4.9万人、本府省以外の勤務は約23.1万人である。本府省勤務約4.9万人のうち他律部署に勤務する職員は約3.8万人（77.7%）、本府省以外の勤務約23.1万人のうち他律部署に勤務する職員は約3.7万人（16.0%）であり、本府省においては他律部署に勤務する職員の割合が高くなっている。

他律部署において、令和4年度に、①月100時間未満、②年720時間以下、③2か月から6か月のいずれの期間においても平均80時間以下、④月45時間超は年6か月までという4つの上限のうち、いずれかの上限を

210　第10章　ワークライフバランスと勤務環境

超えて超過勤務を命ぜられた職員の割合は、本府省28.5%、本府省以外3.3%である（1人の職員が複数の上限を超えている場合もある。）。

他律部署以外の部署において、令和4年度に、①月45時間以下、②年360時間以下のどちらかの上限を超えて超過勤務を命ぜられた職員の割合は、本府省15.3%、本府省以外7.2%である（1人の職員が双方の上限を超えている場合もある。）。

(4) 超過勤務時間の管理

超過勤務の状況を職員の自己申告のみに基づいて把握するだけでは、必ずしも正確に状況を把握できるとは限らないことから、これを客観的に把握することが必要となる。

業務端末の使用時間などの客観的な記録を基礎として職員の**在庁時間**（食事や休憩時間を含む。）を正確に把握することができている組織においては、課室長等には、これに基づいて適正に**超過勤務時間を管理**することが求められている（「超過勤務を命ずるに当たっての留意点について」5 (1)）。

また、課室長等は、適切なマネジメントの実施の観点から、部下職員の勤務の状況を日々把握することが必要であり、「職員は、正規の勤務時間外に業務を実施する前に、その理由及び所要見込時間を課室長等が妥当性を判断できるよう簡潔にメール等で報告し、課室長等はこれを確認する」こと、また、「所要見込時間と異なった場合には」、職員は、「事後的に課室長等に報告する」こととされている（「国家公務員の労働時間短縮対策について」（平成4年12月9日人事管理運営協議会決定）II 1 (2) ①）。

なお、客観的な記録を基礎とした在庁の状況の把握を開始するまでの間は、部下職員からの事後報告及び課室長等や周囲の職員による現認等を通じた超過勤務時間の管理を徹底することが求められている（「超過勤務を命ずるに当たっての留意点について」5 (2)）。

【労働基準法の時間外労働の上限規制】

36協定において定める必要のある「労働時間を延長して労働させることができる時間」は、事業場の業務量や時間外労働の動向等の事情を考慮して通常予見される時間外労働の範囲内において、月45時間、年360時間の

「**限度時間**」を超えない時間に限るとされている（労働基準法 36 条 2 項〜4 項）。

　事業場における通常予見することのできない業務量の大幅な増加等に伴い臨時的に「限度時間」を超えて労働させる必要がある場合には、36 協定（**特別条項**）において、以下の時間等について協定する必要がある（労働基準法 36 条 5 項 6 項）。

①　1 か月について労働時間を延長して労働させ、及び休日に労働させることができる時間（100 時間未満の範囲内に限る。）

②　時間外労働及び休日労働の 2 か月から 6 か月の平均を全て 80 時間以内とすること

③　1 年について労働時間を延長して労働させることができる時間（720 時間を超えない範囲内に限る。）

④　労働時間を延長して労働させる時間が 1 か月について 45 時間を超えることができる月数（1 年につき 6 か月以内に限る。）

　36 協定で定めた時間等を超えて労働をさせた場合、刑事罰の対象となる（労働基準法 119 条 1 号）。

4　休　　暇

　勤務時間休暇法は、年次休暇、病気休暇、特別休暇、介護休暇及び介護時間（**第 3 節**参照）の 5 種類の休暇を定めている（同法 16 条）。

(1) 年次休暇

　年次休暇は、その事由を問わず認められる、暦年（1 月 1 日から 12 月 31 日まで）ごとの有給の休暇であり、日数は毎年 20 日である。ただし、年の途中で採用された場合等には、その年の在職期間等を考慮し人事院規則で定める日数となり、例えば 4 月 1 日に採用された場合は 15 日になる。年次休暇は、消化されなかった残日数を 20 日を超えない範囲内で翌年に繰り越すことができる。繰り越し分を含めると、1 暦年の年次休暇の日数は最大で 40 日となる（勤務時間休暇法 17 条 1 項 2 項、人事院規則 15-14 第 18 条の 2 第 1 項 1 号・19 条・別表第 1）。

　年次休暇の単位は 1 日であるが、特に必要があると認められるときは、1 時間（交替制等勤務の職員にあっては 1 時間又は 15 分）を単位とする

ことが可能である（人事院規則 15-14 第 20 条 1 項）。

　年次休暇については、その時期につき、各省各庁の長の承認を受けなければならないが、各省各庁の長は、公務の運営に支障がある場合を除き、これを承認しなければならない（勤務時間休暇法 17 条 3 項）。

　令和 2 年から令和 4 年までの各年における年次休暇の 1 人当たり平均取得日数は、14.8 日、15.5 日、15.5 日となっている（令和 3 ～ 5 年度年次報告書（人事院））。

(2) 病気休暇

　病気休暇は、負傷又は疾病のため療養する必要があり、勤務しないことがやむを得ないと認められる場合の休暇である。その取得のためには、職員が請求して各省各庁の長の承認を受けることが必要となる（勤務時間休暇法 18 条・21 条）。「疾病」には、予防接種による著しい発熱、生理により就業が著しく困難な症状等が含まれ、「療養する」場合には、負傷又は疾病が治った後に社会復帰のためリハビリテーションを受ける場合等が含まれる（「職員の勤務時間、休日及び休暇の運用について」第 13 第 1 項）。

　病気休暇の期間は、療養のため勤務しないことがやむを得ないと認められる必要最小限度の期間である（人事院規則 15-14 第 21 条 1 項本文）。ただし、①生理日の就業が著しく困難な場合、②公務上又は通勤による負傷・疾病の場合等以外の場合における病気休暇の期間は、連続して 90 日（90 日には、療養期間中の週休日や休日等も含まれる。）を超えることはできない（同条 1 項ただし書・5 項、「職員の勤務時間、休日及び休暇の運用について」第 13 第 2 項 3 項 7 項）。

(3) 特別休暇

　特別休暇は、選挙権の行使、結婚、出産、交通機関の事故その他の特別の事由により職員が勤務しないことが相当である場合として人事院規則で定める場合における有給の休暇であり、各省各庁の長の承認（産前・産後の休暇は承認不要。**第 3 節**参照）を受けて取得することができる（勤務時間休暇法 19 条・21 条）。

第 1 節　勤務時間、超過勤務命令の上限、休暇　213

具体的には 19 種類の特別休暇が人事院規則 15-14 で定められており（同規則 22 条 1 項）、その中には、仕事と生活の両立支援のためのものもある（**第 3 節**参照）。

【特別休暇が認められる事由】（第 3 節で説明する事由を除く。）

特別休暇が認められる事由としては、①選挙権その他公民としての権利の行使、②裁判員、証人等としての国会、裁判所その他官公署への出頭、③骨髄等移植のためのドナー登録、骨髄等の提供に伴う必要な検査・入院等、④ボランティア休暇、⑤結婚休暇、⑥忌引、⑦父母の追悼、⑧夏季休暇、⑨災害による現住居の滅失等、⑩災害又は交通機関の事故等による出勤困難、⑪災害又は交通機関の事故等に際し、退勤途上における身体の危険回避がある。

第 2 節　働く時間と場所の柔軟化

1　フレックスタイム制

国家公務員の**フレックスタイム制**は、一部の特定の職種の職員に限定して適用されていたが、一般の職員にこの制度を導入することにより、育児や介護等のために時間制約のある職員がその状況に応じた柔軟な働き方ができるようになることはもとより、ワークライフバランスの充実による職員の意欲・士気の向上や、効率的な時間配分による超過勤務の縮減が期待される。そうした趣旨で幅広い職員がより柔軟な働き方が可能となるようなフレックスタイム制の導入について、平成 26 年 10 月、政府から人事院に対し、検討要請がなされた（平成 28 年 1 月 28 日に改正される前の「**国家公務員の女性活躍とワークライフバランス推進のための取組指針**」（平成 26 年 10 月 17 日女性職員活躍・ワークライフバランス推進協議会決定）の中で人事院に対して検討を要請。同協議会は、議長は内閣人事局長、構成員は各省庁の事務次官等）。

人事院は、平成 27 年 8 月、「柔軟な勤務形態を導入し、働きやすい環境を整備することは、職員の仕事と育児や介護等との両立を推進するとともに、人材確保にも資する」ことから、交替制で勤務する職員等を除く全ての職員を対象に、「フレックスタイム制を拡充することが適当である」と

214　第 10 章　ワークライフバランスと勤務環境

して、職員の勤務時間の改定に関する勧告を国会及び内閣に対して行った（「職員の勤務時間に関する報告」（平成27年8月6日人事院）2頁・3頁）。この勧告に基づき、内閣から勤務時間休暇法を改正する法案が平成28年1月4日に国会に提出され、同月20日に成立している。

(1) フレックスタイム制の基本的な枠組み

フレックスタイム制は、職員（交替制等勤務職員その他業務の性質上特定の勤務時間で勤務することを要する職員を除く。）から申告が行われた場合、各省各庁の長は、公務の運営に支障がないと認められる範囲内において、始業及び終業の時刻について職員の申告を考慮して、**単位期間**（原則4週間）ごとの期間につき1週間当たり38時間45分（単位期間が4週間の場合は当該期間内で155時間）となるように当該職員の勤務時間を割り振ることができる制度である（勤務時間休暇法5条1項・6条3項、人事院規則15-14第4条の2（令和7年4月1日以降は第4条の3））。一定の期間についてあらかじめ定めた総労働時間の範囲内で、日々の始業・終業時刻、労働時間を労働者が自ら決めることのできる労働基準法上のフレックスタイム制とは構造上の差異があるが、各省各庁の長による勤務時間の割振りの基準は、次のとおり、職員がフレックスタイム制を柔軟に利用できるように定められている（同規則3条・4条）。

① 1日につき2時間以上4時間以下の範囲内で各省各庁の長があらかじめ定める時間（1日の最短勤務時間）以上の勤務時間とすること。

② 月曜日から金曜日までの毎日午前9時から午後4時までの間において、2時間以上4時間以下の範囲内で各省各庁の長が部局又は機関ごとにあらかじめ定める時間は、当該部局又は機関に勤務するフレックスタイム制により勤務時間を割り振る職員に共通する勤務時間（**コアタイム**）とすること。

③ 始業の時刻は午前5時以後に、終業の時刻は午後10時以前に設定すること（午前5時から午後10時までが勤務時間を割り振る時間帯（**フレキシブルタイム**））。

第2節 働く時間と場所の柔軟化　215

【休憩時間の置き方の柔軟化】

　フレックスタイム制により勤務時間を割り振る場合、各省各庁の長は、休憩時間の開始・終了時刻についての職員の申告を考慮して休憩時間を置くことができるとされ、休憩時間の置き方についても柔軟化が図られている（人事院規則15-14第7条4項）。

(2) フレックスタイム制の更なる柔軟化

　令和5年11月に勤務時間休暇法が改正され、既に認められている育児又は介護を行う職員、障害者である職員以外の一般の職員についても、令和7年4月1日からは、日曜日及び土曜日（週休日）のほかに、月曜日から金曜日までの5日間において、勤務時間を割り振らない日を1日設けることができるとされている（1週間当たりの勤務時間は38時間45分であることに変わりはない。）。

2　テレワーク

　テレワークの活用により職員の働く場所を柔軟化し、働きやすい環境を整備することは、①職員のワークライフバランスの実現（通勤時間の短縮による心身の負担軽減、育児・介護と仕事の両立、自由に使える時間の増加等）、②災害等の非常時における業務継続性の確保、③多様で有為な人材の確保等に資すると考えられる。

　テレワークについて規律する法令はなく、各省庁におけるテレワークの適正かつ公平な運用の確保を図るため、テレワークの実施に関する統一的な基準を示すガイドライン（「**国家公務員におけるテレワークの適切な実施の推進のためのガイドライン**」（令和6年3月））が内閣官房内閣人事局・人事院により策定されている。

　このガイドラインの概要（勤務管理、テレワークに伴う費用・手当及び公務災害の部分を除く。）は以下のとおりである。なお、このガイドラインにおいては、「テレワーク勤務」とは、「ICTを活用することにより、自宅、各府省等が設置するサテライト・オフィス、民間企業等が運営するテレワーク施設、本人や配偶者等の実家、単身赴任している職員の配偶者等が居

住する住宅、宿泊施設等（中略）の通常の勤務官署と異なる場所において、同等の職務を遂行する勤務形態のこと」をいうとされている（同ガイドライン2頁）。

① 総　論

テレワークは、職員の希望・申告を前提として**職務命令**により実施することが原則であり、業務運営上の支障がない限りにおいては、職員の希望に応じてテレワークを可とする。テレワークの実施可能場所や対象となる業務及び職員、職員が実施を希望する際に必要な申告事項などは、各府省等が内規等において定めておくべきものである。

また、各府省等は職員に対して業務の内容や体制等の一定の合理性によりテレワークが制限される場合や、感染症対策等のために職員の希望にかかわらずテレワーク勤務を命じ得る場合などを事前に明らかにしておくことが適当である。

【テレワーク実施が制限される業務、職員等の例】

ⅰ　窓口業務、交替制勤務等に係る現場業務

ⅱ　新規採用や異動直後等、一時期において対面でのコミュニケーションが望ましいと管理者が判断する職員、日頃の勤務実態・実績等から、業務上、緊密な指導及び進捗管理が必要と管理者が判断する職員

ⅲ　職員からのテレワークの希望申告日又はテレワーク実施日の勤務時間中に、一定の業務体制を維持する必要がある、あるいは突発的・緊急案件により対面での対応が必要と管理者が判断する場合

【職員の希望・申告がなくても職務命令によりテレワークを実施させる例】

ⅰ　感染症の拡大防止等の対応を採る必要がある場合

ⅱ　大雪や台風、豪雨など職員の身体生命に危険が及ぶおそれがある場合において、業務継続性を確保する必要性が高いと判断される場合

② 勤務時間の柔軟化・休憩時間や移動時間との関係

ⅰ　フレックスタイム制とテレワーク勤務を組み合わせることにより、時間や場所を有効に活用できるより柔軟な働き方が可能となる。

ⅱ　職員の希望に応じて、一日の正規の勤務時間の一部についてテレワーク勤務を命ずる場合、職員の住居（自宅）と通常の勤務場所（職

第2節　働く時間と場所の柔軟化　　217

場）の間の移動が予定されている時間は、あらかじめ休憩時間を置く必要がある。その移動のための時間が当初の休憩時間内でカバーできない場合は、各府省等の内規等に基づき、移動に必要となる時間を超えない範囲内で休憩時間を延長することが可能である（筆者注：人事院規則15-14第7条3項、「職員の勤務時間、休日及び休暇の運用について」第6第4項を根拠とする。）。

③　テレワーク勤務中の執務の中断と職務専念義務との関係

　　テレワーク勤務者は、職場勤務と同様、勤務時間中、職務に専念できるような措置を講ずる必要がある。例えば、在宅勤務を利用して育児・介護等との両立を図りつつ職務を遂行する職員においては、常態的・継続的に育児・介護等が必要な者を勤務時間中は第三者に預ける等の対応が考えられる。一方、勤務中にやむを得ない範囲内でごく短時間執務の中断があっても、総体として職場勤務と同等の勤務が提供されている範囲内であれば、**職務専念義務**が果たされているものと考えられる。ただし、ごく短時間の執務の中断であっても業務が適切に遂行され得ない場合には、職務専念義務の問題が生じ得る。執務を中断する時間に応じて、休憩時間の利用や時間単位の休暇等を利用することが適切である。

④　マネジメント・長時間労働対策

　　管理者は、的確なマネジメントにより、職場出勤者に業務が集中しないようにするとともに、職場出勤者とテレワーク中の職員において取得できる情報に差が生じないよう努めることが重要である。また、テレワーク勤務時には、業務と生活の時間の区別が曖昧になり、長時間労働が助長されるおそれがあるため、指示の出し方や連絡の仕方に特に留意するなど、テレワークの特性を踏まえた的確なマネジメントを行うことが求められる。

⑤　テレワーク時の職員の健康管理と安全確保

　　管理者は、テレワークによるメンタルヘルスへの影響についても、例えば、上司・同僚等との何気ない会話や相談がしづらくなり悩みを抱え込んだり、孤独感・孤立感を感じたりするなど、特有のストレス要因が生ずるおそれがあることに留意する必要がある。

⑥　テレワーク時のハラスメント対策

　　テレワーク環境下ならではのハラスメントが生ずるおそれがあるため、ハラスメントの防止対策を十分に講ずる必要がある。テレワーク環境特有のハラスメントになり得る言動の例としては、ⅰカメラをオフにすることを許容しないなどの過度な監視を行う、ⅱ勤務時間外のメール等への対応を強要すること等がある。

【在宅勤務等手当】

　　3 か月以上の期間について 1 か月当たり平均 10 日を超えて、住居や配偶者の住居等において正規の勤務時間の全部を勤務することを命ぜられた職員（在宅勤務等を中心とした働き方をする職員）には、光熱・水道費等の負担軽減のため、1 か月 3,000 円の**在宅勤務等手当**が支給される（令和 6 年4 月から。一般職給与法 12 条の 3、人事院規則 9-151 第 2 条・4 条）。

第3節　仕事と生活の両立支援

　妊娠、出産、育児、介護と仕事の両立を支援するため、出生サポート休暇（不妊治療に係る通院等のための休暇）、産前・産後休暇、育児休業、介護休暇を始めとする休暇・休業制度、超過勤務や深夜勤務の制限、ニーズに合わせた休憩時間の延長・短縮など様々な制度が用意されている。このほか、配偶者の外国への転勤等があっても離職せずに勤務を続けられるよう、配偶者同行休業制度が整備されている。

1　妊産婦である女性職員の健康、安全及び福祉

　労働基準法の妊産婦等の保護の規定（同法 6 章の 2）及び男女雇用機会均等法の妊娠中及び出産後の健康管理に関する措置の規定（同法 12 条）に相当するものとして、人事院規則 10-7 において、

①　妊娠中の女性職員及び産後 1 年を経過しない女性職員（妊産婦である女性職員）の**危険有害業務の就業制限**

②　妊産婦である女性職員から請求があった場合のⅰ**深夜勤務及び時間外勤務の制限**、ⅱ**健康診査及び保健指導を受けるための職務専念義務の免**

除、ⅲ**業務軽減**

③ 妊娠中の女性職員から請求があった場合のⅰ**休息・補食のための職務専念義務の免除**、ⅱ**通勤緩和**（交通機関の混雑を避けるために必要な始業時又は終業時の1日1時間を限度とした職務専念義務の免除）

などが定められている（同規則3条～7条、「人事院規則10-7（女子職員及び年少職員の健康、安全及び福祉）の運用について」（昭和61年3月15日職福-121））。また、妊娠中の女性職員については、その申出があり、公務の運営に支障がないと認められる場合には、**通勤緩和のために休憩時間を短縮**することも可能になっている（人事院規則15-14第7条3項、「職員の勤務時間、休日及び休暇の運用について」第6第5項）。

2 妊娠、出産、育児と仕事の両立支援のための特別休暇

妊娠、出産、育児と仕事の両立を支援するため、以下の特別休暇（有給）制度が設けられている。休暇取得のためには、職員が請求して各省各庁の長の承認を受けることが必要となる（産前休暇は出産予定であることの申出、産後休暇は出産したことの届出は必要であるが、承認は必要としない。）（勤務時間休暇法19条・21条、人事院規則15-14第22条・24条・27条3項、「職員の勤務時間、休日及び休暇の運用について」第14）。

① **出生サポート休暇**は、不妊治療のための医療機関への通院や医療機関が実施する説明会への出席等のため、年間5日（体外受精、顕微授精に係る通院等の場合は10日）の範囲内で取得できる。

② **産前休暇**は、6週間（多胎妊娠の場合は14週間）以内に出産する予定である女性職員が取得できる。**産後休暇**は、出産の日の翌日から8週間を経過する日までの期間（産後6週間を経過した女性職員が就業を申し出た場合において医師が支障がないと認めた業務に就く期間を除く。）について取得できる。

③ **保育時間**は、生後1年に達しない子を育てる職員が、その子の保育のために必要と認められる授乳等を行う場合に、1日2回それぞれ30分以内の期間について認められる。

④ **配偶者出産休暇**は、妻の出産に係る入院の日から出産の日後2週間を

経過する日までの間に2日の範囲内で取得できる。入退院の際の付添い、出産時の付添い、入院中の世話、出生の届出等のために利用できる。

⑤　**育児参加のための休暇**は、職員の妻が出産する場合に、出産予定日の6週間（多胎妊娠の場合は14週間）前の日から出産の日以後1年を経過する日までの期間に、当該出産に係る子又は小学校就学の始期に達するまでの子の養育のため、5日の範囲内で取得できる。もっとも、妻が第1子を出産する場合は、小学校就学の始期までの子がいないので、出産後の期間について認められることになる。

⑥　**子の看護休暇**は、小学校就学の始期に達するまでの子を養育する職員が、負傷した子や疾病にかかった子の世話をするため、又は、疾病の予防のために必要な予防接種・健康診断を子に受けさせるため、年間5日（小学校就学の始期に達する前の子が2人以上の場合は10日）の範囲内で取得できる。

なお、出産に際して、職員が組合員となっている国家公務員共済組合から、職員が出産した場合は**出産費**として、また、職員の被扶養者が出産した場合は**家族出産費**として、子1人につき488,000円（産科医療補償制度に加入する病院等での医学的管理の下で出産したときは原則12,000円の加算がある。）が支給される（国家公務員共済組合法61条1項3項、国家公務員共済組合法施行令11条の3の7、国家公務員共済組合法施行規則106条1項）。

【子の看護休暇の見直し】
　　人事院は、令和6年8月8日、同年5月の育児・介護休業法の改正の内容も踏まえ、子の看護休暇の対象となる子の範囲を小学校3年生までの子に拡大するとともに、子の行事参加（入園・入学式、卒園式）や感染症に伴う学級閉鎖等にも利用できるよう取得事由を拡大することについて、国会及び内閣に対して報告している（「公務員人事管理に関する報告」17頁・18頁）。

3　育児休業、育児短時間勤務、育児時間

(1)　育児休業制度等の導入・拡充の経緯、背景

育児休業制度の法制化は、議員立法により昭和50年に制定された「義務教育諸学校等の女子教育職員及び医療施設、社会福祉施設等の看護婦、

第3節　仕事と生活の両立支援　　221

保母等の育児休業に関する法律」に始まる。同法は、その名称のとおり、特定の職種の国・地方の女性公務員を対象に育児休業制度を導入するものであり、女性職員が重要な役割を担う学校・幼稚園、医療施設、社会福祉施設等の職場での人材の確保の必要性が背景にあった。

その後、合計特殊出生率が、平成元年1.57、平成2年1.53と低下し、干支の一つで60年に一度の丙午（ひのえうま）に当たる昭和41年の1.58を下回った（昭和41年はその前後の年と比べて極端に合計特殊出生率が低くなっており、丙午生まれの女性は気性が激しいという迷信の影響によると言われている。）ことなども背景に、民間の労働者について育児休業等の制度の法制化が行われることになった。これを踏まえ、人事院は、全職種の男女職員を対象に、1歳に満たない子を養育するため、職務に従事しないことを認める育児休業制度と1日の勤務時間の一部について勤務しないことを認める部分休業制度を導入する必要があるとして、平成3年4月、国会及び内閣に対し、「**一般職の国家公務員の育児休業等に関する法律の制定についての意見の申出**」を行った。この意見の申出を踏まえ、内閣から「国家公務員の育児休業等に関する法律案」が同年12月9日に国会に提出され、同月17日に成立し、民間労働者の「育児休業等に関する法律」と同じ平成4年4月1日に施行された。

その後、少子化の進展や男性の子育てへの参画が求められていることなどを背景に、民間の制度改正も踏まえ、**国家公務員育児休業法**及び関連する人事院規則の改正が重ねられ、①育児休業の対象となる子の年齢の引上げ（3歳に達する日まで）、②育児短時間勤務制の導入、③部分休業制度の対象となる子の年齢を引き上げ、名称も育児時間に変更すること、④配偶者が常態として子を養育できる職員も育児休業等の取得を可能とすること、⑤育児休業の取得回数制限の緩和など、制度が拡充され、現在に至っている。

(2) 育児休業

育児休業は、職員としての身分を持ったままで職務から離れ、育児のために休業し、休業期間が満了したときに職務に復帰する仕組みにより、仕

事と育児の両立を支援する制度である。

ア　育児休業を取得できる期間・回数、育児休業の請求・承認

　職員は、配偶者の就業等の状況にかかわらず、任命権者の承認を受けて、子を養育するため、その子が3歳に達する日までの間に原則2回まで、育児休業を取得することができる。さらに、この原則2回までの育児休業とは別に、「配偶者の退院後やいわゆる里帰り出産から戻った時期など、特に配偶者への支援が必要となる子の出生直後」の時期において、男性職員の育児休業の取得を促進するため、子の出生の日から57日間以内に2回の育児休業（**産後パパ育休**）を取得することができるとされている（「国家公務員の育児休業等に関する法律の改正についての意見の申出の説明」（令和3年8月10日人事院）3頁・4頁）。任命権者は、職員から育児休業の承認の請求があったときは、その職員の業務を処理するための措置を講ずることが著しく困難である場合を除き、承認しなければならない（国家公務員育児休業法3条、人事院規則19-0第4条の3）。

【育児休業の再取得、育児休業の期間の延長・再延長】

　保育所、認定こども園等における保育の利用を希望し、申込みをしているが、当面その実施が行われないことなどの特別の事情がある場合には、既に2回の育児休業（産後パパ育休は除く。）を取得していても、任命権者の承認を受けて新たな育児休業を取得することができる（国家公務員育児休業法3条、人事院規則19-0第4条）。また、育児休業をしている職員は、任命権者の承認を受けて、原則1回、育児休業の期間を延長することができる（同法4条、同規則7条）。

イ　育児休業期間中の職員の身分及び給与

　育児休業をしている職員は、職員としての身分を保有するが、職務に従事しない（国家公務員育児休業法5条1項）。育児休業期間中は、給与は支給されないが、期末手当及び勤勉手当は、基準日（6月1日、12月1日）に育児休業中であっても、基準日以前6か月以内に勤務した期間があるときは支給される（同法5条2項・8条）。

第3節　仕事と生活の両立支援　223

【期末手当及び勤勉手当の支給額の算定】

　期末手当については育児休業した期間の2分の1の期間が在職期間から除算され、勤勉手当については育児休業した全期間が勤務期間から除算される（**第9章第1節**参照）。ただし、1か月以内の短期の育児休業の場合には、除算されず、また、産後パパ育休の期間とそれ以外の育児休業期間は合算されないので、合算すれば1か月を超えたとしても、それぞれが1か月以内であれば除算されない（人事院規則9-40第5条2項2号・11条2項2号）。

ウ　育児休業期間中の経済的援助

　国家公務員として採用されるとその日から国家公務員共済組合の組合員となり、育児休業を取得した場合には、組合員の申出により、育児休業期間中の①掛金（民間で言えば健康保険料に相当し、短期給付等に要する費用に充てられる。）及び②組合員保険料（＝組合員たる厚生年金保険の被保険者が負担する厚生年金保険の保険料）が免除される（国家公務員共済組合法100条の2）。

　また、職員が育児休業をした場合には、国家公務員共済組合から、子が1歳（保育所、認定こども園等における保育の利用を希望し、申込みを行っているが、当面その実施が行われない場合など財務省令で定める場合には最長2歳）に達する日までの育児休業期間1日について、標準報酬の日額の50％（育児休業期間が180日に達するまでは67％）に相当する額の**育児休業手当金**（ただし、上限が設けられている。）が支給される（国家公務員共済組合法68条の2第1項3項、国家公務員共済組合法施行規則111条の2第2項5項）。

【両親がともに育児休業をする場合の育児休業手当金】

　組合員の配偶者が子が1歳に達する日以前に育児休業を取得している場合に、組合員が育児休業を取得するときは、子が「1歳2か月」に達するまでの育児休業期間のうち1年分を上限に育児休業手当金が支給される（国家公務員共済組合法68条の2第2項3項）。

【育児休業支援手当金】

　育児休業支援手当金を創設する国家公務員共済組合法の改正が令和6年6月に行われている（令和7年4月1日から施行）。育児休業支援手当金

は、子の出生直後の一定期間内に両親がともに 14 日以上の育児休業を取得
した場合には、28 日間を限度に、その一定期間内に取得した育児休業 1 日
につき、標準報酬の日額の 13% に相当する額を支給するものである。

エ　育児休業の取得状況

内閣官房内閣人事局の資料によれば、令和 4 年度の育児休業の新規取得
者数、取得率及び平均の育児休業取得期間は、男性職員は 5,030 人、
43.9%、2.0 か月、女性職員は 2,836 人、102.2%、16.4 か月である（「取
得率」算定の分母は当年度中に子が生まれた職員数であり、分子には、前年度
以前に子が生まれ、当年度になって新たに育児休業を取得した職員の数を含む。
数値は防衛省の特別職の職員を含む。）。

男性職員の育児休業取得率は、平成 30 年度 12.4%、令和元年度 16.4%、
令和 2 年度 29.0%、令和 3 年度 34.0% と大きく上昇しており、令和 7 年
までに国家公務員の男性の育児休業取得率を 30% とする「**第 5 次男女共
同参画基本計画**」（令和 2 年 12 月 25 日閣議決定）の目標が達成されている。

なお、「**こども未来戦略**」（令和 5 年 12 月 22 日閣議決定）において、男性
の育児休業取得率について、令和 7 年に 85%（1 週間以上の取得率）、令
和 12 年に 85%（2 週間以上の取得率）とする新たな目標が設定されている。

(3) 育児短時間勤務

育児短時間勤務は、職員が常勤職員のまま、短く設定された勤務時間で
の勤務を続けながら、育児をすることができる制度である。

ア　育児短時間勤務の勤務形態、育児短時間勤務の承認・請求

職員は、配偶者の就業等の状況にかかわらず、任命権者の承認を受けて、
小学校就学の始期に達するまでの子を養育するため、①1 日 3 時間 55 分
×週 5 日、②1 日 4 時間 55 分×週 5 日、③1 日 7 時間 45 分×週 3 日、又
は④1 日 7 時間 45 分×週 2 日＋週 1 日 3 時間 55 分、のいずれかの勤務の
形態の中から選択して、職員が希望する日及び時間帯において勤務（育児
短時間勤務）することができる（国家公務員育児休業法 12 条 1 項）。任命権
者は、職員から育児短時間勤務の承認の請求（育児短時間勤務の期間は 1
か月以上 1 年以下とすることが必要）があったときは、その職員の業務を

第 3 節　仕事と生活の両立支援　　225

処理するための措置を講ずることが困難である場合を除き、承認しなければならない（同条2項3項）。

【再度の育児短時間勤務、育児短時間勤務の期間の延長】
　1回目の育児短時間勤務が終了した場合、その終了の日から1年を経過していれば（特別の事情がある場合には1年を経過していなくとも）、任命権者の承認を受けて、再度育児短時間勤務をすることができる（国家公務員育児休業法12条1項ただし書、人事院規則19-0第18条）。育児短時間勤務をしている職員は、任命権者の承認を受けて、育児短時間勤務の期間を1回に限らず延長（延長する期間は1か月以上1年以下とすることが必要）することができる（同法13条）。

イ　育児短時間勤務職員の給与

　育児短時間勤務をした場合の給与は、俸給、地域手当等は勤務時間数に応じた額となり、生活関連手当（扶養手当、住居手当等）は全額支給される。期末手当、勤勉手当の支給額の算定（**第9章第1節**参照）に当たっては、基礎額はフルタイム勤務時の俸給の月額に戻して計算されるが、期末手当については、育児短時間勤務期間中の勤務時間の短縮分の2分の1に相当する期間が在職期間から除算され、勤勉手当については、勤務時間の短縮分に相当する期間が勤務期間から除算される（人事院規則9-40第5条2項6号・11条2項6号）。

(4) 育児時間

　育児時間は、小学校就学の始期に達するまでの子を養育する職員が、正規の勤務時間の始め又は終わりに、30分単位で、1日につき2時間（特別休暇である保育時間（**2**参照）を取得する場合は、合計で2時間）を超えない範囲内で勤務しないことができる制度である。各省各庁の長は、職員から請求があった場合、公務の運営に支障がないと認めるときは、育児時間を承認することができる（国家公務員育児休業法26条1項、人事院規則19-0第29条1項2項）。

　育児時間を取得した場合の給与は、俸給、地域手当等の額は育児時間により勤務しない時間数に応じて減額される（国家公務員育児休業法26条2

項）。生活関連手当（扶養手当、住居手当等）は全額支給され、期末手当
も減額されない。勤勉手当の支給額の算定に当たっては、育児時間を取得
した期間（育児時間の時間数を日数に換算）が30日を超える場合には、
その全期間が勤務期間から除算される（人事院規則9-40第11条2項12号）。

【育児休業等の承認権者】

　育児時間は、勤務時間休暇法の休暇と同様、各省各庁の長が承認権者とな
っている。育児休業は休職と同様にその間は職務に従事しなくなり、また、
育児短時間勤務は勤務形態の変更を伴うことから、勤務時間・休暇制度とは
異なる位置付けがなされ、任命権者が承認権者となっていると考えられる。

【育児時間の取得パターンの多様化】

　人事院は、令和6年8月8日、同年5月の育児・介護休業法の改正の内
容も踏まえ、1年に10日相当時間数の範囲内で1日当たりの上限時間数な
く育児時間を取得できるパターンを追加し、このパターンの育児時間と現行
の育児時間のいずれを取得するかは、職員が選択できるようにする措置（国
家公務員育児休業法の改正法の公布の日から起算して1年6か月を超えな
い範囲内の日から実施）の実現を図ることについて、国会及び内閣に対して
報告・意見の申出を行っている（「公務員人事管理に関する報告」17頁・
18頁、「国家公務員の育児休業等に関する法律の改正についての意見の申
出」227頁）。

4　介護休暇、介護時間、短期介護休暇

(1)　介護休暇

　介護休暇は、仕事と介護の両立を支援し、家族を介護する職員が介護の
ために退職を余儀なくされる事態を防ぎ、継続的な勤務を促進することを
目的として設けられている制度である。

　「社会の高齢化・女性の社会進出・核家族化の進展などの社会状況の下
で個人生活と職業生活との調和を図る仕組みを整備することなどが重要」
（「平成5年度年次報告書」（人事院）9頁）となっているとして、人事院は、
平成5年12月、国会及び内閣に対して、介護休暇制度（介護を必要とす
る一つの状態ごとに、連続する3か月の期間内で認められる休暇）の新設
を含む勤務時間休暇法の制定について意見の申出を行った。この意見の申

出を踏まえ、内閣から「一般職の職員の勤務時間、休暇等に関する法律案」が平成6年4月に国会に提出され、同年6月に成立している。

国家公務員の介護休暇制度は、民間の労働者の介護休業より先に法制化されており、その後、①介護休暇の期間を連続する「3月の期間内」から「6月の期間内」に延長すること、②介護休暇の分割取得を可能とすること、③日常的な介護ニーズに対応するため、介護時間制度を新設することなど制度の拡充が図られている。

ア　介護休暇の要件

介護休暇は、職員が要介護者の介護をするため、各省各庁の長が、職員の申出に基づき、要介護者の各々が当該介護を必要とする一の継続する状態ごとに、3回を超えず、かつ、通算して6か月を超えない範囲内で指定する期間（**指定期間**）内において勤務しないことが相当であると認められる場合における休暇である（勤務時間休暇法20条1項）。

「要介護者」とは、配偶者、父母、子、配偶者の父母、祖父母、孫、兄弟姉妹等で負傷、疾病又は老齢により2週間以上にわたり日常生活を営むのに支障があるものである（勤務時間休暇法20条1項、人事院規則15-14第4条の5第2項・23条1項（令和7年4月1日以降は23条1項2項））。

介護休暇は、「要介護者の各々」の介護について認められる休暇であることから、例えば、父が要介護者となり、介護休暇を取得した職員が、母が要介護者となれば、母について介護休暇を取得することも可能である。

「3回を超えず」とは、通算して6か月を超えない範囲内で、3回の期間に分割して異なる時期に介護休暇を取得することができることを意味する。

イ　介護休暇の取得手続

職員が介護休暇を取得するためには、まず、指定期間の指定の申出を行い、各省各庁の長の指定を受ける必要があり、職員から指定の申出がなされた期間が原則として指定期間として指定される（人事院規則15-14第23条2項3項（令和7年4月1日以降は同条3項4項））。

介護休暇の期間は指定期間内において必要と認められる期間である（勤務時間休暇法20条2項）。介護休暇の単位は1日又は1時間であり（人事院

規則 15-14 第 23 条の 2 第 1 項）、1 時間を単位とする介護休暇は、1 日を通じ、始業の時刻から連続し、又は終業の時刻まで連続した 4 時間を超えない範囲内の時間であることが必要となる（同条 2 項）。指定期間の範囲内で、職員が介護休暇の承認の請求をした場合、各省各庁の長は、介護休暇の要件に該当すると認めるときは、請求に係る期間のうち公務の運営に支障がある日又は時間を除き、承認しなければならない（同法 21 条、同規則 26 条）。

ウ　介護休暇期間中の給与

　介護休暇を取得した場合の給与は、俸給、地域手当等の額は介護休暇により勤務しない時間数に応じて減額される（勤務時間休暇法 20 条 3 項）。生活関連手当（扶養手当、住居手当等）は全額支給され、期末手当も減額されない。勤勉手当の支給額の算定に当たっては、介護休暇を取得した期間（時間単位の介護休暇は時間数を日数に換算）が 30 日を超える場合には、その全期間が勤務期間から除算される（人事院規則 9-40 第 11 条 2 項 10 号）。

エ　介護休暇期間中の経済的援助

　職員が 1 日単位の介護休暇を取得した場合には、国家公務員共済組合から、介護休暇により勤務することができない期間 1 日につき標準報酬の日額の 67％ に相当する額の**介護休業手当金**（ただし、上限が設けられている。）が支給される。介護休業手当金の支給期間は、組合員の介護を必要とする者の各々が介護を必要とする一の継続する状態ごとに、介護休暇の日数を通算して 66 日までとされている（国家公務員共済組合法 68 条の 3（令和 7 年 4 月 1 日以降は 68 条の 4）第 1 項〜3 項・附則 11 条の 2）。

オ　介護休暇の取得状況

　人事院の調査によれば、令和 4 年に介護休暇を取得した常勤職員は、232 人（男性 116 人、女性 116 人）となっており、前年に比べ 13 人増加（男性 10 人増加、女性 3 人増加）している。

(2)　介護時間

　介護時間は、職員が要介護者の介護をするため、要介護者の各々が当該介護を必要とする一の継続する状態ごとに、連続する 3 年の期間内におい

て1日の勤務時間の一部につき勤務しないことが相当であると認められる場合における休暇である（勤務時間休暇法20条の2第1項）。

介護時間の単位は30分であり、1日を通じ、始業の時刻から連続し、又は終業の時刻までの連続した2時間を超えない範囲内の時間であることが必要となる（勤務時間休暇法20条の2第2項、人事院規則15-14第23条の3）。職員が介護時間の承認の請求をした場合、各省各庁の長は、介護時間の要件に該当すると認めるときは、請求に係る期間のうち公務の運営に支障がある日又は時間を除き、承認しなければならない（勤務時間休暇法21条、同規則26条）。

介護時間を取得した場合の給与の取扱いは、介護休暇（時間単位）を取得した場合と同様である（勤勉手当の勤続期間からの除算については、介護時間の時間数を日数に換算）（勤務時間休暇法20条の2第3項、人事院規則9-40第11条2項11号）。ただし、介護休業手当金は支給されない。

(3) 短期介護休暇

要介護者の介護、要介護者の通院等の付添い、要介護者が介護サービスの提供を受けるために必要な手続の代行などの要介護者の必要な世話を行う職員が、その世話を行うため勤務しないことが相当であると認められる場合には、1年につき5日（要介護者が2人以上の場合にあっては、10日）の範囲内の期間、各省各庁の長の承認を受けて、特別休暇である**短期介護休暇**（有給）を取得できる（勤務時間休暇法21条、人事院規則15-14第22条1項12号、「職員の勤務時間、休日及び休暇の運用について」第14第1項(13)）。

5　育児又は介護を行う職員の勤務への配慮

育児又は介護を行う職員を対象として、人事院規則10-11において、**早出遅出勤務、深夜勤務の制限、超過勤務の免除**及び**超過勤務の制限**が定められている（同規則3条・6条・9条・10条・13条、「人事院規則10-11の運用について」第3条関係3項）。また、休憩時間の柔軟な設定（**休憩時間の延長、短縮**）も可能になっている（人事院規則15-14第7条3項、「職員の勤

務時間、休日及び休暇の運用について」第6第4項5項）。

① 早出遅出勤務

　ⅰ小学校就学の始期に達するまでの子（未就学児）を養育する職員、ⅱ小学校に就学している子を放課後児童クラブ等へ送迎する職員又はⅲ要介護者を介護する職員が請求した場合には、公務の運営に支障がある場合を除き、1日の勤務時間の長さを変更することなく、始業・終業時刻を繰り上げ又は繰り下げて勤務することが認められている。

② 深夜（午後10時から翌日午前5時までの間）における勤務の制限

　未就学児を養育する職員（配偶者が深夜において常態として当該子を養育することができる職員を除く。）や要介護者を介護する職員が請求した場合には、公務の運営に支障がある場合を除き、深夜勤務をさせてはならないとされている。

③ 超過勤務の免除

　3歳未満の子を養育する職員が請求した場合には、その職員の業務を処理するための措置を講ずることが著しく困難である場合を除き、超過勤務（災害その他避けることのできない事由に基づく臨時の勤務を除く。以下③及び④において同じ。）をさせてはならないとされている。また、要介護者を介護する職員が請求した場合には、公務の運営に支障がある場合を除き、超過勤務をさせてはならないとされている。

④ 超過勤務の制限

　未就学児を養育する職員や要介護者を介護する職員が請求した場合には、その職員の業務を処理するための措置を講ずることが著しく困難である場合を除き、1か月について24時間、1年について150時間を超えて超過勤務をさせてはならないとされている。

⑤ 休憩時間の延長、短縮

　未就学児又は小学校に就学している子を養育する職員や要介護者を介護する職員から申出があり、公務の運営に支障がないと認められる場合には、子の養育や要介護者の介護に必要な時間を超えない範囲内で、休憩時間（休憩時間の直前又は直後に在宅勤務を行う場合に限る。）を延長することができる。また、ⅰ未就学児を養育する職員、ⅱ小学校に就

第3節　仕事と生活の両立支援　231

学している子の送迎のため住居以外の場所へ赴く職員、ⅲ要介護者を介護する職員については、その申出があり、公務の運営に支障がないと認められる場合には、休憩時間を短縮することができる。

【超過勤務の免除の対象となる子の範囲の見直し】

人事院は、令和6年8月8日、同年5月の育児・介護休業法の改正の内容も踏まえ、超過勤務の免除の対象となる子の範囲を小学校就学前の子に拡大することについて、国会及び内閣に対して報告している（「公務員人事管理に関する報告」17頁・18頁）。

6 配偶者同行休業

配偶者同行休業は、職員が、外国で勤務等をする配偶者と生活を共にするための休業制度であり、有為な人材の継続的な勤務を促進し、公務の円滑な運営に資することを目的として設けられている。

この制度が法制化された直接の契機は、①「**日本再興戦略**」（平成25年6月14日閣議決定）において、「女性の採用・登用の促進や、男女の仕事と子育て等の両立支援について、まずは公務員から率先して取り組む」ことが決定され、その具体策の一つとして「**配偶者の転勤に伴う離職への対応**」が同戦略の中短期工程表に掲げられたこと（同戦略34頁、同工程表6頁）、そして、②平成25年6月17日、「内閣府特命担当大臣（男女共同参画）から人事院総裁に対し、配偶者の転勤に伴う国家公務員の離職への対応として、休業制度など制度面も含め、必要な対応を検討するよう要請がなされた」ことであると考えられる（「一般職の職員の配偶者帯同休業に関する法律の制定についての意見の申出の説明」（平成25年8月8日人事院））。

人事院は、「配偶者の外国での勤務等に伴い、配偶者と生活を共にすることを希望する職員に対し、職員としての身分を保有しつつ、職務に従事しないことを認める配偶者帯同休業制度を創設する」ため、平成25年8月、「**一般職の職員の配偶者帯同休業に関する法律の制定についての意見の申出**」を国会及び内閣に対して行った（「一般職の職員の配偶者帯同休業に関する法律の制定についての意見の申出の説明」）。この意見の申出を踏まえ、内閣から「国家公務員の配偶者同行休業に関する法律案」（法律案の

立案過程で休業の名称が「配偶者同行休業」に修正されている。）が平成25年10月に国会に提出され、翌11月に成立している。

(1) 配偶者同行休業の要件（配偶者が外国に滞在する事由）

配偶者同行休業とは、職員の配偶者が、①外国での勤務、②事業の経営など個人が外国で行う職業上の活動又は③外国の大学や大学院における修学（いずれの事由も、6か月以上にわたり継続することが見込まれるものに限られる。）をするために外国に住所又は居所を定めて滞在し、職員がその住所又は居所において配偶者と生活を共にするための休業である（配偶者同行休業法2条4項、人事院規則26-0第5条）。配偶者が国内で転勤するような場合は休業の対象とされておらず、配偶者が外国で勤務等をする場合に限定されている。これは、「外国での勤務等は、国内での勤務等と比較し、配偶者との往来を頻繁に行うことが容易ではないこと、外国では言葉や文化・生活習慣などが異なり、そこで生活をする者にとって精神面も含めその負担は相対的に大きいこと等」が考慮されているものである（「一般職の職員の配偶者帯同休業に関する法律の制定についての意見の申出の説明」4頁）。

(2) 配偶者同行休業の請求と承認、休業期間

任命権者は、職員が配偶者同行休業を請求した場合において、公務の運営に支障がないと認めるときは、職員の勤務成績その他の事情（例えば、「配偶者同行休業の請求の時点において、職務に復帰した後、一定期間在職することが見込まれ、かつ、継続して勤務する意思があること」）を考慮した上で、3年を超えない範囲で、休業を承認することができる（配偶者同行休業法3条、「配偶者同行休業の運用について」（平成26年2月13日職職-40）第2第3項）。配偶者同行休業をしている職員は、延長前の配偶者同行休業の期間と合わせて3年を超えない範囲で、任命権者の承認を受けて、原則1回、配偶者同行休業の期間を延長することができる（同法4条）。

第3節　仕事と生活の両立支援　233

(3) 配偶者同行休業期間中の職員の身分及び給与

配偶者同行休業をしている職員は、職員としての身分は保有するが職務に従事せず、給与は支給されない（配偶者同行休業法5条）。

(4) 配偶者同行休業制度の利用状況

人事院が隔年で実施している調査によれば、平成30年度、令和2年度、令和4年度に新たに配偶者同行休業をした職員は、82人（男性3人、女性79人）、56人（男性9人、女性47人）、83人（男性9人、女性74人）となっている（調査の対象には行政執行法人の職員を含む。）。

第4節　ハラスメント防止、保健・安全保持、災害補償

1　ハラスメント防止等

ハラスメントの防止等については、民間労働法制における対応を踏まえ、セクシュアル・ハラスメントの防止等については人事院規則10-10、妊娠、出産、育児又は介護に関するハラスメントの防止等については人事院規則10-15、パワー・ハラスメントの防止等については人事院規則10-16が制定されている。

(1) セクシュアル・ハラスメント

「**セクシュアル・ハラスメント**」は、「他の者を不快にさせる職場における性的な言動」及び「職員が他の職員を不快にさせる職場外における性的な言動」と定義されている（人事院規則10-10第2条1号）。「他の者を不快にさせる」には「誰が」「誰を」不快にさせるかについて限定がなく、①職員が他の職員を不快にさせること、②職員が職務に従事する際に接する職員以外の者（例えば、民間企業の従業員、一般の国民、学生など）を不快にさせること、③職員以外の者が職員を不快にさせることのいずれも該当する。「職場」とは、職員が職務に従事する場所であれば、通常勤務する庁舎（オフィス）だけでなく、職務で訪問する場所等も含まれる。「性

的な言動」とは、性的な関心や欲求に基づく言動をいい、①性別により役割を分担すべきとする意識に基づく言動、②性的指向又は性自認に関する偏見に基づく言動も含まれる（「人事院規則10-10の運用について」第2条関係1〜3）。

【セクシュアル・ハラスメントになり得る言動の例】
　人事院が定める「**セクシュアル・ハラスメントをなくするために職員が認識すべき事項についての指針**」においては、セクシュアル・ハラスメントになり得る言動が例示されている。以下は、性別により差別しようとする意識等に基づく性的な内容の発言・性的な行動の例として、同指針から一部抜粋したものである（同指針第1）。
① 「男のくせに根性がない」、「女には仕事を任せられない」などと発言すること。「男の子、女の子」、「僕、坊や、お嬢さん」、「おじさん、おばさん」などと人格を認めないような呼び方をすること。
② 性的指向や性自認をからかいやいじめの対象としたり、性的指向や性自認を本人の承諾なしに第三者に漏らしたりすること。
③ 女性であるというだけで職場でお茶くみ、掃除、私用等を強要すること。
④ カラオケでのデュエットを強要すること。酒席で、上司の側に座席を指定したり、お酌等を強要すること。

　人事院が定める「セクシュアル・ハラスメントをなくするために職員が認識すべき事項についての指針」においては、「性に関する言動に対する受け止め方には個人間で差があり、セクシュアル・ハラスメントに当たるか否かについては、相手の判断が重要であること」、「セクシュアル・ハラスメントを受けた者が、職場の人間関係等を考え、拒否することができないなど、相手からいつも明確な意思表示があるとは限らないこと」など、職員が十分認識すべき事項が示されている（同指針第1）。

(2) 妊娠、出産、育児又は介護に関するハラスメント
　「**妊娠、出産、育児又は介護に関するハラスメント**」は、「職場」における職員に対する次の①又は②に関する言動により、その「職員の勤務環境が害されること」と定義されている（人事院規則10-15第2条）。

① 妊娠したこと、出産したこと、妊娠・出産に起因する症状により勤務することができないこと（できなかったこと）又は能率が低下したこと、不妊治療を受けること。

② 妊娠、出産、育児又は介護に関する制度又は措置の利用。

「職場」とは、職員が職務に従事する場所をいい、懇親の場等であって当該職員の職務と密接に関連するものも「職場」に含まれる（「人事院規則10-15の運用について」第2条関係2）。

【妊娠、出産、育児又は介護に関するハラスメントに該当する典型的な例】

「人事院規則10-15の運用について」においては、これらに関するハラスメントに該当する典型的な例（限定列挙ではない。）も示されており、以下はその概要である（同通知第2条関係7）。

① 妊娠等をした職員、制度等の利用を相談・請求した職員、制度等を利用した職員に対し、任用上や給与上の不利益な取扱いを受けることを上司が示唆すること。

② 上司や同僚の言動により、制度等の利用の請求又は制度等の利用を阻害すること。

③ 職員が妊娠等をしたこと又は制度等の利用をしたことにより、上司や同僚が繰り返し又は継続的に、嫌がらせ的な言動をすること、業務に従事させないこと又は専ら雑務に従事させること。

なお、業務分担や安全配慮等の観点から、客観的に見て、業務上の必要性に基づく言動によるものはハラスメントに該当しない。

人事院が定める「**妊娠、出産、育児又は介護に関するハラスメントをなくするために職員が認識すべき事項についての指針**」においては、「妊娠、出産、育児又は介護に関する否定的な言動」は「妊娠、出産、育児又は介護に関するハラスメントの原因や背景となること」、「仕事と妊娠、出産、育児又は介護とを両立するための制度又は措置があること」など、職員が十分認識すべき事項が示されている（同指針第1）。

(3) パワー・ハラスメント

「**パワー・ハラスメント**」は、「職務に関する優越的な関係を背景として

236　第10章　ワークライフバランスと勤務環境

行われる、業務上必要かつ相当な範囲を超える言動であって、職員に精神的若しくは身体的な苦痛を与え、職員の人格若しくは尊厳を害し、又は職員の勤務環境を害することとなるようなもの」と定義されている（人事院規則10-16第2条）。言動が行われる場所や時間は問わない。

「職務に関する優越的な関係を背景として行われる」言動とは、その言動を受ける職員がその言動の行為者に対して抵抗又は拒絶することができない蓋然性が高い関係を背景として行われるものをいい、典型的なものとして、次に掲げるものが挙げられる（「人事院規則10-16の運用について」第2条関係1）。

① 職務上の地位が上位の職員による言動
② 同僚又は部下による言動で、その言動を行う者が業務上必要な知識や豊富な経験を有しており、その者の協力を得なければ業務の円滑な遂行を行うことが困難な状況下で行われるもの
③ 同僚又は部下からの集団による行為で、抵抗・拒絶が困難なもの

「業務上必要かつ相当な範囲を超える」言動とは、社会通念に照らし、その言動が明らかに業務上必要性がない又はその態様が相当でないものをいう（「人事院規則10-16の運用について」第2条関係2）。

【パワー・ハラスメントになり得る言動の例】

人事院が定める「パワー・ハラスメントを防止しパワー・ハラスメントに関する問題を解決するために職員が認識すべき事項についての指針」においては、パワー・ハラスメントになり得る言動が例示されている。その一部を挙げると、①暴力・傷害、②暴言・名誉毀損・侮辱（相手を罵倒・侮辱するような内容の電子メール等を複数の職員宛てに送信する。）、③執拗な非難（長時間厳しく叱責し続ける。）、④威圧的な行為（部下たちの前で、書類を何度も激しく机に叩き付ける。）、⑤実現不可能・無駄な業務の強要（これまで分担して行ってきた大量の業務を未経験の部下に全部押しつけ、期限内に全て処理するよう厳命する。）、⑥仕事を与えない・隔離・仲間外し・無視、⑦個の侵害（他人に知られたくない職員本人や家族の個人情報を言いふらす。）などが示されている（同指針第1）。

人事院が定める「パワー・ハラスメントを防止しパワー・ハラスメント

に関する問題を解決するために職員が認識すべき事項についての指針」に
おいては、「業務指示等の内容が適切であっても、その手段や態様等が適
切でないものは、パワー・ハラスメントになり得ること」、部下の「指導
に当たっては、相手の性格や能力を充分見極めた上で行うことが求められ
るとともに、言動の受け止め方は世代や個人によって異なる可能性がある
ことに留意する必要があること」など、職員が十分認識すべき事項が示さ
れている（同指針第1）。

(4) ハラスメント防止等に関する人事院規則の概要

　人事院規則10-10、人事院規則10-15及び人事院規則10-16は、規定さ
れている内容はほぼ共通しており、その概要は次のとおりである。

①　各省各庁の長の責務

　　i ハラスメント防止（セクシュアル・ハラスメントの場合は、その防止
　及び排除）に関し必要な措置を講ずること、ii ハラスメント（セクシュ
　アル・ハラスメントの場合は、セクシュアル・ハラスメントに起因する問題）
　が生じた場合には必要な措置を迅速かつ適切に講ずること、iii ハラスメ
　ントに関する苦情の申出、苦情に係る調査への協力その他ハラスメント
　が行われた場合の職員の対応に起因して職員が職場において不利益を受
　けることがないようにすること。

> **【セクシュアル・ハラスメントに起因する問題】**
> 　**セクシュアル・ハラスメントに起因する問題**とは、「セクシュアル・ハ
> ラスメントのため職員の勤務環境が害されること及びセクシュアル・ハラスメ
> ントへの対応に起因して職員がその勤務条件につき不利益を受けること」を
> いう（人事院規則10-10第2条2号）。

②　職員の責務、人事院の指針、職員に対する研修

　　職員はハラスメントをしてはならないこと。各省各庁の長は、職員に
　対し、ハラスメントをなくすために（パワー・ハラスメントの場合は、パ
　ワー・ハラスメントを防止しパワー・ハラスメントに関する問題を解決する
　ために）職員が認識すべき事項について定めた人事院の指針の周知徹底

238　　第10章　ワークライフバランスと勤務環境

を図ること。各省各庁の長はハラスメントの防止等のための研修を実施
し、人事院もハラスメントの防止等のための研修の実施に努めること。

③　苦情相談への対応

　　各省各庁の長は、ハラスメントに関する苦情相談が職員からなされた
場合に対応するため、相談員を配置し、必要な体制を整備すること。職
員は、相談員に対して苦情相談を行うほか、人事院に対しても苦情相談
を行うことができること。

【人事院の苦情相談】

　　人事院は、ハラスメントに限らず、職員から勤務条件その他の人事管理に
関する苦情の申出及び相談があった場合に、相談を行った職員に対し、助言
を行うほか、関係当事者に対し、指導、あっせん等の必要な対応を行ってい
る（人事院規則13-5第1条・4条）。令和5年度に受け付けた苦情相談件
数1,822件のうち、「パワー・ハラスメント、いじめ・嫌がらせ」が695
件（38.1%）と最も多くなっている（「令和5年度年次報告書」（人事院））。

2　保健・安全保持

(1) 保健・安全保持に関する基準

　労働安全衛生法は国家公務員には適用除外されており、同法に相当する
ものとして、人事院規則10-4が制定されている。同規則は、健康安全管
理体制、**健康管理基準**、安全管理基準について定めるとともに、法令に従
い、所属の職員の健康の保持増進及び安全の確保のために必要な措置を講
ずることを各省各庁の長の責務としている（同規則3条）。また、人事院は、
設定した基準についての指導調整に当たるほか、各省庁における実施状況
について随時調査又は監査を行い、法令に違反していると認める場合には、
是正を指示することができるとされている（同規則2条）。以下、健康管理
の体制、健康管理の基準について定められている主な事項について概説す
る。

ア　健康管理医

　健康管理医は、人事院の定める組織区分ごとに置かれ、各省各庁の長に
よって、医師である職員のうちから指名され、又は医師である者が委嘱さ

れる。健康管理医の役割は、①健康に異常がある職員等の指導区分の決定・変更、②健康診断及び面接指導の実施についての指導、③健康管理の記録の作成についての指導等を行うことである（人事院規則 10-4 第 9 条 1 項～3 項、「人事院規則 10-4 の運用について」第 9 条関係 2 項）。

イ　一般定期健康診断、職員の健康の保持増進のための総合的な健康診査

一般定期健康診断は、全ての職員を対象に少なくとも年 1 回行われ、健康診断の結果は、健康診断を受けた職員に対して通知される（人事院規則 10-4 第 20 条・24 条の 4、「人事院規則 10-4 の運用について」第 19 条及び第 20 条関係 7 項 (1)）。なお、職員は、各省各庁の長等の関係者が法令の規定に基づいて講ずる健康の保持増進等のための措置に従う必要があることから（同規則 4 条）、この「措置」の一つである健康診断の受診は職務であり、健康診断の受診命令は職務命令であると解されている。

総合的な健康診査（一般定期健康診断の検査項目を概ね含み、かつ、各省庁又は国家公務員共済組合が計画し、実施する**人間ドック**）の受診（人間ドックの受診は職務ではない。）を希望する職員が請求した場合には、各省各庁の長は、原則 1 日の範囲内で必要と認められる時間について職務専念義務を免除することができる。なお、総合的な健康診査の検査の結果を利用できるときは、定期健康診断における検査に代えることができる（人事院規則 10-4 第 21 条の 2・第 22 条 2 項、「人事院規則 10-4 の運用について」第 21 条の 2 関係 1 項）。

ウ　長時間の超過勤務を行った職員に対する面接指導

各省各庁の長には、次の職員に対し、**医師による面接指導**を行うことが義務付けられている（人事院規則 10-4 第 22 条の 2、「人事院規則 10-4 の運用について」第 22 条の 2 関係 1 項 2 項）。

① 　1 か月 100 時間以上の超過勤務をした職員又は 2 か月から 6 か月の平均の超過勤務時間が月 80 時間を超えた職員（**第 1 節 3 (2)** 参照）

② 　超過勤務時間が 1 か月について 80 時間を超え、かつ、疲労の蓄積が認められる職員で、面接指導を受けることを希望する旨の申出をした者

エ　心理的な負担の程度を把握するための検査（ストレスチェック）

職員は、医師等による心理的な負担の程度を把握するための検査（**スト**

レスチェック）を受ける機会を少なくとも1年に1回は与えられ、検査を受けた職員には、検査を行った医師等からその検査の結果が通知される。検査の結果、心理的な負担の程度が高く、面接指導を受ける必要があると医師等が認めた職員から面接指導を受けることを希望する旨の申出があった場合には、各省各庁の長は、面接指導を行わなければならないとされている（人事院規則10-4第22条の4、「人事院規則10-4の運用について」第22条の4関係3項9項11項）。

オ　指導区分の決定、事後措置

各省各庁の長は、健康診断又は面接指導を行った医師が健康に異常又は異常を生ずるおそれがあると認めた職員については、その医師の意見書及びその職員の職務内容、勤務の強度等に関する資料を健康管理医に提示し、**指導区分**の決定を受けるものとされている（人事院規則10-4第23条・別表第4）。また、各省各庁の長は、指導区分の決定を受けた職員については、その指導区分に応じ、**事後措置の基準**に従い、適切な事後措置をとらなければならないとされている（同規則24条1項・別表第4）。

> **【指導区分と事後措置の基準】**
>
> 　例えば、生活規正の面で、指導区分A（勤務を休む必要のあるもの）と決定された場合、事後措置の基準は、休暇・休職の方法により、療養のため必要な期間勤務をさせないこと、指導区分B（勤務に制限を加える必要のあるもの）と決定された場合、事後措置の基準は、職務の変更、勤務場所の変更、休暇等の方法により勤務を軽減し、かつ、深夜勤務、時間外勤務及び出張をさせないことである。また、例えば、医療の面で、指導区分1（医師による直接の医療行為を必要とするもの）と決定された場合、事後措置の基準は、医療機関のあっせん等により適正な治療を受けさせるようにすることである。

カ　脳血管疾患及び心臓疾患の予防のための保健指導

各省各庁の長は、健康診断において、脳血管疾患及び心臓疾患の発生に関わる身体の状態に関する検査（①腹囲の検査又は肥満度の測定、②血圧の測定、③血糖検査、④LDLコレステロール検査、HDLコレステロール検査又は中性脂肪検査）を受け、いずれの検査項目にも異常の所見があると診断された職員に対しては、医師又は保健師の面接による保健指導を行

うこととされている（人事院規則 10-4 第 24 条の 2、「人事院規則 10-4 の運用
について」第 24 条の 2 関係 1 項）。

キ　健康管理の記録

各省各庁の長は、健康診断又は面接指導の結果、指導区分、事後措置の
内容その他健康管理上必要と認められる事項について、職員ごとに記録を
作成し、職員の健康管理に関する指導のために活用しなければならないと
されている（人事院規則 10-4 第 25 条 1 項）。

(2) 女性職員の健康、安全及び福祉

人事院規則 10-7 において、**第 3 節 1** の措置のほか、①生理日の就業が
著しく困難な女性職員から休暇の請求があった場合の承認、②妊産婦であ
る女性職員以外の女性職員の危険有害業務の就業制限が定められている
（同規則 2 条・3 条 2 項）。

(3) 健康増進等基本計画

内閣総理大臣（内閣人事局）は、「**国家公務員健康増進等基本計画**」（平
成 3 年 3 月 20 日内閣総理大臣決定。概ね 5 年ごとに必要な見直しが行われてき
ている。）において、職員の心身の健康の保持増進等に関する施策を推進
するための基本的な方針を示し、各省庁においては、この基本計画及び
「**国家公務員健康増進等基本計画の運用指針**」（平成 3 年 3 月 20 日総人第
111 号）に基づいて健康増進等施策を推進している。

この基本計画及びその運用指針において示されている具体的な取組事項
のうち主なものは、以下のとおりである。

① 職員一人一人の心の健康の保持増進（係長級以上の役職に昇任した際
の心の健康づくりに関する研修の受講の必修化、ストレスチェック結果
を一定規模の集団ごとに分析した結果を活用した職場環境の改善等）

② 心が不健康な状態への早期対応（ⅰカウンセリング制度の充実・利用
促進、ⅱ若手職員については、キャリア形成に資するカウンセリングの
実施、SNS カウンセリング等の手法の活用、ⅲ採用後間もない職員に
ついては、先輩職員から個別に助言などの支援を受けるメンター制度の

導入・活用等）

③　精神及び行動の障害による長期病休者の円滑な職場復帰の支援と再発の防止

④　ハラスメントの防止（係長級以上の役職に昇任した際のハラスメント防止に関する研修の受講の必修化等）

⑤　生活習慣病対策及び感染症対策等の健康増進対策の推進（ⅰ健康診断結果や健康スコアリング等のデータの活用、ⅱ高年齢職員、障害のある職員、妊娠中の女性職員及び基礎疾患がある職員等の健康上配慮を必要とする職員の健康状態の把握、保健指導等）

⑥　ワークライフバランスの実現及び超過勤務縮減の推進等による健康管理対策

(4) 長期病休者の状況

　人事院が令和3年度に実施した「**国家公務員長期病休者実態調査**」（5年ごとに実施）によると、同年度において引き続いて1月以上の期間、傷病のため勤務しなかった**長期病休者**は6,500人（全職員の2.32%）であり、前回調査（平成28年度調査）に比べて1,174人増加している。傷病別では、「精神及び行動の障害」が4,760人（長期病休者総数に対する割合は73.2%）で最も多くなっており、前回調査に比べて1,273人増加している。

3　災害補償

　国家公務員の災害補償の特徴が分かるように、まず、民間企業における労災補償の考え方・仕組みについて見てから、国家公務員の災害補償の考え方・仕組みについて説明する。

(1) 民間企業における労災補償

　労働基準法は、小規模事業所の使用者にも災害補償責任（無過失責任）を課している。個々の企業のリスクを分散して補償を確実に実施するため、労働基準法の制定と同時に**労働者災害補償保険法**が制定されている。労働

者災害補償保険法により労働基準法の災害補償に相当する給付が行われる場合には、使用者は補償の責任を免れることになっており（労働基準法84条1項）、労働者災害補償保険制度が使用者の災害補償責任の履行を確保する役割を果たしている。

労働者災害補償保険制度は、政府が管掌し、業種や規模を問わず労働者を使用する原則全ての事業主に適用され、業務上の事由又は通勤による労働者の負傷、疾病、障害、死亡等に対して必要な保険給付を行うほか、被災した労働者の社会復帰促進等の事業を行うことができるとされている（労働者災害補償保険法2条・2条の2）。保険給付や社会復帰促進等事業に要する費用は、原則として事業主の負担する保険料によって賄われている（労働者の保険料負担はない。）。

被災した労働者やその遺族は、事業場の所在地を管轄する労働基準監督署長に対して保険給付の請求を行い、労働基準監督署長が支給又は不支給の決定を行い（労働者災害補償保険法12条の8第2項、労働者災害補償保険法施行規則1条3項）、支給が決定されれば国（厚生労働省）から保険給付の支払いがなされる。なお、保険給付に関する決定に不服のある者は、その決定を行った労働基準監督署長の所在地を管轄する都道府県労働局に置かれる労働者災害補償保険審査官に対して審査請求をし、更にその決定に不服のある者は、厚生労働大臣の所轄の下に置かれる労働保険審査会に対して再審査請求をすることができる（同法38条1項、労働保険審査官及び労働保険審査会法）。

(2) 国家公務員の災害補償の考え方

国家公務員については、リスク分散のための保険制度による必要性はなく、国が使用者としての責任に基づいて直接**災害補償**を実施することが災害補償制度の本来の趣旨に適っている。そこで、職員（非常勤職員、行政執行法人の職員を含む。）が**公務上の災害（負傷、疾病、障害又は死亡）**又は**通勤による災害**を受けた場合に、被災職員・遺族に対して補償を行い、併せて被災職員の社会復帰の促進、被災職員・遺族の援護を図るために必要な福祉事業を行うことを目的として、**国家公務員災害補償法**が制定され

244　第10章　ワークライフバランスと勤務環境

ている。

　国が直接自ら災害補償責任を果たすものであるため、労災保険のように
請求主義を採用せず、「被災職員等からの請求を待つことなく」、人事院の
指定する**実施機関**（各省庁、各行政執行法人）が「自ら公務災害であるか
どうかの認定を行い、公務災害と認定した場合は被災職員等に対して速や
かに通知する義務を負うという考え方に基づいて補償が実施されている」
（**職権探知主義**。「災害補償制度研究会報告書」（平成19年5月）12頁。同研究
会は、人事院職員福祉局において開催された。）。

(3) 災害補償に関する事務の流れ

ア　公務上の災害又は通勤による災害の報告

　実施機関に置かれる**補償事務主任者**（人事院の定める組織区分ごとに、そ
れぞれの組織の職員の中から実施機関の長によって指名される。）は、①職員
に公務上の災害又は通勤による災害と認められる死傷病が発生した場合や、
②負傷した職員、疾病にかかった職員又は死亡した職員の遺族（被災職員
等）からその災害が公務上又は通勤によるものである旨の申出があった場
合は、速やかに実施機関に報告することとされている（人事院規則16-0第
8条・20条・21条）。

イ　実施機関による災害の認定

　補償事務主任者から報告を受けた実施機関はその災害が公務上又は通勤
によるものかどうかの**認定**を速やかに行う必要がある（人事院規則16-0第
22条1項前段）。公務上のもの又は通勤によるものと認定されたときは、
補償を受けるべき者に対して、補償を受ける権利を有する旨の通知がなさ
れる（国家公務員災害補償法8条、同規則23条1項）。被災職員等から申出
のあった災害（**ア**②）については、公務上のものでも通勤によるものでも
ないと認定されたときは、被災職員等にその旨が通知される（同条2項）。

　なお、**心・血管疾患**及び**脳血管疾患**、**精神疾患**などについて認定を行う
場合には、その判断に専門的な知見を要することによると思われるが、人
事院に報告、協議する必要がある（人事院規則16-0第22条1項後段、「災害
補償制度の運用について」（昭和48年11月1日職厚-905）第2の2(4)(5)）。

第4節　ハラスメント防止、保健・安全保持、災害補償　　245

【過労死等の公務災害補償の状況】

　過労死等防止対策推進法では、「過労死等」とは、①業務における過重な負荷による脳血管疾患又は心臓疾患を原因とする死亡、②業務における強い心理的負荷による精神障害を原因とする自殺による死亡、③これらの脳血管疾患、心臓疾患又は精神障害をいうと定義され（同法2条）、**過労死等の公務災害**の補償状況は毎年度人事院によって公表されている。

ウ　補償の請求、福祉事業の申請と実施機関による決定

　補償を受けようとする者は請求書を、また、福祉事業を受けようとする者は申請書を実施機関に提出し、実施機関において、審査の上、補償金額等について必要な決定が行われ、請求者・申請者に通知される（人事院規則16-4第1章・2章）。

エ　災害補償の実施に関する審査の申立て等

　実施機関の行う公務上の災害又は通勤による災害の認定、補償金額の決定等に不服がある者は、人事院に対し、審査を申し立てることができる（国家公務員災害補償法24条）。また、実施機関の実施している福祉事業の運営に関し不服のある者は、人事院に対し、実施機関により適当な措置が講ぜられることを申し立てることができる（同法25条）。申立てを受けた人事院は、事案を人事院に置かれる**災害補償審査委員会**の審理に付した上で、判定を行うことになっている（人事院規則13-3）。

(4) 補償の種類と内容

　国家公務員災害補償法による補償の実施については、労働基準法、労働者災害補償保険法による業務上の災害に対する補償又は通勤による災害に対する保険給付の実施との間における均衡を失わないよう十分考慮しなければならないとされている（国家公務員災害補償法23条）。

　国家公務員災害補償法の本則に規定される補償の種類と内容の概要は以下の①から⑦までのとおりである。このうち、①療養補償、②休業補償、③傷病補償年金は、負傷・疾病が治るまでの間に行われる補償であり、**「治ったとき」**に障害が残れば、その程度に応じて、④障害補償年金又は障害補償一時金が支給される。なお、「治ったとき」とは、医学上一般に

246　第10章　ワークライフバランスと勤務環境

承認された治療方法によっては傷病に対する医療効果が期待できなくなり、残存する症状が自然的経過によって到達すると認められる最終の状態に達したときをいうと解されている（「災害補償制度の運用について」第10の1(1)）。治ったときは、実施機関は治ったことの認定（**治癒の認定**）を行い、職員に通知する必要がある（人事院規則16-4第11条の2）。

① 公務上又は通勤により負傷し、又は疾病にかかった場合、**療養補償**として、必要な療養が行われ、又は必要な療養の費用が支給される（国家公務員災害補償法10条・11条）。

② 療養のため勤務することができない場合において、給与を受けないときは、**休業補償**として、**平均給与額**の60/100に相当する金額が支給される（国家公務員災害補償法12条）。「平均給与額」とは、原則として、負傷・死亡の原因である事故発生の日又は診断によって疾病の発生が確定した日の属する月の前月の末日から起算して過去3か月間に支払われた給与（期末手当・勤勉手当は除く。）の総額をその期間の総日数で除して得た額（1日分の給与の平均額）である（同法4条）。

③ 療養の開始後1年6か月を経過した日において、傷病が治らず、その傷病による障害の程度が第1級から第3級までの**傷病等級**（各等級の障害の状態は人事院規則で定められている。）に該当する場合（実施機関からその旨が職員に通知される。人事院規則16-4第4条）、傷病等級に応じ、**傷病補償年金**が支給される（傷病補償年金が支給される場合には休業補償は支給されない。）（国家公務員災害補償法12条の2）。

④ 傷病が治ったときに、**障害等級**に該当する程度の障害が残っていれば、**障害補償年金**（障害等級第1級から第7級まで）又は**障害補償一時金**（障害等級第8級から第14級まで）が支給される。各障害等級に該当する障害は人事院規則で定められている（国家公務員災害補償法13条）。

⑤ 傷病補償年金又は障害補償年金の受給権者が、年金の支給事由となった障害により、常時又は随時介護を要する状態にあり、かつ、介護を受けている場合には、介護を受けている期間、**介護補償**が支給される（国家公務員災害補償法14条の2）。

⑥ 職員が公務上又は通勤により死亡した場合には、遺族に対し、**遺族補**

償年金（職員の死亡の当時その収入によって生計を維持し、夫や父母であれば 60 歳以上、子であれば 18 歳に達する日以後の最初の 3 月 31 日までにあること等の一定の要件を備えた遺族（妻については要件の定めはない。）がある場合）又は**遺族補償一時金**（遺族補償年金を受けることができる要件を備えた遺族がない場合等）が支給される（国家公務員災害補償法 15 条〜17 条・17 条の 4 〜17 条の 6）。

⑦　職員が公務上又は通勤により死亡した場合、葬祭を行う者に対して、**葬祭補償**が支給される（国家公務員災害補償法 18 条）。

　警察官、海上保安官、在外公館に勤務する職員等が、生命又は身体に高度の危険が予測される状況下において、一定の職務に従事し、そのため公務上の災害を受けた場合には、傷病補償年金、障害補償、遺族補償の額を加算する特例制度が設けられている（国家公務員災害補償法 20 条の 2・20 条の 3、人事院規則 16-2 第 6 条の 2 第 1 項）。

(5) 福祉事業

　人事院及び実施機関は、業務上の災害又は通勤による災害を受けた民間事業の従業員及びその遺族に対する福祉に関する給付等の事業の実態を考慮して、被災職員及びその遺族に対する次の①、②の**福祉事業**の実施に努めることとされている（国家公務員災害補償法 22 条）。なお、福祉事業の具体的な種類と内容は人事院規則 16-3 において定められている。

①　外科後処置に関する事業、補装具に関する事業、リハビリテーションに関する事業等の被災職員の社会復帰を促進するために必要な事業

②　被災職員の療養生活の援護、被災職員が受ける介護の援護、遺族の就学の援護その他の被災職員及びその遺族の援護を図るために必要な資金の支給等の事業（傷病補償年金、障害補償、遺族補償の受給権者に対し、特別支給金、特別援護金（傷病補償年金受給権者には支給されない。）、特別給付金等を支給）

第11章

シニア職員の雇用

　少子高齢化が進み、生産年齢人口の減少が続く中、働く意欲のある高齢者が社会を支えていくことが必要となっており、高齢者がいきいきと活躍できる場を作っていくことは官民を通じた課題であると考えられる。

　民間企業に対しては、高年齢者雇用安定法により、65歳までの高年齢者雇用確保措置として、①定年の引上げ、②継続雇用制度の導入又は③定年の定めの廃止のいずれかの措置を講ずることが義務付けられている（さらに、65歳から70歳までの就業機会を確保するため、高年齢者就業確保措置を講ずる努力義務が課されている。）。現状では、民間企業の多数は継続雇用制度の導入により対応している。国家公務員については、昭和60年に60歳定年制が導入されたが、シニア職員の知識、技術、経験等を最大限活用するため、令和5年4月1日から2年に1歳ずつ段階的に定年が引き上げられ、令和13年度からは定年は原則65歳となる。同時に、若手・中堅職員の昇進機会の確保など組織活力の維持のための制度やシニア職員の多様な働き方のニーズに応えるための制度も設けられている。

　本章では、まず、**第1節**において60歳定年制の導入の経緯・内容と公的年金の支給開始年齢の引上げに対応して平成13年度から導入された再任用制度について概説する。次いで、**第2節**において、定年の65歳への段階的引上げに至るまでの経緯、定年を引き上げる理由・意義、定年引上げに併せて導入された制度、60歳以降の職員の給与及び退職手当、今後の課題などについて概説する。

【定年制の法的性格】

　定年による退職は、降任や免職のように不利益処分として行われるものではないが、職員の勤務実績や健康状態が良好であっても、本人の希望・意思にかかわらず、一定の年齢に到達することにより一律に公務員としての身分

を失わせる（＝退職させる）制度であることから、公務員の身分上の不利益な変動をもたらす**分限**（**第6章第3節**参照）としての性格を有するものと整理されている。

　他方、見方を変えれば、公務員として国民のために貢献したいという意思を有し、良好な勤務実績を続けている者にとっては、定年までは安んじて公務に専念することができるというメリットがあるともいえる。

第1節　60歳定年制と再任用制度

1　60歳定年制

(1) 60歳定年制導入の経緯

　国家公務員に**60歳定年制**が導入されたのは昭和60年3月31日からである。定年制の導入前は、組織の新陳代謝を図る観点から、一定の年齢を超える職員に対して、退職の勧奨が行われ、これに応じた職員が自らの意思による辞職の申出を行い、任命権者が辞職を承認することにより退職が行われていた。辞職の強要は許されず、勧奨に応ずるか否かは職員本人の意思によることから、**退職勧奨**による新陳代謝の確保には限界があった。

　当時、公務部内においても「職員の高齢化が進行しつつあり」、「職員の新陳代謝を確保し、長期的展望に立った計画的かつ安定的な人事管理を推進するため、適切な退職管理制度を整備することが必要」となってきていたことから、国家公務員に定年制を導入する方針が昭和52年12月に閣議決定された（昭和56年4月23日衆・内閣委員会、中山太郎総理府総務長官の説明（第94回国会衆議院内閣委員会議録第9号2頁））。その上で、職員の分限に関わる問題であることから、人事院に対して検討依頼がなされた。昭和54年8月に示された人事院の見解（定年は原則60歳とし、概ね5年後に実施することが適当）を基本としつつ、政府内で検討が進められた結果、昭和55年10月、原則60歳の定年制を導入するための国家公務員法改正案が国会に提出され、昭和56年6月に成立し、昭和60年3月31日から施行された。

250　第11章　シニア職員の雇用

(2) 定年の段階的引上げ開始前まで（＝令和4年度まで）の定年年齢

定年の段階的な引上げが開始される前まで（＝令和4年度まで）の定年（旧定年）は原則60歳であった。例外として、定年を60歳とすることが適当ではない官職については、65歳を限度として**特例定年**（旧特例定年）が定められていた。具体的には、①病院、療養所、診療所等の医師及び歯科医師は65歳、②庁舎の監視等を行う労務職員は63歳、③職務と責任の特殊性又は欠員補充の困難性により定年を60歳とすることが著しく不適当な官職に就いている職員については、60歳を超え、65歳を超えない範囲内で人事院規則で定める年齢（事務次官等は62歳、研究所の所長は65歳・副所長は63歳等）が定年とされていた。

【事務次官等の定年】

事務次官等の定年は、定年制導入当時は60歳であったが、平成9年7月の人事院規則の改正により、62歳（特例定年）に引き上げられた。これは、「本格的な高齢社会の到来」、「公務員の再就職への国民の批判など退職管理をめぐる状況」の変化を踏まえ、「職員の在職期間の長期化を図っていく」ため、事務次官等の定年を62歳に引き上げることにより、定年前の早期退職慣行が見られる「局長、審議官等も含めた幹部職員の退職年齢が全体として引き上げられていくための環境整備を図った」ものであるとされる（「平成9年度年次報告書」（人事院）19頁）。

2　公的年金の支給開始年齢の引上げに対応した再任用制度

(1) 再任用制度の導入

平成6年の国家公務員共済組合法の改正により、公的年金である共済年金の定額部分の支給開始年齢が平成13年度から平成25年度にかけて60歳から65歳に段階的に引き上げられることになった（なお、共済年金の報酬比例部分は、この時点では60歳支給であったが、定額部分の支給開始年齢の引上げにより、60歳から65歳までの間の年金収入が減少することになる。）。

これに対応し、公務員の60歳代前半の雇用に積極的に取り組むとの基本方針が平成6年3月25日に閣議決定（「公務部門における高齢者雇用について」）され、関係行政機関の局長クラスを構成員とする「**公務部門にお**

ける高齢者雇用問題検討委員会」が設置された。同検討委員会において具体的な検討が進められ、平成10年6月には、最終報告（65歳を上限とする**再任用制度**（フルタイム勤務と短時間勤務の2つの勤務形態）を平成13年度から導入）が取りまとめられた。人事院からも、「民間企業における60歳代の雇用制度は再雇用が一般的」であるとして、平成10年5月、「継続勤務に対する意欲と能力のある定年退職者を再雇用する形での継続雇用システム（中略）を導入することが適当である」との**意見の申出**が国会及び内閣に対してなされた（「平成10年度年次報告書」（人事院）135頁）。こうした経緯を経て、平成11年3月、内閣から再任用制度を導入するための国家公務員法等改正案が国会に提出され、同年7月に成立し、平成13年4月1日から施行された。

　この再任用制度は、定年退職により一旦退職した者を従前の勤務実績等に基づく選考により、1年以内の任期を定めて改めて採用することができるとする制度（任期の更新可。再任用の上限年齢は65歳）である。勤務時間（平成21年4月以降）は、**フルタイム勤務**の場合は1週間当たり38時間45分とし、**短時間勤務**の場合は1週間当たり15時間30分から31時間までの範囲内で各省各庁の長が定めるとされた。給与については、①俸給月額は、俸給表の各職務の級ごとに単一の額が設定され、昇給はなく、短時間勤務の場合は1週間当たりの勤務時間数に応じた額とされ、②諸手当のうち、地域手当、期末手当・勤勉手当（ただし、支給月数は一般の職員よりも少ない。）等は支給するが、扶養手当、住居手当等は支給しないとされた。

(2) 再任用の義務化

　平成12年の国家公務員共済組合法の改正により、共済年金の報酬比例部分の支給開始年齢が平成25年度から平成37年度（令和7年度）にかけて60歳から65歳に段階的に引き上げられることになった。

　これに対応するため、平成23年9月、人事院は定年を段階的に65歳まで引き上げることについて国会及び内閣に対して意見の申出を行った。しかしながら、政府は、①民間企業の大半が65歳までの雇用確保について

継続雇用制度により対応している現状や、②平成24年の高年齢者雇用安定法の改正でも法定定年年齢（同法8条は、事業主が労働者の定年の定めをする場合は、60歳を下回ることができないとして、60歳定年を義務付けている。）は65歳に引き上げられていないことなどを踏まえ、再任用の義務化による対応を選択した。具体的には、「**国家公務員の雇用と年金の接続について**」（平成25年3月26日閣議決定）により、任命権者は、定年退職後再任用を希望する職員を年金支給開始年齢に達するまで、原則常時勤務を要する官職（＝フルタイム官職）に**再任用することを義務付け**られた。ただし、職員の年齢別構成の適正化を図る観点から再任用を希望する職員をフルタイム官職に再任用することが困難であると認められる場合や職員の個別の事情を踏まえて必要があると認められる場合には、短時間勤務の官職に再任用することができるとされた。

【民間部門における対応】

　平成16年の**高年齢者雇用安定法**の改正により、**65歳までの高年齢者雇用確保措置**（定年の65歳への引上げ、希望者全員を対象とした65歳までの継続雇用制度の導入又は定年の定めの廃止のいずれかの措置を講ずる。）が義務化された。ただし、継続雇用制度は、労働者の過半数で組織する労働組合（そうした労働組合がない場合は労働者の過半数を代表する者）と事業主との間で締結した労使協定に基づき、対象となる労働者を一定の基準により選抜できる（希望者全員を対象としなくてもよい。）こととされた。

　高年齢者雇用安定法は、平成24年にも改正され、雇用と年金の接続を確実にするため、継続雇用制度の対象となる高年齢者を労使協定に基づく一定の基準により選抜できる仕組みが廃止された（平成25年4月施行）。

第2節　定年の65歳への引上げ

1　経　緯

　平成29年5月、自由民主党一億総活躍推進本部の「**一億総活躍社会の構築に向けた提言**」において、「公務員の定年（60歳）につき、2025年度に65歳となる年金支給開始年齢引上げにあわせて定年引上げを推進すべきである」とされた（同提言6頁）。この提言を踏まえ、「**経済財政運営と**

改革の基本方針 2017」（骨太方針）（平成 29 年 6 月 9 日閣議決定）において、「公務員の定年の引上げについて、具体的な検討を進める」とされた（同方針 9 頁）。

　骨太方針を受け、平成 29 年 6 月から「**公務員の定年の引上げに関する検討会**」（関係省庁の局長クラスによる検討会、座長は内閣官房副長官補）が開催された。平成 30 年 2 月 16 日には、同検討会が取りまとめた「これまでの検討を踏まえた論点の整理（案）」が「**公務員の定年の引上げに関する関係閣僚会議**」（議長：内閣官房長官）において了承された。「**これまでの検討を踏まえた論点の整理**」（以下「**論点整理**」という。）では、定年を 65 歳に引き上げる方向で検討することが適当であるとされるとともに、役職定年制や 60 歳以降定年年齢までの職員を短時間勤務の官職に再任用する仕組みなど定年引上げに関連する制度の骨格が示されている。同日、内閣総理大臣から人事院総裁に対して、論点整理を踏まえて、国家公務員の定年引上げについての検討要請が行われている。

　平成 30 年 8 月には、「**定年を段階的に 65 歳に引き上げるための国家公務員法等の改正についての意見の申出**」（以下「**意見の申出**」という。）が人事院から国会及び内閣に対してなされた。論点整理で示された内容を更に具体化するとともに、60 歳を超える職員の給与制度・給与水準を示す人事院の意見の申出も踏まえ、内閣から国家公務員法等改正案が令和 3 年 4 月に国会に提出され、同年 6 月に成立した。これにより国家公務員の定年は段階的に 65 歳まで引き上げられることとなった（令和 5 年度から 2 年に 1 歳ずつ定年が引き上げられ、令和 13 年度から原則 65 歳定年となる。）。

2　定年を 65 歳に引き上げる理由・意義

　公務員に定年制が導入された昭和 60 年には**平均寿命**は男性 74.78 歳、女性 80.48 歳であったが、令和 4 年には男性 81.05 歳、女性 87.09 歳となっており、平均寿命は 6 歳以上伸長している（「令和 4 年簡易生命表の概況」（厚生労働省））。また、国立社会保障・人口問題研究所の「日本の将来推計人口（令和 5 年推計）」においては、**生産年齢人口**（15〜64 歳）は、**表 1**のとおり、大きく減少していくことが見込まれている。

254　第 11 章　シニア職員の雇用

表1　年齢3区分別総人口（出生中位（死亡中位）推計）

年　次	0～14歳人口	15～64歳人口	65歳以上人口
2030	12,397千人	70,757千人	36,962千人
2040	11,419千人	62,133千人	39,285千人
2050	10,406千人	55,402千人	38,878千人

※　「日本の将来推計人口（令和5年推計）」（国立社会保障・人口問題研究所）に基づき作成。

　このような状況の中、国家公務員のシニア層の知識、技術、経験等を活用するための施策としては、再任用の一層の活用と定年の引上げのいずれかが考えられる（定年廃止は、安定的な新規採用を阻害し、組織の新陳代謝が図れず、組織活力が低下することが懸念され、選択肢になりにくい。）。

　論点整理においては、平均寿命の伸長、少子高齢化の進行、生産年齢人口の減少といった社会的な背景、公務部内における年齢構成の山となる世代の定年による第一線からの退出、行政課題の複雑高度化に対応するための高い専門性と経験の必要性などについて言及した上で、「公務において培った知識、技術、経験等が豊富な高齢期の職員の最大限の活用を目指すことは、限られた人的資源の有効活用、複雑高度化する行政課題への的確な対応などの観点から合理的であり、重要な意義を有する」との基本認識が示されている（論点整理1頁・2頁）。

　その上で、再任用については、「定年退職後の付加的な勤務との認識になりやすく、また、職員のモチベーションの維持や、従事する職員の職務や配置部局・官署に偏りが生じがちであることなど、一定の課題がある」と指摘されている。これに対し、定年の引上げは、「高齢期を含めて人事管理の一体性・連続性が一定程度確保され、高齢期までを見据えた計画的な人材育成や高齢期の職員の知識、技術、経験等の積極的活用に向けた道筋をつけ、能力・実績主義の徹底等、若手・中堅職員も含めた人事管理全体をより適切な方向に見直す契機となり得るといった意義を有する」とされ、「定年を65歳に引き上げる方向で検討することが適当である」との明確な方向性が示されている（論点整理3頁）。

　人事院の意見の申出においても、「複雑高度化する行政課題に的確に対

第2節　定年の65歳への引上げ　255

応し、質の高い行政サービスを維持していくためには、60歳を超える職員の能力及び経験を60歳前と同様に本格的に活用することが不可欠となっており」、「定年を段階的に65歳に引き上げることが必要」であるとされている（意見の申出3頁）。

3 定年の引上げ

職員は、法律に別段の定めのある場合を除き、定年に達したときは、定年に達した日以後の最初の3月31日又は任命権者があらかじめ指定する日のいずれか早い日に退職する（国家公務員法81条の6第1項）。なお、法律により任期を定めて任用される職員及び非常勤職員については、定年制は適用が除外されている（同条3項）。

(1) 段階的な引上げ完了後（令和13年度以降）の定年年齢

定年の段階的な引上げ完了後（令和13年度以降）は、定年は原則65歳になる（国家公務員法81条の6第2項本文）。例外的に、職務と責任の特殊性又は欠員の補充の困難性により定年を65歳とすることが著しく不適当な官職に就いている医師、歯科医師等の人事院規則で定める職員に限り、その定年は66歳から70歳までの範囲内で人事院規則で定める年齢とされている（新特例定年。同項ただし書）。人事院規則の定めにより、刑務所、少年刑務所、拘置所、少年院、少年鑑別所、国立ハンセン病療養所等において医療業務に従事する医師及び歯科医師の定年が令和13年度以降70歳となる（人事院規則11-8第2条）。

(2) 定年の段階的引上げ（令和5年度から令和12年度までの定年年齢）

定年を一挙に65歳まで引き上げることにした場合、5年間定年退職する職員が出ないことから、その分の欠員が生じないため、特定の世代の新規採用を大幅に抑制せざるを得ず、職員の年齢構成にも偏りが生じ、また、その間の国家公務員志望者に対し採用の機会を著しく狭めることになる。このため、定年は令和5年度から2年に1歳ずつ段階的に引き上げられる。もっとも、職員の年齢で見れば、表2のとおり、61歳から64歳までの段

表2　段階的引上げ期間中の定年年齢と定年退職する職員の誕生日

年度	令和4年度 （引上げ前）	令和5～ 6年度	令和7～ 8年度	令和9～ 10年度	令和11～ 12年度	令和13年 度～ （完成形）
定年年齢	60歳	61歳	62歳	63歳	64歳	65歳
定年退職する職員の誕生日	昭和37年 4月2日 ～	昭和38年 4月2日 ～	昭和39年 4月2日 ～	昭和40年 4月2日 ～	昭和41年 4月2日 ～	昭和42年 4月2日 ～

※　例えば、昭和38年5月1日生まれの職員は令和5年度に60歳になり、令和6年度末に61歳で定年退職する。昭和42年5月1日生まれの職員は令和9年度に60歳になり、令和14年度末に65歳で定年退職する。

階的な定年引上げの対象となる職員は、昭和38年4月2日から昭和42年4月1日までの4年間に生まれた者に限られ、昭和42年4月2日に生まれた職員から定年は65歳となる。

　なお、定年の65歳引上げが完了するまでの経過期間においては、定年から65歳まで再任用できるよう、再任用制度が暫定的に存置されている。

4　役職定年制（管理監督職勤務上限年齢制）

　定年の65歳への引上げに併せて、定年前の一定の年齢に達した管理職の職員が管理職ポストから外れる**役職定年制**が導入されている。以下では、その必要性や仕組みについて説明する。

(1)　必要性

　役職定年制には、役職定年後の職員のモチベーションの低下や役職から外れた高齢者に将来の自分の姿を思い浮かべる若手職員への好ましくない影響などの課題も指摘されているが、年齢という客観的な基準により一律に役職から外れることで公平感を持たせつつ、組織の新陳代謝を図り、若手・中堅職員を登用することができるといった利点がある。

　定年を60歳から65歳に5歳引き上げた場合、管理職に一度就いた者が管理職のまま勤務を続けると、若手・中堅職員の上位の官職への昇任時期が5年程度遅くなる。論点整理では、「若手・中堅職員の昇任機会の確保

第2節　定年の65歳への引上げ　　257

により、重要な職務に従事し得る時期を遅らせることなく成長する機会を付与することを通じて、若手・中堅職員のモチベーションや組織全体としての活力を維持することで、行政が高いパフォーマンスを発揮できるようにする必要がある」ことなどから、定年引上げと同時に役職定年制を導入する必要性が指摘されている（論点整理6頁・7頁）。併せて、論点整理では、①役職定年制の対象を本府省・地方支分部局等の管理又は監督の地位にある職員とすること、②役職定年により下位のポストに異動することになる年齢を現行の（引上げ前の）定年年齢を基礎として設定することについても方向性が示されている（論点整理7頁）。

　人事院の意見の申出においても、「組織の新陳代謝を確保し、その活力を維持することを目的として、当分の間、管理監督職員を対象とし、役職定年制を導入する」ことが適当であるとされている（意見の申出5頁）。

　なお、「定年」という言葉は「退職する」という意味を含み、管理監督職以外の官職に異動した後も引き続き国家公務員として勤務する仕組みの名称としては適切でないため、法律の規定上は、管理監督職に引き続き勤務することができる上限の年齢という趣旨で、管理監督職勤務上限年齢という文言が用いられている。

(2) 制度の概要

　管理監督職勤務上限年齢制（役職定年制）は、**管理監督職勤務上限年齢による降任等**と**管理監督職への任用の制限**の2つの仕組みからなっている。なお、法律により任期を定めて任用される職員については、定年制の適用が除外されているのと同様に、管理監督職勤務上限年齢制も適用が除外されている（国家公務員法81条の4）。

ア　管理監督職勤務上限年齢による降任等

　管理監督職勤務上限年齢による降任等は、任命権者に対し、管理監督職に就いている職員を、管理監督職勤務上限年齢に達した日の翌日から同日以後の最初の4月1日までの期間（異動期間）に、管理監督職以外の官職等に降任又は降給を伴う転任をする（役職から外す）ことを義務付ける仕組みである（国家公務員法81条の2第1項）。降給を伴う転任の例としては、

258　第11章　シニア職員の雇用

複数の都府県の区域を管轄区域とする地方支分部局の課長（行政職俸給表
（一）6級）を本省庁課長補佐（行政職俸給表（一）5級）に転任させるケー
スなどが考えられる。

　なお、管理監督職勤務上限年齢による降任等は、職員の意に反して行う
ことができる分限処分であるが、年齢という客観的な要件により任命権者
の裁量の余地がなくなされる処分であることから、処分説明書の交付（**第
6章第3節**参照）も必要とされていない（国家公務員法89条1項）。

【管理監督職勤務上限年齢による降任等を行う必要のないケース】

　任命権者が、管理監督職勤務上限年齢に達している管理監督職の職員を、
①管理監督職勤務上限年齢がその職員の年齢を超えて設定されている管理監
督職に昇任（例えば、局長を事務次官に昇任）させる場合や、②管理監督職
ではない官職に降給を伴わない転任（例えば、本省庁課長を専門スタッフ職
に転任）させる場合は、管理監督職勤務上限年齢による降任等をする必要は
ない（国家公務員法81条の2第1項ただし書）。ただし、管理監督職勤務
上限年齢に達している職員を昇任させた場合において、昇任後の官職に設定
されている管理監督職勤務上限年齢に達したときには、管理監督職勤務上限
年齢による降任等をする必要がある。

イ　管理監督職への任用の制限

　管理監督職への任用制限は、管理監督職勤務上限年齢（**(4)**で述べると
おり原則60歳）に達している者を、その者が管理監督職に就いていたとし
た場合における異動期間の末日の翌日以後、管理監督職に任用することは
できないという仕組みである（国家公務員法81条の3）。60歳に達してい
る職員を採用や昇任等により、異動期間の末日の翌日以後に管理監督職に
就けること（例えば、①行政執行法人以外の独立行政法人や地方公共団体等へ
出向していた60歳の職員を管理監督職に採用する、②60歳の課長補佐を管理
監督職に昇任させるなど）を可能にすると、管理監督職勤務上限年齢によ
る降任等の対象外となってしまうことから、管理監督職勤務上限年齢によ
る降任等の仕組みと一体のものとして管理監督職への任用が制限されてい
る。

第2節　定年の65歳への引上げ　259

(3) 管理監督職の範囲

　管理監督職勤務上限年齢制の対象となる管理監督職は、①指定職俸給表が適用される職員が占める官職（**指定職**）、②**俸給の特別調整額支給官職**及びこれに準ずる官職である（国家公務員法81条の2第1項、人事院規則11-11第2条）。指定職は事務次官、本省庁の局長・部長、複数の都府県の区域を管轄区域とする地方支分部局の局長等である。俸給の特別調整額（いわゆる管理職手当）が支給される官職は本省庁の課室長、地方支分部局の部長、課長等である。

　ただし、職務と責任の特殊性又は欠員補充の困難性により管理監督職勤務上限年齢制を適用することが著しく不適当と認められる官職（旧65歳特例定年官職等（医師、歯科医師、研究所の所長等））は、管理監督職の範囲からは除かれている（国家公務員法81条の2第1項、人事院規則11-11第3条）。

(4) 管理監督職勤務上限年齢

　管理監督職勤務上限年齢は、60歳とされている（国家公務員法81条の2第2項本文）。ただし、職務と責任の特殊性又は欠員補充の困難性により管理監督職勤務上限年齢を60歳とすることが著しく不適当な管理監督職があり、①旧62歳特例定年の管理監督職（事務次官、外局（例えば、国税庁、水産庁など）の長官等）は62歳が、②旧63歳特例定年の管理監督職（研究所の副所長等）は63歳が管理監督職勤務上限年齢とされている（同項ただし書、人事院規則11-11第4条）。

　これは、①民間企業においてかつて定年を55歳から60歳に引き上げた際に55歳で役職定年制を入れている例が多いこと、②旧定年年齢に達する前に管理監督職勤務上限年齢による降任等を行うことができることにすると、その対象となる管理監督職員を定年引上げ前よりも不利に取り扱うことになり、適当でないと考えられること等が考慮され、引上げ前の旧定年年齢が管理監督職勤務上限年齢として設定されているものである。

(5) 異動期間

　管理監督職勤務上限年齢による降任等は、一定の幅の中で適切な時期に行うこととされている。具体的には、3月31日に定年退職があり、4月1日に新規採用も含め、大規模な人事異動が行われることが一般的であることを踏まえ、降任先ポストの確保や後任者の補充等の観点から管理監督職勤務上限年齢による降任等を行う期間（＝**異動期間**）については、管理監督職勤務上限年齢に達した日の翌日以後における最初の4月1日までの間とされている（国家公務員法81条の2第1項）。

(6) 管理監督職勤務上限年齢による降任等の基準

　管理監督職勤務上限年齢による降任等を行うに当たって任命権者が遵守すべき基準が人事院規則で定められている（国家公務員法81条の2第3項）。

　人事院規則11-11第6条では、任命権者は、管理監督職勤務上限年齢による降任等を行うに当たっては、国家公務員法に定める平等取扱いの原則、人事管理の原則（**第2章参照**）等の規定に違反してはならないほか、次の基準を遵守しなければならないと規定されている。

① 　職員の人事評価の結果や職務経験等に基づき、降任等をしようとする官職に必要な標準職務遂行能力及び当該官職についての適性を有すると認められる官職に降任等をすること。

② 　人事の計画その他の事情を考慮した上で、管理監督職以外の官職等のうちできる限り上位の職制上の段階に属する官職に降任等をすること。

③ 　管理監督職の職員とその管理監督職の職員よりも上位の職位の管理監督職の職員を同じタイミングで降任等をする場合には、やむを得ないと認められる場合を除き、降任等をする先の官職は、同じ職制上の段階に属する官職とするか、あるいは上位の職位の管理監督職の職員を就ける官職の方がより上位の職制上の段階に属するものとすること。

　①は、降任又は降給を伴う転任をしようとする官職の職責を果たせる必要があることから、当然の規定である。③は、例えば、課長、企画官（課長より職位が下位の室長級の職員）が降任となる場合に、課長が係長に降任、企画官が課長補佐に降任といった職位の逆転が生じないようにするこ

とを求める規定である。

①から③までに明記はされていないが、例えば、管理監督職勤務上限年齢による降任をされる職員と60歳到達時まで非管理監督職である職員との間で、職位の逆転が少なくとも同じ職場では基本的には生じないように、人事管理上の工夫を行うことが求められると考える。

5 管理監督職勤務上限年齢制の特例（特例任用）

管理監督職勤務上限年齢制により、管理監督職勤務上限年齢に達した職員を例外なく一律に降任又は降給を伴う転任をすると、公務の運営に著しい支障が生ずる場合があり得る。それゆえ、一定の事由に該当する場合には、管理監督職勤務上限年齢に達した管理監督職に就いている職員の異動期間を延長し、延長された異動期間が終了するまでは管理監督職に就くことを特例として認める必要がある（＝**特例任用**）。具体的には、以下の①から③までのいずれかの事由に該当する場合には、任命権者の判断により、異動期間を1年以内の期間で延長することができることとされている（国家公務員法81条の5第1項3号）。

① 業務の性質上、管理監督職勤務上限年齢による降任等による担当者の交替により業務の継続的遂行に重大な障害が生ずること（人事院規則11-11第10条1項）。例えば、管理監督職の職員が担当している重要な案件に係る国会対応、各種審議会対応、外部との折衝、外交交渉等の業務の継続性を確保する必要がある場合などがこれに該当する（「管理監督職勤務上限年齢による降任等の運用について」（令和4年2月18日給生-16）第2第3項）。

② 職務が高度の専門的な知識、熟達した技能や豊富な経験を必要とするものであるため、又は勤務環境その他の勤務条件に特殊性があるため、管理監督職勤務上限年齢による降任等により生ずる欠員を容易に補充することができず業務の遂行に重大な障害が生ずること（人事院規則11-11第10条2項）。例えば、管理監督職の職員が、ⅰ習得に相当の期間を要する熟練した技能等を要する職務に従事しているため、あるいは、ⅱ離島その他のへき地にある官署等に勤務しているため、その後任を容

262 第11章 シニア職員の雇用

易に補充することができない場合などがこれに該当する（「管理監督職勤務上限年齢による降任等の運用について」第2第4項）。

③　職務の内容が相互に類似する管理監督職群であって、欠員を生じた場合に、後任者を容易に補充できない年齢別人員構成等の特別の事情（例えば、管理監督職の候補となる世代の在職者数が限られているなどの事情）があるもの（＝**特定管理監督職群**。特定管理監督職群を構成する管理監督職は人事院規則で個別具体的に定められている。）に属する職員について、管理監督職勤務上限年齢による降任等をすると、その特定管理監督職群の管理監督職の職務を遂行できる能力を有する人材が不足している等の事情があるため、欠員を容易に補充することができず、業務の遂行に重大な障害が生ずること（人事院規則11-11第12条・13条）。

①又は②の事由に該当して特例任用を行う場合は、異動期間中に就いていた管理監督職で引き続き勤務させる必要がある。他方、③の事由により特例任用を行う場合は、異動期間中に就いていた管理監督職で引き続き勤務させてもよいし、特定管理監督職群に属する他の管理監督職に降任又は転任をしてもよいとされている。

延長した異動期間が経過する時に事由が継続している場合には、人事院の承認を得て、異動期間を1年以内で更に延長することができ、①と②の場合は最長3年、③の場合は定年退職日まで（最長5年）、異動期間を延長することができる（国家公務員法81条の5第2項4項）。

6　定年による退職の特例（勤務延長）

60歳定年制の導入とともに、定年による退職の特例である**勤務延長**の制度が導入され、定年を65歳に引き上げるに際しても、存置されている。

この制度は、職員が定年により退職することになると、**5**の特例任用の①又は②と同様の事由があるため、公務の運営に著しい支障が生ずると認められる場合に、任命権者の判断により、1年以内の期限を定めて（人事院の承認を得ることにより最長3年）、引き続き同じ官職で勤務させることができる制度である（国家公務員法81条の7第1項本文・2項、人事院規則11-8第4条）。

第2節　定年の65歳への引上げ　263

【特例任用と勤務延長】

　5の①又は②の事由があり、特例任用されている職員が管理監督職のまま定年に達したときの勤務延長には、人事院の承認が必要であり、また、特例任用された期間と勤務延長される期間が合計で3年を超えない範囲内に制限される（国家公務員法81条の7第1項ただし書・2項）。

7　60歳に達した職員の給与

　人事院の意見の申出においては、①厚生労働省の「賃金構造基本統計調査」（平成27〜29年の平均）では、民間（管理・事務・技術労働者（正社員））の60歳台前半層の年間給与水準は60歳前の約70%であり、②人事院の実施した平成30年「職種別民間給与実態調査」でも、定年を引き上げた企業のうち、60歳時点で給与減額を行っている事業所における60歳を超える従業員の年間給与水準は60歳前の7割台であることが示されている。これらの状況を踏まえ、人事院の意見の申出においては、「60歳を超える職員の年間給与は、60歳前の7割の水準に設定することが適当」とされ（意見の申出7頁・8頁）、一般職給与法において以下の措置が講じられている。

(1)　俸給月額

ア　俸給月額の7割措置

　職員の俸給月額は、当分の間、職員が60歳に達した日後の最初の4月1日（＝**特定日**）以後は、職員に適用される俸給表の職務の級及び号俸に応じた俸給月額に70/100を乗じて得た額（＝**俸給月額の7割措置**）とされている（一般職給与法附則8項）。例えば、特定日の前日に行政職俸給表（一）6級51号俸の401,800円（令和6年4月1日現在）の俸給月額を受ける本省庁課長補佐の職員は、特定日以後、401,800円の70%である281,300円（100円未満四捨五入）の俸給月額を受けることになる。特定日以後も、勤務成績が特に良好な場合に限り、昇給することがあり得ることから、その場合には昇給後の号俸の俸給月額の7割の俸給月額となる。

　なお、旧特例定年が設定されていた職員に相当する職員については、60

264　第11章　シニア職員の雇用

歳に達した日後の最初の4月1日からではなく、旧特例定年の年齢（例えば、庁舎の監視等を行う労務職員であれば63歳）に達した日後の最初の4月1日（特定日）以後、俸給月額の7割措置が適用される（一般職給与法附則8項、人事院規則9-147第2条・3条）。

【俸給月額の7割措置の対象にならない職員】

　次の職員は俸給月額の7割措置の対象とされていない（一般職給与法附則9項、人事院規則9-147第5条）。

①　旧特例定年が65歳に設定されていた職員に相当する職員（医師、歯科医師、研究所の所長等）

②　定年年齢が70歳と定められている医師及び歯科医師（**3 (1)** 参照）

③　**5** の①又は②の事由があり、特例任用されている職員

　なお、**5** の③の事由があり、特例任用されている職員は、①又は②の事由がある場合と異なり、職務の性質上は他の職員により代替可能であることや、他の大半の職員が俸給月額の7割措置の対象となることとの均衡を考慮し、俸給月額の7割措置の対象とされている。

④　定年退職日に俸給月額の7割措置が適用されていなかった職員で勤務延長されている職員

⑤　法律により任期を定めて任用される職員及び非常勤職員（＝定年制が適用されない職員）

イ　管理監督職勤務上限年齢による降任等をされた職員の俸給

　管理監督職勤務上限年齢に達したことにより降任等をされた職員は、特段の措置を講じなければ、降任等により俸給月額が下がり、更に特定日以後、下がった俸給月額の7割水準の俸給月額を受けることになる。このような給与の二重の引下げを避けるため、管理監督職勤務上限年齢に達したことにより降任等をされた管理監督職員に対しては、特定日以後、7割措置後の俸給月額に加え、①管理監督職として受けていた俸給月額の7割水準の額（**基礎俸給月額**）と、②特定日に受ける7割措置後の俸給月額（**特定日俸給月額**）との「**差額**」に相当する額（この差額は、特定日に算出した額で原則固定される。）が支給される（一般職給与法附則10項）。

　例えば、俸給月額50万円を受ける本省庁課長が管理監督職勤務上限年齢に達し、7月1日に降任により課長補佐となり、俸給月額が40万円に

第2節　定年の65歳への引上げ　265

下がったとすると、翌年の4月1日（特定日）には、7割措置後の俸給月額（40万円×0.7＝28万円）のほか、基礎俸給月額（50万円×0.7＝35万円）と特定日俸給月額（28万円）との「差額」に相当する額（35万円－28万円＝7万円）が支給される。これにより**管理監督職として受けていた俸給月額の7割水準の俸給**（50万円×0.7＝35万円）を受けることになる（特定日以後に昇給があれば、7割措置後の俸給月額は、特定日における7割措置後の俸給月額（上述の例では28万円）よりも若干上昇するが（**(1) ア**参照）、「差額」に相当する額（上述の例では7万円）が引き続き支給される。）。

【差額の限度】

　　7割措置後の俸給月額（A）と基礎俸給月額と特定日俸給月額との「差額」に相当する額の合計額は、職員が現に決定されている職務の級の最高号俸の俸給月額（B）を超えることはできない。この場合には、特定日以後、BとAとの「差額」に相当する額が支給され、管理監督職として受けていた俸給月額の7割の水準を下回ることになる（一般職給与法附則11項）。

(2) 俸給月額の7割措置が適用される職員の諸手当

　俸給月額の7割措置が適用される職員に支給される手当については、地域手当、広域異動手当、超過勤務手当、期末手当、勤勉手当等は、俸給等を基礎として算定されることから、7割措置後の俸給月額等に連動した水準となる。また、本府省業務調整手当等の額は、俸給月額の7割措置が適用されない職員に支給される手当額の7割を基本に人事院規則で定められている。他方、扶養手当、住居手当、通勤手当、単身赴任手当等の額は、俸給月額の7割措置が適用されない職員と同額であり、7割水準とはされていない。

【60歳前の7割水準を基本に定められる手当の例】

　　行政職俸給表（一）5級職員、6級職員の本府省業務調整手当はそれぞれ37,400円、39,200円と定められているが（人事院規則9-123第6条・別表）、俸給月額の7割措置が適用される行政職俸給表（一）5級職員、6級職員の本府省業務調整手当の額は、それぞれ26,200円、27,400円と定められている（人事院規則9-123附則2条・附則別表）。

8 60歳以後に退職する職員の退職手当

　論点整理においては、職業生活の長期化を踏まえ公務外に活躍の場を望む職員の存在を考慮すると、職員自らの選択としての早期退職を支援する必要があるため、60歳以降定年前に退職する職員の退職手当を、定年退職に比べて不利に扱わないようにすること等の必要性について指摘がなされ（論点整理9頁）、退職手当法において以下の **(1)** の措置が講じられている。

(1) 60歳に達した日以後に自主的に退職する場合の支給率の特例措置

　退職手当の基本額は、退職日の俸給月額に退職理由に応じた勤続期間別**支給率**を乗じ、さらに官民均衡を図るための調整率を乗じて算定することになっている（**第9章第2節**参照）。同じ勤続期間であっても、退職理由が自己都合の場合は、定年退職の場合よりも低い支給率となっており、例えば、勤続35年から39年までの5年間の退職理由別・勤続期間別支給率（調整率を乗じた後のもの）を示すと**表3**のとおりである。

表3　退職理由別・勤続期間別支給率
（調整率を乗じた後のもの）

勤続期間	自己都合退職	定年退職
35年	39.7575	47.709
36年	40.7619	47.709
37年	41.7663	47.709
38年	42.7707	47.709
39年	43.7751	47.709

　定年を60歳から引き上げた場合、60歳以後に定年前の自主的な退職を選択する職員の退職手当は、自己都合退職となり、特段の措置を講じなければ、定年を引き上げる前の60歳定年退職の場合よりも少ない金額となる（例えば、定年引上げ前は、勤続38年、60歳で定年退職をすると支給率は47.709であるが、定年引上げ後、勤続38年、60歳で自己都合退職になると支給率は42.7707）。定年の引上げが60歳以降に定年前の自主的な退職をす

第2節　定年の65歳への引上げ　267

る職員に不利益を生じさせないよう、**60歳に達した日以後**、その者の非違によることなく**退職した者の退職手当の基本額の支給率**については、当分の間の**特例措置**として、勤続期間を同じくする定年退職の場合と同率とすることとされている（退職手当法附則12項13項）。

この特例措置によって自主的に退職する者を一定程度確保することは、必要な人材の新たな採用につながり、組織活力の維持にも資すると考えられる。

なお、旧特例定年（62歳、63歳）が設定されていた職員に相当する職員については、旧特例定年の年齢に達した日以後その者の非違によることなく退職した場合に、この特例措置が適用される（退職手当法附則12項13項、退職手当の基本額の特例等に関する内閣官房令1条・2条・別表第1）。

【支給率の特例措置が適用されない職員】

次の職員には支給率の特例措置は適用されない（退職手当法附則14項、退職手当の基本額の特例等に関する内閣官房令3条・別表第2）。

① 法律により任期を定めて任用されるなど定年の定めがない職員
② 旧特例定年が65歳に設定されていた職員に相当する職員
③ 定年年齢が70歳と定められている医師及び歯科医師（**3(1)**参照）

(2) ピーク時特例

退職手当の算定の基礎となる在職期間中に、「俸給月額の減額改定」以外の理由（例えば、降格等）により、俸給月額が減額されたことがあり、減額前の俸給月額が退職日の俸給月額よりも多いときは、退職手当の基本額の計算方法の特例（**ピーク時特例**）の規定が適用される（**第9章第2節**参照）。管理監督職勤務上限年齢による降任等により俸給月額が減額される場合はもとより、職員が60歳（旧特例定年が設定されていた職員に相当する職員にあっては旧特例定年の年齢）に達した日後の最初の4月1日（特定日）から7割水準の俸給月額となる場合も「俸給月額の減額改定」には該当せず（退職手当法附則15項）、ピーク時特例の規定が適用される。

(3) 60歳以後に退職する職員の退職手当の基本額の算定

俸給月額の7割措置を受けて退職する職員を例に退職手当の基本額の算定方法を示すと次のとおりである。なお、管理監督職勤務上限年齢による降任等をされ、「差額」に相当する額が支給されている職員の退職日の俸給月額には「差額」に相当する額も含めて基本額が算定される。

① 定年退職する職員には、退職手当の基本額の算定に当たり、ピーク時特例が適用される。

② 定年前に自主的に退職する職員には、退職手当の基本額の算定に当たり、ピーク時特例及び支給率の特例措置の双方が適用される（＝ピーク時特例を適用する際、支給率は勤続期間を同じくする定年退職の場合の支給率を用いる。）。

なお、管理監督職勤務上限年齢による降任等により俸給月額が減額され、年度末までに（＝俸給月額の7割措置を受ける前までに）自主的に退職する職員にも、ピーク時特例及び支給率の特例措置の双方が適用される。

【定年の引上げによる退職手当への影響】

定年が60歳から65歳に引き上げられても、退職理由が定年退職の場合は、勤続35年で支給率が上限に達するため、採用時の年齢が25歳以下であれば、支給率は増加しない。また、60歳に達した日後の最初の4月1日（特定日）以後は、俸給月額の7割措置が適用されるため、退職日の俸給月額は60歳前の俸給月額を下回る。したがって、定年が引き上げられて在職期間が長くなっても、退職手当の算定額に基本的には影響を与えない。

9 定年前再任用短時間勤務制

(1) 必要性

論点整理においては、定年を引き上げ、職員が現在以上に高齢期まで勤務することになると、「健康・体力・気力などの面での個人差や家族の介護など職員側の事情により、多様な働き方のニーズが高まることが見込まれる」ため、「60歳以降定年年齢前までの職員を短時間勤務の官職に再任用する制度を設けること」の必要性が指摘されている（論点整理9頁）。人事院の意見の申出においても、同様の理由により、定年前再任用短時間勤

第2節　定年の65歳への引上げ　269

務制を導入することが適当であり、「この制度は、新規採用や若手・中堅
層職員の昇進の余地を確保し、組織活力を維持することにも資する」とさ
れている（意見の申出6頁）。

(2) 制度の概要

　定年前再任用短時間勤務制は、60歳に達した日以後、定年前に退職し
た職員を、①能力評価及び業績評価の全体評語その他勤務の状況を示す事
実に基づく従前の勤務実績や、②定年前再任用を行う官職の職務遂行に必
要とされる経験又は資格の有無等の情報に基づく選考により、短時間勤務
の官職に再任用することができるとする制度である（国家公務員法60条の
2第1項、人事院規則8-21第4条）。

ア　再任用の手続

　任命権者は、定年前再任用を行うに当たっては、あらかじめ、定年前再
任用を希望する者に対し、職務内容、再任用を行う日、勤務地、給与、1
週間当たりの勤務時間等を明示し、その同意を得ることを義務付けられて
いる（人事院規則8-21第3条）。

イ　任期及び任期中の異動

　定年前再任用短時間勤務制は、60歳以降常勤職員の定年退職日までの
間、短時間で勤務するという選択肢を用意するものであることから、定年
前再任用短時間勤務職員の任期は、定年前再任用の日から常勤職員の定年
退職日に相当する日までの間とされている（したがって、60歳で退職し、
再任用される職員の場合、65歳定年引上げ完成後には任期は5年となる。
国家公務員法60条の2第2項）。

　再任用後、定年前再任用短時間勤務職員を常勤の官職に異動させること
は認められていない（国家公務員法60条の2第4項）。

ウ　勤務時間、休暇、給与

　勤務時間は1週間当たり15時間30分から31時間までの範囲内で各省
各庁の長が定める時間となる（勤務時間休暇法5条2項）。

　休暇の種類（年次休暇、病気休暇、特別休暇、介護休暇及び介護時間）
は常勤職員と同じであるが、年次休暇は、勤務時間等を考慮し、常勤職員

270　　第11章　シニア職員の雇用

に付与される日数（20 日）よりも短い日数が付与される。例えば、1 週間ごとの勤務日の日数及び勤務日ごとの勤務時間の時間数が同一である定年前再任用短時間勤務職員の場合は、「20 日×1 週間の勤務日の日数／5 日」が年次休暇の日数となる（勤務時間休暇法 17 条 1 項 1 号、人事院規則 15-14 第 18 条）。

　俸給月額は、「各俸給表の職務の級ごとに設定された**基準俸給月額**×定年前再任用短時間勤務職員の 1 週間当たりの勤務時間／38 時間 45 分（常勤職員の 1 週間当たりの勤務時間）」で算出した額（各職務の級ごとに単一の俸給月額）である（一般職給与法 8 条 12 項）。

　諸手当のうち、通勤手当、単身赴任手当、地域手当（ただし、異動保障は適用されない。）、広域異動手当、期末手当・勤勉手当等の手当（ただし、期末手当・勤勉手当の年間支給月数は一般の職員よりも少ない（一般職給与法 19 条の 4 第 3 項・19 条の 7 第 2 項）。）は支給される。他方、扶養手当、住居手当、特地勤務手当（離島その他の生活の著しく不便な地に所在する官署に勤務する職員に支給される手当）など「長期継続雇用を前提にライフステージに応じた生計費の増加等に対処する目的で支給される生活関連手当や主として人材確保を目的とする手当」（「国家公務員の 60 歳以降の働き方について―情報提供・意思確認制度に基づく情報提供パンフレット―」（令和 6 年 1 月版　人事院給与局・内閣官房内閣人事局）24 頁）は支給されない（同法 19 条の 8 第 3 項）。

【定年前再任用短時間勤務職員に支給する手当の見直し】

　人事院は、令和 6 年 8 月 8 日、定年前再任用短時間勤務職員が、勤務地を異にする異動を含め全国の様々な勤務先で活躍できるよう、異動の円滑化に資する手当（地域手当の異動保障、住居手当、特地勤務手当等）を支給すること（令和 7 年 4 月 1 日から実施）について国会及び内閣に対して勧告を行っている（「職員の給与に関する報告」42 頁・58 頁、「勧告」74 頁・75 頁）。

10　今後の課題

　定年の引上げを意義あるものとするためには、若手・中堅職員を含めた

第 2 節　定年の 65 歳への引上げ　271

組織全体の活力を維持するため、能力及び実績に基づいた昇任等の人事管理の徹底が必要であることはもとより、豊富な知識、技術、経験等を有するシニア層の職員にその能力を存分に発揮して活躍してもらうことが必要であり、そのための人事運用がなされることが極めて重要となる。

(1) シニア職員の活躍

60歳以上のシニア職員には、60歳到達時までに培った知識、技術、経験等をいかして活躍することが期待されている。具体的な職務内容は個々の職員の能力、適性に応じて決定されることになるが、①専門性をいかして60歳前の職員と同様に現場の業務に従事する、②経験や人脈をいかして交渉、調整などの職務に従事する、③各行政分野の専門的な知識・経験をいかした調査・研究・分析を行う、④知識・経験を若手に継承する役割を担うことなどが想定される。

管理監督職勤務上限年齢による降任等や俸給月額の7割措置により、求められる役割や職責の変化、処遇の変化等が生ずるシニア職員の貢献意欲の向上を図るため、各省庁の官房長クラスで構成される人事管理運営協議会において決定された「**国家公務員の定年引上げに向けた取組指針**」（令和4年3月25日人事管理運営協議会決定）においては、

① 職務内容に加えて期待する役割の提示
② シニア職員となる前後での研修や面談、日々のマネジメントによる意欲の鼓舞
③ 専門的知識・技術の学び直しなど、自己研鑽の機会の付与

等に取り組むとされている（同指針2(2)）。

(2) 計画的な人材育成、職員の主体的なキャリア形成支援

「国家公務員の定年引上げに向けた取組指針」においては、定年引上げに向けて重点的に取り組むべき事項の一つとして、職員の主体的な**キャリア形成**の支援が挙げられている。具体的には、「各府省等は、本人の適性を踏まえつつ、40〜50歳代、さらにはより若年時から中長期的な視野に立った人事配置・職務付与や研修を実施し、計画的な人材育成を行う。さ

らに、職員が自らの長期化する職業生活の設計について意識し、主体的に専門的知識や技術の習得に努め、長期的にモチベーションを維持し、長く公務で活躍できるよう、キャリア形成の支援に取り組む」とされている（同指針3(3)）。「若手・中堅職員に頼りにされるような専門能力を身に付けた上で、これまで培ってきた知識、技術、経験等を活用できるような職務に従事することができれば、高齢期に役割や職責の変更があったとしても、職員のモチベーションの維持を図ることができる」と考えられることからも（論点整理7頁）、計画的な人材育成や職員の主体的なキャリア形成の支援は一層重要な課題となると考えられる。

第12章

服務と懲戒

　服務とは、一定の目的のために設立された組織に所属する者がその組織との関係において遵守しなければならない規律である。組織がその目的を達成していくためには、組織内の秩序を維持し、組織に所属する者が与えられた役割を適切に果たしていくことを確保するための規律が必要である。

　国家公務員については、憲法15条において、公務員は**全体の奉仕者**であるとされていることを受け、国家公務員法96条において服務の基本原則を規定した上で、この基本原則に即して職員に義務を課し、職員の行為を制限する規定を同法97条以降に置いている。

　さらに、服務については、国家公務員法のほか、職務の執行の公正さに対する国民の疑惑や不信を招く行為の防止を図り、公務に対する国民の信頼を確保することを目的に国家公務員倫理法や国家公務員倫理規程が制定され、職務に係る倫理の保持に資するため必要な措置も講じられている。

　本章では、**第1節**において、国家公務員法により職員には具体的にどのような服務上の義務が課され、どのような行為が制限されているのかについて、また、**第2節**において、職務に係る倫理の保持に資するため、国家公務員倫理法等によりどのような措置が講じられているのかについて概説する。

　職員の服務規律の遵守を確保するため、国家公務員法は懲戒についても定めており、**第3節**においては、懲戒処分の事由、種類と効果などについて概説する。

274　第12章　服務と懲戒

第1節 服　　務

1　服務の根本基準

　服務の根本基準として、職員は、①国民全体の奉仕者として、「公共の利益」のために勤務すること、②全力を挙げて職務の遂行に専念すること、という服務に関する2つの基本原則が規定されている（国家公務員法96条1項）。

　「公共の利益」という概念は抽象的であり、何が公共の利益であるか、積極的な判断基準を示すことは難しい。もっとも、行政は法令に基づき全ての国民に対して中立的に執行されるべきものであり、例えば、①職務上知り得た情報について国民の一部に対してのみ有利な取扱いをするなど、国民に対して不当な差別的な取扱いをすること、②職務や地位を自らや自らの組織のための私的な利益のために用いること（国家公務員倫理法3条1項2項）などが、公共の利益に反することは否定の余地がないと思われる。他方、行政執行と異なり、大臣が行う政策の立案・調整・決定を専門的な知識、経験に基づき公務員が補佐する職務については、社会経済情勢は日々変化し、国民の価値観は多様化しており、公務員がそれぞれ自由に「公共の利益」を判断することの是非もあり、客観的な判断材料（データ、選択肢、留意点等）を提供・提示し、時に必要な進言をしつつ、大臣の方針や指示に沿って行われることが適当という考え方もあり得ると思われる。

2　服務の宣誓

　職員は、**服務の宣誓**をすることを義務付けられている。具体的には、新たに職員となった者は、「私は、国民全体の奉仕者として公共の利益のために勤務すべき責務を深く自覚し、日本国憲法を遵守し、並びに法令及び上司の職務上の命令に従い、不偏不党かつ公正に職務の遂行に当たることをかたく誓います」という内容の宣誓書を任命権者に提出しなければならないとされている（国家公務員法97条、服務宣誓政令1条1項・別記様式）。なお、国家公務員法に規定する服務上の義務は、職員として採用された時点で課せられており、宣誓書の提出により課せられるものではない。宣誓

第1節　服　務　275

は、新たに職員となった者に全体の奉仕者である国家公務員として尽くすべき責務、服務上の義務について自覚させるために行われるものである。

3　法令及び上司の命令に従う義務

　職員は、その職務を遂行するに当たって、法令に従わなければならず（**法令遵守義務**）、また、上司の職務上の命令（**職務命令**）に忠実に従わなければならないとされている（国家公務員法98条1項）。

　「法令」とは、職務を遂行するに当たって従うべき法令であり、国家公務員の立場、職務を離れて、一人の国民として従うべき法令は直接関係しない。「上司」とは、職務上の上位者として職員を指揮監督する権限を有する者のことである。「職務」とは、各府省の設置法、組織令（政令）、組織規則（府省令）、内部組織を定める訓令・通達等によって定められているものが基本となるが、業務の繁閑を勘案し、あるいは、緊急の課題への対応の必要性などに鑑み、職務命令により、本来の職務とは別に職務が付加されることもある。なお、超過勤務命令や出張命令、研修受講命令も職務命令である。

　職務命令は、①権限を有する上司が発出するものであること、②命令を受ける職員の職務に関するものであること、③職務命令の内容が法令に抵触しないことが必要であり、これらの要件を満たす職務命令には**服従義務**が生じ、従わない場合には懲戒処分の対象となる。

　「上司」でない者からの命令や「職務」におよそ関係のない命令など形式的な要件を具備しない命令に従う必要はないと考えられる。

　職務命令の内容が違法な場合に服従義務が生ずるのかについては、違法か否か判断が難しい場合もあり、①上司に対して職務命令について意見を述べることはあって然るべきであるが、命令を受けた部下職員に適法・違法の判断を委ねる（＝命令に従うか従わないかの判断を委ねる）ことが適当か、②命令を受けた職員の利益の保護をどう考慮すべきか、③統一的かつ能率的な行政執行の必要性をどう考えるか（例えば、上級行政機関が下級行政機関に対して発する訓令・通達に従い、行政執行を行う場合など（訓令・通達は職員に対する職務命令としての性格を有すると考えられる。））、④適法

276　第12章　服務と懲戒

な行政執行の確保の必要性をどう考えるかなどの論点が考えられる。

　見解は分かれており、職務命令の内容に重大かつ明白な瑕疵がある場合は、その職務命令は無効であり、命令に従う義務がないとする説、明白な瑕疵がある職務命令には従う義務がないとする説、違法であれば従う義務がないとする説、職務命令の内容がいかなる規範に反するかにより区別して考える説、訓令的職務命令と非訓令的職務命令に分けて考える説がある（村上博「職務命令と服従義務」髙木光・宇賀克也編『行政法の争点』（有斐閣・2014）194頁・195頁）。

　職務命令の内容が違法な場合に服従義務が生ずるのかについては、以上のように種々の見解があるが、例えば、次のような具体的なケースも想定して検討される必要があるように思われる。

① 「改善点を具体的に指示することなく、何日間にもわたって繰り返し文書の書き直しを命じる」、「緊急性がないにもかかわらず、毎週のように土曜日や日曜日に出勤することを命じる」など人事院規則10-16により禁止されているパワー・ハラスメント（同規則5条1項）になり得るような命令に従う必要があるのか（「パワー・ハラスメントを防止しパワー・ハラスメントに関する問題を解決するために職員が認識すべき事項についての指針」（人事院）第1。**第10章第4節**参照）。

② 特に緊急に処理する必要がある重要な業務（特例業務）に従事しているとして、上限時間を超える超過勤務を命じられた職員が、緊急性に欠け、特例業務には該当しないとして（特例業務でなければ、上限時間を超える超過勤務命令は人事院規則15-14第16条の2の2第1項に違反）、命令に従わない場合はどうか（**第10章第1節**参照）。

　なお、職務命令とその服従義務という服務の話から少し外れた仕事の進め方の一般論を述べれば、職務の性格や緊急の対応を要するなど具体の状況にもよるが、一般的な職場での通常業務では、極力、命令により服従させるのではなく、上司は部下とコミュニケーションを図り、仕事の意義などについて説明し、部下が納得して職務を遂行することが、モチベーションの維持・向上の観点からも重要であると考える。

4 争議行為等の禁止

　公務員の使用者は実質的には国民全体であり、公務員の労務提供義務は国民全体に対して負うものである。職員が争議行為等を行うことは、服務の根本基準に示された、①国民全体の奉仕者として公共の利益のために勤務する、②全力を挙げて職務の遂行に専念するという2つの基本原則と相容れず、公務の能率的な運営を阻害し、国民全体の共同の利益に重大な影響を及ぼすか、又はそのおそれがあるため、禁止されている（国家公務員法98条2項前段）。

　禁止されている行為は、①**同盟罷業、怠業**その他の**争議行為**、②政府の活動能率を低下させる**怠業的行為**である。「争議行為」とは、国の業務の正常な運営を阻害する行為である。例示されている「同盟罷業」とは、複数の職員が共同して労務を提供しないこと（ストライキ）であり、「怠業」とは、一応は労務の提供を続けながら、複数の職員が共同して意図的に作業能率を低下させて業務の正常な運営を阻害する行為である。「怠業的行為」は、業務の正常な運営を阻害するまでには至らない、政府の活動能率を低下させる行為である。

　また、職員であるか否かを問わず、**違法な争議行為等を企て、又はその遂行を共謀し、そそのかし、あおることが禁止**されている（国家公務員法98条2項後段）。違法な争議行為等の遂行を共謀し、そそのかし、あおった者、又はこれらの行為を企てた者は刑事罰の対象になる（同法111条の2第1号。刑法等の一部を改正する法律（令和4年法律第67号）の施行（＝令和7年6月1日から施行）に伴い、罰則の根拠は国家公務員法110条1項16号に改められる。）。なお、争議行為等に単に参加した職員は懲戒処分の対象となるが、刑事罰の対象にはならない。

5 信用失墜行為の禁止

　職員が法令に違反する行為や不適切な行為を行った場合、本人はもとより、所属する組織、更には国家公務員全体の信用を失うことにつながりかねない。公務に対する国民の信頼を確保するため、職員の職務上の行為にとどまらず、勤務時間外の私的な行為も含めて、職員がその官職の信用を

傷つけ、又は官職全体の不名誉となるような**信用失墜行為**を行うことが禁止されている（国家公務員法 99 条）。例えば、セクシュアル・ハラスメントは、その態様等によっては信用失墜行為に該当する（「セクシュアル・ハラスメントをなくするために職員が認識すべき事項についての指針」（人事院）第 1）。また、ソーシャルメディアを私的に利用し、職務の公正性に疑義を生じさせるおそれのある内容の発信、他人を誹謗中傷する内容の発信や社会規範に反する発信（差別的発言等）をすることは、信用失墜行為に該当する場合がある（「国家公務員のソーシャルメディアの私的利用に当たっての留意点」（平成 25 年 6 月総務省人事・恩給局）3.(1)）。

6 守秘義務

職員は、職務を遂行する中で様々な情報に接するが、その取扱いについて規律を設けず、職員の判断次第で全て自由に公開することができるとすると、公共の利益や個人・法人の利益を害し、適正な公務の遂行を困難にするなどの重大な問題が生じ、公務に対する国民の信頼を損ないかねない。このため、職員には、**職務上知ることのできた秘密**を、退職後も含めて、漏らしてはならないとする義務（**守秘義務**）が課されている（国家公務員法 100 条 1 項）。

「**秘密**」について、**最高裁昭和 52 年 12 月 19 日第二小法廷判決（徴税トラの巻事件）**は「国家公務員法一〇〇条一項の文言及び趣旨を考慮すると、同条項にいう「秘密」であるためには、国家機関が単にある事項につき形式的に秘密の指定をしただけでは足りず、右「秘密」とは、非公知の事項であつて、実質的にもそれを秘密として保護するに価すると認められるものをいうと解すべき」としている。

どのような事項が秘密に当たるかについては、一義的には、当該事項に関することを所掌する省庁において具体の事案に即して個別具体的に判断すべきものであり、最終的には司法判断に服することになる。

「職務上知ることのできた秘密」とは、「隊員が担当している職務に直接関係する秘密のほか、当該職務に直接関係しない秘密であっても当該職務の遂行に関連して知り得たものを含む」とする自衛隊法 59 条 1 項の「職

務上知ることのできた秘密」についての解釈（「衆議院議員金田誠一君提出防衛庁の秘密と関係職員との関係に関する質問に対する答弁書」（平成 13 年 9 月 11 日内閣衆質 152 第 8 号））と同様と考えられる。例えば、「税務署の職員が税務調査によって偶然知り得た納税者の家庭的事情」なども含まれる（「義務違反防止ハンドブック」（令和 6 年 3 月人事院）7 頁）。

なお、「行政文書の管理に関するガイドライン」（平成 23 年 4 月 1 日内閣総理大臣決定、令和 4 年 2 月 7 日全部改正）においては、特定秘密（特定秘密保護法 3 条 1 項に規定する特定秘密）以外の公表しないこととされている情報が記載された行政文書のうち秘密保全を要する行政文書（秘密文書）の管理について、極秘文書、秘文書に区分して、秘密文書の指定をすることとされている（同ガイドライン 32 頁）。各行政機関において、このガイドラインを踏まえて制定されている行政文書管理規則（公文書管理法 10 条）に基づき秘密文書指定が行われている場合、秘密指定された文書を漏らしたときには、仮に守秘義務違反に該当しない場合であっても、国家公務員法 98 条 1 項の職務命令違反となり得る。

守秘義務違反は、懲戒処分のほか、刑事罰の対象となる（国家公務員法 109 条 12 号）。守秘義務に違反する行為を企て、命じ、故意にこれを容認し、そそのかし又はそのほう助をした者も刑事罰の対象となる（同法 111 条）。

【公益通報と守秘義務の関係】

公益通報者保護法における公益通報の対象となる「通報対象事実」は、「犯罪行為などの反社会性が明白な行為の事実であり、国家公務員法第百条第一項に規定する「秘密」として保護するに値しないと考えられる」ことから、「通報対象事実」について公益通報をしたとしても、守秘義務規定に違反するものではないと解されている（「衆議院議員串田誠一君提出公務員の守秘義務と内部告発に関する質問に対する答弁書」（平成 30 年 3 月 30 日内閣衆質 196 第 172 号））。

7 職務に専念する義務

勤務に対して報酬を得ている以上、勤務時間中、職務に専念することを求められるのは、民間企業においても基本的には同様であり、当然のこと

と考えられる。全体の奉仕者として国民全体に労務提供義務を負っている国家公務員に対しては、「その勤務時間及び職務上の注意力のすべてをその職責遂行のために用い、政府がなすべき責を有する職務にのみ従事しなければならない」として、国民の代表により組織される国会が制定する法律により**職務専念義務**が課されている（国家公務員法 101 条）。法律により職務専念義務が課されていることから、その免除のためには法令の根拠が必要である。例えば、勤務時間休暇法に基づき休暇の取得が承認される場合には、その期間については職務専念義務が免除される。

8　政治的行為の制限

(1)　政治的行為の制限の趣旨、内容

　行政の中立的な運営とこれに対する国民の信頼を確保するため、行政運営に携わる国家公務員は、国民全体の奉仕者として、一党一派に偏することなく、政治的に中立な立場を堅持して職務を遂行することが求められる。職務遂行における政治的な中立性を確保するために必要な規制として、職員は**政治的目的**をもって**政治的行為**を行うことが制限されている（国家公務員法 102 条、人事院規則 14-7）。「政治的目的」及び「政治的行為」は人事院規則で具体的に定められており、例えば、次のような政治的目的をもって行う政治的行為が制限されている。

①　公選による公職の選挙において特定の候補者を支持し又はこれに反対するために（政治的目的）、職名、職権、公私の影響力を利用することや、公選による公職の選挙において投票するように又はしないように勧誘運動をすること（政治的行為）（人事院規則 14-7 第 5 項 1 号・6 項 1 号 8 号）。

②　政党や政治的団体の役員・政治的顧問等となること、特定の政党や政治的団体の構成員となるように又はならないように勧誘運動をすること、政党や政治的団体の機関紙の発行、編集又は配布をすること（これらの行為はそれ自体で政治的目的を持つことから、他に別の政治的な目的をもって行うことなく、制限される。）（人事院規則 14-7 第 6 項 5 号〜7 号、「人事院規則 14-7 の運用方針について」4 (2)（五）〜（七））。

③　特定の内閣を支持し又は反対するために（政治的目的）、集会その他多

第 1 節　服　務　　281

数の人に接し得る場所で公に政治的目的を有する意見を述べること（政治的行為）（人事院規則14-7第5項4号・6項11号）。

④　政治の方向に影響を与える意図（政治の方向に影響を与える意図とは、憲法に定められた民主主義政治の根本原則を変更しようとする意思をいうと解されている。）で特定の政策を主張し又はこれに反対するために（政治的目的）、署名運動の企画、主宰又は指導をすること（政治的行為）（人事院規則14-7第5項5号・6項9号、「人事院規則14-7の運用方針について」4 (1)（五））。

⑤　国又は公の機関において決定した政策の実施を妨害する（実施を妨害するとは、有形無形の威力をもって組織的、計画的又は継続的にその政策の目的の達成を妨げることをいい、単に政策を批判することは妨害には当たらないと解されている。）ために（政治的目的）、多数の人の行進その他の示威運動の企画、組織又は指導をすること（政治的行為）（人事院規則14-7第5項6号・6項10号、「人事院規則14-7の運用方針について」4 (1)（六））。

　他方、例えば、役員や政治的顧問ではなく単に政党の党員となることや政治家の後援会に単に入会することは禁止されていない。

　政治的行為制限違反は、懲戒処分のほか、刑事罰の対象になる（国家公務員法111条の2第2号。刑法等の一部を改正する法律の施行に伴い、罰則の根拠は国家公務員法110条1項18号に改められる。）。

(2) 政治的行為の制限の合憲性

　特定の政党を支持する目的でその党の公認候補者の選挙用ポスターを公営掲示場に掲示した行為が政治的行為の制限に違反するとして起訴された事案についての**最高裁昭和49年11月6日大法廷判決（猿払事件）**は、政治的行為は、政治的意見の表明としての面も有することから、その限りにおいて、憲法21条（表現の自由）による保障を受けるが、公務員の政治的中立性を損なうおそれのある公務員の政治的行為を禁止することは、次の理由により、それが合理的で必要やむを得ない限度にとどまるものである限り、憲法の許容するところであると判示している。

① 行政の分野における公務は、議会制民主主義に基づく政治過程を経て決定された政策の忠実な遂行を期し、国民全体に対する奉仕を旨とし、政治的偏向を排して運営されなければならず、そのためには、個々の公務員が、政治的に、一党一派に偏することなく、中立の立場を堅持して、その職務の遂行に当たることが必要となる。すなわち、

② 行政の中立的運営が確保され、これに対する国民の信頼が維持されることは、憲法の要請にかなうものであり、公務員の政治的中立性が維持されることは、国民全体の重要な利益にほかならない。

政党の機関紙の配布が政治的行為の制限に違反するとして起訴された事案についての**最高裁平成24年12月7日第二小法廷判決（堀越事件）**は、「政治的行為」の解釈を次のとおり示している。

① 国家公務員法102条1項にいう「政治的行為」とは、公務員の職務の遂行の政治的中立性を損なうおそれが、観念的なものにとどまらず、現実的に起こり得るものとして実質的に認められるものを指し、同項はそのような行為の類型の具体的な定めを人事院規則に委任したものと解するのが相当である。

② 人事院規則14-7第6項7号（政党の機関紙の配布を禁止する規定）は、同号が定める行為類型に文言上該当する行為であって、公務員の職務の遂行の政治的中立性を損なうおそれが実質的に認められるものを禁止の対象となる政治的行為と規定したものと解するのが相当である。

(3) 国民投票運動、憲法改正に関する意見の表明

職員も国民であり、主権者の一人であることから、国会が憲法改正を発議した日から国民投票の期日までの間、**国民投票運動**（憲法改正案に対し賛成又は反対の投票をし又はしないよう勧誘する行為をいう。）及び**憲法改正に関する意見の表明**をすることは認められている。ただし、その際に併せて、政党の機関紙を配布することや、特定の内閣を支持し又はこれに反対するため、公に政治的目的を有する意見を述べることなど、人事院規則14-7で禁止されている政治的目的を有する政治的行為を行うことは制限されている。また、職員は、その地位にあるため特に国民投票運動を効

果的に行い得る影響力又は便益を利用して、国民投票運動をすることも禁止されている（憲法改正国民投票法100条の2・103条1項）。

検察官及び警視正以上の警察官（いずれも一般職の国家公務員であり、国家公務員法及び人事院規則14-7が適用される。）は、国民投票運動を行うことが禁止され、これに違反した場合には刑事罰の対象となる（憲法改正国民投票法102条4号6号・122条）。

【地方公務員法の政治的行為の制限】

地方公務員法の政治的行為の制限については、国家公務員法及び人事院規則14-7の政治的行為の制限と比較すると次の違いがある。

① 人事院規則14-7第6項各号に規定する政治的行為の中には、地方公務員法では制限されていないものもあり、法定されていない行為を制限する場合には、条例で定めることが必要となる（地方公務員法36条2項）。

② 政治的行為を行うことを制限する区域が限定されており、職員の属する地方公共団体の区域（指定都市の区等に勤務する職員であれば区等の所管区域）外であれば、文書・図画を地方公共団体の庁舎、施設等に掲示する（させる）ことその他地方公共団体の庁舎、施設、資材又は資金を利用する（させる）こと以外の政治的行為を行うことができる（地方公務員法36条2項ただし書）。

③ 地方公務員法の政治的行為制限違反については、罰則規定が設けられていない。

なお、教育公務員特例法により、公立学校の教育公務員の政治的行為の制限については、当分の間、国家公務員の例（ただし、罰則規定は含まない。）によるとされている（同法18条）。

9 私企業からの隔離（役員兼業及び自営兼業の制限）

(1) 役員兼業及び自営兼業を制限する趣旨

職員が商業、工業又は金融業その他営利を目的とする私企業（営利企業）を営むことを目的とする会社その他の団体の役員・顧問・評議員の職を兼ねること（**役員兼業**）や、自ら営利企業を営むこと（**自営兼業**）は制限されている（国家公務員法103条1項）。職員に自由に役員兼業や自営兼業を行うことを認め、職員が営利企業の責任ある地位に就くことになれば、

国家公務員として職務に専念することがおろそかになるおそれがあり、また、兼業する営利企業の利益に配慮するなど、公共の利益のために勤務する職員の職務の公正な執行を損なうおそれもある。さらには、様々な営利企業が様々な企業活動を行っており、兼業しているという事実が国民の公務に対する信用を低下させるおそれもある。役員兼業及び自営兼業はこうした趣旨で制限されているものであり、職務専念義務の確保、職務の公正な執行の確保、公務の信用の確保の観点から、問題がないと確認・判断され、人事院の承認が得られれば、兼業することも可能になる（同条2項）。

(2) 役員兼業

「営利企業を営むことを目的とする会社その他の団体」とは、商業、工業、金融業等利潤を得てこれを構成員に配分することを主目的とする企業体をいう。また、「役員」とは、取締役、執行役、監査役、業務を執行する社員、理事、監事等をいう（人事院規則14-8第1項、「人事院規則14-8の運用について」第1項関係1項2項）。役員兼業は、報酬の有無を問わず、また、名義のみであっても、兼業に該当する。

(3) 自営兼業

「自ら営利企業を営むこと」（自営）とは、職員が自己の名義で商業、工業、金融業等を経営する場合をいい、名義が他人であっても職員本人が営利企業を営むものと客観的に判断される場合も該当する（「人事院規則14-8の運用について」第1項関係3項）。

①大規模に経営され客観的に営利を主目的とすると判断される農業、牧畜等、②一定規模以上の不動産・駐車場の賃貸（10室以上のアパートの賃貸、駐車台数10台以上の駐車場の賃貸、不動産・駐車場の賃貸料収入が年間500万円以上など）、③定格出力が10キロワット以上の太陽光発電設備を用いた太陽光電気の販売は自営に該当し制限される（不動産・駐車場などを相続して、賃貸を続ける場合であっても自営に該当し制限される。「人事院規則14-8の運用について」第1項関係4項）。

このほか、例えば、「インターネットオークションやフリーマーケット

アプリを用いての商品販売は、営利を追求する目的でアカウントを取得するなどして店舗を設けたり、不特定多数への販売目的で大量に仕入れるなどして、定期的・継続的に行えば、小売業を営むものとして自営に該当」し制限される（「義務違反防止ハンドブック」12頁）。また、「職員が民泊のホストとなる場合（インターネットサイト等を利用して、広く宿泊者の募集を行い、繰り返し人を宿泊させ宿泊料を受ける場合）」には、「旅館業や住宅宿泊事業を営むこととなるため、収入や件数の多寡」にかかわらず、自営に該当し制限される（同ハンドブック13頁）。

(4) 兼業の承認

　役員兼業及び自営兼業は、原則禁止であるが、人事院の定める承認基準に適合し、人事院の承認を得た場合には兼業が認められる。なお、行政職俸給表（一）7級（本省庁室長級）以下の職員など一定の職員の兼業についての人事院の承認権限は所轄庁の長に委任されており、所轄庁の長が兼業の可否を判断することになる（人事院規則 14-8 第 2 項）。

　自営兼業については、**承認基準**が定められており、承認されるためには、①職員の官職と事業との間に特別な利害関係又はその発生のおそれがないこと、②職員の職務の遂行に支障が生じないことが明らかであること、③公務の公正性・信頼性の確保に支障が生じないこと、④相続等で家業を承継した事業であること（不動産・駐車場の賃貸及び太陽光電気の販売以外の兼業の場合）が必要とされる（人事院規則 14-8 第 1 項、「人事院規則 14-8 の運用について」第 1 項関係 5 項）。役員兼業については、承認基準が定められていないが、そもそも承認される余地に乏しいと思われる。

【権限の委任と指揮監督】

　　国家公務員法では、人事院又は内閣総理大臣は、それぞれ人事院規則又は政令の定めるところにより、この法律に基づく権限の一部を他の機関に行わせることができるとされている（同法 21 条前段）。委任する場合でも、各省庁における統一的かつ適正な運用を確保する等の趣旨で、人事院又は内閣総理大臣は、委任した事務に関し、他の機関の長を指揮監督することができるとされている（同条後段）。

286　第 12 章　服務と懲戒

国家公務員法 103 条の規定に違反し、人事院の承認を得ずに、営利企業の地位に就いた者は、懲戒処分のほか、刑事罰の対象となる（同法 109 条13 号）。

【株式所有の報告】
　人事院は、株式の所有等により、営利企業の経営に参加し得る地位にある職員に対して、株式の所有関係等について報告を徴取することができる（国家公務員法 103 条 3 項）。職員は、自らが在職する国の機関と密接な関係にある株式会社の発行済株式総数の 3 分の 1（特例有限会社の場合は 4 分の 1）を超える株式を所有する場合には、人事院への報告が義務付けられている（人事院規則 14-21 第 2 条 1 項）。

10　他の事業又は事務の関与制限（役員兼業・自営兼業以外の兼業制限）

　職員は、報酬を得て、①営利企業以外の事業の団体の役員・顧問・評議員の職を兼ねることや、②営利企業を含むあらゆる事業又は事務に従事することが制限されており、これらの兼業を行うためには、内閣総理大臣及び所轄庁の長の許可を得ることが必要である（国家公務員法 104 条）。規制の趣旨は、役員兼業及び自営兼業の制限（**9** 参照）の場合とほぼ同様であり、許可を得ず、報酬を得て兼業を行った者は、懲戒処分の対象になる。罰則は設けられていない。

(1) 制限の対象となる兼業

　「報酬」とは、労務、仕事の完成、事務処理の対価として支払われる金銭をいい、交通費等の実費弁償は含まれない（「国家公務員の兼業について（概要）」（平成 31 年 3 月内閣官房内閣人事局）3 頁）。「事業又は事務に従事する」とは、職務以外の事業又は事務に継続的又は定期的に従事することをいうと解されており、単発的な講演や雑誌等への執筆で報酬を得る場合は、これに当たらない（「国家公務員の兼業について（概要）」3 頁）。ただし、単発的なものであっても、本省庁課長補佐級以上の職員が 5,000 円を超える報酬を得る場合には贈与等報告書の提出が必要になる（国家公務員倫理法6 条 1 項）。また、職員は、利害関係者からの依頼に応じて報酬を受けて、

第 1 節　服　務　　287

講演等をしようとする場合は、あらかじめ倫理監督官の承認が必要である（国家公務員倫理規程 9 条 1 項）。

(2) 兼業の許可

　内閣総理大臣及び所轄庁の長の許可を得れば兼業は可能である。行政職俸給表（一）7 級（本省庁室長級）以下の職員など一定の職員の兼業については、内閣総理大臣の許可権限が所轄庁の長に委任されていることから（兼業許可政令 1 条）、所轄庁の長が兼業の可否を判断することになる。

　職務専念義務の確保、職務の公正な執行の確保、公務の信用の確保の観点から、許可基準が定められており、兼業が許可されるためには、①職務の遂行に支障が生じないこと、②兼業による心身の著しい疲労のため、職務遂行上その能率に悪影響を与えないこと、③在職する国の機関と兼業先との間に利害関係がないこと、④兼業する事業の経営上の責任者とならないこと、⑤公務の信用を傷つけるおそれがないことが必要とされる（兼業許可内閣官房令 1 条、「職員の兼業の許可について」（昭和 41 年 2 月 11 日総人局第 97 号）第 3、「国家公務員の兼業について（概要）」3 頁）。

　「未来投資戦略 2018」（平成 30 年 6 月 15 日閣議決定）において、多様で柔軟なワークスタイルの促進の一つの項目として、「国家公務員については、公益的活動等を行うための兼業に関し、円滑な制度運用を図るための環境整備を進める」こととされたことを踏まえ（同戦略 110 頁）、内閣官房内閣人事局は、上記②及び⑤について、以下のとおり許可基準の明確化を図っている（「「職員の兼業の許可について」に定める許可基準に関する事項について（通知）」（平成 31 年 3 月 28 日閣人人第 225 号））。

ⅰ　兼業に従事する時間（原則として、兼業時間数が、週 8 時間以下、1 か月30 時間以下、平日（勤務日）3 時間以下であること）（上記②関係）

ⅱ　兼業先（非営利団体であって、定款等に記載されている目的が公務の信用を傷つけるおそれがないこと、設立目的に沿った活動実績があること、業務停止命令等の不利益処分を受けていないこと等）（上記⑤関係）

ⅲ　兼業することによって得る報酬の額（社会通念上相当と認められる程度を超えない額であること）（上記⑤関係）

なお、営利企業における兼業については、原則として許可されない。

【民間企業における服務規律】

　「モデル就業規則」（令和5年7月版　厚生労働省労働基準局監督課）の10条・11条には、①会社の指示命令への服従、②職場秩序の維持、③許可なく職務以外の目的で会社の施設・物品を使用することの禁止、④職務に関連して自己の利益を図る行為の禁止、⑤勤務中の職務専念義務、⑥会社の名誉・信用を損なう行為の禁止、⑦業務上知り得た会社・取引先の機密漏洩の禁止等の服務規律についての規定例が示されている。実際にどのような事項を定めるかは個々の企業の判断であるが、モデル就業規則に示されている内容は、国家公務員法の服務に関する規定の内容に概ね包含されていると考えられる。なお、副業・兼業については、「モデル就業規則」では、服務規律（3章）とは別の章（14章）に規定例が示されている。

第2節　職務に係る倫理の保持

1　国家公務員倫理法

　国民から負託された公務である職務の執行の公正さに対する国民の疑惑や不信を招くような行為の防止を図り、公務に対する国民の信頼を確保することを目的として、国家公務員の職務に係る倫理の保持に資するため必要な措置を講ずる**国家公務員倫理法**が平成11年に**議員立法**により制定されている。国家公務員法には服務の規定が設けられているが、これでは足らずに議員立法がなされた背景には、過剰な接待、収賄などの幹部公務員の不祥事が続発し、国家公務員に対する国民の厳しい批判や公務に対する信頼の失墜を招いていたことがあった。

　国家公務員倫理法は、①職員が遵守すべき職務に係る倫理原則、②倫理の保持を図るために必要な事項を定める国家公務員倫理規程（政令）の制定、③本省庁課長補佐級以上の職員が受けた贈与等の報告、④本省庁審議官級以上の職員の株取引等や所得等の報告、⑤職務に係る倫理の保持に関する事務を所掌する国家公務員倫理審査会の設置などを定めている。

(1) 倫理原則

職員が遵守すべき職務に係る**倫理原則**として、①国民全体の奉仕者であることを自覚し、常に公正な職務の執行に当たるべきこと、②職員自身や所属組織の私的な利益のために職務や地位を利用することの禁止、③国民の疑惑や不信を招く行為の禁止が定められている（国家公務員倫理法3条）。

倫理原則を踏まえ、内閣には、国家公務員倫理審査会の意見を聴いて国家公務員倫理規程（政令）を定めることが求められている。その規程には、職員の職務に利害関係を有する者からの贈与等の禁止など国民の疑惑や不信を招くような行為を防止するために職員が遵守すべき事項が含まれる必要がある（国家公務員倫理法5条）。

(2) 贈与等報告書、株取引等報告書及び所得等報告書

本省課長補佐級以上の職員は、**事業者等**（法人その他の団体及び事業を行う個人）から、①金銭・物品等の財産上の利益の供与や供応接待を受け、又は②事業者等と職員の職務との関係に基づき提供する人的役務に対して報酬（講演等の報酬）の支払いを受け、それらの価額が1件5,000円を超える場合には、四半期ごとに**贈与等報告書**を各省各庁の長等に提出することが義務付けられている（国家公務員倫理法6条1項、国家公務員倫理規程11条1項）。

本省審議官級以上の職員には、**株取引等報告書**及び**所得等報告書**を毎年各省各庁の長等に提出する義務も課されている（国家公務員倫理法7条1項・8条1項）。

これらの報告書（贈与等報告書は指定職以上の職員（本省審議官級以上の職員等）のものに限る。）の写しは各省各庁の長等から国家公務員倫理審査会に送付され、国家公務員倫理審査会において**報告書の審査**（国民の疑惑や不信を招くような不適切な贈与、株取引等や所得等はないか（「令和5年度年次報告書」（人事院）169頁・170頁））が行われる（国家公務員倫理法6条2項・7条2項・8条3項・11条6号）。

「事業者等との間の透明性の確保を通じて不適切な贈与等の防止を図る観点から」（「令和5年度年次報告書」（人事院）169頁）、何人も、各省各庁の

長等に対し、1件につき 20,000 円を超える部分の**贈与等報告書の閲覧**を請求できるとされている（国家公務員倫理法 9 条 2 項）。

(3) 国家公務員倫理審査会、倫理監督官

人事院に置かれる**国家公務員倫理審査会**は、両議院の同意を得て、内閣が任命する会長及び 4 人の委員（うち 1 人は人事官）により組織される（国家公務員倫理法 10 条・13 条 1 項・14 条 1 項 2 項）。職権行使の独立性が認められ、以下の事務等を所掌する（同法 11 条・12 条・23 条～26 条・28 条等）。

① 国家公務員倫理規程の制定・改廃に関して、案をそなえて内閣に意見を申し出ること。

② 国家公務員倫理法又は国家公務員倫理規程に違反した場合の懲戒処分の基準の作成及び変更に関すること。

③ 職務に係る倫理の保持のための研修に関する総合的企画及び調整を行うこと。

④ 贈与等報告書、株取引等報告書及び所得等報告書の審査を行うこと。

⑤ 国家公務員倫理法又は国家公務員倫理規程違反の疑いがある場合に任命権者に調査及びその経過報告を求め、必要に応じ任命権者と共同で調査を実施すること（特に必要があれば単独で調査を行うこともできる。）。

⑥ 国家公務員倫理法又は国家公務員倫理規程違反を理由に任命権者が行う懲戒処分を承認すること（違反行為の内容を審査し、処分案が適正かどうか判断）。

各行政機関等には**倫理監督官**（各省庁の事務次官等が充てられている。）が置かれ、所属の職員に対して倫理保持に関し必要な指導等を行うこととされている（国家公務員倫理法 39 条）。

2　国家公務員倫理規程

国家公務員倫理規程は、職務を遂行する上で国民の疑惑や不信を招かないよう、職員が利害関係者との間で禁止される行為や利害関係者と共に飲食をする場合の届出等について詳細に規定している。

(1) 利害関係者

利害関係者（職員の職務に利害関係を有する者）とは、「職員が当該者との間で国家公務員倫理規程の定める一定の行為を行うことが、職務の執行の公正さに対する国民の疑惑や不信を招くおそれがある者」（「国家公務員倫理規程解説」（人事院 HP）3 頁）である。具体的には、職員が職務として携わる①許認可等、②補助金等の交付、③立入検査・監査・監察、④不利益処分、⑤行政指導、⑥事業の発達・改善・調整、⑦契約、⑧予算の査定、級別定数の設定・改定、定員の審査（級別定数の設定・改定、定員の審査については**第 15 章**参照）に関する事務の相手方が利害関係者として定められている（国家公務員倫理規程 2 条 1 項）。

職員が人事異動により他の官職に就き、直接の利害関係がなくなった場合も、異動前に利害関係のあった者から贈与や供応接待を受けると、後任の職員に対して影響力を行使することにより、職務の執行の公正さを歪めるのではないかとの国民の疑惑や不信を招くことから、異動前に利害関係にあった者は異動後原則 3 年間は引き続き利害関係にある者とみなされる（国家公務員倫理規程 2 条 2 項。「国家公務員倫理規程解説」9 頁）。

(2) 利害関係者との間で禁止されている行為

職員は次の行為を行うことが禁止されている（国家公務員倫理規程 3 条 1 項）。

① 利害関係者から i 金銭、物品、不動産の贈与（せん別、祝儀、香典、供花等も含まれる。ただし、例えば、結婚披露宴において実費相当の祝儀は受け取れる（「国家公務員倫理規程質疑応答集」（人事院 HP）5 頁））、ii 金銭の貸付け、iii 無償での物品・不動産の貸付けや役務の提供を受けること。

② 利害関係者から未公開株式を譲り受けること。

③ 利害関係者から供応接待を受けること。

④ 利害関係者と共に遊技（麻雀・ポーカーなど）、ゴルフや私的な旅行をすること。

⑤ 利害関係者に要求して第三者に対して①から④までの行為をさせるこ

と（例えば、利害関係者である業者に要求して、自分の親族が経営する
会社に無償で不動産を貸付けさせることなどが該当する。）。

(3) 利害関係者との間であっても禁止されていない行為

　利害関係者との間の行為であっても、次の行為は、職務の公正な執行に
対する国民の疑惑や不信を招くとは考えにくいことから、禁止されていな
い（国家公務員倫理規程3条2項）。
① 広く一般に配布するための宣伝用物品、記念品の贈与を受けること。
② 多数の者が出席する立食パーティーにおいて、記念品の贈与を受ける
　 ことや飲食物の提供を受けること。
③ 職務上の訪問の際に、利害関係者から提供される物品を使用すること
　 や自動車（利害関係者が業務等で日常的に利用しているものに限る。）
　 を利用すること（周囲の交通事情等から相当と認められる場合に限る。）。
④ 職務上の会議において、茶菓や簡素な飲食物の提供を受けること。

(4) 禁止されている行為を例外的に行うことができる場合

　私的な関係（職員としての身分にかかわらない関係をいう。）がある利
害関係者との間では、職務上の利害関係の状況、私的な関係の経緯及び現
在の状況、行おうとする行為の態様等に鑑み、公正な職務の執行に対する
国民の疑惑や不信を招くおそれがない場合に限り、**(2)** の行為（ただし、
「利害関係者に「要求」するという反倫理性の強さにかんがみ」、**(2)** の⑤は除
く（「国家公務員倫理規程解説」12頁）。）を行うことができる（国家公務員倫
理規程4条）。私的な関係がある者としては、例えば、親族、学生時代の
友人、地域活動で知り合った者などが想定される（「国家公務員倫規程解
説」15頁））。

(5) 利害関係者以外の事業者等との間において禁止されている行為

　利害関係者に該当しない事業者等からであっても、同じ相手から繰り返
し供応接待を受けることや高額な贈与を受けることなど、社会通念上相当
と認められる程度を超えて供応接待又は財産上の利益の供与を受けること

第2節　職務に係る倫理の保持　293

は禁止されている（国家公務員倫理規程5条1項）。また、物品・不動産の購入・借受け又は役務の受領の対価をその場に居合わせない事業者等に支払わせること（いわゆるつけ回し）は、事業者等が利害関係者であるか否かにかかわらず、禁止されている（同条2項）。

(6) 特定の書籍等の監修等に対する報酬の受領の禁止

国の補助金等や国が直接支出する費用で作成される書籍等や国が作成数の過半数を買い入れる書籍等について、監修又は編さんに対する報酬を受け取ることは禁止されている（国家公務員倫理規程6条1項）。

(7) 職員の職務に係る倫理の保持を阻害する行為等の禁止

組織ぐるみで違反行為が拡大し、重大化することを抑止するため、次の行為は禁止されている（国家公務員倫理規程7条。「国家公務員倫理規程解説」20頁）。

① 他の職員が国家公務員倫理規程違反の行為によって得た財産上の利益であることを知りながら、その利益を受け取ることや享受すること。

② 自己又は自己の属する行政機関等の他の職員が国家公務員倫理法又は国家公務員倫理規程に違反する行為を行った疑いがある事実について、虚偽の申述を行うことや隠ぺいをすること。

③ 部下職員が国家公務員倫理法又は国家公務員倫理規程に違反する行為を行った疑いがある場合に、管理職の職員が黙認すること。

(8) 利害関係者と共に飲食をする場合の届出

自己の飲食に要する費用を①自らが負担する場合、又は②利害関係者以外の第三者が負担する場合には、利害関係者と共に飲食をすることができるが、自己の飲食に要する費用が10,000円を超えるときは、あらかじめ倫理監督官に届け出る必要がある（国家公務員倫理規程8条）。ただし、自分が支払った金額が実際にかかった自己の飲食の費用より少なく（＝厳格な割り勘になっていない。）、その差額分を利害関係者が負担することは、差額分の供応接待を受けることになり、禁止される（同規程3条1項）。ま

294　第12章　服務と懲戒

た、利害関係者以外の第三者である事業者等が負担する場合であっても、社会通念上相当と認められる程度を超える飲食は認められない（同規程 5 条 1 項）。

(9) 講演等に関する規制

　第 1 節 **10 (1)** で述べたとおり、利害関係者からの依頼に応じて報酬を受けて、講演等をしようとする場合は、事前に倫理監督官の承認が必要となる（国家公務員倫理規程 9 条 1 項）。

第3節　懲　　戒

1　懲戒の内容（懲戒処分の事由、種類と効果）

　懲戒処分は、国民全体の奉仕者である公務員としてふさわしくない非違行為があった場合に、任命権者が、その責任を確認し、公務員関係の秩序を維持するために、職員に科する**公務組織内部での制裁**である。懲戒処分と刑事罰は目的、性質、効果が異なることから、懲戒処分と刑事罰が併せて行われることもある（刑事罰は、「国が統治の作用を営む立場において、国民全体の共同利益を擁護するため、その共同利益を損う特定の行為について科する司法上の制裁」である（最高裁昭和 49 年 11 月 6 日大法廷判決）。）。

(1) 懲戒処分の事由

　国家公務員法 82 条 1 項においては、次のいずれかに該当する場合には、懲戒処分を行うことができるとされている。

① 　国家公務員法又は国家公務員倫理法に違反した場合や、これらの法律に基づく命令に違反した場合

② 　職務上の義務に違反し、又は職務を怠った場合

③ 　国民全体の奉仕者たるにふさわしくない非行のあった場合

　①は、国家公務員法、国家公務員倫理法やこれらの法律に基づく命令違反についてのみ規定しているが、他の法令であっても、国家公務員として職務を遂行するに当たって従うべき法令に違反すれば、国家公務員法 98

条の法令遵守義務に違反することから、結果として、①に違反することになる。また、上司の職務上の命令に従う義務（同法98条1項）や職務専念義務（同法101条）に違反することは、国家公務員法に違反することから①に該当するとともに、職務上の義務に違反して②にも該当することになる。

(2) 懲戒処分の種類と効果等

懲戒処分には、**免職、停職、減給、戒告**の4つの種類がある。

免職は、職員の身分を剥奪し、公務員関係から排除する処分である。停職は、1日以上1年以下の期間で、職員としての身分は保有させたまま職務に従事させず、給与も支給しない処分である（国家公務員法83条、人事院規則12-0第2条）。減給は、1年以下の期間、俸給の月額の5分の1以下に相当する額を給与から減ずる処分である（同規則3条）。戒告は、懲戒事由に該当する場合に、その責任を確認し、将来を戒めるための処分である（同規則4条）。

懲戒処分を受けることに伴い、免職の場合は退職手当は原則支給されず、その他の懲戒処分の場合は、一定期間、昇任・昇格させることはできなくなり、昇給区分は、その処分に応じ、最下位（E）又は下位（D）に決定され、勤勉手当については、成績区分が「良好でない」として成績率が決定される（**第6章第1節・第9章第1節**参照）。

(3) 懲戒処分の量定

懲戒事由がある場合、懲戒処分をすべきかどうか、処分するときに免職、停職、減給、戒告のいずれの処分を科すかについては、「懲戒事由に該当すると認められる行為の原因、動機、性質、態様、結果、影響等のほか、当該公務員の右行為の前後における態度、懲戒処分等の処分歴、選択する処分が他の公務員及び社会に与える影響等、諸般の事情を考慮して」（**最高裁昭和52年12月20日第三小法廷判決（神戸税関事件）**）、懲戒権者である任命権者の裁量により決定される。懲戒権者の裁量について、同最高裁判決は、「もとより、右の裁量は、恣意にわたることを得ないものであ

ることは当然であるが、懲戒権者が右の裁量権の行使としてした懲戒処分
は、それが社会通念上著しく妥当を欠いて裁量権を付与した目的を逸脱し、
これを濫用したと認められる場合でない限り、その裁量権の範囲内にある
ものとして、違法とならないものというべきである」としている。

　人事院は、任命権者が懲戒処分に付すべきと判断した事案について、処
分量定を決定するに当たっての参考に供することを目的として、代表的な
事例における標準的な懲戒処分の種類について指針（**「懲戒処分の指針に
ついて」**（平成 12 年 3 月 31 日職職-68））を発出している。

　なお、各省庁においては、職員の非違行為について、懲戒処分を行うま
でには至らないが、職員にその責任を自覚させ、服務を厳正に保持するた
め、指導監督上の措置（**矯正措置**）として、内規（訓令等）に基づき、**訓
告、厳重注意、注意**などが行われている。訓告その他の矯正措置の対象と
なる事実（昇給区分の決定については勤務成績に及ぼす影響の程度が軽微
であるものを除く。）があった場合には、昇給区分は下位（D）に決定さ
れ、また、勤勉手当については、成績区分が「良好でない」として成績率
が決定される。

2　懲戒の手続

(1)　懲戒処分の手続と救済措置

　懲戒処分は任命権者が文書を交付して行い（人事院規則 12-0 第 5 条 1 項）、
その際には処分の事由を記載した説明書（**処分説明書**）を交付しなければ
ならない（国家公務員法 89 条 1 項）。懲戒処分についての不服がある者は、
処分説明書を受領した日の翌日から起算して 3 か月以内に、人事院に対し
て審査請求をすることができる（同法 90 条 1 項・90 条の 2。審査請求につい
ては**第 6 章第 3 節**参照）。

(2)　懲戒処分の公表

　人事院は、各省庁における懲戒処分の公表について指針（**「懲戒処分の
公表指針について」**（平成 15 年 11 月 10 日総参-786））を発出している。こ
の指針では、①職務遂行上の行為又はこれに関連する行為に係る懲戒処分、

第 3 節　懲　戒　297

又は②職務に関連しない行為に係る懲戒処分のうち免職又は停職である懲
戒処分について、事案の概要、処分量定、処分年月日及び所属、役職段階
等の被処分者の属性に関する情報を、個人が識別されない内容のものとす
ることを基本として公表するものとされており、この指針に沿って、公表
が行われることになる。

【民間企業における懲戒処分】

　民間企業においても、企業秩序の維持を図るため必要がある場合には、服
務規律に違反した労働者に対して懲戒処分が行われるが、使用者が懲戒処分
を行うためには、あらかじめ就業規則に懲戒の種別と事由を定めておくこと
が必要になる（**最高裁平成 15 年 10 月 10 日第二小法廷判決（フジ興産事
件）**）。労働基準法においても、使用者が「制裁」（懲戒と同義）の定めをす
る場合には、その種類及び程度に関する事項を就業規則に記載することが必
要とされている（同法 89 条 9 号）。

　「モデル就業規則」の 68 条には、①正当な理由のない無断欠勤、②業務
上の命令違反、③素行不良で社内の秩序・風紀を乱すこと、④重要な経歴の
詐称、⑤就業規則（遵守事項、ハラスメント禁止）違反、⑥私生活上の非違
行為による会社の名誉信用の毀損、⑦業務上の秘密の漏洩など、懲戒の事由
が具体的かつ詳細に示されているが、その内容は国家公務員法に規定する懲
戒事由に概ね包含されていると考えられる。なお、同法は、採用試験、選考、
任用に関して、虚偽又は不正の陳述、記載等をすることを禁止しており、虚
偽行為を行った場合は、刑事罰の対象となる（同法 40 条・110 条 1 項 9
号）。

　また、「モデル就業規則」の 67 条では、会社が労働者に対して行う懲戒
の種類として、けん責（始末書を提出させて将来を戒める）、減給、出勤停
止（賃金は支給しない）、懲戒解雇の 4 つが示されている。個々の企業が就
業規則に懲戒の種類を定める場合には、これらに限定されるものではないが
（例えば、懲戒処分としての「降格」など）、国家公務員法に定める 4 つの
懲戒処分は、モデル就業規則に示されている 4 つの懲戒処分に相当するも
のと考えられる。

　労働契約法 15 条は、「使用者が労働者を懲戒することができる場合にお
いて、当該懲戒が、当該懲戒に係る労働者の行為の性質及び態様その他の事
情に照らして、客観的に合理的な理由を欠き、社会通念上相当であると認め

298　第 12 章　服務と懲戒

られない場合は、その権利を濫用したものとして、当該懲戒は、無効とする」と規定しており、就業規則に懲戒の事由と種類・程度を定め、これに基づき、懲戒処分を行う場合であっても、懲戒権の濫用と判断される場合には、無効となる。

第13章

退職管理

　国家公務員の再就職については、平成19年に国家公務員法の改正が行われるまでは、職員に課される服務義務の一つとして、人事院の承認を得た場合を除き、離職後2年間は、離職前5年間に在職していた国の機関（在職機関）と密接な関係にある（行政上の権限がある、一定の規模以上の契約関係がある）営利企業へ再就職することが禁止されていた（人事院は、①離職前5年間の在職機関と営利企業との関係、②離職前5年間の職員の職務と営利企業との関係、③営利企業において就くポストの職務と在職機関との関係の観点から承認基準を定め、これに照らして審査していた。）。

　このような規制はあったが、国家公務員が定年前に早期退職し、再就職することについては、次のような様々な指摘がなされてきた。

①　ピラミッド型の組織体制を維持するために、定年前の職員に対し退職の勧奨を行う慣行があり、その際に、再就職のあっせんが人事の一環として行われている。

②　予算、権限等を背景とした押し付け的な再就職あっせんがいわゆる「天下り」として国民から厳しく批判されている（「公務員制度改革の基本方向に関する答申」（平成11年3月16日公務員制度調査会））。

③　規制の及ばない特殊法人、公益法人等が「天下り」の受け皿となっており、無駄な税金の支出につながっている。

④　再就職した元職員を介して官民の癒着が生じ、公務の公正性を歪める。

⑤　各省庁単位の再就職支援が、省庁への帰属意識を強め、公務員のセクショナリズムの弊害を生じさせている（行政改革会議「最終報告」（平成9年12月3日））。

⑥　公務員個人の能力を活用した再就職については、公正性、透明性が確保され、国民の信頼が得られる仕組みとすることが必要である（「公務

員制度改革の基本方向に関する答申」）。

　これらの指摘に対しては、再就職に関する規制の在り方の見直し、規制の監視体制の整備、再就職状況の公表（透明性の確保）、再就職を支援する仕組み（人材バンク）の導入などの対応方策が検討され、最終的には、平成 19 年の国家公務員法の改正により、現在の体系が構築されている。なお、法改正に至る過程では、「**公務員制度改革大綱**」（平成 13 年 12 月 25 日閣議決定）に基づく本省庁課室長相当職以上の離職者の再就職状況の公表、「**今後の行政改革の方針**」（平成 16 年 12 月 24 日閣議決定）に基づく、認可法人や国と特に密接な関係を持つ公益法人の常勤役員に離職後 2 年以内に再就職する場合の内閣官房長官への報告など、一部閣議決定による措置も講じられている。

　本章では、平成 19 年の国家公務員法の改正がどのような考え方によってなされたのか、また、その改正によって新たに導入された、再就職等規制、規制違反行為の監視体制、再就職情報の管理、再就職支援の仕組みについて順に概説する。

【早期退職慣行の是正】

　公務員の定年前の早期退職、再就職に関する指摘に対して、人事運用による対応がなされたものもある。平成 14 年 7 月 23 日の閣僚懇談会において、小泉内閣総理大臣から早期退職慣行の見直しについて指示がなされ、平成 14 年 12 月 17 日の閣僚懇談会において、早期退職慣行の是正の基本方針が取りまとめられた（「**早期退職慣行の是正について**」（閣僚懇談会申合せ））。この基本方針においては、各省庁の I 種及びこれに相当する幹部職員の勧奨退職年齢を、平成 15 年度から平成 19 年度の 5 年間にかけて段階的に引き上げ、平成 20 年度には、原則として現状と比べて平均の勧奨退職年齢を 3 歳以上高くすることを目標とし、早期退職慣行の是正に取り組むこととされた（I 種職員については**第 7 章参照**）。

　各省庁における早期退職慣行の是正の取組状況は、内閣官房及び総務省によって取りまとめられており、政府全体としては、目標は概ね達成されたとされている（「早期退職慣行の是正について」（平成 21 年 4 月 28 日内閣官房・総務省））。

1 平成 19 年の国家公務員法改正の考え方

　国家公務員の再就職について、問題の核心は、再就職先が営利企業か非営利法人かを問わず、①人事の一環として予算、権限等を背景に行われる再就職の押し付けや、②再就職した元職員による口利き等の不適切な行為が、官民の癒着につながり、公務の公正性・効率性を害することである。

　しかし、平成 19 年の国家公務員法改正前は、問題の根源となるこのような不適切な行為は直接的には規制されておらず、密接な関係にある営利企業への離職後 2 年間の再就職を原則禁止することにより、職員が再就職のために所管業界の営利企業に対して便宜を図るような公務の公正性を害する行為の発生を防止するという、間接的な規制がなされていた。また、非営利法人への再就職は規制の対象とされていなかった。

　官民の癒着を生み出しかねない不適切な行為は規制が必要であるが、一方で、公務員が自らの実力で再就職し、公務部門で培ってきた能力や経験をいかして社会に貢献することには意味があると考えられる。

　そこで、再就職等規制については、平成 19 年の国家公務員法の改正により、密接な関係にある営利企業への離職後 2 年間の再就職を原則禁止する規制にかえて、非営利法人への再就職も含めて、押し付け的な再就職のあっせんや再就職した元職員による口利き等の不適切な行為を直接的に規制する新たな仕組みが導入された。

　規制の在り方の見直しを含め、平成 19 年の国家公務員法の改正の要点は、次のとおりである。

① 　各省庁による再就職のあっせんを禁止し、離職に際しての再就職支援は内閣府に設置する官民人材交流センターが一元的に実施する。

② 　利害関係企業等への在職中の求職活動を禁止する。

③ 　再就職した元職員が、現役の職員に対して、契約や処分に関して働きかけを行うことを離職後原則 2 年間禁止する。

④ 　①から③までの規制違反行為を監視するため、内閣府に再就職等監視委員会を設置する。

⑤ 　再就職情報を内閣で一元管理し、公表する。

⑥ 　密接な関係にある営利企業への離職後 2 年間の再就職に係る人事院の

事前承認制度は廃止する。

2 再就職のあっせん規制

　各省庁が人事の一環として予算や権限を背景として営利企業等に押し付け的な再就職あっせんを行うことに対しては、その見返りとして営利企業等に便宜を図ったのではないか、職務の執行の公正を歪めているのではないか等の批判があったことから、再就職の押し付け的なあっせんの防止を徹底するため、平成 19 年の国家公務員法の改正により、各省庁の職員が**再就職のあっせんを行うこと**は、規制が尻抜けにならないよう、押し付け的であるかどうかを問わず、一律に**禁止**されている。

(1) 禁止される行為

　職員は、営利企業等（非営利法人も含まれる。）に対し、次の行為を行うことが禁止されている（国家公務員法 106 条の 2 第 1 項、退職管理政令 1 条）。

① 他の職員又は元職員を、営利企業等やその子法人（一の営利企業等が株主等の議決権の総数の 50/100 を超える数の議決権を保有する法人など）の地位に就かせることを目的として、

　ⅰ 他の職員や元職員に関する情報（名前、職歴など）を提供すること

　ⅱ 営利企業等やその子法人の地位に関する情報（職務の内容や待遇等の求人情報など）の提供を依頼すること

② 他の職員又は元職員を営利企業等やその子法人の地位に就かせることを要求し、又は依頼すること

　現役の職員や退職した元職員の再就職（1 回目の再就職に限定せず、2 回目以降の再就職を含む。）のあっせんを行うことは、人事担当課の職員に限らず、全ての職員について禁止されている。また、自らが所属する省庁の職員・元職員のみならず、他省庁の職員・元職員の再就職あっせんを行うことも禁止されている。高齢層の職員の再就職も若手・中堅職員の転職も区別なく、あっせんは禁止されている。

　再就職のあっせんは、営利企業だけでなく、公益財団法人、公益社団法

人、一般財団法人、一般社団法人、学校法人などの非営利法人も含めて、かつ、あっせんを行う職員が在職する省庁と密接な関係にあるか否かを問わず禁止されている。親法人に対して、その親法人が大きな影響力を有する子法人のポストに就かせることを目的として、再就職あっせんを行うことも禁止されている。

　営利企業等から依頼を受けて、他の職員・元職員に関する情報を提供することも、他の職員・元職員を営利企業等やその子法人の地位に就かせることを目的としていれば、禁止される。

　再就職させようとするポストでの報酬の有無、常勤・非常勤の別を問わず、あっせんは禁止される。他の職員・元職員の就職が成就しなくとも、あっせんを行っていれば、国家公務員法に違反する。

　あっせん規制に違反した職員は懲戒処分の対象になる。

(2) 刑事罰により禁止される行為

　①職員自ら職務上不正な行為をする（した）、相当の行為をしない（しなかった）ことの見返りとして、あるいは、②他の職員に職務上不正な行為をするように（相当の行為をしないように）要求・依頼・教唆をする（した）ことの見返りとして、営利企業等に対し、他の職員・元職員を当該営利企業等又はその子法人の地位に就かせることを要求し、又は約束した職員は、刑事罰の対象となる（国家公務員法112条1号2号）。なお、②の要求・依頼・教唆を受け、職務上不正な行為をし、又は相当の行為をしなかった職員も同様に刑事罰の対象となる（同条3号）。

　「不正な行為」とは、職務に違反する一切の行為を指し、法令に違反する場合のほか、裁量権を不当に行使する場合も該当する。

3　利害関係企業等への在職中の求職活動規制

　職員が自らの実力により再就職をすることの妨げにならないよう、平成19年の国家公務員法の改正により、密接な関係にある営利企業への離職後2年間の再就職を原則禁止する規制が廃止されている。この規制を廃止する前提として、再就職の適正性や公務の公正性を確保するためには、他

の職員の再就職のあっせんを禁止するだけではなく、職員がその地位や職権を利用して自らの離職後の再就職を実現しようとする行為も併せて防止する必要がある。このため、職員が**在職中に利害関係企業等に求職活動を行うことが禁止**されている。

(1) 禁止される行為

職員は、自らの職務に利害関係を有する営利企業等（非営利法人も含まれる。）（**利害関係企業等**）に対し、次の行為を行うことが禁止されている（国家公務員法 106 条の 3 第 1 項）。

① 離職後に利害関係企業等やその子法人の地位に就くことを目的として、
  - i 自己に関する情報を提供すること
  - ii 利害関係企業等やその子法人の地位に関する情報の提供を依頼すること
② 利害関係企業等やその子法人の地位に就くことを要求し、又は約束すること

在職する組織における意思決定の権限を実質的に有しない本省庁係長級以下の職員にはこの規制は適用されず（国家公務員法 106 条の 3 第 2 項 2 号、退職管理政令 7 条）、本省庁課長補佐級以上の職員が規制の対象になる。

利害関係企業等とは、職員が職務として携わる事務の相手方のうち、次のいずれかに該当する営利企業等をいう（国家公務員法 106 条の 3 第 1 項、退職管理政令 4 条）。

① 許認可等を受けて事業を行っている、又は許認可等を申請している（しようとしていることが明らかである）営利企業等
② 補助金等の交付を受けて事業を行っている、又は補助金等の交付を申請している（しようとしていることが明らかである）営利企業等
③ 立入検査、監査又は監察を受けている（受けようとしていることが明らかである）営利企業等
④ 不利益処分をする場合の名宛人となるべき営利企業等
⑤ 法令の規定に基づく行政指導により現に一定の作為・不作為を求められている営利企業等

305

⑥　国と一定の規模以上の契約を締結し、又は契約の申込みをしている
　（しようとしていることが明らかである）営利企業等

⑦　犯罪の捜査を受けている被疑者、公訴の提起を受けている被告人、又
　は刑の執行を受ける者である営利企業等

　利害関係企業等からの再就職・転職の誘いを受けた場合であっても、再
就職・転職することを目的として自己に関する情報を提供することや、再
就職・転職の約束をすることは禁止される。

　職務との利害関係は、職員が求職活動を行っている間の職務で判断され
る。在職中に利害関係があっても、退職により利害関係はなくなることか
ら、退職した職員はこの規制の対象にならない。

　求職活動規制に違反した職員は懲戒処分の対象になる。

(2) 刑事罰により禁止される行為

　2 (2) と同様、①職員自ら職務上不正な行為をする（した）、相当の行
為をしない（しなかった）ことの見返りとして、あるいは、②他の職員に
職務上不正な行為をするように（相当の行為をしないように）要求・依
頼・教唆をする（した）ことの見返りとして、営利企業等に対し、当該営
利企業等又はその子法人の地位に就くことを要求し、又は約束した職員は、
刑事罰の対象となる（国家公務員法 112 条 1 号 2 号）。なお、②の要求・依
頼・教唆を受け、職務上不正な行為をし、又は相当の行為をしなかった職
員も同様に刑事罰の対象となる（同条 3 号）。

4　元職員による働きかけ規制

　元職員は離職後も在職時の地位に応じて現役の職員に対して一定の影響
力を有すると考えられる。元職員のこのような影響力を期待して営利企業
等が元職員の再就職を受け入れたり、元職員が影響力を行使したりするこ
とは、適正に行われるべき再就職や職務の公正な執行に対する国民の信頼
を損なうおそれがある。このため、**再就職した元職員が現役の職員に対し
て働きかけを行うことが禁止**されている。

(1) 禁止される行為

　離職後に営利企業等（非営利法人も含まれる。）に再就職した元職員は、自らが再就職している営利企業等又はその子法人を相手方とする契約又は処分に関する事務であって、離職前5年間に担当していた職務に属するものに関して、離職前5年間に在職していた局など（局等組織）に現在所属している職員に対し、職務上の行為をするように（しないように）要求・依頼をすることが、離職後2年間、禁止されている（国家公務員法106条の4第1項）。

　この規制は全ての再就職した元職員に適用されるが、現役の職員に対する影響力の残る期間や影響力が及ぶ範囲には、離職前に就いていたポストにより差があると考えられることから、次のとおり、規制の上乗せがなされている（国家公務員法106条の4第2項3項）。

① 　離職前5年より前に本省庁の部長級・課長級のポストに就いていた元職員については、離職前5年より前の職務に属するものに関し、そのポスト在任時の局等組織に現在所属している職員に対し、働きかけを行うことが、離職後2年間、禁止されている。

② 　本省庁の局長級以上のポストに就いていた元職員については、更に規制が上乗せされ、自らが担当していた職務に属するものに限らず、在職していた省庁の所掌事務に属するもの全てに関し、自らが在職していた局等組織に限らず、在職していた省庁に現在所属している職員に対し、働きかけを行うことが、離職後2年間、禁止されている。

　また、離職前の職位の如何に関わらず、在職中に自らが決定した契約又は処分であって、自らが再就職している営利企業等又はその子法人を相手方とするものに関しては、在職していた省庁に現在所属している職員に対し、職務上の行為をするように（しないように）要求・依頼をすることは、期限の定めなく禁止されており、働きかけの相手方及び働きかけが禁止される期間について規制が上乗せされている（国家公務員法106条の4第4項）。

　働きかけが禁止される行為は、例えば、「再就職先企業との契約を有利にするよう要求、依頼」、「公になっていない情報を提供するよう要求、依

頼」、「再就職先企業の処分を甘くするよう要求、依頼」、「再就職先企業の
許認可を認めるよう要求、依頼」することなどである（「国家公務員が知っ
ておかなければならない「再就職に関する規制」と「再就職情報の届出制度」」
（令和 6 年 1 月内閣官房内閣人事局）9 頁）。

　元職員による働きかけを規制する期間が原則として離職後 2 年間とされ
ているのは、「元職員が有する影響力により公務の公正性が損なわれるお
それと元職員の有する職業選択の自由等とのバランスを考慮し」、平成 19
年の国家公務員法改正前の再就職の事前承認制度が離職後 2 年間の規制と
されていたことも踏まえられたものである（「参議院議員吉川春子君提出国
家公務員の人事評価、標準職務遂行能力、再就職（天下り）規制等に関する質
問に対する答弁書」（平成 19 年 7 月 6 日内閣参質 166 第 54 号））。

　働きかけ規制が課される元職員は既に退職しており、懲戒処分によって
は規制違反を抑止できないことから、規制に違反した元職員は過料（過料
は、行政上の秩序を維持するため、法令違反行為に対して金銭を徴収する制裁
であり、刑事罰である罰金とは異なる。）の対象とされている（国家公務員法
113 条 1 号）。

　再就職した元職員から禁止されている要求・依頼を受けた職員は、再就
職等監視委員会に置かれている再就職等監察官にその旨の届出をすること
が義務付けられており（国家公務員法 106 条の 4 第 9 項）、届出義務に違反
した場合は懲戒処分の対象となる。

(2) 刑事罰により禁止される行為

　職務上不正な行為をするように、又は相当の行為をしないように要求・
依頼をした元職員は、刑事罰の対象となる（国家公務員法 109 条 14 号～17
号）。

　職務上不正な行為を行うように、又は相当の行為をしないように要求・
依頼を受け、これに応じ職務上不正な行為をし、又は相当の行為をしなか
った職員は、刑事罰の対象となる（国家公務員法 109 条 18 号）。

5 監視体制

再就職等規制（再就職のあっせん規制、利害関係企業等への在職中の求職活動規制、元職員による働きかけ規制）の遵守は、任命権者が、職員に対して規制の周知徹底を図り、規制違反が疑われる事案が発生した場合には必要な調査を行い、規制違反行為に対して適切に懲戒処分等を行うことにより、確保していくことが基本である。しかしながら、任命権者の内部的な調査に委ねるのみでは、調査の客観性・公正性が必ずしも十分に担保されているとは言い難く、また、任命権の及ばない者に対しては、任意の協力が得られなければ調査を実施できないという限界がある。そこで、**再就職等規制に係る調査**の公正性と実効性を担保するため、強力な権限を有する専門の調査・監視体制として、職権行使の独立性を認められた第三者機関である**再就職等監視委員会**が内閣府に設置されている（国家公務員法106条の5・106条の6）。再就職等監視委員会は、両議院の同意を得て内閣総理大臣が任命する委員長及び委員4人で組織され（同法106条の7第1項・106条の8）、その下には再就職等規制違反行為について調査等を行う**再就職等監察官**と事務局が置かれている（同法106条の14・106条の15）。

なお、再就職等監視委員会は、平成19年の国家公務員法の改正法が施行された平成20年12月31日に法律上は設置されているが、実際に委員が任命されて発足したのは平成24年3月21日である（自公政権下で再就職等監視委員会の人事案が国会で3回不同意となり、平成21年9月に発足した民主党政権下では、2回人事案が国会に提示されたが、いずれも採決に至らずに国会閉会となった。民主党政権下で3回目となる人事案が平成24年2月に国会に提示され、国会の同意を得て、平成24年3月21日に委員が任命されている。）。

(1) 再就職等規制違反行為についての調査

任命権者は、職員又は職員であった者に再就職等規制に違反する行為を行った疑いがあると考えるときは、その旨を再就職等監視委員会に報告し、規制違反行為に関して、自主的に、あるいは、再就職等監視委員会からの求めに応じ、調査（**任命権者による調査**）を行う（調査を行う旨は再就職

等監視委員会に通知することが必要である。）。そして、その調査の結果は、任命権者から再就職等監視委員会に報告される（国家公務員法106条の16・106条の17第1項3項・106条の18）。

　再就職等監視委員会は、任命権者に対し、調査の経過について報告を求め、意見を述べることができるほか、任命権者による単独調査に引き続き委ねることが適当でないと判断するなど必要があるときは、規制違反行為に関し、再就職等監察官に任命権者との**共同調査**を行わせることができる（国家公務員法106条の17第2項・106条の18第2項・106条の19）。

　再就職等監視委員会は、規制違反行為が疑われる事案が発生した場合であって、幹部職員に係る重大事案であるなど特に必要があると認めるときは、規制違反行為に関する調査の開始を決定し、再就職等監察官に調査（**委員会調査**）を行わせることもできる（国家公務員法106条の20）。

　また、任命権者による調査、共同調査又は委員会調査の結果、懲戒処分等の措置を行うことが適当と認めるときは、再就職等監視委員会は、任命権者に対して、その措置を行うべき旨の勧告をすることができる（国家公務員法106条の21）。

(2) 調査権限

　再就職等監視委員会は職員の退職管理に関する事項（再就職のあっせん規制、利害関係企業等への在職中の求職活動規制、元職員による働きかけ規制に関するもの）に関し調査することができる。調査に関し必要があるときは、具体的な権限として次のものが認められており（国家公務員法18条の3・18条の4・106条の5第2項）、権限の実効性を担保するため、刑事罰が設けられている（国家公務員法110条1項3号〜5号の2。刑法等の一部を改正する法律（令和4年法律第67号）の施行（＝令和7年6月1日から施行）に伴い、罰則の根拠は国家公務員法110条1項2号〜5号に改められる。）。

①　証人を喚問することや調査すべき事項に関係がある書類の提出を求めることができる。この**証人喚問権**及び**書類提出要求権**の実効性を担保するため、i虚偽の陳述をした者、ii正当な理由がなく応じなかった者、iii虚偽の事項を記載した書類を提出した者は、刑事罰の対象になる。

② 調査対象である職員又は職員であった者に出頭を求めて質問することができる（**質問権**）。ただし、不利益供述の強要禁止（憲法38条1項）の観点から、刑事罰は設けられていない。

③ 職員の勤務する場所（職員として勤務していた場所を含むが、職員であった者が現に勤務している場所は含まれない。）への立入検査（帳簿書類・物件の検査、関係者への質問）ができる。**立入検査権**の実効性を担保するため、ⅰ立入検査を拒み、妨げ、又は忌避した者、ⅱ質問に対して陳述をせず、又は虚偽の陳述をした者は、刑事罰の対象になる。ただし、不利益供述の強要禁止の観点から、調査の対象である職員又は職員であった者は、立入検査権に係る刑事罰の対象から除外されている。

【再就職規制に関する全省庁調査】

再就職等監視委員会は、文部科学省職員及び元職員による再就職等規制違反行為が疑われた事案について、委員会調査を行い、①文部科学省大臣官房人事課職員らがあっせん規制に違反する行為を行ったこと、②元文部科学省職員が在職中の求職活動規制に違反する行為を行ったこと、③文部科学省大臣官房人事課は、国家公務員法が規定する再就職等規制を潜脱する目的で、同省OBを介して再就職あっせんを行っていたこと等を認定した。調査結果は、平成29年1月19日に同省に通知されるとともに、翌20日に公表された（「文部科学省職員及び元職員による再就職等規制違反行為が疑われた事案に関する調査結果について」（平成29年1月20日再就職等監視委員会））。

文部科学省の再就職等規制違反事案を受け、安倍内閣総理大臣から山本国家公務員制度担当大臣に対し、同様の事案がないかどうか、全省庁について徹底的な調査をするよう指示がなされた。調査は、内閣人事局において行われ、平成29年6月、その結果が報告書（「再就職規制に関する全省庁調査について（報告書）」）として取りまとめられた。内閣人事局の調査により把握された再就職規制違反の疑いのある事案27件は再就職等監視委員会に報告され、同委員会において調査が行われた結果、27件の疑い事案のうち6件があっせん規制違反と認定された（「再就職規制に関する全省庁調査による疑い事案に係る調査結果について」（平成29年12月15日再就職等監視委員会））。

内閣人事局によって取りまとめられた報告書においては、再発防止策の一

つとして、元職員の関与を含む再就職の経緯の確認を行うことができるよう、再就職の届出の記載事項の拡充について検討するとの方向性が示された。これを受け、平成 29 年 12 月に退職管理政令が改正され、平成 30 年 1 月以降は、離職後の就職の援助があった場合には、当該援助を行った者の氏名又は名称、当該援助の内容等も届出が必要となっている（**6 (3)** 参照）。

このほか、この報告書には、再就職等規制違反事案の再発防止策の一つとして、より公正・透明な再就職を通じて、公務部門で培ってきた能力や経験を活用する観点から、官民人材交流センターの一層の活用方策について検討を行うことが含まれていた。「公務員の定年の引上げに関する検討会」の「これまでの検討を踏まえた論点の整理」（平成 30 年 2 月 16 日。**第 11 章第 2 節**参照）の中では、自主的な選択としての早期退職を支援する観点から、官民人材交流センターを一層活用する方策に関して、具体的な検討を進める必要性についても指摘がなされた。こうした一連の動きが **7 (3)** の求人・求職者情報提供事業の実施につながっていく。

6　再就職情報の内閣一元管理、公表

(1) 在職中に再就職の約束をした場合の届出

営利企業等に再就職することを約束した職員が、その後、当該営利企業等に対する処分や契約等に関する事務に携わることがあれば、利益相反的な立場に置かれる。このため、**離職後に営利企業等の地位に就くことを約束した職員**には、速やかに**任命権者に届け出る**ことを義務付け（届出義務に違反した職員は懲戒処分の対象となる。）、届出を受けた任命権者は、職務の公正な執行や公務に対する国民の信頼を損なうことがないよう、届出を行った職員の任用を行うことが義務付けられている（国家公務員法 106 条の 23 第 1 項 2 項）。例えば、営利企業と再就職の約束をした職員をその相手方の営利企業との間の契約の締結・履行に関する事務に携わる職務に就かせないような人事配置をすることなどが求められる。

また、届出を行った職員が本省庁課室長級相当職以上の管理職職員である場合には、任命権者は、速やかに、届出に係る事項を内閣総理大臣（内閣官房内閣人事局）に通知することとされている（国家公務員法 106 条の 23 第 3 項）。

(2) 元管理職職員による再就職の届出

再就職の適正性を確保するため、再就職した職員に関する情報は一元的に管理することとされ、**本省庁課室長級相当職以上の管理職経験のある元職員**には、離職後2年間、内閣総理大臣（内閣人事局）に**再就職の届出を**することが義務付けられている（国家公務員法106条の24）。離職後の職員は民間人であり、再就職に関する情報は個人のプライバシーとして保護されるべきものであることから、届出義務を課す対象は本省庁課室長級相当職以上の管理職経験のある元職員に限定され、本省庁課長補佐級以下の職員には届出義務は課されていない。

再就職の届出をせず、又は虚偽の届出をした場合は、過料の対象となる（国家公務員法113条2号）。

ア 事前の届出が必要な場合

独立行政法人（行政執行法人を除く。）、特殊法人、認可法人又は国と特に密接な関係のある公益法人の常勤役員等に再就職する場合には、事前に届出を行うことが必要である（国家公務員法106条の24第1項、退職管理政令28条）。

イ 事後の届出が必要な場合

①営利企業の地位に就いた場合（報酬の有無を問わない。）、②営利企業以外の事業の団体（行政執行法人も含まれる。）の地位に就いた場合（報酬が年間103万円を超える場合に限る。）、③起業などにより、事業に従事し又は事務を行うこととなった場合（報酬が年間103万円を超える場合に限る。）には、事後速やかに、届出を行うことが必要である（国家公務員法106条の24第2項、退職管理政令33条、退職管理内閣官房令10条）。例えば、国会議員、地方公共団体の首長や議員になった場合、非常勤の国家公務員となった場合などにも届出が必要となる。

(3) 届出事項

在職中に再就職の約束をした場合及び元管理職職員が離職後に再就職する（した）場合は、以下の事項等を届け出る必要がある（退職管理政令26条・29条・34条）。

① 氏名、生年月日（公表されるのは離職時の年齢）及び離職した時の官職
（在職中の再就職の約束の場合は官職）

② 離職する前に求職を開始した日（再就職の約束前の求職開始日）、再就
職の約束をした日（在職中に再就職の約束をした場合のみ）

③ 離職する前に求職を開始した日から離職日までの職務内容（再就職の
約束前の求職開始日以後の職務内容）

④ 離職日（在職中の再就職の約束の場合は離職予定日）と再就職予定日
（事後の届出の場合は再就職日）

⑤ 再就職先の名称、業務内容、再就職先における地位

⑥ 官民人材交流センターによる離職後の就職の援助の有無

⑦ 離職後の就職の援助を行った者がいればその氏名・名称と援助の内容
（公表事項ではない。）

(4) 閣議報告及び公表

再就職の適正性を確保するためには、再就職の透明性を確保する必要が
あることから、①本省庁課室長級相当職以上の管理職職員がした在職中の
再就職の約束の届出及び②元管理職職員の再就職の届出に係る事項（**再就
職情報**）は、内閣総理大臣から四半期ごとに**閣議に報告**される（国家公務
員法 106 条の 25 第 1 項、「退職管理基本方針について」（平成 22 年 6 月 22 日閣
議決定）2 (1) イ）。そして、この報告は、毎年度、内閣によって取りまと
められ、**公表**されている（同条 2 項）。なお、国家公務員法上求められて
いるものではないが、再就職情報の公表は、閣議報告がなされる四半期ご
とにも行われている。

(5) 独立行政法人等の役員に就いている退職公務員等の状況

再就職情報を内閣において一元管理し、公表する仕組みとは異なるが、
独立行政法人等の役員に就いている退職公務員、**役員出向者**（役員出向と
は、独立行政法人等の役員として在職した後再び国家公務員に復帰することを
前提として、国家公務員を退職して独立行政法人等に採用されること。**第 9 章
第 2 節**参照）等の状況について各独立行政法人等が公表し、その概要が内

閣によって取りまとめられている（「特殊法人等整理合理化計画」（平成13年12月19日閣議決定）及び「公務員制度改革大綱」に基づくもの）。独立行政法人の役員に就いている退職公務員等の状況をみると、次の表のとおり、役員出向者の数は増加しているが、退職公務員の数が大きく減少し、令和5年の独立行政法人の常勤役員数に占める国家公務員出身者（退職公務員＋役員出向者）の割合は34.4%であり、平成16年の65.3%から半減近くとなっている。

表　独立行政法人の常勤役員に就いている退職公務員等の状況

	平成16年10月1日現在	令和5年10月1日現在
独立行政法人	108法人	87法人
常勤役員	502人	451人
うち①退職公務員	290人	24人
②役員出向者	38人	131人

※ 「独立行政法人等の役員に就いている退職公務員等の状況の公表について」（平成16年12月27日内閣官房・総務省）、「独立行政法人等の役員に就いている退職公務員等の状況の公表」（令和5年12月22日内閣官房内閣人事局）に基づき作成。

【独立行政法人等役員への国家公務員出身者の就任の方法】

国家公務員を退職し、退職手当の支払いを受けた後、特殊法人等の役員となり、役員退任時に法人から退職金を受けとることが退職金の二重取りであるとして批判があったことなどを踏まえ、「公務員制度改革大綱」において、独立行政法人、特殊法人等への公務員出身者の就任について、「役員出向の道を開く」とされた（同大綱Ⅱ3 (2)）。そして、平成15年の退職手当法の改正により独立行政法人等への役員出向が可能となった。役員出向の意義は、国家公務員の専門的な知識・経験を法人において活用するとともに、法人における職務経験を公務にいかすことにある（なお、出向先である独立行政法人等を退職して国に復帰する際、法人から退職金が支払われることはない。）。

民主党政権発足直後の平成21年9月29日に閣議決定された**「独立行政法人等の役員人事に関する当面の対応方針について」**により、「公務員の天下りに対する国民の厳しい批判等を踏まえ、公正で透明な人事を確保する観点から、①現在、公務員OBが役員に就任しているポストに後任者を任命し

ようとする場合及び②新たに公務員 OB を役員に任命しようとする場合には、公募により後任者の選考を行う」こととされた（同対応方針 1 (2)）。しかし、その後の「**退職管理基本方針について**」により、「現在、公務員 OB が役員に就任しているポスト」については、「各大臣等の任命権の下、職員が役員出向する場合においては公募の対象とはしないことができる」とされ、一部軌道修正が図られている（同基本方針（別添 1）3 (1)）。

7　官民人材交流センター

　官民人材交流センターは、各省庁による再就職あっせんを禁止し、職員の**離職に際しての離職後の就職の援助**（再就職支援）を一元的に実施するための組織として平成 20 年 12 月 31 日に内閣府に設置された組織である。

　国家公務員にも適用される高年齢者雇用安定法 4 条 1 項には、事業主はその雇用する高年齢者等の再就職の援助等を行うことにより、その者の意欲及び能力に応じた雇用の機会の確保等が図られるよう努めるものとするという事業主の責務が規定されている。官民人材交流センターが行う再就職支援は、この規定の内容等を踏まえて、一事業主である国として実施するものである。

　官民人材交流センターが行う再就職の支援は、国家公務員法においては、中央人事行政機関である内閣総理大臣から委任されて行うという構成になっており、平成 26 年の同法の改正により、内閣総理大臣は、官民人材交流センターに委任する事務について、その運営に関する指針を定め、公表することとされている（同法 18 条の 5 第 1 項・18 条の 6）。この規定に基づいて「**官民人材交流センターに委任する事務の運営に関する指針**」（平成 26 年 6 月 24 日内閣総理大臣決定）が定められている。

(1) 官民人材交流センターによる再就職のあっせん

　平成 20 年 12 月末の発足当初、官民人材交流センターは、退職を勧奨された職員及び社会保険庁の廃止に伴い離職を余儀なくされることとなる職員を対象とした再就職あっせんを行っていた。平成 21 年 9 月 16 日、マニフェストにおいて天下りあっせんの全面的禁止を掲げた民主党による政権が発足し、同月 29 日の閣議における鳩山内閣総理大臣による天下りあっ

せんの根絶についての発言を受け、官民人材交流センターにおいても、組織の改廃等により離職せざるを得ない場合を除き、再就職のあっせんは行わないこととされた。

(2) 民間の再就職支援会社を活用した再就職支援

平成 24 年の退職手当法の改正により、中高年齢層の職員の自発的な退職を促し、組織の新陳代謝を図るため、早期退職募集制度が導入されている（**第 9 章第 2 節**参照）。民間企業では早期退職募集を効果的に行うため、再就職支援会社を活用した再就職支援を併せて行うことが相当程度普及している状況を踏まえ、平成 25 年 10 月から、官民人材交流センターにより、早期退職募集に応じて退職する者を対象とし、**民間の再就職支援会社を活用した再就職支援**が行われている（官民人材交流センターが直接再就職あっせんを行うものではない。）。

(3) 求人・求職者情報提供事業

平成 30 年 8 月 3 日の閣議において、梶山国家公務員制度担当大臣から、「人生 100 年時代における人材活用の観点から、国家公務員が培った能力や経験を、退職後に社会全体で生かしていくことは極めて有効であり」、「官民人材交流センターにおいて企業・団体等の求人情報や再就職を希望する者の求職者情報を収集し、相互に提供することによって、自主的な求職活動を支援する仕組みを新たに構築する」との発言がなされた（「梶山内閣府特命担当大臣記者会見要旨　平成 30 年 8 月 3 日」（内閣府 HP））。併せて「官民人材交流センターに委任する事務の運営に関する指針」が改正され、平成 31 年 2 月から官民人材交流センターにおいて「**求人・求職者情報提供事業**」が実施されている。令和 2 年 9 月からは利用者の利便性に資する情報システム（45 歳以上の国家公務員が利用できる求人サイト（**官民ジョブサイト**））の運用が開始されている（官民人材交流センターは、企業・団体等への求職者情報の提供、企業・団体等に対する求人情報の提供の依頼は行うが、求職者を企業・団体等のポストに就かせることの要求・依頼は行っていない。）。

【地方公務員法の退職管理】

　営利企業等に再就職した元職員による現役の職員に対する働きかけについては、地方公務員法においても国家公務員法と同様の規制がなされている（地方公務員法 38 条の 2 第 1 項 4 項 5 項 8 項）。また、働きかけ規制に違反した場合の過料（同法 64 条）、職務上不正な行為をする等の要求・依頼をした場合の刑事罰（同法 60 条 4 号～ 7 号）、働きかけを受けた職員の届出義務（同法 38 条の 2 第 7 項）、働きかけに応じて職務上不正な行為をした等の職員の刑事罰（同法 60 条 8 号）も国家公務員法と同様である。

　他方、地方公共団体の場合、国家公務員と異なり、定年まで勤務する職員の割合が高く、早期退職慣行が比較的少なく、また、職員の再就職の状況が地方公共団体ごとに異なる（平成 26 年 4 月 24 日参・総務委員会、三輪和夫総務省自治行政局公務員部長答弁（第 186 回国会参議院総務委員会会議録第 17 号 12 頁））。それゆえ、国家公務員のように再就職のあっせんや在職中の求職活動を法律で一律に規制することはせず、それぞれの地方公共団体ごとに、国家公務員法の退職管理に関する規定の趣旨及び当該地方公共団体の職員の離職後の就職の状況を勘案し、退職管理の適正を確保するために必要な措置を講ずることとされている（地方公務員法 38 条の 6 第 1 項）。ただし、職務上不正な行為をすること等の見返りとして地方公務員が再就職のあっせんや求職活動を行うこと等は、国家公務員と同様に禁止されており、刑事罰の対象となる（同法 63 条）。

　働きかけ規制の円滑な実施を図るため、又は退職管理の適正の確保に必要な措置を講ずるために、職員の再就職状況を把握することが必要となる場合があり得ることから、条例により、届出義務の対象者、届出を義務付ける期間、届出事項など定め、元職員に再就職情報の届出義務を課することができるとされている（地方公務員法 38 条の 6 第 2 項）。また、条例には、届出義務に違反した場合に 10 万円以下の過料を科する旨の規定を設けることも可能である（同法 65 条）。

　再就職等監視委員会のような専門的な調査機関は設置されておらず、元職員による働きかけ規制違反に対する調査は任命権者が行い、人事委員会（又は公平委員会）が任命権者の調査が公正に行われるよう監視する仕組みとなっている（地方公務員法 38 条の 3 ～ 38 条の 5）。

第14章

国家公務員法の特例と特別職

　一般職の職員である①非常勤職員（行政機関勤務）、②行政執行法人の職員、③検察官及び④外務公務員については、行政機関に勤務する一般的な常勤職員の人事制度とは、一部異なる取扱いがなされている。また、国家公務員法が適用されない特別職の中には様々な職があり、それぞれの特別職の職員について個別の法令で必要な定めがなされている。本章ではこれらの職員に対する主な人事関係法令の適用関係について概観する。

1　行政機関に勤務する一般職の非常勤職員

(1) 非常勤職員の分類

　採用の方法、任期、勤務時間、給与などに着目すると、**非常勤職員（序章**参照）は、概ね以下のように分類することができる。

①　1 会計年度内に限って臨時的に置かれる非常勤官職に就けるために任用され、1 週間当たりの勤務時間が常勤職員の 4 分の 3 を超える時間で設定される**期間業務職員**（人事院規則 8-12 第 4 条 13 号、「人事院規則 8-12 の運用について」第 4 条関係 2 項）

②　1 週間当たりの勤務時間が常勤職員の 4 分の 3 以下の時間で設定される非常勤職員（以下「その他の非常勤職員」という。）

③　委員、顧問、参与等の職にある非常勤職員（一般職給与法 22 条 1 項の規定に基づき、勤務 1 日につき、原則 34,300 円（令和 6 年 4 月 1 日現在）を超えない範囲内で手当を支給することができる。）

④　保護司（給与は支給されない（保護司法 11 条 1 項）。）

⑤　定年前再任用短時間勤務職員（**第 11 章第 2 節**参照）、定年の 65 歳への段階的な引上げが完了するまでの間の暫定再任用短時間勤務職員、育児短時間勤務に伴う任期付短時間勤務職員（国家公務員育児休業法 23 条）

319

上記の①及び②の非常勤職員は、事務補助職員、統計調査職員、医療職員、ハローワークの相談員などの職務に従事している。**(2)** 以降では、主に①及び②の職員に対する人事関係法令の適用関係について概観していく。

(2) 非常勤職員への国家公務員法の適用と特例

国家公務員法の規定は非常勤職員にも適用される。ただし、非常勤職員には定年の規定は適用されない（同法81条の6第3項）。また、職員の**職務と責任の特殊性**に基づき、法律又は人事院規則（人事院の所掌する事項以外の事項については政令）によって国家公務員法の特例を規定することができるとする同法附則4条の規定に基づき、定年前再任用短時間勤務職員、暫定再任用短時間勤務職員及び育児短時間勤務に伴う任期付短時間勤務職員を除く非常勤職員については、①兼業の制限（同法103条1項・104条）や再就職等規制（同法106条の2第1項・106条の3第1項・106条の4第1項〜4項9項）の規定の適用を除外すること、②人事評価を実施しないことができることなどの特例が定められている（人事院規則14-8第6項、兼業許可政令3条、退職管理政令46条・47条、人事評価政令3条1号）。

(3) 採用の方法と任期

ア　期間業務職員

「期間業務職員制度」は、非常勤職員を一日単位で任用していた従来の「日々雇用制度」を廃止し、1会計年度内で任期を定めて任用することができるようにすることにより、非常勤職員の不安定な地位の改善を図るための制度として、平成22年10月から導入されたものである。

（ア）　採用の方法

期間業務職員の採用は、面接及び経歴評定等の適宜の方法による能力の実証を経て行うことができるとされ、常勤職員を選考採用（**第5章**参照）する場合に比べ、簡易な方法によることが可能とされている（人事院規則8-12第46条1項）。

（イ）公　　募

　期間業務職員を採用する場合においても、国民に対して広く等しく国家公務員として採用される機会を設けることが必要であることから、**公募を**行うことが原則である（人事院規則 8-12 第 46 条 2 項本文）。ただし、能力の実証を期間業務職員としてのそれまでの勤務実績及び面接に基づき行うことができる場合（採用しようとする官職と職務内容が類似し、かつ、任命権者が同じ官職に前年度に就いていた者を採用する場合であることが必要である。）には、**公募によらない採用**も可能とされている（同項ただし書・2 号、「人事院規則 8-12 の運用について」第 46 条関係 3 項）。

　公募によらない採用については、人事院の通知（「期間業務職員の適切な採用について」（平成 22 年 8 月 10 日人企-972））により、「同一の者について連続 2 回を限度とするよう努める」として上限が示されていたが、令和 6 年 6 月にこの通知の改正が行われ、当該部分は削除されている。その一方、公募によらない採用を行うときであっても、国家公務員法の平等取扱いの原則及び成績主義の原則を踏まえた適正な運用を行う必要があることが明記されている（任命権者は、公募によらず再採用を行う場合であっても、それまでの勤務実績及び面接により、能力の実証を適切に行うことが必要である。）。

　併せて、人事院の新たな通知（「期間業務職員の適切な採用に当たっての留意点等について」（令和 6 年 6 月 28 日人企-841））が発出され、どのような場合に、公募によらずに再採用を行うのかについては、例えば、「仮に公募を行った際に、一定数の応募者は見込まれるものの、職場内の職務経験を有することにより公務の能率的な運営に相当程度資することが想定され、公募への応募者よりも、むしろ職場内の職務経験を有する者を任用することが適当であると任命権者が判断する場合」等であることが示されている。

（ウ）任　　期

　期間業務職員を採用する場合は、常勤職員を採用する場合とは異なり、採用の日から同日の属する会計年度の末日までの期間の範囲内で任期を定める必要がある（人事院規則 8-12 第 46 条の 2 第 1 項。なお、公募によらない採用について、**（イ）**で述べた「同一の者について連続 2 回を限度とするよう努める」とする部分の削除は、1 会計年度内で任期を定めることを不要とするもの

ではない。）。

　国家公務員には、労働契約法は適用されず、また、同法18条に規定する有期労働契約を期間の定めのない労働契約に転換させる仕組み（**無期転換ルール**）に類似した制度は設けられていない。期間業務職員が任期の定めがない常勤職員として採用されるためには、採用試験や選考など常勤職員としての能力の実証を経る必要がある。

　【無期転換ルール】

　　無期転換ルールは、同一の使用者との間で、有期労働契約が5年を超えて更新された場合は、その更新された契約の期間が満了するまでの間に、有期契約労働者（パート、アルバイト、契約社員など）が期間の定めのない労働契約（無期労働契約）の締結の申込みを行ったときは、使用者はその申込みを承諾したものとみなされ、無期労働契約に転換されるルールのことである（労働契約法18条1項前段）。ただし、無期労働契約に転換されても、労働協約、就業規則、労働契約などで別段の定めをしない限りは、労働条件は現に締結している有期労働契約における労働条件と同一であるとされている（同項後段）。

イ　その他の非常勤職員

　その他の非常勤職員の採用については、面接、経歴評定等の適宜の方法による能力の実証を経て行うことができるとされている（人事院規則8-12第46条1項本文）。採用に当たっては、公募を行うことが原則である（同条2項本文）。任期を定めることはできるが（同規則42条）、期間業務職員の採用と異なり、任期を定めることは義務付けられていない。

---

(4) 勤務時間、休暇

　期間業務職員及びその他の非常勤職員の勤務時間及び休暇については職務の性質等を考慮して人事院規則で定めることとされている（勤務時間休暇法23条）。

　勤務時間については、①期間業務職員は、1日につき7時間45分を超えず、かつ、常勤職員の1週間当たりの勤務時間（38時間45分）を超えない範囲内において、また、②その他の非常勤職員は、常勤職員の1週間

当たりの勤務時間の4分の3を超えない範囲内において、各省各庁の長が任意に定めることとされている（人事院規則15-15第2条）。

　休暇については、①有給の休暇として、年次休暇、結婚休暇、出生サポート休暇（不妊治療に係る通院等のための休暇）、産前休暇、産後休暇、配偶者出産休暇、育児参加のための休暇、夏季休暇等がある。また、②無給の休暇として、保育時間、子の看護休暇、短期介護休暇、介護休暇（要介護者ごとに、3回まで分割可能で、通算して93日の範囲内）、介護時間、負傷・疾病休暇（公務上の負傷・疾病か否かで休暇を認められる要件・期間が異なる。）等がある。なお、有給休暇、無給休暇の中には、任期や1週間の勤務日数などについての人事院の定める要件を満たす非常勤職員にのみ認められる休暇もある（人事院規則15-15第3条・4条、「人事院規則15-15の運用について」第3条関係1項・第4条関係1項）。

【非常勤職員の休暇取得要件の緩和】
　出生サポート休暇、配偶者出産休暇、育児参加のための休暇、子の看護休暇及び短期介護休暇は、1週間の勤務日が3日以上（又は1年間の勤務日が121日以上）の非常勤職員であって、かつ、任期が6か月以上である者又は6か月以上継続勤務している者に認められているが、人事院は、令和6年8月8日、6か月以上の任期又は継続勤務を不要とし、取得要件を緩和することについて、国会及び内閣に対して報告している（「公務員人事管理に関する報告」18頁・19頁）。

(5) 育児休業、育児時間

　一定の要件を満たす非常勤職員は、原則子が1歳に達する日（保育所に入所できないなど特に必要と認められる場合には、最長で子が2歳に達する日）までの間に、育児休業を原則2回まで取得できる。これとは別に、子の出生後57日以内に育児休業を2回まで取得できる（産後パパ育休）。また、一定の要件を満たす非常勤職員は、3歳未満の子を養育するため、育児時間を取得できる（国家公務員育児休業法3条・26条、人事院規則19-0第3条の3・3条の4・4条の3、「育児休業等の運用について」（平成4年1月17日職福-20）第2第8項9項）。

323

【育児休業及び育児時間の取得要件】

　育児休業、育児時間ともに、1週間の勤務日が3日以上（又は1年間の勤務日が121日以上）であることが必要である。これに加え、育児休業については、養育する子が1歳6か月に達する日（産後パパ育休の場合は出生後57日目の日から6か月を経過する日、子が2歳に達する日までの育児休業の場合は2歳に達する日）までに、任期が満了すること及び引き続いて任命権者を同じくする官職に採用されないことが明らかでないことが必要である。また、育児時間については、1日につき定められた勤務時間が6時間15分以上である勤務日があることが必要である（人事院規則19-0第3条4号・28条2号、「育児休業等の運用について」第2第6項・第13第6項）。

【非常勤職員の育児時間の対象となる子の範囲の見直し】

　人事院は、令和6年8月8日、非常勤職員の育児時間の対象となる子の範囲を小学校就学前の子に拡大する措置（国家公務員育児休業法の改正法の公布の日から1年6か月を超えない範囲内の日から実施）の実現を図ることについて、国会及び内閣に対して意見の申出を行っている（「公務員人事管理に関する報告」17頁・18頁、「国家公務員の育児休業等に関する法律の改正についての意見の申出」227頁）。

(6) 給　　与

　期間業務職員及びその他の非常勤職員については、各庁の長は、**常勤の職員の給与との権衡**を考慮し、予算の範囲内で、給与を支給することとされている（一般職給与法22条2項）。

　内閣官房内閣人事局が行った各省庁における非常勤職員の給与支給等の実態調査の結果や民間における同一労働同一賃金の実現に向けた取組も踏まえ、非常勤職員（①委員・顧問・参与等、②特定の時期に一時的に任用される職員、③勤務日数が少ない職員を除く。）の給与については、以下の改善の取組を進めていくことについて、各省庁の人事担当課長による申合せがなされている（平成29年5月24日人事管理運営協議会幹事会申合せ。物価や賃金の情勢を踏まえ、令和5年3月に申合せの一部を改正）。

① 　職務内容を踏まえ、職務遂行上必要となる知識・技術及び職務経験等を考慮して基本給を決定すること。

② 勤務実態等を適切に考慮の上、「期末手当／勤勉手当に相当する給与を支給すること」。

③ 常勤職員の給与改定に係る取扱いに準じた給与改定を基本とすること。

　人事院は、各省庁に対して、非常勤職員の給与に関する指針（「一般職の職員の給与に関する法律第22条第2項の非常勤職員に対する給与について」（平成20年8月26日給実甲第1064号））を発出し、その処遇改善を図ってきていたが、政府側のこうした動きも踏まえ、常勤職員の給与との権衡をより一層確保するため、指針の改正を行っている（平成29年7月改正、令和3年7月改正（職務、勤務形態等が常勤職員と類似する非常勤職員に対する期末手当・勤勉手当に相当する給与については、常勤職員に支給する期末手当・勤勉手当の支給月数を基礎として支給すること）、令和5年4月改正）。

(7) 災害補償、退職手当

　国家公務員災害補償法は非常勤職員にも適用される。また、退職手当については、雇用関係が事実上継続している場合において、常勤職員と同じ勤務時間以上勤務した日が原則18日以上ある月が引き続いて6か月を超えるに至った非常勤職員で、その超えるに至った日以後引き続きその勤務時間により勤務することとされているものは、勤務形態が常勤職員に準ずることから、常勤職員とみなして退職手当法が適用される。ただし、常勤職員と同じ勤務時間以上勤務した日が原則18日以上ある月が引き続いて12か月を超える前に退職した場合の退職手当の額は、退職手当法の規定により計算した額の50/100に相当する金額とされている（同法2条2項、退職手当法施行令1条1項2号、国家公務員等退職手当暫定措置法施行令の一部を改正する政令（昭和34年政令第208号）附則5項、「期間業務職員の退職手当に係る取扱いについて」（平成22年9月30日総人恩総第836号）等）。

　　【雇用形態にかかわらない公正な待遇の確保】

　同一企業内における正規雇用労働者と非正規雇用労働者の間の不合理な待遇差の是正を図るため、**パートタイム・有期雇用労働法**においては、次の①、②などの定めがあるが、国家公務員については、同法の適用が除外されている（同法8条・9条・29条）。

① 短時間・有期雇用労働者の基本給、賞与その他の待遇のそれぞれについて、その待遇の性質・目的に照らして、同一企業内における正規雇用労働者の待遇と不合理な相違を設けることを禁止

② 正規雇用労働者と i 職務の内容（業務内容及び当該業務に伴う責任の程度）が同一で、ⅱ雇用関係終了までの全期間において職務の内容・配置の変更範囲も同じであると見込まれる短時間・有期雇用労働者については、基本給、賞与その他の待遇のそれぞれについて、短時間・有期雇用労働者であることを理由とする差別的取扱いを禁止

2　行政執行法人の職員

　独立行政法人の一類型である**行政執行法人**として、国立公文書館、統計センター、造幣局、国立印刷局、農林水産消費安全技術センター、製品評価技術基盤機構、駐留軍等労働者労務管理機構の7法人が設立されている。

　行政執行法人の職員は、一般職の国家公務員であるが（独立行政法人通則法51条、国家公務員法2条2項）、労働組合法、労働基準法、労働安全衛生法等が適用され、**労働組合**を結成し、給与、労働時間、休憩、休日、休暇、労働に関する安全・衛生等の**労働条件**について、**団体交渉**を行い、**労働協約**を締結することができる（ただし、**争議行為**は禁止されている。）。それゆえ、国家公務員法の職員団体の規定は適用されず、人事院勧告や法令の制定改廃についての人事院の意見の申出の対象にもならない（行政執行法人労働関係法4条・8条・17条・37条、独立行政法人通則法59条）。

　行政執行法人の常勤職員に関する人事関係法令の適用関係を整理すると以下のとおりである（行政執行法人労働関係法37条、独立行政法人通則法59条）。なお、行政執行法人の非常勤職員についても、常勤職員とは一部異なる定めがなされている。

(1)　給与、勤務時間等

　職員の給与や勤務時間、休憩、休日及び休暇は団体交渉事項であり、一般職給与法や勤務時間休暇法は適用されないが、行政執行法人には、以下の規制が課されている（独立行政法人通則法57条・58条）。

① 一般職給与法の適用を受ける国家公務員の給与を参酌し、かつ、民間

企業の従業員の給与、行政執行法人の業務の実績及び事業計画の人件費の見積り等を考慮して、職員の給与の支給基準を定めること。

② 勤務時間休暇法の適用を受ける国家公務員の勤務条件等を考慮して、勤務時間、休憩、休日及び休暇について規程を定めること。

(2) 育児・介護休業法の適用

行政執行法人の職員には勤務時間休暇法の介護休暇の規定（**第10章第3節**参照）が適用されず、**育児・介護休業法**の中に、行政執行法人の職員の介護休業の規定が設けられている。介護休業をすることができる期間は、行政執行法人の長が、職員の申出に基づき、要介護家族の各々が介護を必要とする一の継続する状態ごとに、3回を超えず、かつ、合算して93日を超えない範囲内で指定する期間（指定期間）内において必要と認められる期間とされている（同法61条3項4項）。指定期間は勤務時間休暇法の介護休暇の6か月よりも短くなっているが、育児・介護休業法の93日は最低基準であり、**(1)**の勤務時間、休暇等を定める規程において、6か月とすることは可能である。

また、行政執行法人の職員には、①勤務時間休暇法の介護時間の規定、人事院規則15-14の短期介護休暇及び子の看護休暇の規定、②人事院規則10-11の育児又は介護を行う職員の深夜勤務の制限、超過勤務の免除及び超過勤務の制限の規定（**第10章第3節**参照）も適用されず、これらに相当する規定が育児・介護休業法に設けられ、行政執行法人の職員に適用されている（同法61条）。

【子の看護休暇、所定外労働の制限】

育児・介護休業法が令和6年5月に改正され、行政執行法人の職員の子の看護休暇及び所定外労働の制限に関する規定は、令和7年4月1日から次のとおりとなる。

① 子の看護休暇は、子の行事参加等の場合も取得可能となり、対象となる子の範囲も小学校3年生（法改正前は小学校就学前）まで拡大される。

② 所定外労働の制限（残業免除）の対象となる職員の範囲は、小学校就学前の子（法改正前は3歳になるまでの子）を養育する職員に拡大される。

(3) 安全衛生、母性保護及び母性健康管理

　行政執行法人の職員には、労働安全衛生法、労働基準法の妊産婦等の規定（同法6章の2）のほか、男女雇用機会均等法の妊娠中及び出産後の健康管理に関する措置の規定（同法12条・13条）が適用される（保健・安全保持について定める人事院規則10-4や女子職員の健康、安全及び福祉について定める人事院規則10-7（**第10章第3節・第4節**参照）は適用されない。）。

(4) ハラスメント防止

　行政執行法人の職員には、①セクシュアル・ハラスメント、妊娠、出産等に関するハラスメントについては、男女雇用機会均等法の規定（同法11条~11条の4）が、②育児、介護に関するハラスメントについては、育児・介護休業法の規定（同法61条）が、③パワー・ハラスメントについては、労働施策総合推進法の規定（同法30条の2・30条の3）が適用される（ハラスメント防止等について定める人事院規則（**第10章第4節**参照）は適用されない。）。

(5) 国家公務員関係法令の適用

　行政執行法人の職員には、①採用試験による採用、選考による採用、任期付採用、官民人事交流（**第5章**参照）、②任用・身分保障・分限（**第6章**参照）、③国際機関派遣、自己啓発等休業（**第7章**参照）、④退職手当（**第9章第2節**参照）、⑤育児休業・育児短時間勤務、配偶者同行休業、災害補償（**第10章第3節・第4節**参照）、⑥定年・管理監督職勤務上限年齢制・定年前再任用短時間勤務制（**第11章第2節**参照）、⑦服務・懲戒（**第12章**参照）、⑧退職管理（**第13章**参照）などについて定める法令は適用される。ただし、これらの法令のうちの一部の規定については、団体交渉事項となることや行政執行法人の自主性・自律性を考慮し、適用除外や必要な読み替えがなされている。また、国家公務員法の人事評価の基準、方法等（**第8章**参照）については政令で定めるとする規定や、同法の研修（**第7章**参照）の規定は、それぞれの法人にとって「最もふさわしい」人事評価や研修の仕組みとすることが、「行政執行法人の能率的な運営に資することになると考え

られることから」、適用が除外されている（独立行政法人制度研究会編『独立行政法人制度の解説（第3版）』（第一法規・2015）298頁・299頁）。

3　検察官、外務職員

(1)　検察官

　検察官については、その職務と責任の特殊性に基づき、**検察庁法**により、①司法修習生の修習を終えている者であること等を検察官の任命の資格とすること、②心身の故障、職務上の非能率その他の事由により職務を執るに適しないとして罷免するためには検察官適格審査会の議決が必要であること等の国家公務員法の特例が定められている（検察庁法18条・23条）。また、検察官の給与については、一般職給与法ではなく、**検察官俸給法**により定められている。

(2)　外務職員

　外務職員（①外務省本省に勤務し、外交領事事務及びその一般的補助業務（一般行政・通信・外交資料編さん関係の事務）に従事する一般職の国家公務員、②在外公館に勤務する全ての一般職の国家公務員）については、その職務と責任の特殊性に基づき、**外務公務員法**により、国家公務員法の特例が定められている（外務公務員法2条5項、外務公務員法施行令1条の4、外務省本省に勤務する外務職員の範囲を定める省令）。その主なものは以下のとおりである（同法5条・14条・15条・17条・19条・23条）。

①　標準職務遂行能力は外務大臣が定め、人事評価の基準、方法等は外務省令で定めること。また、選考により外務職員を採用できる場合を法定し、選考の方法、基準等は外務省令で定めること。

②　外務省令で定めるところにより、研修の機会を与えること。

③　勤務条件に関する行政措置の要求は外務人事審議会に対して行うこと。また、外交機密の漏洩によって国家の重大な利益を毀損したという理由で受けた懲戒処分についての審査請求は外務大臣に対して行うこと。

④　在外公館に勤務する職員に対し、休暇のための帰国を許すこと。また、在外公館に勤務する職員には、**在外公館名称位置給与法**により、

一般職給与法に基づき支給される俸給、扶養手当、期末手当及び勤勉手当のほか、在外公館において勤務するのに必要な衣食住等の経費に充当するため、**在勤手当**（在勤基本手当、住居手当、配偶者手当、子女教育手当等）を支給することが定められている（在外公館名称位置給与法2条・5条・6条）。

4　特別職の職員

特別職は、国家公務員法に具体的に列挙されており、様々な職がある（同法2条3項）。任用、身分保障、分限、服務等の在り方もまた様々であり、それぞれ個別法令において必要な定めがなされているが、ここでは、特別職の職員を大まかに分類し、主な法令の適用関係について概観する。

(1)　成績主義の原則や身分保障が適用されない職員

内閣総理大臣、国務大臣、内閣法制局長官、内閣官房副長官、内閣官房副長官補、内閣総理大臣補佐官、内閣総理大臣秘書官、副大臣、大臣政務官、大臣補佐官、国務大臣秘書官、宮内庁長官・侍従長、特命全権大使・公使等については、成績主義の原則に基づく任用や身分保障についての規定が設けられていない。なお、このうち、国会議員が兼ねることができるのは、内閣総理大臣、国務大臣、内閣官房副長官、内閣総理大臣補佐官、副大臣、大臣政務官及び大臣補佐官である（国会法39条）。

> **【特命全権大使・公使】**
> 特命全権大使・公使が特別職とされている理由については、「この任命につきましては外國のアグレマン（筆者注：特命全権大使・公使を受け入れる国の同意）を必要といたしまして、又その職務内容も、これは國を代表いたしまして、外國に使いするというような非常に特殊な地位を持つております。これを任命いたしまする時も、必ずしも外交官として下から上つた人を任命するばかりでなく、廣く國内全般に國家を代表するに適当な人を登用するというようなことが必要のために特別職といたしておるのであります」と説明されている（昭和22年9月25日参・決算、労働連合委員会、前田克己政府委員答弁（第1回国会参・決算、労働連合委員会会議録第3号4頁））。

特命全権大使・公使の任免は、外務大臣の申出により、内閣が行う（外務公務員法8条1項）。外務大臣が、特命全権大使・公使に在外公館の長を命じ、在外公館の長を免ずる場合には、あらかじめ内閣総理大臣及び内閣官房長官に協議した上で、協議に基づいて行うこととされ、一般職の幹部職員人事に当たっての任免協議（第3章参照）と類似の仕組みが導入されている（同条2項3項）。

服務については、全体の奉仕者として勤務すべきこと、法令及び上司の命令に従う義務、信用失墜行為の禁止、守秘義務、兼業の制限が法令により規定されているが、政治的行為は制限されていない（内閣法、国家行政組織法、内閣府設置法、外務公務員法、官吏服務紀律（明治20年勅令第39号）等）。

【官吏服務紀律】
　官吏服務紀律は、昭和22年12月31日限りで、効力を失っているが、昭和23年1月1日以後は、国家公務員法の規定が適用せられるまでの官吏その他政府職員の任免等に関する法律の規定により、官吏その他政府職員の服務等に関する事項については、その官職に国家公務員法が適用されるまでの間、法律・政令・人事院規則により別段の定めがなされない限り、従前の例によるとされている。これにより、内閣総理大臣、国務大臣、副大臣、大臣政務官、内閣法制局長官、内閣官房副長官、内閣総理大臣秘書官、大臣秘書官、宮内庁長官・侍従長等の服務については、官吏服務紀律の適用があると解されている。

給与については、次の **(2)** の就任に国会の同意を必要とする職員の給与も含め、**特別職給与法**により定められている。国会議員が内閣総理大臣、国務大臣、副大臣等に就任した場合は、**議員歳費**との差額が給与として支給される（同法14条2項）。

(2) 就任に国会の同意を必要とする職員
人事院の人事官、会計検査院の検査官、公正取引委員会の委員長・委員、個人情報保護委員会の委員長・委員等は、民主的な手続を経て任用するため、就任に国会の同意を必要とする。

委員の任命・任期、身分保障、罷免、服務（例えば、政党その他の政治団体の役員就任や政治運動の禁止、兼職・兼業の原則禁止、守秘義務等）などについては、それぞれの組織の設置について規定している個別法により定められている（官吏服務規律の適用があると解されている職もある。）。

(3) 自衛官を含む防衛省の職員

特殊性のある職務を遂行するため、特別の服務規律を課し、勤務条件も含めて一般職の職員とは異なる法体系の下で人事管理を行う必要がある防衛省の職員は、防衛人事審議会の委員等を除く全ての職員が特別職の職員である（国家公務員法 2 条 3 項 16 号、人事院規則 1-5 第 3 条）。防衛大臣等を除く全ての防衛省の特別職の職員は**自衛隊法**の**隊員**であり、同法が隊員の人事評価、任用、身分保障、降任・免職・休職、定年、懲戒、服務、退職管理等について規定している。

服務については、①服務の本旨、②勤務態勢（隊員は、いつでも職務に従事することのできる態勢になければならない。）及び勤務時間等（隊員の勤務時間及び休暇は、勤務の性質に応じ、防衛省令で定める。）、③防衛大臣が指定する場所に居住する自衛官の義務、④勤務条件について交渉する団体の結成・加入の禁止など、一般職の国家公務員とは異なる規律が課されている（自衛隊法 52 条・54 条・55 条・64 条）。

服務以外の規定の内容は、自衛官以外の隊員については国家公務員法の規定の内容と概ね同様である。幹部隊員（事務次官級、本省局長級・部長級）は、幹部職員人事の一元管理（**第 3 章**参照）の対象となり（国家公務員法 61 条の 2、自衛隊法 31 条の 3・31 条の 4）、また、防衛大臣は、幹部候補育成課程（**第 7 章**参照）を設け、内閣総理大臣の定める基準に従い、運用することとされている（国家公務員法 61 条の 9）。再就職等規制については、再就職等監視委員会の監視対象（**第 13 章**参照）となっており（自衛隊法 65 条の 8、国家公務員法 106 条の 5）、また、官民人材交流センター（**第 13 章**参照）による再就職支援の対象にもなっている（自衛隊法 65 条の 10 第 2 項）。

給与については自衛官も含め**防衛省給与法**により定められている。

(4) 国会議員、国会職員、国会議員の秘書

　就任について選挙を必要とする職員の職は特別職とされており（国家公務員法2条3項9号）、国会議員は特別職の国家公務員と解されている（昭和23年11月19日参議院人事・労働連合委員会、岡部史郎政府委員の説明（第3回国会参議院人事・労働連合委員会会議録第6号1頁））。国会議員は、一般職の国家公務員の最高の給与額（地域手当等の手当を除く。）より少なくない歳費を受けるとされ（国会法35条）、**歳費法**により歳費及び期末手当が定められている。

　衆・参議院事務局、衆・参議院法制局、国立国会図書館などで勤務する国会職員の任用、人事評価、身分保障、降任・免職・休職、定年、服務、懲戒等については**国会職員法**により規定されている。給料、手当その他の給与については、両議院の議長が、両議院の議院運営委員会の合同審査会に諮って定めるとされている。国会議員の秘書の給与、採用、兼職の禁止については、**国会議員秘書給与法**により定められている。

(5) 裁判官及びその他の裁判所職員

　裁判官の任命資格、身分保障、罷免、懲戒、定年、報酬、服務等については、**憲法、裁判所法、裁判官弾劾法、裁判官分限法、裁判官報酬法**により定められている。裁判官及び裁判官の秘書官以外の裁判所の職員（裁判所事務官、裁判所書記官、家庭裁判所調査官など）については、**裁判所職員臨時措置法**により国家公務員法や一般職給与法が準用されている。

第15章

総人件費管理

　国家公務員（行政、立法、司法の全分野の令和6年度末の定員ベースの合計約58万6千人）の人件費は、令和6年度予算で5兆3,581億円であり、その内訳は、給与費4兆650億円、退職手当3,222億円、国家公務員共済組合負担金等8,938億円などである。

　国家公務員の総人件費に関係する、一般職給与法、特別職給与法、退職手当法、機構・定員管理、級別定数の設定・改定に関する事務を所管する内閣官房内閣人事局の設置に伴い、「国家公務員の総人件費の基本方針及び人件費予算の配分の方針の企画及び立案並びに調整に関する事務」が内閣人事局の事務として新設されている（内閣法12条2項11号）。

　本章では、この事務に基づいて策定されている国家公務員の総人件費に関する中長期の方針（「**国家公務員の総人件費に関する基本方針**」（平成26年7月25日閣議決定））について説明してから、機構・定員管理、級別定数の設定・改定について説明する。

1　総人件費の基本方針

　「国家公務員の総人件費に関する基本方針」においては、以下のとおり、人件費に関連する各制度の運用についての基本方針が定められている。

① 府省の枠を超えた戦略的・機動的な人材配置の実現のため、人的資源及び人件費予算を効果的に配分すること。

② 厳しい財政事情に鑑み、総人件費の抑制を図ること。

③ 行政ニーズの変化に対応した行政組織の不断の見直し、組織活力の向上や人材の確保・育成、公務能率の向上に取り組み、コストパフォーマンスの高い政府の組織体制を確立することで、人件費の生み出す価値を一層高めること。

④　給与については、人事院勧告制度を尊重するとの基本姿勢に立ち、国政全般の観点から検討を行った上で取扱いを決定すること（**第9章第1節**参照）。

⑤　退職給付（退職手当及び年金払い退職給付（使用者拠出分））については、官民比較に基づき、概ね5年ごとに退職手当支給水準の見直しを行うことを通じて、官民均衡を確保すること（**第9章第2節**参照）。

⑥　国の行政機関の機構管理については、既存機構の合理的再編成により対処することを基本とするとともに、既存機構の不断の見直しを行い、内閣の重要政策に戦略的・機動的に対応するための機構配置・再編を図ること。

⑦　定員管理については、定員の合理化に取り組むとともに、府省の枠にとらわれず定員の再配置を大胆に進め、内閣の重要政策に迅速かつ的確に対応できる体制を構築すること。

⑧　級別定数については、内閣の重要政策に対応できる体制を機構・定員管理と一体となって実現すること。その際、官職の職責を適切に評価すること。また、人事院の意見を十分に尊重すること。

この方針を踏まえ、機構・定員管理に関しても中長期の方針（「**国の行政機関の機構・定員管理に関する方針**」（平成26年7月25日閣議決定、令和6年6月28日一部変更））が策定されている。

そして、これらの方針を踏まえ、毎年度、概算要求前に、①次年度の体制整備の重点分野及びその裏付けとなる人件費予算の配分の方針と②機構、定員、級別定数の要求の基準が、内閣総理大臣決定されている。

2　機構・定員管理、級別定数の設定・改定

内閣人事局は、行政機関の**機構・定員管理**に関する事務及びこれらと一体的に担うことが適当な**級別定数の設定・改定**に関する事務を所掌している。

(1) 機構管理

各省庁は、機構（機構とは、局、部、課、室のような組織及びそれらの

長、審議官、参事官などを指す。）の新設改廃を行おうとするときは、内閣人事局に対して要求し、その必要性について内閣人事局の審査を受け、承認される必要がある。

　時代の要請に応じて新たな行政需要が生じ、その都度、これに対応するため機構の新設要求がなされるが、これを新たな行政需要への対応の必要性という観点からのみ審査して認めていくと、行政機構の膨張が避けられない。そこで、行政需要の変化に的確に対応しつつ、簡素で効率的な行政組織の確立を図るため、行政需要の減少している既存機構の廃止・再編も併せて実施していく必要がある。

　こうした考え方により、国の行政機関の機構管理は、「既存機構の合理的再編成により対処」することが基本とされ（「国の行政機関の機構・定員管理に関する方針」1.①）、内閣人事局における機構審査は、**スクラップ・アンド・ビルドの原則**に基づき、行われてきている。

　手続としては、**概算要求基準**（次年度に必要な予算の要求に当たっての基本的な方針を示すもの）の閣議了解と同時に、**機構・定員要求の基準**を含めた、毎年度の「**内閣の重要課題を推進するための体制整備及び人件費予算の配分の方針**」が内閣総理大臣決定され、各省庁に示される。

　各省庁は、財政当局（財務省主計局）に対する予算の概算要求と同時に、毎年8月末までに次年度に行おうとする機構の新設改廃についての要求を行う。内閣人事局は9月から審査を進め、その結果は次年度予算政府案に反映される。審査結果の概要は、次の **(2)** で述べる定員の審査結果の概要と併せて、次年度政府予算案の閣議決定と同時に公表されている。

　その後、審査で認められた機構について定めるため、各省庁において組織法令（組織令（政令）、組織規則（府省令））が改正されることになる。

(2) 定員管理

　定員についても、機構と同様であり、各省庁は、定員の増減等を行おうとするときは、内閣人事局に対して要求し、その必要性について内閣人事局の審査を受け、承認される必要がある。ここで「定員」とは、国の行政機関の所掌事務を遂行するために恒常的に置く必要がある職に充てるべき

常勤の職員の定員である（非常勤職員は含まれない。）。

「国の行政機関の機構・定員管理に関する方針」においては、以下の取組により、令和11年度末までの間に、社会経済情勢の変化等に応じて生ずる行政需要に適切に対処しつつ、デジタルの力をいかして、人手不足が深刻化する中、現在の国家公務員の定員を増やさずに行政サービスを持続できる環境を整備するとされている（同方針2.(1)）。

① 令和7年度以降、行政需要等を踏まえつつ、既存の業務や体制の見直しを計画的に行い、5年間で5%以上の定員を合理化（筆者注：合理化＝削減である。）することを基本とすること（筆者注：定員の削減数は政府全体でプールされ、新規増員をするための原資に充てられる。）。内閣人事局は、各省庁の直近の定員配置・人材確保の状況等も踏まえ、5年ごとに各省庁の合理化目標数を決定し、各省庁に示すこと。

② 各省庁は、国家公務員の人材確保が困難化する中で行政サービスを持続させるため、行政のデジタル・トランスフォーメーション（行政DX）に取り組むこと。内閣人事局は、効果的な行政DXの実現に向け、定員面から必要な後押しを行うこと。

また、「国の行政機関の機構・定員管理に関する方針」においては、内閣人事局は、必要な場合には、行政の重要課題を担う業務について定員の合理化数を上回る増員を行う等、行政需要の変化に対応したメリハリある各年度の定員管理を行うこととされている。このほか、内閣人事局は、産前・産後休暇、介護休暇等の代替要員の確保、突発事案への対応の際の長時間労働の抑止等、人事管理上必要となる場合に定員の措置を適切に行うこととされている（同方針2.(2)・(3)）。

定員要求の手続・審査の流れは、**(1)**で述べた機構要求の場合と同様である。

定員は人件費に関わり、予算の裏付けが必要なことから、定員審査の結果は次年度予算政府案に反映される。各省庁別の定員は行政機関職員定員令により定められており、予算の成立に合わせて内閣人事局により改正が行われる。また、省庁内の部局ごとの定員については、各省庁においてそれを定める訓令等の改正が行われる。

【定員管理の対象】

内閣の機関（内閣官房及び内閣法制局をいう。）、内閣府、デジタル庁、復興庁及び各省の所掌事務を遂行するために恒常的に置く必要がある職に充てるべき常勤の職員の定員の総数の最高限度は、総定員法において331,984人（国務大臣、副大臣、大臣政務官、自衛官等の職員は含まれない。）と定められている。この上限の枠の中で、内閣の機関、内閣府、デジタル庁及び各省それぞれの定員が**行政機関職員定員令**で定められている。

国家公務員法や一般職給与法は、一般職の国家公務員に適用され、会計検査院や人事院の職員にも適用されるが、会計検査院や人事院は総定員法の規制の対象には含まれず、内閣人事局による定員管理の対象になっていない（人事院については**第4章**参照）。

(3) 級別定数の設定・改定

級別定数は、職員が就いている官職の職務を一般職給与法の俸給表（ほうきゅう）に定められた職務の級のいずれかの級に決定するに際し、その職務の級に決定できる数量的な枠を内閣総理大臣（内閣人事局）が設定するものである（**第9章第1節**参照）。

級別定数は、「行政需要の増大や行政の複雑・多様化等に伴う業務の変化」（「令和5年度年次報告書」（人事院）101頁）を踏まえ、**官職の職責を評価**して設定・改定を行うことが基本であることから、機構・定員管理と密接に関連する側面があり、これらを一体的に内閣人事局が所掌しているものである。

他方で、上位の職務の級と下位の職務の級では相対的に上位の職務の級の方がより高い俸給月額が設定されており、上位の職務の級の定数が増え、下位の職務の級の定数が減るほど、職員の処遇が改善される関係にある。級別定数の設定・改定は、内閣総理大臣が、職員の適正な勤務条件の確保の観点からなされる**人事院の意見を十分尊重**して行うこととされている。

また、上位の職務の級の定数が増え、下位の職務の級の定数が減れば人件費はプラスの方向に作用し、その逆であればマイナスの方向に作用することから、級別定数の設定・改定は人件費に影響を与えることになる。級別定数の枠を用いて職員の職務の級を決定するためには、予算の裏付けが

必要となる（一般職給与法は、級別定数の設定・改定は、予算の範囲内で行うことができるとして、これを明確にしている（同法8条1項）。）。

このため、級別定数の設定・改定についても、毎年度の「内閣の重要課題を推進するための体制整備及び人件費予算の配分の方針」において、その要求の基準が示される。そして8月末までに各省庁から要求がなされ、予算編成作業と並行して級別定数の設定・改定案の決定に向けた作業が行われる。既存の官職の職務の級の定数の改定作業は人事院が中心となり、また、新設官職をいずれかの職務の級に格付ける作業は内閣人事局が中心となって進めた上で、人事院が全体を統合した次年度の級別定数の設定・改定案を作成し、人事院の意見として内閣総理大臣に提出し、次年度予算政府案に反映される。

「予算の成立を視野に」、人事院は、「各府省における級別定数の運用に必要な事項等を加えた級別定数等に係る意見の申出」を内閣総理大臣に対して改めて行い、内閣総理大臣が級別定数の設定・改定を行うこととなる（「令和5年度年次報告書」（人事院）101頁）。

事 項 索 引

欧文・数字

ILO 第 87 号条約　*12, 13*
36 協定　*208*
60 歳定年制　*250*
65 歳定年　*256*

あ

朝日火災海上保険（石堂・本訴）事件　*31*

い

育児休業　*222*
育児休業支援手当金　*224*
育児休業手当金　*224*
育児参加のための休暇　*221*
育児時間　*226*
育児短時間勤務　*225*
育児又は介護を行う職員　*230*
意見の申出　*29, 57*
　介護休暇　*227*
　官民人事交流法　*88*
　国際機関派遣法　*138*
　国家公務員育児休業法　*222*
　再任用制度　*252*
　自己啓発等休業法　*144*
　定年の 65 歳引上げ　*254*
　任期付職員法　*84*
　配偶者同行休業法　*232*
　留学費用償還法　*141*
医師による面接指導　*240*
遺族補償一時金　*248*
遺族補償年金　*247*
一般職　*1*
一般職試験　*74*
一般定期健康診断　*240*
異動期間［役職定年］　*261*
異動保障［地域手当］　*179*

お

応募認定退職　*193*
オープン・ショップ制　*68*

か

介護休暇　*227*
介護休業手当金　*229*
戒告　*296*
外国人任用　*37*
解雇権濫用法理　*121*
介護時間　*229*
介護補償　*247*
外務職員　*329*
閣議人事検討会議　*39*
閣議の了解［各省次官等重要人事の任免発令］
　　38
確認［人事評価］　*159*
株式所有の報告　*287*
過労死等の公務災害　*246*
官職　*2, 95*
官職についての適性　*104*
官職の欠員　*96*
官庁執務時間　*204*
官庁訪問　*79*
幹部候補育成課程　*19, 132*
　　──の運用の基準　*132*
幹部候補者名簿　*40, 42*
幹部職　*41*
幹部職員　*41*
幹部職員人事の一元管理　*19, 40*
幹部職員の降任の特例　*46*
幹部職についての適性　*43*
幹部職への任用に関する指針　*43, 44*
官民較差　*187*
官民ジョブサイト　*317*
官民人材交流センター　*16, 316*
官民人事交流法　*87, 88*
官吏　*4, 6*
管理運営事項　*72*
管理監督職勤務上限年齢　*260*
管理監督職勤務上限年齢制　*258*
管理監督職勤務上限年齢による降任等　*258*
管理監督職勤務上限年齢による降任等を行うに当
　　たって任命権者が遵守すべき基準　*261*

340　　事項索引

管理監督職への任用制限　*259*
管理職員等　*68*
管理職員特別勤務手当　*182*
管理職選考受験資格確認等請求事件　*36*
管理職への任用に関する指針　*46, 47*
官吏服務紀律　*331*

き

期間業務職員　*319, 320*
期間率［勤勉手当］　*183*
機構管理　*336*
期首面談　*154*
基準日　*182, 183*
基準俸給月額　*271*
基礎俸給月額（管理監督職として受けていた俸給
　　月額の 7 割水準の額）　*265*
基本額［退職手当］　*189*
期末手当　*182*
期末面談　*159*
義務的団交事項　*72*
キャリア形成　*129, 130, 272*
キャリア・システム　*130*
休業補償　*247*
休憩時間　*207*
休日労働　*208*
求人・求職者情報提供事業　*317*
級別定数　*53, 172, 338*
級別標準職務　*165*
給与決定審査申立て　*172*
行政改革会議　*39*
行政改革大綱　*14*
行政官国内研究員制度　*141*
行政官長期在外研究員制度　*140*
行政機関の休日　*204*
行政執行法人の職員　*3, 326*
行政職俸給表（一）　*164*
行政処分　*24, 25*
矯正措置　*172, 184, 297*
業績評価　*105, 116, 150, 171, 174, 183*
　　──の評価期間　*154*
業務に関する目標　*152*
　　──の困難度・重要度　*153*
教養区分　*78, 80*

許可基準［兼業］　*288*
勤続期間［退職手当］　*190*
勤勉手当　*183*
勤務延長　*263*
勤務間のインターバル　*207*
勤務時間　*205*
　　──の割振り　*206*
勤務実績不良　*115*
勤務条件に関する行政措置の要求　*60*
勤務条件の法定　*28*

く

苦情相談・苦情処理［人事評価］　*160*
国の行政機関の機構・定員管理に関する方針
　　335, 337
区分試験　*77*

け

経験者採用試験　*75*
刑事休職　*124*
欠格条項　*35*
減給　*296*
研究休職　*138*
兼業　*287*
健康管理医　*239*
健康管理の記録　*242*
検察官　*329*
研修　*53, 133*
権利の濫用　*27*

こ

コアタイム　*215*
広域異動手当　*180*
公益通報　*280*
降格　*114, 175*
降給　*114*
降号　*114, 176*
交替制等勤務の職員　*206*
降任　*97, 114*
高年齢者雇用確保措置　*253*
公平審査　*60*
神戸税関事件　*296*
号俸　*165*

事項索引　　341

公法的規律に服する公法上の関係　24
公募によらない採用　321
公務員制度改革大綱　14, 16, 52, 90, 131, 141,
　144, 301, 315
公務員制度改革について　17
公務員制度改革の基本方向に関する答申　14,
　83, 144
公務員制度審議会の答申　70, 72
公務員制度調査会　14
公務員制度の総合的な改革に関する懇談会　17
公務員の選定及び罷免　21, 22
公務員の定年の引上げに関する検討会　254
交流基準　91
交流採用　87, 90
　雇用継続型　89
　退職型　89
交流派遣　87, 91
国際機関派遣法に基づく派遣　138
国民投票運動　283
国会議員・国会職員・国会議員の秘書　333
国会審議活性化法　50
国会の民主的統制　22
国家行政組織法　2
国家公務員健康増進等基本計画　242
国家公務員災害補償法　244
国家公務員制度改革基本法　18, 40, 50, 131
国家公務員制度担当大臣　62
国家公務員におけるテレワークの適切な実施の推
　進のためのガイドライン　216
国家公務員の勤務関係　24
国家公務員の研修に関する基本方針　134
国家公務員の雇用と年金の接続について　253
国家公務員の女性活躍とワークライフバランス推
　進のための取組指針　109, 129
国家公務員の総人件費に関する基本方針　196,
　334
国家公務員法　4, 9, 22
国家公務員法の改正
　平成19年の――　16, 17, 34, 52, 79, 97, 101,
　102, 107, 147, 148, 302
　平成26年の――　19, 35, 40, 46, 52, 131
国家公務員倫理規程　291
国家公務員倫理審査会　291

国家公務員倫理法　289
子の看護休暇　221
個別評語　155, 156
雇用保険法　199
これまでの検討を踏まえた論点の整理［定年引上
　げ］　254

さ

在級期間　175
在勤手当　330
再就職支援会社　317
再就職情報の閣議報告・公表　314
再就職等監視委員会　16, 309
再就職のあっせん規制　16, 303
再就職の届出　313
在職期間［退職手当］　190
在職期間別割合［期末手当］　182
在籍専従　72
再任用制度　252
裁判官・裁判所の職員　333
採用　97
採用候補者名簿　78, 79
採用試験　74
採用試験により確保すべき人材　75
採用昇任等基本方針　98, 107
採用内定　25
差額支給　188
猿払事件　282
産後パパ育休　223
産前休暇・産後休暇　220

し

自営兼業　284
　――の承認基準　286
時間外労働　208
始期付解約権留保付労働契約　25
支給定日　176
試験機関　78
自己啓発等休業制度　144
自己申告　155
事後措置［健康診断］　241
時差通勤　206
失業者の退職手当　199

342　　事項索引

実施権者［人事評価］ *149*
失職 *35*
指定職俸給表 *166*
指導区分［健康診断］ *241*
週休日 *205*
週休2日制 *204*
就業規則 *30, 31, 32*
　——の契約内容補充効 *31*
　——の最低基準効 *32*
　——の変更による労働条件の不利益変更 *32*
住居手当 *177*
重要マネジメント項目 *157*
受験資格 *77*
出向 *136, 137*
出産費・家族出産費 *221*
出生サポート休暇 *220*
守秘義務 *279*
障害補償一時金 *247*
障害補償年金 *247*
昇格 *172*
昇給 *168*
昇給区分 *170*
昇給号俸数 *170*
常勤職員 *2*
条件付採用期間中の職員 *118*
情勢適応の原則 *29*
省庁間の人事交流 *136*
昇任 *97*
傷病補償年金 *247*
所轄の下 *55*
職員 *95*
職員団体 *68*
　——の登録制度 *69*
職種別民間給与実態調査 *186*
職制上の段階 *97*
職務給の原則 *164*
職務上知ることのできた秘密 *279*
職務専念義務 *218, 281*
職務の級 *165*
職務命令 *217, 276*
所見欄 *157*
女性職員の採用 *81*
女性職員の登用 *112*

女性職員の割合 *4*
職階制 *98*
初任給基準表 *166*
処分説明書 *126, 297*
自律的労使関係制度 *19*
審査請求前置主義 *127*
人事異動 *108*
人事院 *11, 55*
　——の機構・定員 *56*
人事院勧告 *11, 28, 57, 186*
人事院規則 *6*
人事院総裁 *55*
人事院に対する審査請求 *73, 126, 297*
人事院の苦情相談 *239*
人事官 *55*
人事管理 *54*
人事管理運営方針 *62*
人事管理の原則 *34*
人事行政 *54*
人事権 *27*
人事検討会議 *39, 44*
人事評価 *17, 101, 104, 147*
　——の基準・方法等 *148*
　——の根本基準 *148*
人事評価記録書 *152*
人事評価実施規程 *149*
心身の故障 *116*
信用失墜行為 *279*

す
スクラップ・アンド・ビルドの原則 *336*
ストレスチェック *240*

せ
政治的行為 *281*
政治的目的 *281*
政治任用 *47*
成績区分 *183*
成績主義の原則 *95*
成績率 *183*
整理解雇 *121*
政令 *6*
政令201号 *10*

事項索引　　**343**

セクシュアル・ハラスメント　234
絶対評価　150
専決　96
選考による採用　81
全体の奉仕者　21, 23, 274
全体評語　155, 156
全農林警職法事件　28
専門職試験　75

そ

争議行為　278
早期退職慣行の是正　301
早期退職募集制度　193
総合職試験　74
総合的な健康診査（人間ドック）　240
葬祭補償　248
早出遅出勤務　207
贈与等報告書　290
総理府人事局　13, 51
遡及改定　188
組織の改廃等　118

た

第3次臨時行政改革推進審議会　48
退職勧奨　250
退職時の俸給月額の割増し　193
退職手当　189
　――の支給制限処分　200
　――の支払差止処分　202
　――の返納命令処分　201
退職手当審査会　202
退職等年金給付　197
退職理由別・勤続期間別支給率　189, 267
大臣政務官　50
大臣補佐官　50
大日本印刷事件　25
多面観察　162
他律部署［超過勤務］　209
単位期間［フレックスタイム制］　215
短期介護休暇　230
短期従事　73
団結権　68
単身赴任手当　179

ち

地域試験　77
地域手当　179
　――の級地　179
地方公共団体との人事交流　137
地方公務員　33, 284, 318
チャレンジ目標　153
中央省庁等改革基本法　39, 49
中央人事行政機関　13, 51, 55, 60
中途採用　83
中馬プラン　15
懲戒処分　105, 172, 174, 184, 295
　――の公表指針　297
　――の指針　297
超過勤務　208
超過勤務時間の管理　211
超過勤務手当　181
超過勤務命令の上限　208
長期病休者　243
調整［人事評価］　158
調整額［退職手当］　195
調整月額［退職手当］　195
調整者［人事評価］　149
徴税トラの巻事件　279
調整率［退職手当］　196

つ

通勤手当　178

て

定員管理　336
定員の合理化　337
定期評価　150
停職　296
定年の引上げ　255
定年前再任用短時間勤務制　270
適格性欠如　117
適格性審査　40, 41
テレワーク　216
転勤　109
転任　97
天皇の官吏　21

と

東亜ペイント事件　*111*
東京都建設局事件　*26*
当局［交渉］　*70, 71*
当然の法理　*36*
同盟罷業　*278*
特定任期付職員　*85*
特定日［俸給月額の7割措置］　*264*
特別休暇　*213*
特別職　*1, 330*
特命全権大使・公使　*330*
独立行政法人等の役員人事　*315*
独立性［人事院］　*55*
特例業務［超過勤務］　*210*
特例定年（旧特例定年）　*251*
特例任用　*262*

な

内閣官房　*61*
　——の主任の大臣　*61*
内閣官房長官　*40, 41, 42, 61*
内閣官房副長官　*48*
内閣官房副長官補・内閣広報官・内閣情報官　*49*
内閣危機管理監　*48*
内閣人事局　*19, 52, 61*
内閣人事局長　*62*
内閣総理大臣　*13, 51, 60*
内閣総理大臣秘書官　*49*
内閣総理大臣補佐官　*48*
内閣の重要課題を推進するための体制整備及び人
　件費予算の配分の方針　*336*
内閣の承認［幹部職員の任免］　*39*
長束小学校長降任事件　*119*

に

二重予算　*57*
任意的団交事項　*72*
任官補職　*101*
任期付研究員法　*87*
任期付職員法　*84*
妊産婦である女性職員　*219*
妊娠、出産、育児又は介護に関するハラスメント
　235

認定［公務災害］　*245*

任命権者　*96*
任命権の委任　*96*
任免協議　*40, 44*
任免大権　*21*
任用　*95*

ね

年次休暇　*212*

の

能力評価　*105, 116, 150, 151, 171, 174*
　——の評価期間　*152*

は

パートタイム・有期雇用労働法　*325*
配偶者出産休暇　*220*
配偶者同行休業　*232*
配置換　*99*
配転　*110*
発揮した能力の程度　*151*
パワー・ハラスメント　*236*

ひ

ピーク時特例　*191, 268*
非常勤職員　*2, 319*
被評価者　*149*
評価結果の開示　*159*
評価項目　*151*
評価事実　*154*
評価者　*149*
評価補助者　*149*
病気休暇　*213*
病気休職　*124*
標準職務遂行能力　*17, 103*
標準的な官職　*102*
平等取扱いの原則　*34, 73*

ふ

フーバー草案　*8*
福祉事業　*248*
副大臣　*50*
服務の根本基準　*275*

事項索引　345

服務の宣誓　*275*
フジ興産事件　*298*
不当労働行為　*70*
扶養手当　*176*
不利益処分審査制度　*126*
フレキシブルタイム　*215*
フレックスタイム制　*214*
分限　*114, 250*

へ
併任　*100*

ほ
保育時間　*220*
防衛省の職員　*332*
俸給　*163*
俸給月額の 7 割措置　*264*
俸給の特別調整額　*181*
俸給表　*164*
法定休日　*205*
法定労働時間　*205*
法令遵守義務　*276*
保健指導　*241*
堀越事件　*283*
本府省業務調整手当　*185*

ま
マッカーサー書簡　*10*
マネジメント目標　*154*

み
身分保障　*113*
民間準拠　*29, 186*
民間人材の非常勤職員としての採用　*92*

む
無期転換ルール　*322*

め
免職　*114, 296*
面接［採用］　*79*

も
元職員による働きかけ規制　*306*
求められる職務上の行動　*151*

や
役員兼業　*284*
役員出向　*314, 315*
役職定年制　*257*
役割を果たした程度　*152*

ゆ
ユニオン・ショップ制　*68*

よ
要介護者　*228*

ら
ラスパイレス方式　*187*

り
利害関係企業等［退職管理］　*305*
利害関係企業等への在職中の求職活動規制　*304*
利害関係者［倫理］　*292*
留学　*140*
留学費用償還　*142*
療養補償　*247*
倫理監督官　*291*
倫理原則　*290*

ろ
労働委員会の資格審査　*71*
労働基準法　*29, 30*
労働基本権　*27, 113*
　——の制限　*11, 27*
労働基本権制約の代償措置　*28, 57, 188*
労働協約　*30, 32*
　——による労働条件の不利益な変更　*31*
　——の規範的効力　*30*
労働組合　*67*
労働契約　*27, 30*
労働契約法　*27*
労働者災害補償保険法　*243*

稲山　文男（いなやま　ふみお）

1963年長野県生まれ、1987年一橋大学法学部卒業、同年総務庁入庁

総務庁人事局係長、人事院事務総局給与局給与第二課係長、総務庁人事局企画調整課課長補佐、総務省大臣官房秘書課課長補佐、同省人事・恩給局調査官、同局総務課企画官、内閣官房行政改革推進事務局公務員制度等改革推進室企画官、総務省人事・恩給局公務員高齢対策課長、内閣官房行政改革推進室参事官、総務省大臣官房参事官（人事・恩給局担当）、同省人事・恩給局人事政策課長、国家公務員制度改革推進本部事務局参事官、総務省人事・恩給局総務課長、内閣官房内閣人事局内閣参事官等を経て、

2015年総務省東北管区行政評価局長、2016年内閣官房内閣人事局内閣審議官、2019年内閣府官民人材交流センター官民人材交流副センター長、2020年内閣官房行政改革推進本部事務局長、2022年総務省行政管理局長

現在　学習院大学大学院政治学研究科非常勤講師、東京大学公共政策大学院非常勤講師

国家公務員人事制度概説

2024（令和6）年11月15日　初版1刷発行

著　者	稲　山　文　男	
発行者	鯉　渕　友　南	
発行所	株式会社 弘 文 堂	101-0062　東京都千代田区神田駿河台1の7 TEL 03（3294）4801　　振替 00120-6-53909 https://www.koubundou.co.jp
装　丁	後藤トシノブ	
印　刷	三　陽　社	
製　本	井上製本所	

© 2024 Fumio Inayama. Printed in Japan

JCOPY 〈(社)出版者著作権管理機構 委託出版物〉

本書の無断複写は著作権法上での例外を除き禁じられています。複写される場合は、そのつど事前に、(社)出版者著作権管理機構（電話 03-5244-5088、FAX 03-5244-5089、e-mail : info@jcopy.or.jp）の許諾を得てください。

また本書を代行業者等の第三者に依頼してスキャンやデジタル化することは、たとえ個人や家庭内での利用であっても一切認められておりません。

ISBN 978-4-335-36003-9

条解シリーズ

条解民事訴訟法〔第2版〕	兼子一=原著 松浦馨・新堂幸司・竹下守夫・ 高橋宏志・加藤新太郎・上原敏夫・高田裕成
条解民事執行法〔第2版〕	伊藤眞・園尾隆司=編集代表 林道晴・山本和彦・古賀政治=編
条解破産法〔第3版〕	伊藤眞・岡正晶・田原睦夫・中井康之・ 林道晴・松下淳一・森宏司=著
条解民事再生法〔第3版〕	園尾隆司・小林秀之=編
条解弁護士法〔第5版〕	日本弁護士連合会調査室=編著
条解刑事訴訟法〔第5版増補版〕	松尾浩也=監修 松本時夫・土本武司=編集顧問 池田修・河村博・酒巻匡=編集代表
条解刑法〔第4版補訂版〕	前田雅英=編集代表　松本時夫・池田修・ 渡邉一弘・河村博・秋吉淳一郎・伊藤雅人・ 田野尻猛=編
条解行政手続法〔第2版〕	髙木光・常岡孝好・須田守=著
条解行政事件訴訟法〔第5版〕	南博方=原編著 高橋滋・市村陽典・山本隆司=編
条解行政不服審査法〔第2版〕	小早川光郎・高橋　滋=編著
条解国家賠償法	宇賀克也・小幡純子=編著
条解行政情報関連三法〔第2版〕 公文書管理法・行政機関情報公開法・ 個人情報保護法	高橋滋・斎藤誠・上村進=編著
条解信託法	道垣内弘人=編
条解不動産登記法	七戸克彦=監修 日本司法書士会連合会・ 日本土地家屋調査士会連合会=編
条解消費者三法〔第2版〕 消費者契約法・特定商取引法・ 割賦販売法	後藤巻則・齋藤雅弘・池本誠司=著
条解独占禁止法〔第2版〕	村上政博=編集代表　石田英遠・川合弘造・ 渡邉惠理子・伊藤憲二=編
条解著作権法	小泉直樹・茶園成樹・蘆立順美・井関涼子・ 上野達弘・愛知靖之・奥邨弘司・小島　立・ 宮脇正晴・横山久芳=著

弘文堂

＊2024年9月現在